新・会社法入門

新・会社法入門

淺木愼一 著

信 山 社

新版（第二版）はしがき

　平成 16 年 1 月に刊行した『会社法入門』の，最初の改訂版です。平成 17 年法律第 86 号会社法に沿って改訂を施したものです。

　実質的には，株式会社法の入門書であること，現在あるがままの株式会社法の全体像を摑み取るという目的に徹したこと，原則として会社法本体の周辺に位置する法令・規則の多くを切り捨て，会社法第二編を主たる対象として記述したこと，これらは初版と姿勢を変えておりません。

　新版（第二版）はしがきの後ろに初版はしがきが収録されていますが，そこで相当に大胆な物言いをしてしまった以上，会社法が施行される年度の講義に自分の教科書を用意できないという失態だけは避ける必要がありました。したがって，本書の改訂作業は，能う限り早く行いました。当初は，鯉幟が雲の波間に泳ぐ季節に間に合えば，と思っていました。今は，風の 3 月と雨の 4 月が美しい 5 月を作る前に，新版（第二版）が刊行されることを願うばかりです。

　新会社法は，「編・章・節・款」という体系そのものにも手が加えられましたから，古い体系に沿って叙述した初版の改訂には，少なからぬ苦労をともないました。上に述べたような時間との戦いもありましたので，古い体系に沿った記述が残って，いかにも不細工であると感じられる部分が相当あります。しかし，時間の許す限り，たとえば株式会社における機関設計の多様化などは，会社設立プランとして，設立の前に説明するといった，自分の講義を想定した工夫も施しています。

　単著の教科書というものは，自分の講義の「メソッド」を広く開示するものであると常々考えておりました。しかし，塩野七生氏の名著『ローマ人の物語』の，ユリウス・カエサルを叙述した巻だったと思いますが，「メソッドと言うからには，誰がそれを用いても，ある程度の能力のある者に対しては，同等の効果を上げるものでなくてはならない」という趣旨の記述に接し，自分の教科書はまだまだメソッドの開示と言うには程遠いと，これまでの考えを改めました。それでも精進を重ねるためには，競争市場に活字を公開するより適当

第二版はしがき

な途はありませんから，本書を利用していただく読者（ほとんどが法学部学生だと思いますが）と共に，今後もさらに見直し作業を進め，少しでも会社法の講義メソッドに近づける努力を続けたいと思います。

新版（第二版）の刊行に際しては，信山社編集部の皆様とりわけ今井守氏の鉄壁のフォローをいただきました。格別のお計らいに感謝いたします。

平成18年2月

淺 木 愼 一

はしがき

　『商法総則・商行為法入門』（平成12年・中央経済社），『手形法・小切手法入門』（平成15年・中央経済社）に次いで，単著としては3冊目の商法の入門書です。

　本書が主として想定している読者層は，法学部に入学後，民法財産法分野の学修をひととおり終え，手形法分野と並行してこの分野を学修しようとしている3年生達です。

　本書は，現在ある株式会社法の姿を，あるがままに描くという方針で執筆しています。したがって，他の会社法の書物に比べると，「改正」という単語の使用頻度が極端に少なくなっています。「某年改正前にこのような制度であったものが某年改正後にはこう改たまった」という形式の記述も完全に排除しています。ともかく，今あるがままの株式会社法の全体像を摑み取るという初学者のための目的に徹しました。

　今日的状況の下では，学部の4単位（週1回1コマ90分の通年講義）という限られた枠の中で，会社法の総てを講じきることは不可能に近いものと思われます。したがって，本書においては，体系書であれば言及すべき論点を大胆に割愛し，会社法本体の周辺に位置する法令・規則の多くも切り捨て，原則として商法第2編第4章株式会社および商法特例法のみを主たる対象として記述しています。たとえば商法施行規則の内容等にはまったく言及していません。記述を，法学部で商法を学んだと言いうる最低限の内容に絞り込んでいます。

　「読書百遍意自ずから通ず」という格言は，会社法の学修に相応しい格言です。おそらく，どのような工夫を凝らしたテキストであっても，会社法に関しては，1回限りの読破では解らないことばかりだろうと思います。会社法は，あちらこちらの説明につき複雑に往き来を繰り返して初めて攻略の糸口が摑めるという科目です。1回目は，ともかく解らない箇所は軽く読み飛ばすつもりで読んで下さい。

　冒頭に述べたように，本書は，私の商法の3冊目の入門書です。1冊目のは

はしがき

しがきを記したのは平成12年1月であり，2冊目のそれを記したのは平成15年7月でした。1冊目と2冊目の刊行の間には，ある程度の時間的余裕がありました。しかし，2冊目と本書との刊行の間は，僅々数か月しかありません。言わば突貫工事のように本書の刊行を急ぎましたが，これは私の本務校が平成16年春に法科大学院を開設することと無関係ではありません。法科大学院の開設を機に，足下の学部における私の全講義内容を洗い直すとともに，その内容を開示することが喫緊の課題であると考えたからです。目的意識のある学生は，テキストとしての本書と体系書とを読み比べて，さらに先に進むには何が足りないかを明らかにすることが容易になるでしょう。また，商法の各分野のテキストを公刊しておけば，法科大学院スタッフも学部でどこまでの内容が講じられているか，容易に知りえますから，学部と法科大学院との教育の連携が円滑になるでしょう。

学部において，少なくとも基幹科目を講じる者は，まず自らの講義内容を再検証することを最も優先しなければなりません。学部の教授陣が「法科大学院開設後の学部教育のあり方」を模索しつつ精進することは重要なことですが，そのためには，会議室に集まるのではなく，まず研究室に散り，足下の自分の領分の講義内容の洗い直しをしなければなりません。法科大学院が開設されると否とに拘らず，学部の役割は基本的には変わることはありません。目的意識のある学生にとっては，学部の教授陣が，学部教育のあり方について不毛な総論を弄ぶことは，「小人閑居して不善を為す」としか映らないでしょう（出典が礼記の「大学」であるところが皮肉ですが）。

会社法のテキストを公刊するということは，今後の改正への対処にも責任を負うということになるのでしょうが，さらに法科大学院スタッフの要望なども勘案して，将来にわたって内容の見直しに努めるつもりです。

初学者向けに内容を絞り込んだ入門書ですが，袖山貴氏をはじめ信山社編集部の皆様に格別の計らいをいただいて，学部の商法の全担当講義分野の入門書刊行作業に区切りをつけることができました。記して感謝いたします。

平成15年11月

淺 木 愼 一

目　　次

序章　ガイダンス ……………………………………………… 1

　　1　開講のガイダンス　会社法は面白くない？ ── 1
　　2　平成17年新会社法の制定 ── 2

第1章　会社は最も進化した企業形態である ……………… 5

　　1　企業と会社 ── 5
　　2　会社はどのような企業なのか ── 7
　　3　会社の構成員，社員について ── 8
　　　3-1　4種類の会社（8）
　　　3-2　個人営業主の営業上の債権者に対する責任（9）
　　　3-3　無限責任社員の会社債権者に対する責任──有限責任，無限責任とは（10）
　　　3-4　有限責任社員の会社債権者に対する責任──直接責任，間接責任とは（11）
　　　3-5　再び会社の種類について（12）
　　4　株式会社法を学ぶ ── 14

第2章　株式会社を設立する ……………………………… 15

　　1　準則主義とは何か ── 15
　　2　どのような株式会社を設立するか──設立する会社の機関設計について ── 16
　　　2-1　法人設立の要諦──機関の整備（16）
　　　2-2　株式会社の機関設計──出発点（17）
　　　2-3　設立しようとする会社の性質による分類（18）
　　3　株式会社設立の方法──発起設立と募集設立 ── 24
　　4　定款の作成と認証 ── 25

目　　次

  4-1　発起人とは何か（25）
  4-2　定款とは何か（26）
  4-3　定款の内容（27）
 5　設立時発行株式に関する事項の決定 —— 34
  5-1　概　　説（34）
  5-2　株式払込金額，資本金，資本準備金など（35）
 6　発起設立手続きの概要 —— 36
  6-1　発起人による株式総数の引受け（36）
  6-2　発起人による出資の履行（37）
  6-3　設立時役員等の選任（39）
  6-4　設立経過の調査（41）
  6-5　設立時代表取締役等の選定（41）
 7　「一人会社」について —— 42
 8　募集設立手続きの概要 —— 43
  8-1　株主の募集（43）
  8-2　株式の申込み（44）
  8-3　株式の割当て（45）
  8-4　出資の履行（46）
  8-5　創立総会（47）
 9　設立の登記 —— 50
 10　設立中の会社の問題を考える —— 52
 11　設立関与者の責任 —— 56
  11-1　財産価額填補責任（56）
  11-2　損害賠償責任（56）
  11-3　会社不成立にともなう発起人の責任（57）
  11-4　擬似発起人の責任（57）
 12　設立の無効 —— 58

第3章　株式，その優れた技術的工夫 ……………………………… 59

 1　株式をどう捉えるか——その意義，法的性質 —— 59

目　次

2　株主の権利 —— 62
　2-1　自益権と共益権（62）
　2-2　単独株主権と少数株主権（62）
　2-3　会社法105条について（63）
3　株主平等の原則 —— 64
4　会社が発行する全株式に関する特別の定め —— 64
5　異なる種類の株式 —— 66
　5-1　総　説（66）
　5-2　剰余金の配当等に関し内容の異なる株式（67）
　5-3　議決権を行使できる事項について内容の異なる株式
　　　（議決権制限株式）（68）
　5-4　譲渡制限株式（69）
　5-5　取得請求権付株式および取得条項付株式（69）
　5-6　全部取得条項付種類株式（70）
　5-7　いわゆる拒否権付株式（70）
　5-8　取締役または監査役の選任につき内容の異なる株式（71）
6　非公開会社における株主平等原則の例外 —— 71
7　株式の内容を変更する定款変更と既存株主の利益 —— 71
　7-1　総　説（71）
　7-2　定款変更手続きの特則（72）
　7-3　ある種類の種類株主に損害を及ぼすおそれがある場合
　　　の種類株主総会（73）
　7-4　反対株主の株式買取請求権（74）
8　発行可能株式総数など —— 76
　8-1　発行可能株式総数（76）
　8-2　発行可能種類株式総数（77）
9　株券と株主名簿 —— 77
　9-1　株券とは何か（77）
　9-2　株券の発行（78）
　9-3　株券不所持制度（79）

9-4 株券失効制度 (*79*)
   9-5 株券を発行する旨の定款の定めの廃止 (*83*)
   9-6 株主名簿 (*83*)
10 株式の譲渡 —— *89*
   10-1 株式の譲渡性 (*89*)
   10-2 権利株および株券発行前の株式の譲渡制限 (*90*)
   10-3 定款による株式譲渡制限 (*90*)
   10-4 契約による株式譲渡制限 (*95*)
   10-5 株式の譲渡方法 (*95*)
   10-6 株券の善意取得 (*96*)
11 株式の担保化 —— *96*
   11-1 担保化の態様 (*96*)
   11-2 質権の設定とその効力 (*96*)
   11-3 譲渡担保権の設定とその効力 (*97*)
   11-4 担保権と株式譲渡制限との関係 (*98*)
12 自己株式の取得規整 —— *98*
   12-1 自己株式取得の弊害と長所 (*98*)
   12-2 総　　説 (*99*)
   12-3 株主との合意による取得 (*100*)
   12-4 取得請求権付株式の取得 (*103*)
   12-5 取得条項付株式の取得 (*104*)
   12-6 全部取得条項付種類株式の取得 (*105*)
   12-7 相続人等に対する売渡請求 (*106*)
   12-8 自己株式の保有および処分 (*107*)
   12-9 子会社による親会社株式の取得規整 (*108*)
13 株式の併合・分割・無償割当て —— *110*
   13-1 株式の併合 (*110*)
   13-2 株式の分割 (*112*)
   13-3 株式の無償割当て (*113*)
14 単元株制度 —— *114*

14-1 単元株とは何か（*114*）

14-2 単元株制度と定款変更（*114*）

14-3 単元未満株主の権利（*115*）

第4章　株式会社を運営する……………………………………*117*

1　総　説 —— *117*

1-1 「機関」とは何か（*117*）

1-2 society と company（*117*）

2　株主総会について学ぶ —— *119*

2-1 総説——意義と権限（*119*）

2-2 株主総会の決議事項（*121*）

2-3 株主総会の招集（*124*）

2-4 株主総会の議事（*130*）

2-5 議決権の行使（*135*）

2-6 書面等による総会決議（*142*）

2-7 反対株主の株式買取請求権（総まとめ）（*143*）

2-8 株主の総会検査役選任請求権（*144*）

2-9 決議の瑕疵（*144*）

2-10 種類株主総会（*145*）

3　取締役・取締役会・代表取締役について学ぶ —— *147*

3-1 取締役とは何か（*147*）

3-2 取締役の選任・終任（*148*）

3-3 取締役会非設置会社の業務執行と代表（*161*）

3-4 取締役会（*162*）

3-5 特別取締役制度（*170*）

3-6 代表取締役（*173*）

3-7 取締役と会社との関係（*181*）

3-8 取締役の責任（*189*）

3-9 取締役の報酬（*200*）

3-10 再び取締役とは何か（*202*）

目　次

　　4　会計参与について学ぶ —— 203
　　　　4-1　意義および選任・終任（203）
　　　　4-2　会計参与の権限および義務（204）
　　　　4-3　損害賠償責任および報酬（205）
　　5　監査役について学ぶ —— 206
　　　　5-1　監査役の意義（206）
　　　　5-2　監査役の選任・終任（207）
　　　　5-3　監査役の職務権限（210）
　　　　5-4　監査役会（212）
　　　　5-5　監査役の義務と責任（213）
　　　　5-6　監査役の報酬と監査費用（214）
　　6　委員会設置会社について学ぶ —— 215
　　　　6-1　委員会設置会社のイメージ（215）
　　　　6-2　指名委員会（216）
　　　　6-3　監査委員会（216）
　　　　6-4　報酬委員会（219）
　　　　6-5　各委員会の運営方法等（220）
　　　　6-6　執行役および代表執行役（221）
　　　　6-7　取締役および取締役会（228）
　　　　6-8　執行役の責任（229）
　　7　検査役について学ぶ —— 232
　　　　7-1　検査役とは何か（232）
　　　　7-2　検査役の選任（232）
　　　　7-3　業務執行検査役（232）
　　　　7-4　会社と検査役の関係（233）
　　8　CEO／COOとは —— 234

第5章　株式会社の会計を明朗にする ……………… 235

　　1　計算規整の必要性 —— 235
　　2　株式会社の決算手続き —— 235

2-1　計算書類の作成・保存義務（*235*）

　　2-2　計算書類の内容（*237*）

　　2-3　連結計算書類（*238*）

　　2-4　臨時計算書類（*239*）

　　2-5　計算書類の作成と監査（*239*）

　　2-6　計算書類・附属明細書・監査報告の公示（*244*）

　　2-7　株主への直接開示（*244*）

　　2-8　計算書類の報告・承認・公告（*245*）

　3　資本金および準備金 —— *246*

　　3-1　資本金（*246*）

　　3-2　準備金（*246*）

　　3-3　任意積立金（*247*）

　　3-4　資本金額・準備金額の変動（*247*）

　4　剰余金の分配等 —— *250*

　　4-1　剰余金の配当の意義（*250*）

　　4-2　剰余金の額（*250*）

　　4-3　会社から流出しない剰余金の処分（*251*）

　　4-4　剰余金の配当（会社から流出する剰余金の処分）（*251*）

　　4-5　剰余金分配の規整（*253*）

　　4-6　違法配当等（*255*）

第6章　株式会社の資金を調達する……………………………*257*

　1　資金調達の必要性 —— *257*

　2　新株の発行——募集株式の発行 —— *257*

　　2-1　新株発行の意義（*257*）

　　2-2　募集株式発行の形態（*258*）

　　2-3　募集事項の決定（*259*）

　　2-4　株主割当てによる募集株式の発行（*262*）

　　2-5　公開会社における第三者に対する有利発行（*263*）

　　2-6　募集株式の申込み・割当て（*264*）

xv

目　次

　　2-7　出資の履行（265）
　　2-8　新株発行の効力の発生等（266）
　　2-9　違法な新株発行等に対する措置（268）
　3　新株予約権の発行 —— 272
　　3-1　新株予約権とは何か（272）
　　3-2　新株予約権の発行手続き（273）
　　3-3　募集新株予約権の申込み・割当て（278）
　　3-4　新株予約権に係る払込み（278）
　　3-5　既存株主の保護（278）
　　3-6　新株予約権証券（279）
　　3-7　新株予約権原簿（279）
　　3-8　新株予約権の譲渡等（280）
　　3-9　会社による自己新株予約権の取得（282）
　　3-10　新株予約権無償割当て（283）
　　3-11　新株予約権の行使（284）
　　3-12　新株予約権の登記（285）
　4　社債の発行 —— 285
　　4-1　社債とは何か（285）
　　4-2　社債発行の前提条件（286）
　　4-3　社債の発行形態（286）
　　4-4　発行手続き（287）
　　4-5　社債原簿，社債券（288）
　　4-6　社債の管理（289）
　　4-7　社債の利払いおよび償還（295）
　　4-8　担保付社債（296）
　　4-9　新株予約権付社債（297）

第7章　株式会社を再編する　301

　1　定款の変更 —— 301
　　1-1　定款の変更とは何か（301）

1-2　定款変更の手続き（*301*）
　1-3　変更の効力（*302*）
2　事業の譲渡・譲受け・賃貸等 ―― *302*
　2-1　事業の譲渡とは何か（*302*）
　2-2　事業譲渡の手続き（*303*）
　2-3　事業譲渡手続違反の効果（*304*）
　2-4　事業の賃貸等（*304*）
3　会社の合併 ―― *305*
　3-1　合併とは何か（*305*）
　3-2　合併の自由（*305*）
　3-3　合併の手続き（通常の場合）（*306*）
　3-4　簡易合併（*315*）
　3-5　略式合併（*316*）
　3-6　合併の無効（*317*）
4　完全親子会社関係の創設――株式交換・株式移転 ―― *317*
　4-1　総　説（*317*）
　4-2　株式交換による完全親会社の設置（*318*）
　4-3　株式移転による完全親会社の設立（*324*）
5　会社の分割 ―― *329*
　5-1　会社の分割とは何か（*329*）
　5-2　会社分割の手続き（通常の場合）（*330*）
　5-3　簡易分割（*339*）
　5-4　略式分割（*340*）
　5-5　会社の分割の無効（*341*）
6　組　織　変　更 ―― *341*
　6-1　組織変更とは何か（*341*）
　6-2　組織変更の手続き（*341*）
　6-3　組織変更の無効（*342*）
7　企業再編に関するその他の基本用語 ―― *342*

目　次

第8章　株式会社関係の訴えの制度……………………………345

1　設立無効の訴え ―― 345
2　総会の決議の瑕疵に基づく訴え ―― 347
2-1　決議取消しの訴え（347）
2-2　決議無効確認の訴え（349）
2-3　決議不存在の訴え（350）
3　新株発行無効の訴え等 ―― 350
4　会社再編のための組織法上の行為の瑕疵に基づく訴え ―― 352
4-1　資本金額減少無効の訴え（352）
4-2　合併無効の訴え（353）
4-3　株式交換無効の訴え（355）
4-4　株式移転無効の訴え（356）
4-5　分割無効の訴え（357）
4-6　組織変更無効の訴え（358）
5　株主の監督是正権としての訴権 ―― 359
5-1　代表訴訟提起権と違法行為差止権（359）
5-2　役員解任訴権（366）
6　解散を命ずる裁判 ―― 366
6-1　解散判決（366）
6-2　解散命令（367）

第9章　株式会社を停閉する……………………………369

1　会社の解散 ―― 369
2　会社の継続 ―― 370
3　会社の清算 ―― 370

〈法令略語表〉

会	会社法
旧有	旧有限会社法
銀行	銀行法
憲	憲法
公認会計	公認会計士法
証取	証券取引法
商	商法
商登	商業登記法
担信	担保付社債信託法
独禁	私的独占の禁止及び公正取引の確保に関する法律
非訟	非訟事件手続法
保険	保険業法
民	民法
民執	民事執行法
民訴	民事訴訟法
民訴費用	民事訴訟費用等に関する法律
民保	民事保全法

序章 ガイダンス

1 開講のガイダンス　会社法は面白くない？

　会社法を受講する学生がよく口にする意見に、「会社法は面白くない。なぜならば、この分野は、ただただ制度の説明を中心に講義を受ける時間があまりにも長く、民法のように、あるいは同じ商法でも有価証券法のように、理論的に突き詰める面白さに接する時間が短い」というものがあります。この意見は、確かに傾聴に値するものであり、講じる側にも反省すべき点が多々あると思います。会社法のダイナミックさを学生に十分に伝えられない。そこかしこに鏤められた興味深い解釈論に充分に言及できない。これはもっぱら講じる側の責任なのですが、しかし、やはりある程度、制度の仕組みを理解してもらわないと、この分野の本当の面白さには触れることができないのです。

　そこでまず、会社法を学修するにあたって、馴染みのない制度を頭から克服しなければならないと身構えている皆さんに、少し安心できる話をしておきたいと思います。

　会社法では、株式会社法を学ぶことが学修の中心になるのですが、「そもそも株式とは何か」あるいは「会社の合併という現象の本質は何か」といった、いわゆる抽象的本質論を克服しないと会社法の分野を理解することができないのではないか、そのように誤解している初学者があまりに多いように思います。安心してください。北澤正啓名古屋大学名誉教授は、そのような本質論は、しばしば有害無益であり、そうでなくても無害無益であるとおっしゃっています（先生の一流の諧謔であるかもしれませんが）。北澤会社法学といえば、今日の商法学界に聳える秀峰のひとつですが、北澤会社法の切り口は、会社をめぐる諸利益（対外的・対内的利益衝突の双方を含む）をいかにして調整するかという、そのこと自体の妥当な結論・合理的な結論を探るという一貫した姿勢にありま

す。北澤教授は，そのためには会社をめぐる法律関係を相対的に処理する必要があるのではないかと考えられ（たとえば『株式会社法研究』245頁以下（有斐閣，昭和51年）参照），取締役と会社間の取引の問題（本書第4章3-7-4で詳述します）を突破口に，徐々にご自分の会社法の体系を構築されてきたのです。

このように，この分野にのめり込む糸口は，学修者にとって区々であろうと思います。河本一郎（かわもといちろう）神戸大学名誉教授は，有価証券法から商法の研究を開始されましたから，会社法研究の入口は株券であったと述懐されています（「私の商法研究の軌跡」ジュリスト1155号245頁（平成11年）参照）。かつての会社法では，株式につき株券という有価証券を発行するのが原則だったのです。そこから河本教授は，研究を企業金融一般へと広げられました。そして，昨今の株式会社法を取り巻く現象は，むしろ企業金融の観点から説明すべきであるというご見解に辿り着かれたのです。

以上は，大学者の先生方の足跡の一例ですが，このように，少しでも取り付き易い部分，関心の持てる部分があれば，そこを突破口にして会社法の面白さに触れる機会があるはずです。本書は，その一助となるべく，最低限知っておくべき（あるいはイメージしておくべき）制度の仕組みを（繰り返し述べるように，退屈でしょうが，最低限の仕組みの理解は不可欠なのです），めりはりを付けて記述しようと試みるのもです。また，すべてではありませんが，会社をめぐる困難な諸問題が，会社法等の条文をどう解釈し，どう工夫することによって解決されてきたのか，重要と思われる争点の一部を要約して平易に紹介しようと努めるものです。

こういう表現は必ずしも適当ではありませんが，会社法学は，一種の団体法理，組織法理として，それ自体完結した世界を有していますから，他の私法領域の学修で挫折感を抱いた経験を持つ人も，新たな気持ちで学修に挑戦できるかもしれません。会社法を起点に他の私法領域に興味を広げるという学修方法もあっていいと思います。

2　平成17年新会社法の制定

現行商法典は，明治32年（1899年）に制定されました（明治32年法律第48号）。いわゆる会社法と呼ばれる法規は，商法典制定以来，平成17年（2005年）

に至るまで，一貫して「第2編　会社」として商法典中に規定されていました。古い六法で商法を繙いてみて下さい。商法第2編を含め，商法は，「編・章・節・款」という体系で形作られています。わが国の会社法は，制定以来，100余年にわたって幾度も改正されてきました。昭和13年（1938年）には，形式的に第2編の全条文が改正されるということもありましたが，会社法の「編・章・節・款」という体系そのものは，平成17年まで受け継がれてきました。さらに，昭和13年には，「**有限会社**」という会社形態が導入され，このため商法典とは別に「**有限会社法**」という法律が制定されました（昭和13年法律第74号）。下って，昭和49年（1974年），大規模な株式会社および零細株式会社につき，身の丈に応じた現実的な規整をするため，「**株式会社の監査等に関する商法の特例に関する法律**」が制定されました（昭和49年法律第22号）。古い会社法のテキスト等で「**商法特例法**」と呼び慣わされている法律がこれです。

　以来わが国の会社は，「商法第2編」「有限会社法」「商法特例法」という3つの主要法律を柱に，さまざまな特別法，法務省令等によって規整されてきました。3つの主要法律は，複雑な準用規定によって結ばれ，改正を重ねる毎に最近では迷路のような様相すら呈していたのです。

　平成17年に「**会社法**」という名称の新しい法律が成立しました（平成17年法律第86号）。さしあたって，新「会社法」は，従来の商法典から，会社に関する部分を単行法として独立させるとともに，旧有限会社法および旧商法特例法を吸収統合して，再体系化したものとイメージしておけばいいでしょう。法律の表記も平仮名口語体となり，読み易くなりました（ただし，「読み易い」という言葉を額面どおり受け取ると痛い目に会います）。明治32年以来維持されてきた体系の抜本的な組替えが初めてなされた画期的なものです。

　21世紀の初頭に誕生した新しい会社法の構造を探ってみましょう。

第1章 会社は最も進化した企業形態である

1 企業と会社

　「商法とは企業に関する法である」という趣旨の話は，商法関連のあらゆる科目で一度は耳にするフレーズでしょう。

　企業とは何か。これは難しい問掛けです。さしあたり，**企業**とは「資本主義経済体制あるいは市場経済社会の中にあって，利潤の獲得を目標として，一定の営業計画の下，継続的意図をもって同種（一種または数種）の経済活動を遂行する独立の経済単位としての生活体である」というイメージから出発してみましょう。このイメージを，もう少し掘り下げて見ます。まず，企業は利潤の獲得を至上の目的とする生活体です。これこそが企業の存在意義であり，この目的なくして企業というものは成り立ちえません。そして，企業は，そのような目的を対外的経済活動を通じて達成しようとする生活体です。経済活動とはすなわち他者との取引のことです。企業は，取引行為すなわち各種の法律行為を通じて利潤の獲得を追求する生活体です。

　会社は，企業と呼ばれる生活体の一種です。会社は法人格を有します（会3）。会社は，「**営利社団法人**」という法的性格を持つ企業です。営利・社団・法人という概念は，すでに民法総則で学修したことでしょうから，詳細は省略します。ここでは，会社概念における「**営利性**」についてのみ言及しておきます。会社は，ともかく営利の追求を至上目的として存在しますが，その取得した利益を構成員（社員）に分配するために，これを追求しているのです。すなわち会社は，対外的活動を通じて利益を追求することを目標としますが（商人概念としての営利性はこれだけで充分です），これに加えて構成員に利益を分配することをも目標としているのです。

　営利社団法人たる会社は，企業以外の顔を持ちません。会社は，企業概念を

離れて存在しないのです。換言すれば，会社は常に商人であり，商人資格を離れて存在することはありません。会社以外の生活体は，企業以外の顔も持っています。たとえば，個人営業主は，企業活動遂行中は商人たる資格で活動しますが，私的な生活においては商人資格を離れて存在しえます。公益法人たる私立大学が私立学校法26条に基づき，基本的商行為に該当する収益事業を行えば，その私大は，その場面に限っては企業の顔すなわち商人資格を持ちますが，それ以外の場面では商人資格を離れて存在しています。会社だけが24時間365日（366日）企業として存在する生活体なのです。

　商法総則・商行為法で学んだように，企業活動は，商法の規整を受け，時に政策的配慮に基づく商法の保護を受けなければなりません。会社以外の企業体が，商人として商法の適用を受けるためには，その事業目的たる営業行為は一定の制限を受けます。具体的には，このような企業体は原則として商法501，502条および同4条2項所定の行為を営業として行わない限り，商人資格を認められません。これに対し，会社という企業体は，営利を目的とする限り，どのような事業行為をなそうが商人資格を認められます。会社の商人性に関し，会社法総則中に明文の規定はありませんが，会社法は，会社を言わば法律上当然の商人であると位置づけているものと評価できます。会社は，事業目的としての営業行為の内容を制限されません。会社法5条は，「会社…がその事業としてする行為及びその事業のためにする行為は，商行為とする。」と規定しています。これは，会社の行為に商法商行為編を適用するための規定です。商法4条は，形式的には会社にも適用されます。したがって，理論上は，商法501，502条に掲げる行為を事業として行う会社が固有の商人に該当し，商法4条2項を含む基本的商行為以外の行為を事業として行う会社が擬制商人に該当するということになるでしょう。形式的に固有の商人に該当する会社を**商事会社**，擬制商人に該当する会社を**民事会社**といいます。しかし，商法4条を実質として会社に適用することに積極的な意義を見出す実益はありません。商事会社と民事会社を区別することは，もはや無意味です。

　なお，便宜上ここで触れておきますが，法人たる会社が行おうとする事業は，会社の根本規則たる定款に**「会社の目的」**として掲げられ（株式会社であれば会27①），この目的は登記されます（同じく会911Ⅲ①）。これに関連して，民

法総則で学んだ法人の権利能力に関する民法43条の規定を思い出す人がいると思います。同条は，法人は定款または寄附行為所定の目的の範囲内において権利を有し義務を負うと定めています。会社法にはその旨の定めがありませんが，わが民商法体系の構成上，同条は会社を含む法人一般に共通する原則規定であると位置づけられるでしょう。しかし，定款所定の目的と一見無関係に思われる会社の行為（たとえば特定の政党に政治献金を行う等）も，その会社が発展する上で価値がある社会における応分の活動であると考えられますから，間接的に会社の目的に合致する行為であると評価できるのです。こう解すれば，定款所定の目的の如何にかかわらず，会社は事実上財産法上のあらゆる行為をなしうると結論づけても問題はないでしょう。定款所定の目的は，こと会社の権利能力に関しては，まず意味がないものといえます。そして，およそ会社が有効になしうる行為は，当然に商行為であるということになります（会5）。

2　会社はどのような企業なのか

　企業は，他者とりわけ他の企業との間で取引活動を行い，多くは互いに継続的な取引関係を構築しています。このような環境にあっては，「**企業の維持**」ということが重要になります。

　企業主体の死亡といった，当該企業主体の個人的事情が，企業の存立そのものに直結することは企業社会にとって必ずしも好ましいことではありません。法人である会社は，社員の個人的事情が企業の維持に影響を及ぼすことが少ないのです。このような影響の大きさは，会社の種類によって異なりますが，株式会社において特にその影響が小さいということが，本書を読み進むことによって理解できると思います。

　企業者の個人的事情に基づく影響が排除できた後，さらに，企業の維持・発展にとって望ましい要素は何でしょうか。そのような諸要素を探るキー・ワードは「**リスクの軽減**」であろうと思われます。スケール・メリットという言葉があります。複数人の資本や労力を1個の企業に集約できれば，それだけ企業規模は拡大します。一般に大規模企業の方が経営効率が高く，それだけ大きな利益を獲得する可能性が高まるでしょう。ひいては，構成員に分配される利益も増大します。逆に，企業が損失を被ったときも，その損失が構成員に分配さ

れますから，各人が受ける傷もまた浅く済むのです。大規模企業は景気の変動に耐える体力も大きいと思われます。資本の集約力も会社の種類によって異なりますが，この面でも株式会社が最もその力の強固な会社であるといえます。

企業規模が拡大すれば，多様な事業を展開することができ，それだけ危険を分散することができるでしょう。事業の種類に応じて社内分業が進み，採算部門が不採算部門をカバーすることも可能になるからです。合理化された計算（会計）を通じて社内各部門の収益状況の的確な把握がなされると，不採算部門を切り離して収益力の強い企業に脱皮したり，採算部門を中心に，強い企業同士が結集してさらに強い企業へと昇華したり，いわゆる企業の再編も必要になりますが，会社は，このような再編が機動的に達成し易い法構造を有しています。もちろん再編の中には，資本参加に基づく系列化等も含まれるわけですが，これらを含めて，会社の中では株式会社が最も企業再編を円滑に行いうる法構造を有しているといえるでしょう。

このように会社，とりわけ株式会社は，今日の経済社会にとって，最も望ましい企業形態なのです。

3　会社の構成員，社員について

3-1　4種類の会社

わが国は，4種類の会社を法律で認めています。**株式会社・合名会社・合資会社**および**合同会社**です。株式会社は主として会社法第2編に，後3者は「**持分会社**」として主として同法第3編に定められています。これ以外の会社形態は認められません（会2①）。会社制度は，長い歴史の中で，人類が望ましい企業形態を求めて，経済社会の中で試行錯誤を繰り返しながら生成・発展・完成したものです。わが国が西洋法を継受するにあたり，明治中葉に商法典の中に採用されました。世界の企業法の進化を視野に入れつつ，かつ，わが国の社会の発展に合わせて，幾度となく改正を繰り返して今日に至っています。かつて存在した有限会社法に依拠した有限会社は，19世紀末に，ドイツの立法者によって，中小企業に適した株式会社類似の簡易な企業形態を求めて，机上で創作されたものです。机上の創作とはいえ，この会社は欧州で見事な成功を収

め，これを受けて，わが国においても昭和13年（1938年）に導入されたものです。しかし，平成17年（2005年）の改正により，有限会社制度は，株式会社に吸収統合されることになりました。これによって，今日のわが国の株式会社制度は，弾力性に富む柔構造を獲得しました。この点は，学修が進むにつれ明らかになるでしょう。

　これらの会社の区別は，「主として」各々の会社の「社員の責任の態様」によってなされます。まず，基礎知識としてこの点を説明しようと思いますが，その前に「社員」という用語の意味を確認しておきましょう。

　社員とは，社団法人たる会社の構成員のことを指します。端的には，会社という団体に出資をなすことによって，その団体と直接に結合している者であるとイメージしてください。法律用語としての社員は，決して従業員ではありません。純理論上は，典型的な会社にあっては社員相互間には契約関係が存在せず（この点，組合と異なります），社員同士は会社という団体を通じて間接的に結合している，ということになります（その結合の強弱は会社の種類によって差がありますが）。

3-2　個人営業主の営業上の債権者に対する責任

　「社員の責任」を理解する前段階として，まず，個人営業主の営業上の債権者に対する責任の内容を概観しましょう。下の図Ⅰにおいて，Aは自己の営業に供する積極財産（b）と，そうでない非営業用の積極財産（a）とを会計上区別して管理しています。たとえば，Aが他者から店舗を賃借して営業している場

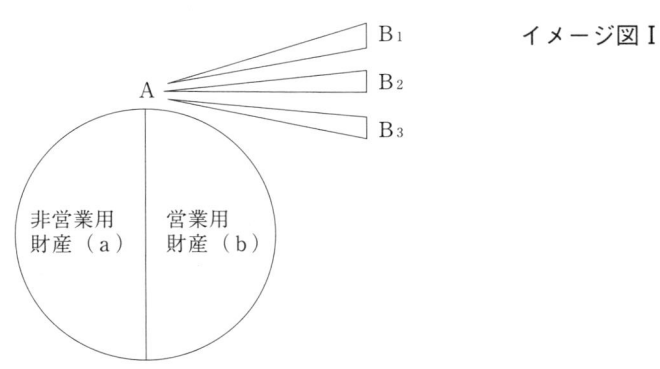

イメージ図Ⅰ

合，もっぱら日常生活を営むAの住居は(a)に属しています。Aは，商人として商業帳簿を作成・保存しますが(商19)，そこに登場する積極財産は(b)の部分に限られます。かりに，Aの営業が破綻したとしましょう。Aは当然に，その営業上の債権者であるB_1，B_2，B_3らに対し，(b)をもって弁済すべき立場にありますが，Aが(b)の全財産を供出し尽くしてもなおB_1らに対する債務を完済しえない場合，Aは(a)の財産をもって当然に弁済の責任を負わなければなりません。B_1らは，Aに対する債務名義をもって，(a)(b)いずれの財産に対しても強制執行が可能です。たとえ(b)に余剰があっても(a)の部分に強制執行をなすことが可能であり，Aはこれを拒むことができません。すなわち，Aは，会計上自己の財産を(a)(b)に区別して管理していますが，営業上の債権者B_1らにとっては，(a)(b)双方の財産がともにAに対する債権の引当てになっています。

3-3 無限責任社員の会社債権者に対する責任──有限責任，無限責任とは

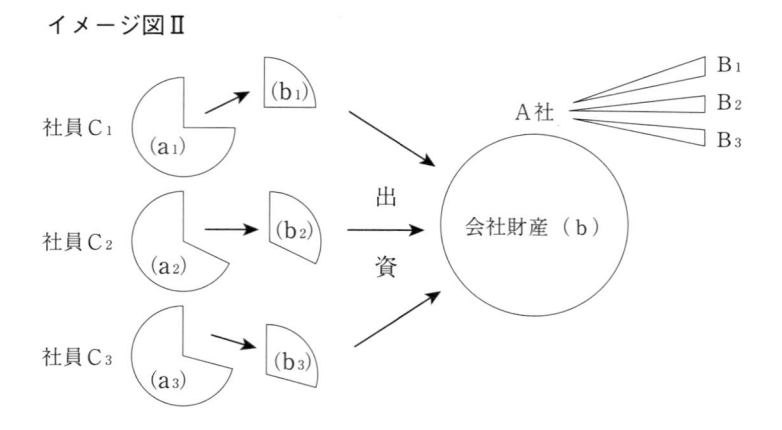

イメージ図II

上の図IIで説明します。社員C_1は，自己の財産の一部をA社に出資しました。これを(b_1)だとします。同様に，C_2，C_3らも出資を行いました。これらが源資となって，A社の会社財産(b)が形成されました。A社は，これを源資に事業を行い，その成果によって(b)は増減を繰り返すことになります。そ

の後のA社の財務諸表には(b)が積極財産として記載・記録されます。A社の業績が好調であれば，その利益の一部は配当という形で(b)から各社員に還元されます。

A社の経営が破綻すれば，どうなるのでしょうか。A社の会社債権者B_1，B_2，B_3らに対し，A社は当然に(b)をもって弁済すべき立場にあります。問題は，A社が(b)の全財産を供出し尽くしてもなおB_1らに対する債務を完済しえない場合です。このとき，B_1らは，たとえば社員C_1の積極財産である(a_1)をもってA社の債務を弁済せよとC_1に請求できるでしょうか。

もし社員C_1が，(a_1)の財産をもってB_1らに対してA社の債務を弁済する責任があるならば，そのような社員を**無限責任社員**といいます。後に述べるように(本章3-5)，わが国の会社法制上，無限責任社員は，会社債権者に対して，会社債務を直接に弁済する責任を負っています。すなわち，A社に対する債務名義を有するB_1らは，執行裁判所から承継執行文を付与されることによって(民執27 Ⅱ)，上の例でいえば社員C_1の(a_1)の財産に対する強制執行が可能になります。C_1は，B_1らの強制執行に対し，まずA社の財産(b)から優先的に執行せよと主張できるに止まります。このようなC_1の責任を**直接無限責任**といいます。

これに対し，もし社員C_2が，(a_2)の財産をもってB_1らにA社の債務を弁済する責任を負わないのであれば，そのような社員を**有限責任社員**といいます。すなわち，有限責任社員は，出資額という一定額を限度として会社債権者に会社債務の弁済義務を負うに過ぎないのです。

3-4 有限責任社員の会社債権者に対する責任──直接責任，間接責任とは

入社した有限責任社員の会社に対する出資義務をどのような形で履行させるべきかは，一般的に言えば立法政策の問題です。たとえば，入社前または入社と同時に，あるいは入社後遅滞なく出資に合意した全額の払込義務を履行させるという政策がありえます。あるいは，順次の分割払込みを認めて，会社が請求したときに払込義務を履行させるという政策も考えられます。いずれにせよ，社員の会社に対するこの義務が未履行の状態にあるとき，会社債権者は有限責

任社員の責任をどのように追及できるのでしょう。

　先の例でいえば，仮に有限責任社員C_2の出資義務が500万円であって，C_2がこの義務を履行しないままA社が破綻したとき，A社に対する債務名義を有するB_1らが，承継執行文を付与されて，500万円を限度に，直接C_2の積極財産に強制執行が許されるのであれば，C_2は，会社債権者に対して**直接責任**を負っていることになります。

　これに対し，B_1らが直接C_2の私有財産に手を出すことを許されない場合があります。このときC_2は，会社債権者に対して**間接責任**を負うことになります。この場合B_1らは，理論上はA社のC_2に対する未履行分の出資金払込請求権を差し押さえるか，A社の債権者としてC_2に対し債権者代位権（民423）を行使するか，いずれかの処理を行うことになるでしょう。ただし，現在のわが国の会社法制上，間接責任を負う有限責任社員については，いわゆる全額払込制（第2章で後述します）が採られているため，上述の処理は机上の議論にすぎません。

3-5　再び会社の種類について

　以上によれば，無限責任社員は，有限責任社員に比べて，より会社の経営，業務執行に関与せざるをえない立場にあるといえるでしょう。会社の命運が自己の命運をも左右するのですから，会社の業務執行に深く関与すべき地位が与えられなければなりません。これに対して，有限責任社員は，会社の業務執行に積極的に関与を欲するという需要も確かにありますが，とりわけ出資義務を履行した後は，何ら会社債権者に対して責任を負わなくてよいのですから，必要以上に会社の経営，業務執行に関心を持つ理由が低下する傾向が生じると思われます。この傾向が顕著になれば，せいぜい会社の根本的な性格や存立にかかわる基本的事項，会社の経営を委ねる者の選解任に関わる事項等，きわめて限られた範囲でその意思を反映する地位が与えられれば十分であるというところまで行き着くでしょうし，それ以上に，配当さえあれば会社経営にまったく無関心な社員も生じるでしょう。

　以上をふまえて，わが国で認められている4種類の会社の社員の構成を概観すると，以下のようになります。

合名会社は，無限責任社員だけをもって構成される会社です。社員の責任は直接責任であり，各社員は会社債権者に対して連帯責任を負っています（以上，会576Ⅱ，580Ⅰ）。

合資会社は，無限責任社員と有限責任社員とをもって構成される会社です（会576Ⅲ）。無限責任社員の責任の態様は合名会社の無限責任社員のそれと同様です（会580Ⅰ）。有限責任社員は，会社債権者に対して直接責任を負っています（会580Ⅱ）。

以上の会社にあっては，会社債権者にとって重要である社員に関する情報が登記をもって公示されています（会912⑤，913⑤⑥⑦）。

株式会社と**合同会社**は，有限責任社員だけをもって構成されます（会104，576Ⅳ）。社員の責任は共に間接責任です。しかも，会社に対する出資義務は入社時に履行済みですから（全額払込制，たとえば，設立時の払込みにつき，会63Ⅰ，578），事実上，会社債権者に何らの責任を負うものではありません。以上によれば，株式会社と合同会社とは，構成社員の対外的な責任の態様だけをもっては，明確に区別できません。合同会社は，平成17年の会社法制定にあたって新たに導入された会社組織です。初学者にはイメージするのが難しいのですが，社員の責任は有限責任でありながら，会社の内部関係については組合的な規律が適用されるというものです。会社の内部関係につき，後に詳しく学ぶように，株式会社にあっては少なからず強行規定による規整が加えられることになりますが，合同会社では会社の内部規律が広く定款の自治に委ねられることになります。合名会社や合資会社の無限責任社員が，言わば「己れの全人格を掛け，全財産を失う覚悟をもって」会社経営に関与するのを原則とするのに対し，合同会社の社員は「己れの全人格を掛けて会社と運命を共にする覚悟はあるが，損失は出資額に止めて」会社経営に関与するのを原則とするのです。合同会社にあっては，原則として各社員が業務執行権を有します（会590参照）。すなわち，合同会社は，各社員の個性，その識見才能が重視される会社です。株式会社は，合同会社に比べると，各社員の個性がそれほど重視されません。とりわけ大規模な公開会社にあっては，社員の個性はまったく無視されます。

会社の分類基準にはいくつかのそれがありますが，ここでは，人的会社，物

的会社という分類基準に言及しておきます。これ以外の分類基準については，本書の進行の中で，必要に応じて説明します。**人的会社**とは，会社の信用の基礎が社員＝人(イコール)にあるものを指します。社員の個性が重視される会社といってよいでしょう。合名会社，合資会社および合同会社がこれに分類されます。**物的会社**とは，会社の信用の基礎が会社財産＝物(イコール)にあるものを指します。社員の個性は重視されず，保有される会社財産が重視される会社です。株式会社がこれに分類されます。しかしながら，くり返し述べるように，今日の株式会社制度は，きわめて柔軟な法構造を有していますから，人的会社と物的会社との境界は，古生物学において古代鳥類と恐竜類とを区分するに似て，明確な線引きをすることが困難になりつつあります。

4 株式会社法を学ぶ

　世間の一般的な理解では，「会社」といってイメージするのは株式会社ではないでしょうか。しばしば言及してきたように，株式会社は，人類が到達しえた最も理想的な企業形態であるといえます。

　株式会社自体を定義する規定は会社法中に存在しません。さしあたり，会社法の諸規定を総合的に判断して導かれるこの会社の概念は，「会社の持分，すなわち社員の地位が，株式と呼ばれる細分化された割合的単位の形式をとっており，株式を保有する社員，すなわち株主が，会社に対して当該株式の引受価額を限度とする出資義務を負う会社である」ということができます。「株式」と「株主の（間接）有限責任」がこの会社の基本的特質です。割合的単位の形をとった社員の地位＝株式のイメージが今一歩把握できないのではないかと思いますが，このイメージは，後述する株式に関する章（第3章参照）で固めることにしましょう。

　以下本書では，現代の株式会社法を中心に学んで行くことにします。

第2章　株式会社を設立する

1　準則主義とは何か

　生物学上の個体としてのヒトは，雄性配偶子（精子）と雌性配偶子（卵子）とが融合する（受精）ことにより，生命体としての活動を開始します。すなわち，卵割期，胞胚期を経て，原腸陥入が始まり，原腸胚と称される段階に至り，各器官の分化・形成がなされて，出生を迎えることになります。民法は，上記の段階のヒトを「胎児」と称して，相続に関する若干の規定を設けていますが（民886など），それ以外の場面では，ヒトの発生に関しては自然の摂理に委ね，一切の干渉を行っていません。しかし，ある段階から，ヒトは社会における独立した生活体として権利義務の帰属主体たる地位（権利能力）が認められるべきであり，その始期を明瞭に画す必要があります。それゆえ民法は，出生という時点をもって，権利能力の始期を定めました（民3Ⅰ）。この時点から，ヒトは法律上「自然人」と称され，私法上の権利義務の担い手として社会と生活関係を持つに至ります。

　法は（少なくとも私法は），自然人の発生に関しては，生命の尊厳を貫き，一切の干渉をせず，ただ権利能力の始期のみを定めました。自然人は，いかなる先天的形質を持って出生しようと，すべて個人として尊重され，法の下に平等な扱いを受けるのです（憲13，14）。

　法人は，その種類如何を問わず，自然人とは異なり，それぞれの目的をもって創造される人工的な生活体です。自然人と共生して，社会の中でさまざまな生活関係を構築しますから，やはり権利能力の獲得の時期を明瞭に画してやる必要があります。会社という法人にあっては，会社法は，本店の所在地において**設立の登記**をなした時点を権利能力の取得時期（会社の成立時期）と定めました（会49，579）。

第2章 株式会社を設立する

ところで、生命の尊厳を守るべき自然人と異なり、法人の場合は、目的にそぐわない、あるいは社会にとって好ましくない生活体が発生することを未然に防止するという法政策を採用することは、決して不当とはいえず、むしろそのような生活体の発生をあらかじめ排除しておくことは、社会にとって望ましいことといえるでしょう。会社という営利社団法人にあっては、たとえば将来にわたって財産的基盤が極端に脆弱であり続けるであろうものや、もっぱら投資家の資金を騙取することを目的とするもの等の発生を未然に防がなければなりません。泡沫会社のような経済社会を紊乱させる法人の誕生を許すべきではないのです。

そのためには、どのような法政策を採用すればいいでしょうか。考えられる政策のひとつは、誕生しようとする会社に公権力が関与して、実質的な審査を行い、法人格の取得を免許によらしめるというものです。これを**設立免許主義**といいます。会社制度が導入された当初は、わが国も設立免許主義を採っていました。しかし、経済活動が活発になると、会社制度を機動的に利用するためには、設立免許主義はあまりにも融通性に欠けるでしょう。そこで、設立免許主義にとって代わったのが準則主義です。

準則主義というのは、あらかじめ法律によって、会社を誕生させるために必要な一定の要件・手続きを定めておき、それに則って設立された会社に当然に法人格を与えよう、という方法です。ヒトでいえば、個体の発生に至るプロセスにあたる部分を細かく法律によって規整し、その規整に従って設立された会社には、設立登記の時から法人格を与えようというわけです。株式会社の設立に関しては、会社法第2編第1章、すなわち25条以下に設立要件が定められています。

2 どのような株式会社を設立するか──設立する会社の機関設計について

2-1 法人設立の要諦──機関の整備

自然人は、その誕生後、完全な行為能力を取得するまでの間を、親権者または未成年後見人の庇護を受けて成長します。これに対して法人は、その発足と

同時に権利能力を有する生活体として直ちに活動を開始します。法人を設立するという作業にあっては，法人が発足した場合に，権利能力を有する生活体として直ちに活動できる体制を整備することがその要諦になります。法人は，法人として自ら意思決定をしたり法律行為をしたりすることができず，窮極においては自然人を通じて活動することになります。法人の組織上，法令・定款・寄附行為の定めにより，一定の地位を与えられ，法人の意思を決定または法人としての行為をなす権限を有する者または会議体を法人の「**機関**」といいます。法人の設立にあたっては，この機関の形成が大切な作業になるわけです。

株式会社を設立するということは，取りも直さず，株式会社という「社団法人」を設立するということです。民法総則で学んだように，社団法人はその実態が人の結合体である法人であり，構成員たる社員によって組織された**社員総会**という意思決定機関を持ち，その決定に従って法人の管理・運営を行う法人です。株式会社も例外ではありません。株式会社は，株主と呼ばれる社員の結合体です。そして，株式会社という社団法人における社員総会に相当するのが，「**株主総会**」と称される機関なのです。すなわち，あらゆる株式会社には，必要的機関（必ず組織しなければならない機関）として，株主総会が存在しています（もちろん常設の機関ではありません）。

2-2　株式会社の機関設計——出発点

設立しようとする株式会社の，株主総会を除く機関設計をどう行うか，その出発点となる条文は，会社法326条です。

同条1項は，「株式会社には，1人又は2人以上の取締役を置かなければならない。」と規定しています。すなわち，あらゆる株式会社には，少なくとも1人以上の取締役が必要であるということになります。同条2項は，「株式会社は，定款の定めによって，取締役会，会計参与，監査役，監査役会，会計監査人又は委員会を置くことができる。」と規定しています。すなわち，取締役以外の機関は，定款の定めによって自由に配置できることが原則とされているわけです。一見すれば簡単なようですが，必ずしも機関設計は単純に済むものではないのです。

哺乳類という動物を説明する場合，個体数は多いけれども，単体としては小

さなネズミを基準にして，これ以外の動物の特質を説明するか，あるいは，個体数は少ないけれども，単体としては大きなゾウを基準にして，これ以外の動物の特質を説明するかは，説明の方法論であり，いずれでも構いません。これと同じように，複雑で多重的な構造を有する株式会社の機関につき，国際的にも有名で誰もが知っている大会社が採用している機関構成を基準にして，その他の株式会社の特質を説明するか，あるいは，身内だけで営んでいる個人企業に毛の生えたような小さな会社が採用している機関構成を基準にして，その他の株式会社の特質を説明するかも，いずれでも構わないでしょう。同様のことは，機関だけでなく，これを含む会社という制度そのものを規整する立法姿勢（立法論）についても妥当します。上のたとえに即して言えば，会社法は，言わばネズミを基準に立法し，ゾウなど他の大型哺乳類のために，別段の規定を用意するという形で立法されています。すなわち，中小規模の非公開会社（これがどのようなものかは，本節の中である程度理解できるでしょう）を基準に立法されているとイメージしておいて下さい。

　話を戻します。先の会社法326条によれば，株式会社の機関設計は，定款の定めによって，いかようにも設計できるということが原則です。それでは，これから設立しようとする会社にどのような機関を設けるべきか，その設立プランはどうあるべきか，それを考えてみましょう。

2-3　設立しようとする会社の性質による分類

2-3-1　4分類の試み

　設立しようとする会社に，具体的にどのような機関を具備すべきかを考えるにあたっては，2方向の視点があります。すなわち，(i)どのような者を株主（社員）として迎え入れて会社を発足させるのかという視点と，(ii)どの程度の資本を湊集して会社を発足させるのかという視点です。

　(i)について述べれば，設立する会社の株主の個性をまったく問うことなく，誰に対しても門戸を開放した株式会社とするのか，そうでないのか，ということです。まったく株主の個性を問題としないのであれば，株式の自由譲渡性を完全に保障した会社を作ればよいということになります（「株式」の理解が進んでいない段階ではこう述べても難しいのですが）。多少なりとも株主の個性を問題

2 どのような株式会社を設立するか——設立する会社の機関設計について

とするなら，株式の全部または少なくともその一部につき，その自由譲渡性を制限した会社を作ることになります。換言すれば，会社法に定義される「**公開会社**」を設立するのか，そうでないのか，ということです。公開会社の定義は，会社法2条5号にあります。すなわち，その発行する全部または一部の株式の内容として譲渡による当該株式の取得について会社の承認を要する旨の定款の定めを設けていないものが公開会社にあたります。

(ii)について述べれば，発足の当初から，巨額の自己資本または他人資本を調達した大規模な会社を設立するのか，そうでないのか，ということです。換言すれば，会社法に定義される「**大会社**」を設立するのか，そうでないのか，ということです。大会社の定義は，会社法2条6号にあります。設立計画に即して述べれば，資本金5億円以上を設立時または設立後できる限り早期に集めて会社を設立するか，設立以後ほどなく200億円以上の他人資本を借り入れる計画をもって起業するかどうかが分岐点となります。

以上によれば，設立しようとする会社の機関設計は，設立しようとする会社の性質に従って，次の4つの分類に即して立案するのが妥当であるということになるでしょう。以下に示します。かりにA型からD型としましたが，これはもちろん普遍的な呼称ではなく，本書だけで用いる便宜的な呼称です。

A型……公開会社でなく，かつ大会社でない会社
B型……公開会社ではないが大会社に相当する会社
C型……公開会社ではあるが，大会社ではない会社
D型……公開会社であって，かつ大会社に相当する会社

会社法は，各々の型に即して，以下のような機関設計を許容し，または義務づけています。なお，個々の機関の具体的な説明は，機関の章において記述します。以下に示す機関設計一覧は，機関の章の記述に際しても参照して下さい。

2-3-2　A型会社の機関設計

この型に属する会社を設立しようとするときには，およそ以下のような機関設計が可能です。

①「取締役」
①′「取締役」＋「会計参与」

①は，最も簡易な機関設計です。取締役の員数は，1人でもまたは2人以上でも構いません（会326Ⅰ）。①′は，会社の計算書類の作成に取締役と共同して携わる会計の専門家（会374参照）を加える設計方法です。会計参与を置く会社を「**会計参与設置会社**」といいます（会2⑧）。

② 「取締役」＋「監査役」
②′「取締役」＋「監査役」＋「会計参与」

　　監査役の員数は1人でも足ります。A型に属する会社では，定款をもって，監査役の監査の範囲を会計に限定するという選択も可能です（会389Ⅰ）。そのような選択をする会社にあっては，会計に強い人材を監査役に抜擢するでしょうから，②′の設計を選ぶ会社は少ないでしょう。

　　なお，監査役を置く会社または会社法の規定上監査役を置かなければならない会社を「**監査役設置会社**」といいますが，上のように，その監査の範囲を会計に関するものに限った会社には，監査役設置会社という呼称は用いられません（以上，会2⑨）。

③ 「取締役」＋「監査役」＋「会計監査人」
③′「取締役」＋「監査役」＋「会計監査人」＋「会計参与」

　　③′の設計方法は，会社法の法理上はありえますが，会計監査人もまた会計の専門家であり（会337Ⅰ参照），二重に会計専門家を配置する必要は乏しいでしょうから，実際に採用されることは少ないでしょう。

　　会計監査人を置くときは，必ず監査役を置かなければなりません（会327Ⅲ）。会計監査人を置く会社または会社法の規定上これを置かなければならない会社を「**会計監査人設置会社**」といいます（会2⑪）。

④ 「取締役会」＋「会計参与」

　　取締役会を置くときは，取締役の員数は3人以上必要です（会331Ⅳ）。このときは，取締役会において，取締役中から**代表取締役**を選任しなければなりません（会362Ⅲ）。

　　取締役会を置く会社または会社法の規定上取締役会を置かなければならない会社を「**取締役会設置会社**」といいます（会2⑦）。取締役会設置会社（委員会設置会社を除く）は，原則として，監査役を置くことが義務づけられますが（会327Ⅱ本文）。A型に属する会社の会計参与設置会社に

限っては，監査役を置かなくても構いません（会327Ⅱただし書）。
⑤「取締役会」＋「監査役」
⑤'「取締役会」＋「監査役」＋「会計参与」

　上の②②'の説明がここにも妥当します。
⑥「取締役会」＋「監査役会」
⑥'「取締役会」＋「監査役会」＋「会計参与」

　監査役会を設置する場合には，監査役の員数は3人以上でそのうち半数以上は社外監査役（会2⑯参照）でなければなりません（会335Ⅲ）。監査役会を置く会社または会社法上これを置かなければならない会社を「**監査役会設置会社**」といいます（会2⑩）。監査役会設置会社は，必ず取締役会を置かなければなりません（会327Ⅰ②）。監査役会設置会社にあっては，監査役の監査の範囲を会計に関するものに限定することは許されません（会389Ⅰかっこ書）。

　ここでも多くは⑥を選択し，⑥'の選択は稀であろうと思われます。
⑦「取締役会」＋「監査役」＋「会計監査人」
⑦'「取締役会」＋「監査役」＋「会計監査人」＋「会計参与」

　上の③③'の説明がここにも妥当します。
⑧「取締役会」＋「監査役会」＋「会計監査人」
⑧'「取締役会」＋「監査役会」＋「会計監査人」＋「会計参与」

　⑧が現実的な設計方法であり，⑧'は実際には採用されないでしょう。
⑨「取締役会」＋「委員会」＋「会計監査人」
⑨'「取締役会」＋「委員会」＋「会計監査人」＋「会計参与」

　指名委員会，監査委員会および報酬委員会を置く会社を「**委員会設置会社**」といいます（会2⑫）。委員会設置会社は，取締役会を置かなければなりません（会327Ⅰ③）。委員会設置会社は，監査役を置いてはなりません（会327Ⅳ）。また，会計監査人を置かなければなりません（会327Ⅴ）。

　実際には⑨'が採用されることは少ないでしょうから，委員会設置会社の機関設計としては，事実上⑨が唯一のものです。

2-3-3　B型会社の機関設計

　この型に属する会社を設立する計画を立てるうえで要となる条文は、会社法328条です。まず、同条2項は、B型に属する会社の特則として位置づけられます。同条同項は、「公開会社でない大会社は、会計監査人を置かなければならない。」と規定しています。すなわち、B型会社は、すべて会計監査人設置会社になるわけです。そうすると、次に会社法327条3項が適用されますから、B型会社にあっては、委員会設置会社形態を選択しない限り、監査役の設置が義務づけられることになります。

　次いで、会社法328条1項は、「大会社（公開会社でないもの及び委員会設置会社を除く。）は、監査役会及び会計監査人を置かなければならない。」と規定していますから、括弧内の除外文言により、B型会社にあっては、監査役会の設置が任意であるということになります。

　以上によれば、B型会社の機関設計にあっては、委員会設置会社を除き、その中に、必ず「監査役(会)」＋「会計監査人」という要素が含まれることになるわけです。

　結局、この型に属する会社を設立しようとするときは、およそ以下のような機関設計が可能となります。

①「取締役」＋「監査役」＋「会計監査人」
①′「取締役」＋「監査役」＋「会計監査人」＋「会計参与」

　　　ここでも、①′は法理上可能な設計方法であるにとどまり、実際には採用されることは少ないでしょう。B型会社にあっても、定款をもって、監査役の監査の範囲を会計に限定するという選択が可能です（会389Ⅰ）。

②「取締役会」＋「監査役」＋「会計監査人」
②′「取締役会」＋「監査役」＋「会計監査人」＋「会計参与」

　　　ここでも、実際に多く採用される計画は②であると思われます。

③「取締役会」＋「監査役会」＋「会計監査人」
③′「取締役会」＋「監査役会」＋「会計監査人」＋「会計参与」

　　　監査役会設置会社にあっては、監査役の範囲を会計に関するものに限定できないこと、A型会社と同様です（会389）。

④「取締役会」＋「委員会」＋「会計監査人」

④´「取締役会」＋「委員会」＋「会計監査人」＋「会計参与」

　　A型会社の⑨⑨´の説明がここにも妥当します。

2-3-4　C型会社の機関設計

　この型に属する会社を設立する計画を立てるときに出発点となる条文は，会社法327条1項です。同条同項は，取締役会の設置が義務づけられる会社を列挙していますが，その1号に「公開会社」が掲げられています。すなわち，C型会社は例外なく取締役会設置会社でなければなりません。そうすると，327条2項本文により，委員会設置会社形態を選択しない限り，C型会社には監査役が置かれるべきことになります。監査役会の設置は任意です（会326Ⅱ）。

　以上によれば，C型会社の機関設計にあっては，委員会設置会社を除き，その中に，必ず「取締役会」＋「監査役(会)」という要素が含まれることになるわけです。

　結局，この型に属する会社を設立しようとするときは，およそ以下のような機関設計が可能となります。

①「取締役会」＋「監査役」
①´「取締役会」＋「監査役」＋「会計参与」

　　C型会社にあっては，A型会社やB型会社と異なり，定款をもって，監査役の監査の範囲を会計に関するものに限定することは許されません（会389参照）。

②「取締役会」＋「監査役会」
②´「取締役会」＋「監査役会」＋「会計参与」

　　A型会社の⑥⑥´と同様の機関設計です。

③「取締役会」＋「監査役」＋「会計監査人」
③´「取締役会」＋「監査役」＋「会計監査人」＋「会計参与」

　　A型会社の⑦⑦´，B型会社の②②´と同様の機関設計です。

④「取締役会」＋「監査役会」＋「会計監査人」
④´「取締役会」＋「監査役会」＋「会計監査人」＋「会計参与」

　　A型会社の⑧⑧´，B型会社の③③´と同様の機関設計です。

⑤「取締役会」＋「委員会」＋「会計監査人」

⑤′「取締役会」＋「委員会」＋「会計監査人」＋「会計参与」
　　A型会社の⑨⑨′，B型会社の④④′と同様の機関設計です。

2-3-5　D型会社の機関設計

　D型会社の機関設計は，もっとも強行法規による規整を受けます。
　D型に属する会社には，必ず取締役会を設置しなければなりません（会327Ⅰ）。委員会設置会社形態を選択しなかった場合には，監査役会および会計監査人を置かなければなりません（会328Ⅰ）。委員会設置会社形態を選択した場合には，当然に会社法327条4項，5項の規整を受けます。
　この型に属する会社を設立しようとするときは，以下の機関設計のみが許されます。
①「取締役会」＋「監査役会」＋「会計監査人」
①′「取締役会」＋「監査役会」＋「会計監査人」＋「会計参与」
　　委員会設置会社形態を選択しなかった場合に唯一許される機関設計です。事実上，多くは①が採用されるでしょう。A型会社の⑧⑧′，B型会社の③③′，C型会社の④④′と同様の機関設計です。
②「取締役会」＋「委員会」＋「会計監査人」
②′「取締役会」＋「委員会」＋「会計監査人」＋「会計参与」
　　委員会設置会社です。事実上，多くは②が採用されるでしょう。A型会社の⑨⑨′，B型会社の④④′，C型会社の⑤⑤′と同様の機関設計です。

3　株式会社設立の方法——発起設立と募集設立

　株式会社の設立方法には，発起設立（本章6）と募集設立（本章8）との2つの方法があります。
　株式会社を立ち上げるに際しては，後述するように（本章5），設立時発行株式（株式会社の設立に際して発行する株式）に関する事項を定めなければならないのですが，会社法には，発起人が設立時発行株式の全部を引き受ける方法により会社を設立する場合と，発起人が設立時発行株式を引き受けるほか，設立時発行株式を引き受ける者（株式の引受人）の募集をする方法により会社を設立する場合とが用意されています（会25Ⅰ①②参照）。前者が**発起設立**であ

り，後者が**募集設立**です。「発起人」，「引受人」といった用語はあとで説明します。この段落は，そういう2つの流れがあるのだと，軽く読みとばしてください。要は，発足当初の会社に誰を社員として迎え，当初の会社財産をどのように形成するか，その方法の違いだけであって，いずれの方法によって設立しようと，設立された株式会社の本質に変わりはありません。

　社会資本の蓄積の乏しい時代にあっては，発起設立は，相互に人的関係のある少数の発起人だけで比較的小規模の会社を設立する方法として，募集設立は，発起人以外に人的関係のない多数の応募者（出資者）を募って会社を設立する方法として用意されたものであったと思われます。しかし，社会資本の蓄積が十分な現代においては，設立段階から公衆の出資を募ることはほとんどなく，会社は，1人または少人数の株式引受けによって設立され，その後，事業の成功や拡大に応じて，株式が公開されるという形態が多くなっています。たとえば，数社が共同出資して合弁会社を設立したり，既存の会社が特定の事業部門を子会社として設立するなどが，その例です。また，わが国では，税金対策などのために，個人企業を株式会社組織とする，いわゆる「**法人成り**」と呼ばれる現象も見られます。これらは，ほとんど発起設立を利用しています。

　なお，後に述べるように，会社法上は，①新設合併，②新設分割，③株式移転によっても株式会社の設立がありえます。しかし，これらの事由に基づく設立については，本章では扱いません。これらの言わば特殊な設立に関しては，会社法814条が，第2編第1章の規定の多くを適用除外とするとしており，関係の各記述の部分で改めて言及します。

4　定款の作成と認証

　上に述べたどちらの手続きによろうとも，株式会社の設立手続きは，「発起人」と称される者が「定款」と称されるものを作成するところから始まります（会26）。

4-1　発起人とは何か

　発起人とは，会社の設立を企画し，これに参画する者ですが，実質的にこれに尽力すると否とを問わず，定款に発起人として署名（記名押印・電子署名を

含む）した者を指します（会26Ⅰ・Ⅱ）。員数に制限はありません。1人でも足ります。

自然人は誰でも発起人となる資格があります（制限行為能力者が民法の定める要件を満たして行為しなければならないのは当然です）。

法人も発起人となりえますが，たとえば，自動車の製造・販売を定款所定の目的として掲げるＡ社が，出版事業を目的とするＢ社を設立する際に発起人たりうるかについては，先に述べたように（第1章1参照），Ｂ社を設立する行為がＡ社の定款の目的の範囲内の行為に該当するか，という問題が形式上はありえます。ただ，この問題に関しては，Ｂ社を設立する行為がＡ社の資産運用を図るものであったり，あるいは出版という文化事業への投資として，Ａ社のイメージ・アップに寄与する等の効果が考えられますから，定款所定の目的の範囲を広範に抽象的に捉える立場からは，特に議論の実益はないものと思われます。法人が発起人となったときは，当該法人の代表者または代理人が設立に関する具体的行為をすることになるでしょう。

4-2　定款とは何か

定款には，2つの意義があります。実質的には，会社の組織や活動に関する基本規則それ自体を指します。形式的には，そのような規則を記載または記録した書面または電磁的記録を指します。会社設立の際にいう**定款の作成**とは，根本規則を定め，それを書面または電磁的記録に作成することを指します。自然人の先天的形質が両親の雌雄配偶子の遺伝情報によって確定するように，会社の基本的形質は，当初の定款（**原始定款**）の内容によって確定します。現在の科学水準では，自然人の先天的形質を変えることは不可能ですが，会社の基本的形質は，後に定款を変更することによっていくらでも変更することが可能です（第7章1参照）。ＳＦ小説的に表現すれば，会社はひとたび成立すれば，「生きながらにＤＮＡを改変して進化しつづける生命体」なのです。自然科学では未だ実現しえない生命体を，すでに社会科学は実現しているのです。

定款は会社の自治法規ですから，会社法の法源のひとつです。当然に現在および将来の株主は，その内容に拘束されます。

4-3 定款の内容

定款の記載（以下、「記載」には電磁的な記録を含みます）内容は、絶対的記載事項、相対的記載事項、任意的記載事項に分けることができます。**絶対的記載事項**とは、定款中に必ず規定しなければならず、それを欠くと定款自体が無効になる事項を指します。**相対的記載事項**とは、定款に記載しなくても定款の効力に影響を及ぼすものではないが、記載がない限り、その事項の効力が生じないものを指します。**任意的記載事項**とは、単に定款に記載できる事項であって、細かな事項を明確にするなどの目的で注意的に記載するといったものです。

4-3-1 絶対的記載事項

① **目的**（会27①）……会社が営む事業のことです。複数の事業目的を列挙してもかまいません。具体的に事業目的を知りえる程度に記載されるのが通常です。

② **商号**（会27②）……わが商法は、商号自由主義を原則としていますが（商11Ⅰ）、株式会社については、商号中に「株式会社」の文字を含まなければなりません（会6Ⅱ）。また、株式会社は、その商号中に他の種類の会社であると誤認されるおそれのある文字を用いてもなりません（会6Ⅲ）。商号は、会社の名称となります（会6Ⅰ）。

③ **本店の所在地**（会27③）……本店を置く独立最小行政区画（市町村、東京都特別区）のことです。会社関係の種々の訴えの専属管轄地の基準になります。なお、会社の住所は本店の所在地にあります（会4）。

④ **設立に際して出資される財産の価額またはその最低額**（会27④）……会社は設立時に出資される財産をもって会社財産を形成し、これを源資として事業活動を展開することになります。会社法は、会社設立時に要求される出資額の下限を設けていません。したがって、極端に言えば、株式会社は1円でもっても起業できるということになります。

　ここで、少なからぬ人が次のような疑問を抱くのではないかと思います。すなわち、「株式会社は有限責任社員のみから成る会社であるから、会社債権者にとっては、会社財産が自らの債権を確保するための唯一の引当て

となる。そうであるとすれば，設立される会社にある程度の財産的基盤を具備させるという法政策が採られるべきではないのか」というものです。

確かに，かつては株式会社には1,000万円，有限会社には300万円という**最低資本金規制**が存在し（平17改正前商168ノ4，旧有9），この規制は設立時にも要求されていました。しかし，一律にこの規制を要求すれば，新たなベンチャー産業などをはじめとする起業促進の需要には必ずしもプラスとはならないでしょう。また，1,000万円を下回る額を資本金額として表示することを強行法的に禁じ，会計上，会社の純資産額がこれを下回れば必ず欠損を計上しなければならないことを強制することは，言わば戦場に立ったことのない参謀が，戦況に関わりなく一方的に最終防衛ラインを画定し，戦場で戦う者にその死守を要求するようなものであり，必ずしも合理性はありません。そこで会社法は，最低資本金規制の撤廃に踏み切ったのです。

なお，会社債権者の保護については，①会社が保有する責任財産額の適切な開示，②会社財産の不当・過度の流出の阻止，という形で法的な手当てがなされています。この点は，学修が進むにつれ明らかになるでしょう。

会社法は，株式会社を「小さく産んで大きく育てる」という姿勢で立法されています。

⑤ **発起人の氏名・名称または住所**（会27⑤）……設立に関する責任の負担者を明瞭にするには，発起人の同一性を明示する必要があります。定款の記載全体からその同一性が識別可能であれば，本文に氏名・名称または住所の記載が欠けていても，直ちに定款が無効になるわけではありません。

4-3-2　発行可能株式総数の定め等

当初の作成時における定款の絶対的記載事項ではありませんが，会社の成立の時までに定款に定めを設けなければならない事項があります。すなわち，当該株式会社が発行することができる株式（**発行可能株式総数**）に関する定めです。定款でこれを定めていない場合には，発起人は，会社成立の時までに，その全員の合意によって，定款を変更してその定めを設けなければなりません

（会37Ⅰ）。また，定款でこれを定めている場合には，会社成立の時までに，その全員の合意によって，発行可能株式総数について定款の定めを変更することができます（会37Ⅱ）。

発行可能株式総数は，会社の設立に際して発行する株式の総数（**設立時発行株式総数**）を決定する基準になります。すなわち，設立時発行株式総数は，原則として，発行可能株式総数の4分の1を下回ることができません（会37Ⅲ本文）。ただし，設立しようとする会社が公開会社でない場合（本章2のA型またはB型会社である場合）はこの限りではありません（会37Ⅲただし書）。なお，これを受けて，設立時発行株式に関する事項の決定（本章5）は，定款で定めるか，または発起人全員の同意によって定められます（会32参照）。

なお，以下の記述は，株式や新株発行を学修した後にも再読していただきたいと思います。会社法は，上で述べたように，会社成立の時から，将来定款を変更して成長して行く場合も含めて「発行可能株式総数は発行済株式数の4倍を超えてはならない」という原則を維持しています（会113Ⅲ本文）。発行可能株式総数という枠を定めたのは，会社が必要に応じて機動的に新株発行をなしうるようにするためです。しかし，既存の株主の利益にも配慮する必要がありますから（第6章2-1参照），会社法は上に述べたような制約を設けたのです。ただし，公開会社でない会社にあっては，発行可能株式総数の制限はありません（会113Ⅲただし書）。

定款に必ず定めを設けなければならない発行可能株式総数（会113Ⅰ参照）を当初の作成時における定款の絶対的記載事項としなかったのは，設立手続きの柔軟化を図るためです。設立過程における株式の引受状況その他内外の経済的諸要因を勘案しつつ，設立手続きの完了時までにこれを定めればよいことにしてあるのです。そして，具体的な設立時発行株式数についても，定款に定めのある場合を除き，発起人全員の同意により，定めればよいということにしてあるのです。

4-3-3　相対的記載事項

会社法は，定款の相対的記載事項を随所に規定していますが（たとえば会107，123など），ここでは，設立に重大な関連があるものとして会社法28条に

列挙された事項を概観しておきましょう。

　これらの事項は、会社を設立する際に、発起人が自己または第三者の利益を図り、株主や会社債権者を害するおそれの大きい事項であるため、「**危険な約束**」とよばれます。これらの事項は、定款に記載されるだけでなく、適正を期するため、原則として裁判所の選任する検査役の調査が要求されます（会33参照）。以後の設立手続きに、かかる特別の手続きが付加されるので、このような手続きを「**変態設立**」といい、そのような事項を「**変態設立事項**」といいます。具体的には、以下の事項です。

① **現物出資**（会28①）……出資は、金銭以外の財産によっても可能です。たとえば、動産・不動産・有価証券・債権・無体財産権・客観的意義における営業などは出資の目的物たりえます。注意すべきは、株式会社では、労務や信用による出資はできません（持分会社の有限責任社員も同様、会576Ⅰ⑥参照）。**現物出資**がなされるときは、目的物が過大に評価され、他の株主や会社債権者を害する危険があります。定款には、現物出資をなす者の氏名または名称、出資の目的たる財産とその価額、およびこれに対して与える設立時発行株式の種類と数が記載されます。

② **財産引受け**（会28②）……会社は、成立後できる限り早く事業に着手することを欲するはずです。そのためには、金銭以外の特定の財産（営業所や工場敷地のような物的施設、積極・消極の両財産を含む事業財産等）を、会社の成立を停止条件として譲り受けることができれば好都合です。発起人が一方当事者となって締結するこのような停止条件付契約を「**財産引受け**」といいます。目的物が過大に評価されれば、会社財産の基礎が脆弱となり、会社債権者を害するおそれがあります。また、現物出資に関する規整を潜脱する方法として利用されるおそれもあります。定款には、財産引受けの対象となる財産、その価額および譲渡人の氏名または名称が記載されます。

　なお、会社成立の直後に、高額の事業用財産を取得する契約を締結する行為は、現物出資に関する規制を潜脱するという可能性があります。そこで会社法は、会社成立後2年以内に、成立前から存する事業用財産を当該会社の純資産額として法務省令で定める額の5分の1（これを下回る割合いを定款で定めた場合にはその割合）以上にあたる対価（交付する財産の帳

簿価額の合計額）で取得する契約を締結する場合（これを**事後設立**といいます）には株主総会の特別決議による承認を受けなければならないものとしました（会467Ⅰ⑤，309Ⅱ⑪）。しかし，事後設立にあっては検査役の調査は不要です。

③ **発起人が受けるべき報酬その他の特別利益**（会28③）……会社の成立後に，会社設立に対する発起人の労に報いるために，発起人に対して一時に金銭で支給されるものが「報酬」にあたります。定款に記載させるのは，いわゆる「お手盛防止」の意味があります。一方，剰余金配当や株式の割当てを受ける優先権，会社施設の利用権などが発起人に与えられることもあり，これらが「その他の特別の利益」にあたります。規整せずに放置すれば，発起人に不当に過大な利益が与えられる危険があり，それだけに濫用の危険が大きいといえます。

④ **会社の負担に帰すべき設立費用**（会28④）……会社の設立事務の執行それ自体にも費用がかかります。たとえば，設立事務所の賃料，設立事務員の雇入費，各種書面（定款，目論見書等）の印刷費，株券の印刷費などです。このような，会社の設立に必要な取引行為から生じる費用は，定款に記載した総額を限度として，発起人が成立後の会社に請求できるものとされています。発起人による濫用の危険がないとはいえませんから，会社の財産的基礎を守るための政策的配慮として規定されています。ただし，定款認証手数料その他会社に損害を与えるおそれがないものとして法務省令で定めるものは，濫用のおそれがないので，定款に記載せずとも会社の負担になります（同条同号かっこ書）。

4-3-4 任意的記載事項

たとえば，以下のような事項が記載されるのが通常です。①定時株主総会の開催時期，②事業年度に関する定め，③株主総会の招集者・招集方法・決議の方法・議決権などに関する定め，④取締役・監査役の資格，⑤役員報酬の決定方法，⑥配当金の支払時期，などです。定款には，会社法の規定に反しない事項を任意に記載することができます（会29）。

4-3-5 定款への署名と定款の認証

　定款を作成した発起人は，定款が書面によって作成されたときは，その全員がこれに署名または記名押印しなければなりません（会26Ⅰ）。定款が電磁的記録（電子的方式，磁記的方式その他人の知覚によっては認識することができない方式で作られる記録であって，電子計算機による情報処理の用に供されるものとして法務省令で定めるもの）によって作成されたときは，いわゆる電子署名（署名または記名押印に変わる措置であって法務省令で定めるもの）がなされなければなりません（会26Ⅱ）。

　原始定款は，公証人の**認証**を受けなければ効力を生じません（会30Ⅰ）。**公証人**は，法務大臣に任命され，法務局に所属し，公証人役場で執務を行う実質的意味での公務員です。多くは長年判事や検事を務めた者です。公証人による認証は，定款の真正と内容の適法性の確保のために行われます。公証人の認証を受けた定款は，会社の成立前は，裁判所が関与してこれを変更する場合および発行可能株式総数を変更する場合を除き，その内容を変更することができなくなります（会30Ⅱ）。なお，成立後になされる定款の変更（第7章1参照）の場合には認証は不要です。

4-3-6 定款の備置き等

　発起人は，定款を発起人が定めた場所に備え置かなければなりません（会31Ⅰ）。この備置義務は，会社成立後は会社に承継され，会社がその本店および支店にこれを備え置く義務を負います（同条同項）。

　発起人は，発起人が定めた時間内いつでも，発起人の定めた費用を支払って，定款の閲覧・謄本または抄本の交付（電磁的記録によるこれらの情報の閲覧・提供等を含む）を請求できます（会31Ⅱ）。定款情報の開示義務は，会社成立後は会社に承継され，株主および会社債権者は，その営業時間内いつでも，会社の定めた費用を支払って，同様の請求ができます（同条同項）。

　なお，会社が成立した後は，当該会社の親会社社員もその権利を行使するため必要があるときは，裁判所の許可を得て，当該会社の定款について，同様の請求をすることができます（会31Ⅲ・Ⅳ）。

4-3-7　変態設立事項の検査

　定款で変態設立事項を定めたときは（本章4-3-3），原則として，発起人は定款の認証後遅滞なく，これらの事項を調査させるため検査役の選任を裁判所に申し立てなければなりません（会33Ⅰ）。しかし，現物出資・財産引受けについては，きわめて少額であったり，評価に信頼に足る客観性があったり，専門家による証明の取得が容易であるような場合まで，いちいち検査役の調査を要するとするのは合理的ではありません。そこで会社法は，① 現物出資・財産引受けの目的財産の定款に定めた価額の総額が500万円を超えない場合（会33 Ⅹ①），② 現物出資・財産引受けの目的財産が市場価格のある有価証券（証取2Ⅰ・Ⅱ参照）であって，定款に定めた価額が当該有価証券の市場価格として法務省令で定めるものを超えない場合（会33 Ⅹ②），③ 現物出資・財産引受けに関する定款に定めた事項が相当であることにつき弁護士，弁護士法人，公認会計士（外国公認会計士を含む），監査法人，税理士または税理士法人の証明（現物出資・財産引受けの目的財産が不動産であるときはその証明および不動産鑑定士の鑑定評価）を受けた場合（会33 Ⅹ③）には，検査役による調査を要しないものとしました。現物出資・財産引受けは，このような配慮によって利用し易くなっているといえます。なお，以下の者は上記③の場合の証明および鑑定評価をすることができません。すなわち，① 発起人（会33 ⅩⅠ①），② 財産引受けにおける譲渡人本人（会33 ⅩⅠ②），③ 設立時取締役または設立時監査役（会33 ⅩⅠ③），④ 業務停止の処分を受け，その停止期間を経過していない者（会33 ⅩⅠ④），⑤ 弁護士法人，監査法人または税理士法人であって，その社員の半数以上が①から③までに掲げた者のいずれかに該当するもの（会33 ⅩⅠ⑤），です。証明や鑑定評価の公正を期するためです。

　裁判所によって選任された検査役による調査が行われ，裁判所が検査役の報告を聴いて変態設立事項を不当と認めたときは，裁判所は当該事項に変更を加える決定をして，発起人に通知します（その手続きは会33 Ⅳ～Ⅶ）。このような変更の決定に不服があれば，発起人は当該決定の確定後1週間以内に限り，自己の設立時発行株式の引受けを撤回することができます（会33 Ⅷ）。この場合，発起人は，その全員の合意によって裁判所の決定の確定後1週間以内に限り，当該決定により変更された事項についての定款の定めを廃止する定款の変更を

することができます（会33 IX）。

5 設立時発行株式に関する事項の決定

5-1 概　説

　前述したように（本章4-3-2），設立時発行株式に関する事項は，定款で定めるか，または発起人全員の同意により定められます。これが最も重要で，かつ基本的な事項であるからです。本来は，発起人たちは，定款の作成すなわち設立手続きに入る前に，会社の設立を目的とする組合契約を締結するのが通常であり，この契約に基づく組合関係を**発起人組合**といいます（発起人組合については本章10参照）。発起人組合は，民法上の組合（民667以下）ですから，定款に定めのない設立手続きに関する種々の事項は，原則として，発起人の過半数をもって決定されることになります（民670 I）。しかし，株式発行に関する以下の事項は，設立時発行株式数を含め，定款に定めのない限り，特に発起人全員の合意によって決せられるべきものとされています。以下の事項も，設立過程において重要かつ基本的な事項ですから，発起人全員の合意にかからしめているのですが，会社法がこれらの事項を定款の絶対的記載事項にしなかったのは，定款作成後の事態に機動的に対処できるよう配慮したからであると思われます。

① **発起人が割当てを受ける設立時発行株式の数**（会32 I①）……各発起人は，株式会社の設立に際し，設立時発行株式を必ず1株以上引き受けなければなりません（会25 II）。この割当てにより，引き受けるべき株式数が定まります。

② **その設立時発行株式と引換えに払い込む金銭の額**（会32 I②）……常に決定を要する事項です。その額は，株式の種類によって区別することもできます。

③ **成立後の株式会社の資本金および資本準備金の額に関する事項**（会32 I③）……これも常に決定を要する事項です。その意義については，以下で解説します（本章5-2）。

④ **種類株式発行会社を設立しようとするときは，その内容**（会32 II）……株

式会社は，優先株式・劣後株式等の特殊な株式を発行できる会社とすることができますが（**種類株式発行会社**という——会2⑬参照，これらがどのような株式であるかについては，株式の章で説明します），その場合には，どのような内容の株式を何株発行するかを決定します。

⑤ **設立時発行株式を引き受ける者を募集するか否か**（会57）……募集設立による設立方法を選択するか否かの決定です。この方法を選択したときは，別に設立時募集株式に関する事項を定めなければなりませんが，この手続きについては後述します（本章8）

5-2 株式払込金額，資本金，資本準備金など

商法（会社法を含む商事に関する法）上，「資本」または「資本金」という用語は，その文脈上，購買力の元本や漠然と財産と同義に用いられることもあります。しかし，ここでいう「**資本金**」とは，会計学上の概念と同義であって，一定の計算上の数額を表します。貸借対照表上の資本の部に表示された資本金額を指します。まったく計算上の概念に過ぎません。絶えず変動する会社の現実の財産は，ここでいう資本金ではありません。別の言い方をすれば，資本金とは，会社財産を確保するために計算上定められた一定の基準金額である，ということになるでしょう。誰のために会社財産を確保させるのかといえば，第1義的には，会社債権者のためです。株式会社は有限責任社員（株主）だけから構成される会社なのですから，会社債権者の引当てとなるのは会社財産だけです。したがって，株主の出資を一定金額以上会社財産として会社に保有させ，会社債務の弁済に必要な財産を維持させる必要があります。それゆえ会社法は，計算上の一定の基準金額を示してこれを資本金と定め，この額に見合うだけの会社財産を会社に確保させることにしたのです。

それでは，個々の会社の資本金額は，具体的にはどのようにして求められるのでしょうか。これは，原則として「設立又は株式の発行に際して株主となる者が当該株式会社に対して払込み又は給付をした財産の額とする」（会445Ⅰ）ということになります。最も単純な例を示しましょう。いま，設立時発行株式総数を1,000株とすると定款に記載があるかまたは発起人の全員の合意によって確定したとします。発起人は，その株式と引換えに払込む額を1株につき

50,000円とし，全額を資本に組み入れると合意しました。このとき，設立される会社の資本の額は5,000万円になります（50,000×1,000）。株式の払込価額に規制はありませんから，1株をいくら多額で発行しようが，1円で発行しようが，そのこと自体に問題はありません。

上の払込みまたは給付に係る額の一部は，払込剰余金として，資本金に組み入れないでおくことができます。すなわち，払込みまたは給付に係る額の2分の1以下の金額は，資本金として計上しないで，**資本準備金**という形で留保することができるのです（会445Ⅱ・Ⅲ）。集めた資金全部を資本金とせず，いわば資本金のまわりに緩衝値を設けて，内部留保を厚くしておくことができるのです。例をあげれば，設立時発行株式総数が1,000株で，発起人がその株式と引換えに払込む額を1株につき60,000円とし，うち10,000円を資本金に組み入れないと合意すれば，この会社の設立時の資本金の額は5,000万円であり，1,000万円が資本準備金ということになります。

6　発起設立手続きの概要

6-1　発起人による株式総数の引受け

先に述べたように（本章3），発起設立にあっては，設立時発行株式総数のすべてが発起人によって引き受けられます。この**引受け**は，別段の要式は法定されていません。「**発起人による株式引受け**」とは，発起人が会社の設立に参画してその構成員（社員）となる旨の意思表示であって，全発起人の意思表示を要素として成立する法律行為たる会社の設立行為（複数の発起人がいるときは合同行為，1人の発起人しかいないときは単独行為と解すべきでしょうが，これを「**発起人の入社契約**」と表現することもあります）であるということができます。その法律効果として，「**設立中の会社**」という法人格なき社団が成立します。設立中の会社については後述します（本章10参照）。

いま述べたように，発起人による株式の引受けは，意思表示を要素とする法律行為です。しかし，引受けが有効でなければ，会社の設立時発行株式総数の引受けには欠缺を生じ，会社の不成立や設立の無効を招くことになりかねません。そこで会社法は，発起人の引受けの意思表示の効力に関して，次のように

民法の一般原則を修正しました。すなわち，株式を引き受けた発起人は，民法の心裡留保および虚偽表示の規定に依拠して引受けの無効を主張することができず（会51Ⅰ，なお民93ただし書，94Ⅰ参照），会社の成立後は，錯誤を理由に引受けの無効を主張し，または詐欺もしくは強迫を理由に引受けを取り消すことができないとしました（会51Ⅱ，なお民95，96参照）。

6-2 発起人による出資の履行

6-2-1 概　説

株式引受後，発起人は，遅滞なく，各自が引き受けた出資に係る金額の全額を，発起人が定めた払込取扱金融機関（銀行，信託会社その他これに準ずるものとして法務省令で定めるもの）に払い込み（これがすなわち**全額払込制**です），現物出資者は出資の目的たる財産の全部を給付しなければなりません（会34Ⅰ本文・Ⅱ）。ただし，発起人全員の同意があるときは，財産の登記，登録，その他の第三者対抗要件の具備等は，会社成立後になしても差し支えありません（会34Ⅰただし書）。

出資の払込を**払込取扱金融機関**でなさなければならないのは，金銭出資が確実公正になされるようにとの配慮です。発起設立の場合には，払込取扱金融機関への金銭の払込みがあることの証明については，残高証明等で足り，必ずしも払込金保管証明書を受けることは要求されていません（対照，会64）。

6-2-2 打切り発行の許容

発起人中に，未だ出資の履行をしていない者がある場合にはどうなるのでしょう。この場合には，すでに出資の履行を済ませた発起人は，履行未済の発起人に対し，期日を定め，その期日までに出資の履行をしなければならない旨を通知することを要し（会36Ⅰ），通知を受けた発起人は，所定の期日までに出資を履行しないときは，設立時発行株式の株主となる権利を失うことになります（会36Ⅲ）。なお，この通知は，所定の期日の2週間前までになす必要があります（会36Ⅱ）。

失権株主が生じた場合であっても，他の発起人が出資した財産価額が，定款に定めた「設立に際して出資される財産価額又はその最低額」（会27④）（本章

4-3-1④参照)を上回っておれば，欠缺の生じた部分を他の発起人が填補することなく，そのまま設立手続きを続行できます。すなわち会社法は，上述した限りにおいて，設立の場合であっても，出資のあった限度で株式発行の効力が生じるという，いわゆる**打切り発行**を認めていることになるわけです。

6-2-3 払込みの仮装

払込金は，会社成立後は当然に会社の資金となるべきものです。したがって，発起設立にあっては払込みの証明手段を取得した後に，募集設立にあっては会社成立後に，権限を有する者が払込取扱金融機関からこれを引き出して会社のために使用することになります。ところが，会社を設立するために資金を工面して払込取扱金融機関に形式的に払込みを済ませ，会社成立後に引き出した資金を借入先に返済するという形で，払込みが仮装されることがあります。

発起人が払込取扱金融機関と通謀して払込みを仮装する場合があります。発起人が払込取扱金融機関から金員を借り入れ，これを株式払込金に充てますが，その借入金を返済するまで会社は払込金を引き出さないことを約束するというのが典型です。このような仮装払込みを「**預合い**」といいます。すべて金融機関の帳簿操作だけで形式を整え，現実の資金移動はありませんから，実質的な払込みがあったとは評価できません。会社法は，仮装払込みのため預合行為をした発起人，設立時取締役，設立時監査役などに，またこれに応じた者に，刑事罰を課しました（会965，**預合罪・応預合罪**）。同時に，私法上は，募集設立において，株式払込金保管証明をした金融機関が，払込みがなかったとか，返還に関する制限があるとかを理由に，会社に対し払込金の返還を拒むことができないことにしました（会64Ⅱ）。

発起人が，払込取扱金融機関以外から金員を借り入れ，これを払込金として払込取扱金融機関に預託して残高証明または株式払込金保管証明書の交付を受け，出金が可能になった後に会社が直ちにこれを引き出し，これを会社が発起人に貸し付ける等の便法を用いて，発起人がこれを借入先に返済するという場合，またはその亜流的方法が考えられます。これは言わば預合いの脱法行為であり，このようなものを「**見せ金**」といいます。預合いと異なり，帳簿上の操作ではなく，曲がりなりにも現実の資金移動が行われるわけですが，行為の全

6 発起設立手続きの概要

体から評価すれば，やはり実質的な払込みがあったと見ることはできず，払込みの効力を肯定することは法の趣旨に適合しないと思われます。

仮装払込みによる払込みの欠缺は，会社設立の無効原因となります。

6-3 設立時役員等の選任

発起人は，出資の履行が完了した後，遅滞なく，設立時取締役（株式会社の設立に際して取締役となる者）を選任しなければなりません（会38Ⅰ）。また，設立しようとする会社の機関設計いかんにより，会計参与設置会社であれば設立時会計参与を，監査役設置会社であれば設立時監査役を，会計監査人設置会社であれば設立時会計監査人を各々選任しなければなりません（会38Ⅱ）。定款であらかじめこれらの者を定めていた場合には，出資の履行が完了した時点で，これらの者が設立時役員等として選任されたものとみなされます（会38Ⅲ）。

設立しようとする会社が取締役会設置会社である場合には，設立時取締役は3人以上でなければならず（会39Ⅰ），監査役会設置会社である場合には，設立時監査役は3人以上でなければなりません（会39Ⅱ）。会社法は，設立時役員等を会社成立後の役員等と区別して扱っていますが，その欠格事由は，会社成立の前後を問わず共通です（会39Ⅲ参照）。

設立時役員等の選任は，原則として，発起人の議決権の過半数をもって決定しますが（会40Ⅰ），その場合，発起人は，原則として出資の履行をした設立時発行株式1株につき1個の議決権を有します（1株1議決権主義，会40Ⅱ本文）。ただし，単元株式数を定款で定めている場合には，1単元の設立時発行株式につき1個の議決権を有します（会40Ⅱただし書）。

なお，以下の記述は，株式概念の理解が必ずしも十分でない現段階で読破するのは困難なのですが，便宜上，ここで言及しておきます。種類株式の箇所を読んだ後に再読して下さい。

設立しようとする会社が種類株式発行会社であって，取締役の全部または一部の選任について（会計参与・監査役・会計監査人の選任についても同様）議決権を行使できないものと定められた種類の設立時発行株式を発行するときは（議決権制限株式の一種です），当該種類の設立時発行株式については，発起人は，

設立時取締役の選任についての（設立時会計参与・設立時監査役・設立時会計監査人の選任についても同様）議決権を行使できません（会40Ⅲ・Ⅳ）。

また，委員会設置会社・公開会社を除く株式会社においては，定款の定めによって，その種類の株主の総会（他の種類の株主と共同して開催するものを含む）における取締役または監査役の選任について，内容の異なる数種の株式を発行することが認められています（会108Ⅰ⑨）。その意義を，簡単な例で説明しましょう。いま，A社とB社が発起人となり，発起設立手続きによって新会社を共同で設立することにしたとします。A社が60％，B社が40％の出資をすることにしました。新会社の取締役の数は5名です。原則どおりなら，議決権の過半数を有するA社は意のままに取締役を選任することができるでしょう（資本多数決だから）。しかし，このとき，両者が欲すれば，A社が3名の取締役を，B社が2名の取締役をそれぞれ選任することを制度的に保障しておくことは，不都合ではないし，このようなケースではむしろ望ましいことといえるでしょう。そのため，会社法は，種類株主の取締役選任権を認め，甲という種類の株式の株主に対しては，その種類株主総会において3人の取締役を選任する権利を与え，乙という種類の株式の株主に対してはその種類株主総会において2人の取締役を選任する権利を与える，といったことを可能にしているのです。監査役の選任についても同様です。上の例では，A社が甲種株式を引き受け，B社が乙種株式を引き受けることになるでしょう。このような数種の株式を発行した会社にあっては，定款の定めに従って，各種の株式を引き受けた発起人は，その種類の株式についての議決権の過半数をもって，設立時取締役または設立時監査役を選任します（会41参照）。

発起人は，会社が成立するまでの間は，その選任した設立時役員等を解任することができます。定款に設立時役員等として定められた者も同様に解任できます（以上，会42）。設立時役員等の解任は，原則として発起人の議決権の過半数をもって決しますが，設立時監査役の解任は，発起人の議決権の3分の2以上に当たる多数をもって決しなければならないとされています（会43Ⅰ・Ⅱ・Ⅳ）。

また，設立時役員等の解任については，種類株式発行会社の場合に特則が設けられています（会43Ⅲ，44，45）。

6-4 設立経過の調査

　設立時取締役（監査役設置会社にあっては設立時取締役および設立時監査役）は，その選任後遅滞なく，① 現物出資財産等について定款に記載された価額が相当であること，② 現物出資財産等の価額の相当性に関する弁護士等の証明が相当であること，③ 出資の履行が完了していること，④ 上記①～③の事項のほか，会社設立手続きが法令または定款に違反していないこと，を調査しなければなりません（会46Ⅰ各号）。設立時取締役は，これらの調査によって，各事項について法令もしくは定款に違反し，または不当な事項があると認めるときは，発起人にその旨を通知しなければなりません（会46Ⅱ）。なお，委員会設置会社を設立する場合には，設立時取締役は，上述の調査を終了したときは，その旨および内容を設立時代表執行役（本章6-5-2）に通知しなければなりません（会46Ⅲ）。この通知に従って発起人が定款変更すれば瑕疵は治癒されるでしょうが，そのように変更された定款は，公証人による再認証を必要とするでしょう。

6-5 設立時代表取締役等の選定

6-5-1 設立時代表取締役の選定等

　設立しようとする会社が取締役会設置会社（委員会設置会社を除く）である場合には，設立時取締役は，自分たちの中から，設立時代表取締役を選定しなければなりません（会47Ⅰ）。設立時取締役は，会社成立までの間は，設立時代表取締役を解職することができます（会47Ⅱ）。設立時代表取締役の選定・解職は，設立時取締役の過半数をもって決します（会47Ⅲ）。

6-5-2 設立時委員の選定等

　設立しようとする会社が委員会設置会社である場合には，設立時取締役は，次に掲げる措置をとらなければなりません。すなわち，① 設立時取締役の中から，会社の設立に際して(イ)指名委員会の委員となる者，(ロ)監査委員会の委員となる者，(ハ)報酬委員会の委員となる者（これらを設立時委員という）を選定すること，② 設立時執行役を選任すること，③ 設立時執行役中から設立時

代表執行役を選定すること（設立時執行役が1人であるときは，この者が設立時代表執行役に選定されたことになる），です（会48Ⅰ各号）。設立時取締役は，会社成立の時までの間，設立時委員もしくは設立時代表執行役を解職し，または設立時執行役を解任することができます（会48Ⅱ）。これらの者の選定・選任または解職・解任は，設立時取締役の過半数をもって決します（会48Ⅲ）。

後は設立登記を残すのみですが，これは後述します（本章9）。

7 「一人会社」について

発起設立手続きの概要を説明し終え，ともかくも株式会社をひとつ作り上げた段階で「一人会社」と呼ばれる会社の概念を説明しておきましょう。

「会社法は，株主（社員）が1人しかいない株式会社の設立と存続を許しているようだ」。発起設立手続きを学んで，そのように思った人がいることと思います。先に述べたように，会社法は発起人の員数を定めていませんから（会26参照），1人の発起人が設立時発行株式の総数を引き受ける形で株式会社を設立すれば，株主が1人しかいない株式会社が誕生することになります。もちろん，会社が成立した後に，その会社の発行済全株式が1人の株主の手に握られるという事態が生じることもあるでしょう。

会社は社団ですから，社員数が複数（少なくとも2名）存在することが通常であるようにも思われます。しかし会社法は，株式会社について今述べたような形で，株主が1人である**一人会社**（いちにん）の設立と存続を認めました（また，持分会社についても同様に一人会社が認められます）。

一人会社の社団性に関しては，一人会社といえども，持株または持分の一部が譲渡されれば，株主または社員が複数となりうる可能性があるから，これに潜在的な社団性が認められるのだと，形式的な理由づけがなされています。しかし，会社制度を「客観的意義における営業(事業)をひとつの独立した会計的単位として管理するすぐれた技術的産物である」と捉えれば，たとえばある企業が事業の一部を完全子会社の形で運営する，また個人企業が営業用財産だけを非営業用財産から分離して法人成りする等，社会的にこういう会社の需要があり，あえて禁ずるまでもないから，会社法が一人会社を認めているのだと考えておけば十分だと思います。初学者は，「一人会社の社団性」という議論に

必要以上に心を奪われるべきではありません。

なお言うまでもありませんが，一人会社であっても，その人的施設，たとえば取締役会設置会社の取締役の員数（会331 Ⅳ参照）などは法定員数を満たさなければなりません。株式会社という形式を採るからには当然のことです。

8　募集設立手続きの概要

8-1　株主の募集

募集設立にあっても，設立時発行株式総数の一部は，必ず発起人が引き受けなければなりません（会25 Ⅱ）。発起人による株式引受けの時期および方法ならびにその法的性質は，発起設立手続きで説明したところと同様です。募集設立にあっては，発起人が引き受けなかった残余の株式について，発起人が設立時発行株式を引き受ける者を募集することになります（会57）。募集の態様については，公募であろうが縁故募集であろうが，制限はありません。

発起人は，設立時発行株式を引き受ける者を募集しようとするときは，その都度，**設立時募集株式**（設立時発行株式の募集に応じてその引受けの申込みをした者に対して割り当てる設立時発行株式）について，以下の事項を定めなければなりません。すなわち，①設立時募集株式の数（種類株式発行会社を設立する場合には，その種類および種類ごとの数，以下同様）（会58 Ⅰ①），②設立時募集株式1株と引換えに払い込むべき払込金額（会58 Ⅰ②），③払込みの期日またはその期間（会58 Ⅰ③），④一定の日までに設立登記がなされない場合に設立時募集株式の引受けの取消しをすることができるとするときは，その旨およびその一定の日（会58 Ⅰ④），です。発起人は，これらを全員の合意をもって定めるとともに，募集ごとに，募集条件（株式の種類に従って，払込金額や期日または期間等）を均等に定めなければなりません（会58 Ⅱ・Ⅲ）。なお，払込期日または期間の初日のうち最も早い日以後は，発起人は定款の変更をすることができなくなります（会95 Ⅰ）。

募集にあたっては，出資者に対する適切な情報の開示および集団的な事務処理の便宜等を勘案した政策的配慮が必要でしょう。会社法は，設立時募集株式の引受けの申込みをしようとする者に対し，発起人が所定の事項を通知しなけ

ればならないものとしました。すなわち，① 定款認証の年月日および認証をなした公証人の氏名（会59 I①），② 定款の絶対的記載事項，変態設立事項，設立時発行株式に関する決定事項，設立時募集株式に関する決定事項（会59 I②），③ 発起人が出資した財産の価額（会59 I③），④ 払込取扱金融機関の場所（会59 I④），⑤ その他法務省令で定める事項（会59 I⑤），です。この通知は，発起人が出資義務を履行した後でなければすることができません（会59 II）。

なお，特定の者が，発起人との契約によって設立時募集株式の総額を引き受ける方法で募集設立が行われることがあります（**総額引受け**）。引受人は，後日期をみて引き受けた株式を公衆に売り出し，引受価額と売出価額との差額を利得することになります。このような，総額引受契約が締結される場合には，以下に述べる設立時募集株式の申込みおよび割当てに関する手続規定の適用はありません（会61）。

8-2　株式の申込み

発起人による募集に応じて設立時募集株式の引受けの申込みをしようとする者（株式申込人）は，申込者の氏名または名称および住所，引き受けようとする設立時募集株式の数を記載した書面を発起人に交付して，申込みを行います（会59 III）。なお，電磁的方法による途もひらかれています（会59 IV）。発起人は，当初の通知事項に変更があった場合には，その旨および変更事項を申込者に通知しなければなりません（会59 V）。

なお，発起人の申込者に対する通知または催告の不到達の危険は，申込者が負担します（会59 VI・VII）。

実際には，これ以降の設立手続（具体的には株式の割当て・引受け・払込み）が円滑に行われるよう，申込者に対し，申込みと同時に，払込価額の全額に相当する「**申込証拠金**」と呼ばれる金員を支払うよう要求するのが通例です。このような申込証拠金は，株式の割当て（本章8-3参照）がなされた後に，払込金に充当されます。具体的には，申込みが募集株式総数に達した段階または払込期日・期間を過ぎた段階で募集を打ち切り，申込証拠金を払込金に振替充当するのです。したがって，申込証拠金は，後の便宜のため，株式申込事務の取

扱を委託された払込取扱金融機関において支払われています。

8-3　株式の割当て

　設立時募集株式に対する引受けの申込みを受け，発起人は，設立時募集株式の割当てを行います（会60Ⅰ前段）。**設立時募集株式の割当て**とは，発起人がどの申込者に対し何株を引き受けさせるかを具体的に決定することをいいます。申込者に対してあらかじめ割当方法（たとえば先着順，按分比例など）を示していない限り，割当てをどう決定するかは発起人の自由です。これを「**割当自由の原則**」といいます。この割当てに際し，発起人は，申込者に割り当てる設立時募集株式の数を申込者が引き受けようとする数より減じることができます（会60Ⅰ後段）。発起人は，払込期日の前日までに，払込期間を定めた場合にはその期間の初日までに，申込者に対し，割り当てた株式数を通知しなければなりません（会60Ⅱ）。割当てによって株式申込人は**株式引受人**となり，割り当てられた株式数に応じて払込みをなす義務を負います（会63Ⅰ）。

　申込者による株式引受けの法的性質は，会社の社員になることを欲する当事者と，設立中の会社（ただし，発起人の名においてなされる）との間における**入社契約**であると捉えることができます。ただ通常の契約と異なり，原始社員を確定し，団体を完成させる効果を合わせ持つ団体法上特有の契約であるといえるでしょう。かかる入社契約を発起人は設立中の会社の執行機関として締結しているのです。株式引受けの効力如何は，会社の設立に重大な影響を及ぼします。そこで会社法は，設立時発行株式の引受人には，その引受けにかかる意思表示につき民法93条ただし書（心裡留保による意思表示）および同94条1項（通謀虚偽表示による意思表示）の規定の適用を排除しました（会102Ⅲ）。

　設立時募集株式の引受人としての地位のことを「**権利株**」といいます。そのような地位を譲渡する契約は（会社成立後に株式を譲渡するという趣旨の契約）当事者間では有効ですが，会社法は，このような契約が成立後の会社に対抗することができない旨を規定しています（会35，63Ⅱ）。会社の設立手続きを円滑に進める配慮です。

8-4　出資の履行

8-4-1　株式の払込み

　設立時募集株式の引受人は，発起人が定めた払込期日または払込期間内に，発起人が定めた払込取扱金融機関に，各々の設立時募集株式の払込金額の全額を払い込まなければなりません（全額払込制，会63 I）。ただ，先に述べたように，この払込みは，申込証拠金の振替充当によってなされるのが通例です（本章8-2）。なお，払込取扱金融機関を変更し，または払込金の保管替えをする場合には，引受人に対する通知を要します（会59 V）。出資者に対し，出資財産の保管状況を明告すべきだからです。

　募集設立にあっては，発起人は，払込取扱金融機関に対し，払い込まれた金額に相当する金銭の保管に関する証明書の交付を請求できます（会64 I）。これを**払込金保管証明**といいます。発起設立における払込取扱金融機関には，払込金保管証明書交付義務がないのに対して，募集設立において払込取扱金融機関にこのような義務を課したのは，出資者が，必ずしも設立手続きの遂行に関与するものでなく，設立手続中にあっては，出資対象となった会社が未だ法人格を持たない状態にあるので，出資者の財産の保管状況を公明にしておく必要があるとされたためでしょう。

　払込金保管証明書を交付した金融機関は，当該証明書の記載が事実と異なることまたはその払込金の会社への返還に関する制限をもって成立後の会社に対抗することができません（会64 II）。

8-4-2　失権手続き

　設立時募集株式の引受人が払込義務を履行しなければ，これは当然債務不履行にあたります。したがって，発起人は民法の債務不履行の一般原則（民414, 415, 541）に従って処理をすることが可能ですが，会社法は，払込遅滞を集団的に処理できるよう，失権手続きの規定を設けました。すなわち，設立時募集株式の引受人は，発起人が定めた払込期日または払込期間に払込金額の全額の払込みをしなければ，当然に失権することになります（会63 III）。失権株式が生じても，他の出資者の出資した財産価額が定款で定めた「設立に際して

出資される財産の価額又はその最低額」（会27④）を上回っていれば，設立手続きを続行できます。ここでもいわゆる打切り発行が認められています。

8-5 創立総会

8-5-1 招集と決議要件

募集設立にあっては，払込期日または期間のうち最も遅い日以後，発起人は遅滞なく設立時株主の総会（創立総会）を招集しなければなりません（会65Ⅰ）。**創立総会**は，発起人を含む設立時株主によって構成される設立中の会社の意思決定機関であり，成立後の会社における株主総会に相当するものです。それゆえ，総会の招集・決議・議決権の行使方法等に関する手続きについて，ほぼ成立後の会社の株主総会の規定（会295～320）に対応する諸規定が設けられています。共通する運営の詳細の説明は株主総会の部分に委ね，以下では，原則に即して説明をしておきます。

創立総会は，会社法第2編第1章第9節すなわち「募集による設立」に規定する事項，設立の廃止，創立総会の終結その他会社の設立に関する事項に限って，決議をなしえます（会66）。

発起人は，創立総会を招集する場合には，その日時・場所，総会の目的事項などを定め，原則として会日の2週間前までに，設立時株主に対し，所定の事項を記載した書面により（電磁的方法による途もひらかれている）通知を発しなければなりません（以上，会68。なお通知期間等の例外についても同条参照）。なお，設立時株主全員の同意があるときは，原則として招集手続きを省略できます（会69本文，例外につき同条ただし書）。

設立時株主は，創立総会において，原則として，その引き受けた設立時株式1株（定款で単元株制度を採用した場合は1単元）につき，1個の議決権を有します（会72Ⅰ）。創立総会の決議は，原則として，当該創立総会において議決権を行使することのできる設立時株主の議決権の過半数であって，出席した当該設立時株主の議決権の3分の2以上の多数をもって行います（会73Ⅰ。ただし例外あり，同条Ⅱ・Ⅲ参照）。成立後の会社の株主総会の特別決議は，定款により法定要件を一定の範囲で緩和・過重することができますが（会309Ⅱ柱書参照），創立総会の決議は，法定要件に従ってなされなければなりません。

代理人による議決権行使（会74），書面による議決権行使（会75），電磁的方法による議決権行使（会76），議決権の不統一行使（会77）も一定の条件の下で認められますが，詳細は株主総会の部分で説明します。また，発起人の説明義務（会78），議長の権限（会79），延期または続行の決議（会80），議事録に関する規整（会81），創立総会の決議の省略（会82）についても，成立後の会社の株主総会に対応する規定が設けられています。これらも株主総会の部分で説明します。

創立総会では，まず発起人が会社の設立に関する事項を報告しなければなりません（会87 Ⅰ）。定款に変態設立事項の定めがあるときは，検査役の報告の内容を，検査役の検査が免除されておれば証明・鑑定の内容を，総会に提出または提供しなければなりません（会87 Ⅱ各号）。創立総会においては，招集通知にその旨の記載がなくとも，定款の変更または設立の廃止の決議をなすことができます（会73 Ⅳ, 96）。創立総会において，変態設立事項（会28）を変更する定款の変更の決議をした場合には，当該総会においてその変更に反対した設立時株主は，当該決議後2週間以内に限り，その設立時発行株式の引受けに係る意思表示を取り消すことができます（会97）。また，設立しようとする会社の発行可能株式総数を定款で定めていないときは，会社成立の時までに創立総会の決議により，定款を変更して発行可能株式総数の定めを設けなければなりません（会98）。

8-5-2　設立時役員等の選任

募集設立にあっては，設立時取締役，設立時会計参与，設立時監査役または設立時会計監査人の選任は，創立総会の決議によらなければなりません（会88）。複数の設立時取締役の選任につき，累積投票によることが許容されますが（会89参照），この制度については後述します（第4章3-2-3）。当該種類の種類株主を構成員とする種類株主総会（他の種類株主と共同して選任する場合を含む）で取締役または監査役を選任する種類株式を発行する会社にあっては，定款の定めに従って，各種類の設立時種類株主を構成員とする種類創立総会の決議によって，これらを選任しなければなりません（会90）。創立総会で選任された設立時取締役等は，会社成立までの間は，創立総会の決議によって解任

することができます（会91）。種類創立総会で選任された設立時取締役等は，会社成立までの間は，原則として，当該種類創立総会の決議によって解任できますが，定款に定めがあれば，創立総会の決議による解任も可能です（会92Ⅰ〜Ⅲ）。

8-5-3　設立経過の調査

設立時取締役（監査役設置会社にあっては設立時取締役および設立時監査役）は，その選任後遅滞なく，発起設立におけると同様の法定事項の調査（本章6-4参照）を行い（会93Ⅰ），その調査の結果を創立総会に報告しなければなりません（会93Ⅱ）。総会において設立時株主から調査に関する事項の説明を求められた場合には，設立時取締役は，これに応ずべき説明義務があります（会93Ⅲ）。

なお設立時取締役（監査役設置会社にあっては設立時取締役および設立時監査役）の全部または一部が発起人である場合には，創立総会の決議によって，法定事項を調査する者を選任することができ，その場合には，この者が必要な調査・報告を行わなければなりません（会94Ⅰ・Ⅱ）。

創立総会が，これらの報告等に基づき，変態設立事項を不当であると認めたときは，これを監督是正する立場から，定款の変更を行うことができることは，すでに述べたとおりです（本章8-5-1）。

8-5-4　募集設立手続きの特則

投資者保護の観点から，設立時募集株式の引受人には，備え置かれた定款の閲覧権や謄本・抄本の交付請求権等が保障されています（会102Ⅰ）。

設立時募集株式の引受人が株主となる時期についても，会社法が明定しています。すなわち，引受人は，会社成立の時に，払込みを行った設立時発行株式の株主となります（会102Ⅱ）。

先に述べたように（本章8-3）設立時募集株式の引受けの申込みおよび割当てならびに総額引受契約に係る意思表示につき，民法の心裡留保（民93ただし書）および通謀虚偽表示（民94Ⅰ）に関する規定の適用が排除されています（会102Ⅲ）。

設立時募集株式の引受人は，会社の成立後または創立総会もしくは種類創立総会においてその議決権を行使した後は，もはや錯誤を理由とする設立時発行株式の引受けの無効の主張，または詐欺もしくは強迫を理由とする設立時発行株式の引受けの取消しの主張をすることができません（会102 Ⅳ）。

9 設立の登記

株式会社の設立手続きは，設立登記をもって完了します。

設立登記の申請は，発起設立にあっては，会社法46条に定める調査終了の日（委員会設置会社の設立の場合は設立時代表執行役が設立時取締役から調査終了の旨とその内容の報告を受けた日）または発起人が定めた日のいずれか遅い日から，募集設立にあっては，創立総会終結の日，会社法84条の種類創立総会決議をしたときは当該決議の日，同97条の創立総会決議をしたときは決議から2週間を経過した日，同100条1項の種類創立総会決議をしたときは決議から2週間を経過した日または同101条1項の種類創立総会決議をしたときは決議の日のいずれか遅い日から，本店の所在地において2週間以内にしなければなりません（会911 Ⅰ・Ⅱ）。商法総則で学んだように，商業登記は，企業に関する取引上重要な情報となる事項を「公示」することによって商取引の円滑と確実を図り，関係当事者間の利害の調整を図ろうとする制度です。したがって，設立において登記すべき事項も「公示」という観点から選ばれています。すなわち①目的（会911 Ⅲ①），②商号（会911 Ⅲ②），③本店・支店の所在場所（会911 Ⅲ③），④会社の存続期間または解散事由に関する定款の定めがあるときはその定め（会911 Ⅲ④），⑤資本金の額（会911 Ⅲ⑤），⑥発行可能株式総数（会911 Ⅲ⑥），⑦発行する株式の内容（種類株式発行会社にあっては，発行可能種類株式総数および発行する各種類の株式の内容）（会911 Ⅲ⑦），⑧単元株式数に関する定款の定めがあるときはその定め（会911 Ⅲ⑧），⑨発行済株式総数ならびにその種類および種類ごとの数（会911 Ⅲ⑨），⑩株券発行会社であるときはその旨（会911 Ⅲ⑩），⑪株主名簿管理人を置いたときは，その氏名・名称および住所・営業所（会911 Ⅲ⑪），⑫新株予約権を発行したときは，これに関する一定の法定事項（会911 Ⅲ⑫），⑬取締役の氏名（会911 Ⅲ⑬），⑭代表取締役の氏名・住所（委員会設置会社を除く）（会911 Ⅲ⑭），⑮取締役会設

置会社であるときはその旨（会911Ⅲ⑮），⑯会計参与設置会社であるときはその旨，その氏名・名称，会計参与による計算書類等の備え置き場所（会911Ⅲ⑯），⑰監査役設置会社（定款の定めによりその監査の範囲を会計に関するものに限定するものを含む）であるときはその旨，監査役の氏名（会911Ⅲ⑰），⑱監査役会設置会社であるときはその旨，監査役中社外監査役であるものにつき社外監査役である旨（会911Ⅲ⑱），⑲会計監査人設置会社であるときはその旨，会計監査人の氏名・名称（会911Ⅲ⑲），⑳会計監査人に欠員を生じた場合に監査役の選任により一時会計監査人の職務を行うべき者を置いたときはその氏名・名称（会911Ⅲ⑳），㉑特別取締役による取締役会決議の定め（会373参照）があるときは，これに関する一定の法定事項（会911Ⅲ㉑），㉒委員会設置会社であるときは，その旨およびこれに関する一定の法定事項（会911Ⅲ㉒），㉓取締役等の責任免除に関する定款の定め（会426参照）があるときはその定め（会911Ⅲ㉓），㉔社外取締役等との責任限定契約の締結に関する定款の定め（会427参照）があるときはその定め（会911Ⅲ㉔），㉕上記㉔の定款の定めが社外取締役に関するものであるときは，取締役中社外取締役であるものについて社外取締役である旨（会911Ⅲ㉕），㉖上記㉔の定款の定めが社外監査役に関するものであるときは，監査役中社外監査役であるものについて社外監査役である旨（会911Ⅲ㉖），㉗計算書類の公告につき，貸借対照表の内容たる情報を定時株主総会終結の日後5年を経過するまでの間，継続して電磁的方法により不特定多数の者に供する状態に置く措置をとった場合（会414Ⅲ参照）の法務省令で定める必要事項（会911Ⅲ㉗），㉘会社の公告方法（会939Ⅰ参照）についての定款の定めがあるときはその定め（会911Ⅲ㉘），㉙上記㉘の定めが電子公告を公告方法とするものであるときは，これに関する一定の法定事項（会911Ⅲ㉙），㉚上記㉘の定めがないときは，官報に掲載する方法を公告方法とする旨（会939Ⅳ参照）（会911Ⅲ㉚），が設立登記の際の登記事項です。

　設立の登記によって，法人としての株式会社が成立します（会49）。これによって，発起人は出資の履行をした設立時発行株式の株主となり，設立時募集株式の引受人もまた払込みを行った設立時募集株式の株主となり，設立中に選任された設立時取締役・設立時監査役等が会社の機関となり，設立中の会社において発起人がその執行機関としてなした設立のために必要な行為の効果が成

立後の会社に帰属するに至ります。こうして、会社は事業活動を開始することになります。

10　設立中の会社の問題を考える

　すでに概観したように、会社の実態は一瞬にして出来上がるのではありません。すなわち、母体の羊水の中で、社会と生活関係を形成することなく1個の生活体として誕生する自然人と異なり、会社という法人は、社会の中にあって、社会と生活関係（法律関係）を持ちながら法人格を取得するまでの一時期を過ごさなければなりません。したがって、発起人によってなされる設立手続中の各行為の効果が、なぜ当然に成立後の会社（権利能力主体）に帰属することになるのか、が理論的に解明される必要があります。そのために、生成過程にある会社実態に法律的な意味が与えられました。すなわち、設立登記前に「**設立中の会社**」という権利能力なき社団が成立しており、設立中の会社と成立後の会社とは、法人格の有無をこえて実質的に同一の存在であるから、設立中の会社のすべての関係が当然に成立後の会社に帰属するのであると説明されるようになりました（**同一性説**といいます）。

　会社の設立にあたっては、設立手続きに入る前に、設立企画者間に会社の設立を目的とする契約が締結されるのが通常です。これに基づく組合関係を発起人組合といい、その法的性質は民法上の組合（民667以下）と解されます。発起人組合は、設立中の会社に先行して形成されますが、設立中の会社とはまったく別個の存在です。したがって、これが設立中の会社に発展するわけではありませんし、設立中の会社が成立しても当然に消滅するわけではありません。

　定款の内容や設立時発行株式に関する事項の決定などは、組合契約の履行という形で決定されます。発起人組合の名においてする対外活動（業務執行）は、したがって、民法670条に基づいて遂行されます。設立時発行株式に関する事項の決定に発起人全員の同意を要するとした会社法32条は、民法670条の特則と解されます（本章5-1参照）。

　設立中の会社は、先に述べたように（本章6-1参照）、発起人による株式の全部または一部の引受けという法律行為の法律効果として成立します。成立後の設立中の会社にあっては、発起人は、その構成員となると同時に、会社を完成

させるために必要な事務を執行する設立中の会社の執行機関になります。会社の業務執行社員のイメージに近い地位が与えられることになるでしょう。

設立中の会社の執行機関は発起人ですから，発起人がその機関たる権限でなした権限内の行為の効果は，設立中の会社に帰属することになります（ただし，設立中の会社には法人格がないので，形式上は発起人（総代）の名において行われます）。そして，設立登記がなされると，設立中の会社に実質上帰属していた権利義務が形式上も会社に帰属することになるのです。

問題は，**発起人の機関権限**の範囲です。会社法は，株式会社の設立にあたり，会社財産の基礎を確固なものにすべく厳格な規定を用意していますから，発起人の機関権限をあまりに広く認めると，成立時の会社の財産的基礎を危うくすることになり，ひいては法の趣旨に反することになります。したがって，発起人の機関権限の範囲はある程度厳格に画する必要があります。

まず，会社の形成・設立自体を直接の目的とする行為が発起人の機関権限に属することは言うまでもありません。また取引行為では，開業準備行為のうち，法定の要件を満たした財産引受け（会28②）が発起人の機関権限に属することも問題ないでしょう。

開業準備行為とは，成立後の会社の事業開始のためにする準備行為を指します。たとえば，物的施設の買入れや賃借，機械・原材料の買入れ，従業員の雇入れなどがこれです。会社法は，先に述べたように，開業準備行為のうち，とくに財産引受けに厳格な法定要件を課しました。そうであるとすれば，それと同様の危険を有する開業準備行為を発起人の機関権限内の行為と解することは適当ではないと思われます。会社設立前に過大な債務を負わせたり，成立後の会社の業務執行を司る取締役等の行為を事前に拘束することは好ましくありません。したがって，発起人が，成立後の会社に予定された事業行為をなす機関権限を有しないことは当然のことです。

設立事務所の賃借，株主募集の広告の委託といった，会社の設立に法律上・経済上必要な行為は発起人の機関権限に含まれるでしょうか。かりに，かかる必要行為が発起人の機関権限に含まれるとすれば，発起人が設立中の会社のためにした行為の効果は当然に成立後の会社に帰属することになります（もっとも，理論上は，発起人はかかる行為を合手的共同体としての発起人組合のためにな

すことも可能です。これは行為者の意思解釈の問題ですが，かかる行為が機関権限内の行為であれば，通常は，法律関係が簡明な設立中の会社のために行うものと解されるでしょう）。したがって，設立のために必要な行為から生じた債務は，成立後の会社が負担することになります。ただし，定款で定め創立総会が承認した会社の負担に帰すべき設立費用を超える分は，会社から発起人に求償しうるということになるでしょう（会28④参照）。この構成によれば，発起人の無資力の危険は成立後の会社に帰し，会社財産の確保に支障をきたす可能性もないわけではありません。

かかる行為が発起人の機関権限外であると解せば，もともとこれらの行為は発起人組合契約の目的に合致する行為ですから，これらの行為の効果は，合手的共同体としての発起人組合（場合によっては行為した発起人個人）に帰属することになるでしょう。発起人組合ないし発起人が債務を履行したときは，定款に記載され創立総会で承認された設立費用の額を限度に会社に求償できると構成することになります。設立費用の債務は発起人組合の組合債務になるでしょうが，各組合員の組合債務に対する責任について，わが民法は分担主義を原則としており（民675），債権者や会社にとっては事後処理が複雑になると思われます。なお言うまでもないことですが，会社成立前の発起人の取引行為に附属的商行為性は認められません。

設立に必要な行為は，発起人の機関権限に含めても差し支えないと思われます。設立中の会社という概念を認めるからには，発起人の機関権限が会社の形成・設立自体を目的とする行為に限られると解するのは狭きに失すると思われます。事前の手当てが慎重になされれば発起人の無資力の危険を過大に評価する必要はありませんし，何よりも当事者の法律関係が明快であると思われます。

設立中の会社には法人格がありませんから，正確な意味での権利能力はありません。しかし，将来法人格を取得した段階で名実ともに権利能力が付与されますから，潜在的な実質的権利能力を議論することは許されると思われます。設立中の会社は，事業を停止することを前提とした清算中の会社とは異なり，成立後直ちにかつ円滑に事業に着手するわけですから，実質的権利能力を設立の目的に制限されておらず，設立の目的によって制限されるのは，発起人の機関権限であると解されるのではないでしょうか。そうであるとすれば，発起人

が設立中の会社のために法定の要件を満たした財産引受け以外の開業準備行為をなしたときは、発起人の無権代理行為として、成立後の会社は民法113条以下に依拠して、これを追認できるということになるでしょう（この問題は、発起人が設立中の会社のためになす事業行為の追認の問題にも発展します）。会社にとって有利または有益と判断される行為を追認しうることは、成立後の会社に望ましいことです（これは純粋に成立後の会社の経営判断に委ねればよい問題であって、会社の自治に任せるべきです）。ただし、このような追認は、成立後の会社が新たに当該行為をなす場合に要求される会社の内部的意思決定の要件を満たしたうえで、認められることになるでしょう。

　発起人が設立中の会社のために機関権限以外の行為をなし、成立後の会社の追認を得られなかった場合には、行為の相手方に対する発起人の無権代理人としての責任が問題になります。具体的には民法117条に基づく責任が問題となります。発起人が、すでに会社が成立したかのように代表取締役といった名称を用いて取引をした場合には、同条に基づく責任を負いますが、通常、取引の相手方は、会社が未だ成立していないことを知りまたは知りうべきでしょうから、相手方は同条1項の規定に依拠して発起人の無権代理人としての責任を問うことは困難でしょう（民117Ⅱ）。しかし、発起人は損害賠償責任を免れることはできません（会53Ⅱ）。あるいは発起人の組合契約がこれらの行為を契約の目的に含めていた場合には、発起人組合が責任を負うこともありえるでしょう。

　最後に、設立手続中に選任された設立時取締役および設立時監査役等は、会社が成立するまでは、設立に関する監督機関に過ぎないと解されます。これらの者が行うことができる職務は、法律または定款に定められた事項に限られます。すなわち、設立手続きの調査（会46, 93）、設立時代表取締役、設立時委員、設立時執行役または設立時代表執行役の選定、解職、選任または解任（会47, 48）などきわめて限定されます。発起人組合は、会社の成立によってその目的を果たし、解散することになります。

11 設立関与者の責任

11-1 財産価額填補責任

現物出資・財産引受けの目的財産の会社成立時の価額が定款に定めた価額（定款の変更があった場合は変更後の価額）に著しく不足するとき，発起人および設立時取締役は，会社に対し連帯してその不足額を支払う義務を負います（会52Ⅰ）。これを**発起人等の財産価格填補責任**といいます。この責任は，総株主の同意がなければ免除することができません（会55）。しかし，発起設立にあっては，これらの事項につき，検査役の調査を受けたとき，または当該発起人もしくは設立時取締役がその職務を行うについて注意を怠らなかったことを証明したときは，この責任は生じません（会52Ⅱ）。つまり，この責任は過失責任です。これに対して，募集設立においては，現物出資をする発起人に対し，募集に応じた引受人は金銭出資しかできない法構造になっており（会58Ⅰ②参照），両者の実質的な出資の公平という観点から，発起人等に無過失責任を負わせ（会103Ⅰ），引受人を保護しています。なお，現物出資・財産引受け等の財産価額の証明等をした者も，無過失の証明ができない限り，発起人等と連帯して填補責任を負います（会52Ⅲ）。

11-2 損害賠償責任

11-2-1 会社に対する損害賠償責任

発起人は，設立中の会社の執行機関として設立に関する事務処理につき善管注意義務を負っています（民644）。設立時取締役または設立時監査役も同様です。したがって，発起人等が設立に関し任務を怠り会社に損害を生じさせた場合には，会社に対して連帯して損害賠償責任を負います（会53Ⅰ）。発起人に故意または過失があったときに生じる過失責任です。この責任は，総株主の同意がなければ免除されません（会55）。この責任は会社の設立が無効となっても免れるものではありません。

11-2-2　第三者に対する損害賠償責任

　発起人，設立時取締役または設立時監査役が，その職務を行うにつき悪意または重過失によって第三者に損害を与えたときは，その第三者に対して損害賠償責任を負います（会53Ⅱ）。この責任の性質については，特殊な不法行為責任と解する考え方もありますが，一般的には，第三者の保護を図るため会社法が特に認めた特別の法定責任であると解されています。たとえばある発起人が一切の設立事務を他の発起人に委ね，法令・定款違反を看過して会社を設立させ，結果，設立が無効となったような場合，その発起人は会社債権者に対して損害賠償義務を負うことになるでしょう。設立時取締役または設立時監査役が設立に関し悪意または重過失によって第三者に損害を与えたときも同様ですが，発起人も責任を負うときは，これらの者が連帯して責任を負います（会54）。

11-3　会社不成立にともなう発起人の責任

　会社が成立しなかった場合には，発起人は「株式会社の設立に関してした行為」につき連帯して責任を負い，また会社の設立に関して支出した費用は発起人の負担に帰します（会56）。発起人のこの責任は無過失責任です。**会社の不成立**とは，設立手続きに着手したものの，その手続きが途中で挫折し，設立登記に至らないことが確定したことを指します。

　「設立に関してした行為」とは，会社の設立を直接の目的とする行為のことです。いわゆる「設立費用」に属する行為はすべて含まれます。

　「設立中の会社」という概念を前提とすれば，会社が不成立の場合は，当該権利能力なき社団が解散し，清算して残余財産を構成員たる株式引受人に分配して（すなわち，こうすると株主引受人も損失を負担することになります）終わることになるべきところ，それでは株式引受人の保護に欠けることになりますから，会社法は，発起人に設立の企画者として全責任を負担させるという法政策を採用したわけです。

11-4　擬似発起人の責任

　先に述べたように（本章4-1），発起人とは，定款に発起人として署名（記名押印，電子署名）した者を指します。しかし，定款に発起人として署名してい

なくても，設立時募集株式の募集の広告その他当該募集に関する書面または電磁的記録に自己の氏名または名称および会社の設立を賛助する旨の記載または記録をなすことを承諾した者は，「発起人とみなして」これと同一の責任を負わされます（会103Ⅱ）。このような者を**擬似発起人**といいます。上の責任は，発起人らしい外観を作出したことによる権利外観法理または禁反言の法理に基づく責任といえるでしょう。

擬似発起人の責任の内容ですが，会社法103条2項は，この者を発起人とみなして，会社法52条ないし56条の規定および103条1項により読み替えられる募集設立に関する52条の規定を適用する旨を明定しています。したがって，擬似発起人は，発起人としての職務権限を有しないにもかかわらず，自らの行動について会社法53条にもとづく責任を負うものと解されます。

12　設立の無効

株式会社が設立登記により成立しても，設立手続きの瑕疵により設立が無効とならざるをえない場合があります。しかし，会社が形の上では成立して事業を開始してしまったときには，会社の内外に多くの法律関係が生じており，設立の無効を一般原則によって処理するのは妥当ではないといえます。そこで会社法は，「**設立無効の訴え**」という制度を設けて，これに従って処理する措置を講じました。

「設立無効の訴え」については，会社関係の訴えを論じる章（第8章1）で詳述します。

第3章 株式，その優れた技術的工夫

1 株式をどう捉えるか——その意義，法的性質

　社員は，会社に入社することによって，社員たる資格で会社とさまざまな法律関係を持つことになります。社員が，その資格に基づき，会社との間で有する法律関係の総体を「**社員権**」といいます。社員と会社との間に存在する「法律関係の束」とイメージすることも可能です。社員権といっても義務をも包摂しますから，社員権は，会社における社員たる「地位」あるいは社員としての「持分」と捉えることも可能です。

　会社は多面的な捉え方が可能です。まず会社は，権利能力の担い手として，権利の主体としての側面を有します。一方で，しばしば言及しているように，会社を，事業目的によって統合組織化された有機的一体としての機能的財産をひとつの会計単位として管理する技術的な優れた工夫であると捉えれば，会社は，ある意味で，権利の客体としての側面を有します。社員権を，会社に対する社員の持分として観念できるのは，会社に，このような意味での社員にとっての権利の客体としての側面があるからです。

　株式会社にあっては，その構成員たる社員を「**株主**」といい，株主が会社に対して有する法律関係の総体，地位または持分を指して「**株式**」といいます。

　「株式」は，社員たる各株主が，会社に対してどの程度の法律関係，地位または持分を有するのかを，物理的に認識可能にしたきわめて優れた工夫の賜物です。すなわち，株式は細分化された均等な割合的単位の形をとっており（**持分均一主義**），各株主は，複数の株式を所有することができます（**持分複数主義**）。そして各株主は，その所有する株式数に比例して，会社に対する相対的法律関係，地位または持分を有することになるわけです。つまり，株主と会社との相対的法律関係を数量化して把握することにより，集団的に生起する法律

関係を簡便・迅速に処理することを可能にしているのです。冒頭で社員権を社員と会社との間に存在する「法律関係の束」とイメージすることが可能だといいました。言わば、各株主が、株式会社と繋がりを有する「ワイヤーの太さ」を比較対照できる技術的工夫が「株式」であると思えばいいでしょう。

このような株式には、当然に財産的価値があります。その価値は、会社の収益力、将来性、投資環境等によって決まりますから、株式価格は絶えず変動します。その時々の株価は、会社に出資した株主の資本的貢献度の指標としての役割りを果たします。たとえば、株主Aが甲社の株式を1株有しており、その株価が50万円であるとすれば、その時点でBを新たに甲社の1株の株主として迎える場合、AはBに自己と同一の資本的貢献を要求したいでしょう。すなわち、原則として、Bが50万円という対価を出捐して1株の株主になるのでなければ、Aは納得し難いでしょう。ただ、Bの入社が中長期的に会社にとってプラスになる（ひいてはAの有する株式の価格の上昇が見込まれる）という何らかの思惑がAにあるときは、自己より有利な条件でBを株主に迎えることにAが賛成することもありえます。会社が新たな株式を発行する場合等には、そのような内外の諸要因を勘案して払込金額を決定することになるでしょう。また、他から株式を譲り受ける者は、その都度市場で形成される価格に応じてこれを取得することになるでしょう。

株式は、均等に細分化された割合的単位ですから、その基礎となる1単位の株式を任意に単位未満に細分化したり分解することは、原則としてできません（**株式の不可分性**）。たとえば、株主Aが自己の保有する1株のうち、0.5株だけをBに譲渡したり、議決権だけを分離してBに譲渡するといったことは許されません。例外的に、株式の発行、併合または分割にあたり、1株未満の端数が生じることがありますが、その取扱いについては、必要な箇所で述べます。

株式は不可分のものですが、株式自体を数人で共有（正確には準共有）することは認められます。これを「**株式の共有**」といいます。数人による株式の共同引受け、数人による株式の相続等の場合に生じます。株式の共有が生じた場合には、株主の権利を行使すべき代表者1人を定め、会社に対し、その者の氏名または名称を通知しなければ、当該株式についての権利を行使することができません（会106前段）。ただし、会社側がその権利を行使することに同意を与

えるのは自由です（会106後段）。

　株式の法的性質については，古くから議論がありました。株式物権説，株式債権説という古典的考え方に始まり，株式社員権説，これに対する形での社員権否認論，否認論の発展型としての株式債権論，さらに株式純債権論ともいうべき株式会社財団論等，種々の議論の展開がありました。ここでは，わが国で広く承認されている**株式社員権説**を紹介しておきましょう。

　株式とは，株式会社という社団法人の社員の地位であり，株主は，この社員の地位に基づいて会社に対し各種の権利を有するとともに出資義務を負うことになります。この説は，株主の会社に対する各種の権利を共益権と自益権とに分類して捉えます。**共益権**とは，株主が会社の管理運営に参加することを目的とする権利であり，たとえば議決権がこれに属します。**自益権**とは，株主が会社から経済的利益を受けることを目的とする権利であり，たとえば剰余金配当請求権がこれに属します。共益権，自益権ともに株主自身のための権利であり，株式が移転すれば，共益権も自益権もともに移転することになります。自益権といい共益権といい，ともに義務をも含めて社員たる地位・株主たる地位に包摂される概念です。

　わが国の株式会社の株式は，すべて無額面株式です。**無額面株式**とは，定款上「1株の金額」（額面金額）の定めのない株式をいいます。1株の金額の定めがないことにより，株式の発行価額には何ら制約がありません。財産としての株式の価値は，時々の会社の評価によってたえず変動しますから，「1株の金額」というものを定款で定めることは不要なのです。実質的な経済価値に応じて，株式を発行したり適宜株式分割等をなしうることができるわけです。すなわち，株式という単位の大きさをどのように設定するかは，会社の自由な判断に委ねられているわけです。その単位の大きさは，その時々の株式の価格という形で金銭を尺度に観念されます。

　株式と資本金の額との関係については，設立時の株式発行，資金調達を目的とする新株発行または新株予約権の行使による新株発行など，株式の発行価額（払込金額）が観念される場合に，その払込金額の2分の1以上を資本金として計上しなければならないものとされている（会445Ⅱ）ことを除き，両者の関係は切断されています。

2　株主の権利

株主が株主としての資格において会社に対して有する権利（株主的権利）は，いくつかの基準による分類方法があります。

2-1　自益権と共益権

株主の権利は，その目的によって自益権と共益権とに大別されます。

自益権は，株主が会社から経済的利益を受けることを目的とするものです。これに属するものとして，剰余金配当請求権（会105 Ⅰ①），残余財産分配請求権（会105 Ⅰ②）をはじめ，株式買取請求権（会116, 469, 785, 797, 806など），株券発行請求権（会215），株式の割当てを受ける権利（会202）などがあります。

共益権は，株主が会社の管理運営に参加することを目的とするものです。これに属するものとして，株主総会における議決権（会105 Ⅰ③）をはじめとして，株主提案権（会303 Ⅱ・Ⅲ），累積投票請求権（会342 Ⅰ），総会招集権（会297），総会決議取消訴権（会831），新株発行無効訴権（会828 Ⅰ②・Ⅱ②），代表訴訟提起権（会847），取締役の違法行為差止請求権（会360），役員解任請求訴権（会854），会計帳簿等閲覧権（会433），検査役選任請求権（会306 Ⅰ・Ⅱ，358 Ⅰ），会社解散請求訴権（会833 Ⅰ）などがあります。

自益権は，株主が企業の共同所有者たる地位に基づいて有する収益機能から導かれる権利であり，共益権は，株主が企業の共同所有者たる地位に基づいて有する支配機能から導かれる権利であって，両者ともに根本的には株主自身の利益のための権利です。ただ，共益権は，自益権と異なり，権利行使の効果が他の株主ひいては会社全体に及ぶという特徴があります。

2-2　単独株主権と少数株主権

株主の権利は，その権利行使の要件によって単独株主権と少数株主権とに分類できます。**単独株主権**は，各株主が独自に行使できる権利であり，**少数株主権**は，一定の議決権数または総株主の議決権の一定割合いを有する株主のみが行使できるものです。

自益権はすべて単独株主権に属します。共益権は、上に述べたように権利行使が会社全体に及ぶことからくる制約を受け、少数株主権に属するものが少なからずあります。少数株主権も、権利によってその行使要件が異なっています。

原則として、総株主の議決権の100分の3以上の保有を要求される少数株主権として、たとえば、株主総会招集請求権（会297）、役員解任請求訴権（会854）、会計帳簿等閲覧請求権（会433Ⅰ）などがあります。原則として、総株主の議決権の10分の1以上の保有を要求されるものとして、解散請求訴権（会833Ⅰ）などがあります。原則として、総株主の議決権の100分の1以上の保有を要求されるものとして、総会の招集手続きおよび決議方法調査のための検査役選任請求権（会306Ⅰ・Ⅱ）などがあります。原則として、総株主の議決権の100分の1以上または300個以上の議決権を有する株主に認められるものとして、株主提案権（会303Ⅱ・Ⅲ）があります。

上述の諸権利は、いずれも強力な権利であるため、その濫用を防止すべく少数株主権とされているわけです。これらの少数株主権は、法定保有要件を満たす限り、1人でも行使できますし、数人の議決権数またはその割合いを合算して数人で共同して行使することもできます。

2-3 会社法105条について

会社法105条は、株主が会社に対して有する基本的・原則的権利に関する規定です。同条1項は、株主が原則的に有する権利として、①剰余金の配当を受ける権利（1号）、②残余財産の分配を受ける権利（2号）、③株主総会における議決権（3号）という代表的な権利を例示し、これに加えて④その他会社法の規定により認められた権利（柱書）を有するとしています。

同条2項は、株主に対し、上記①および②の権利の全部を与えない旨の定款の定めは無効である旨を明定しています。これは、営利社団法人として当然の理です。先に述べたように（第1章1参照）、会社の営利性は、窮極的には社員のためのものだからです。しかし、①または②の権利のいずれか一方が与えられておれば、他方の権利が全く与えられない株式（たとえば完全無配当株式）に関する定款の定めを置くことは可能です。なお、同条2項は、後述する108条1項1号2号に関する定款の定めに関連する規定です（本章5-2）。

3　株主平等の原則

　社団法人の社員が平等の扱いを受けるべきことは，団体法理上，当然の要請であるといえます。ただ，典型的な株式会社においては，社員たる株主間の人的関係が希薄であり，単に資本的に結合しているに過ぎないため，各株主の有する株式数に応じて平等の取扱いを受けることになります。**株主平等の原則**は，会社法109条1項に明定されています。

　法が別段の取扱いを認めた場合を除き，株主平等の原則に反する定款の定め，総会・取締役会決議，取締役の業務執行等は無効と解されますから，この原則は，多数決の濫用から一般株主を守る機能を有することになります。

　株主平等の原則は，株式の平等であって，すなわち各株式の内容が原則として同一であるということを意味します。後に述べるように（本章5），内容の異なった株式を発行できるのは，法が認める例外であると評価できます（本来，平等であるべき株式の内容に差異を認めることを法が特に許している）。

　株主平等の原則によって，同一内容の株式においては，同一の取扱いがなされるべきことになりますが（会109Ⅰ参照），平等の取扱いを受けるべき者が任意にこれを放棄することまでをも禁じるものではありません。不利益を受ける株主の同意があれば，不平等な取扱いをする個々の処分行為も無効にはなりません。

4　会社が発行する全株式に関する特別の定め

　会社は，その発行する全部の株式について，言わばその性格を決定づける特別の定めを定款に設けることができます。このような定めは，会社の基本的性格そのものを決定づけることに係わる定めのひとつであると評価できるでしょう。必ずしも適当なたとえではありませんが，言わばその会社の発行する株式の「血液型」を決定するようなものです。

　会社は，その発行する全部の株式の内容として，①譲渡による当該株式の取得について当該会社の承認を要すること，②当該株式について，株主が当該会社に対してその取得を請求できること，③当該株式について，当該会社が一定の事由が生じたことを条件としてこれを取得することができること，を

定めることができます（会107Ⅰ各号）。すなわち，会社は，その発行する全部の株式を，①譲渡制限株式（会2⑰参照），②取得請求権付株式（会2⑱参照），③取得条項付株式（会2⑲参照）とする旨の特別の定めをすることができるわけです。このような会社の株式にあっては，全株式が同一内容になるので，異なる種類の株式がなく，したがって次に述べる（本章5）種類株式とはなりません。発行する株式の内容は登記事項です（会911Ⅲ⑦）。

① **全発行株式を譲渡制限株式とする定めを設ける場合**

　　この場合には，定款で以下の事項を定める必要があります。(イ)当該株式を譲渡により取得することについて会社の承認を要する旨，(ロ)一定の場合においては会社が譲渡の承認をしたものとみなすときは，その旨および当該一定の場合，です（会107Ⅱ①）。このような定めを設けた会社は，当然に非公開会社ですが，とくにこのような定めを設けた会社を**株式譲渡制限会社**といいます。

② **全発行株式を取得請求権付株式とする定めを設ける場合**

　　この場合には，定款で以下の事項を定める必要があります。(イ)株主が会社に対して当該株主の有する株式を取得するよう請求することができる旨，((ロ), (ハ), (ニ), (ホ))そのような株式の対価として当該株主に社債・新株予約権・新株予約権付社債・これら以外の財産を交付するときは，その種類・内容・金額・算定方法など，(ヘ)株主がそのような請求をすることができる期間，です（会107Ⅱ②）。

③ **全発行株式を取得条項付株式とする定めを設ける場合**

　　この場合には，定款で以下の事項を定める必要があります。(イ)一定の事由が生じた日に当該会社がその株式を取得する旨およびその事由，(ロ)会社が別途定める日の到来をもって事由とするときは，その旨，(ハ)一定の事由が生じた日にその株式の一部を取得するときは，その旨および取得する株式の一部の決定方法，((ニ), (ホ), (ヘ), (ト))そのような株式の対価として当該株主に社債・新株予約権・新株予約権付社債・これら以外の財産を交付するときは，その種類・内容・金額・算定方法など，です（会107Ⅱ③）。

5　異なる種類の株式

5-1　総　説

　会社から観れば資金調達の便宜のため，株主から観れば多様な投資目的（何を狙って株主になるかという目的）に応えるため，会社法は，株主平等の原則を修正して，一定の範囲で権利内容の異なる株式の発行を認めています。会社法は，その発行するすべての株式の内容が均一である会社（本章4で説明した会社を含みます）と，内容の異なる2以上の株式を発行する旨が定款で定められている会社とを区別し，後者を「**種類株式発行会社**」と定義しています（会2⑬参照）。どのような点で内容の異なる株式を発行できるかについては，会社法108条1項が定めています。同条同項によれば，会社は定款で定めるところにより，①剰余金の配当，②残余財産の分配，③株主総会において議決権を行使することができる事項，④譲渡による当該種類の株式の取得について当該株式会社の承認を要すること，⑤当該種類の株式について，株主が当該株式会社に対してその取得を請求できること，⑥当該種類の株式について，当該株式会社が一定の事由が生じたことを条件としてこれを取得することができること，⑦当該種類の株式について，当該株式会社が株主総会の決議によってその全部を取得すること（全部取得条項付種類株式），⑧株主総会（取締役会設置会社にあっては株主総会または取締役会）において決議すべき事項のうち，当該決議のほか，当該種類の株式の種類株主を構成員とする種類株主総会の決議があることを必要とするもの（いわゆる拒否権付株式），⑨当該種類の株式の種類株主を構成員とする種類株主総会において取締役または監査役を選任すること（⑨については，委員会設置会社と公開会社はこれを発行できない），について内容の異なる2以上の種類の株式を発行することを認められます。このような株式を「**異なる種類の株式**」（「**数種の株式**」または「**種類株式**」）といいます。

　会社が異なる種類の株式を発行するには，あらかじめそれぞれの内容として会社法108条2項各号に定める事項および発行可能種類株式総数を定款に定めなければなりません（会108Ⅱ柱書）。自分より有利な待遇を受ける株主の出現の可能性を既存株主に周知させるためです。

また，種類株式を発行する旨の定款の定めがある場合には，原則として，設立時募集株式の引受けの申込みをしようとする者や，会社成立後の募集株式発行に際し，募集株式の引受けの申込みをしようとする者に対し，種類株式に関する事項を通知することを要します（会59Ⅰ⑤，203Ⅰ④）。同じく，将来株主になる可能性のある者に対しても，自分が受けるであろう待遇を他者と比較できるようにするための配慮です。

発行可能種類株式総数および発行する各種類の株式の内容は登記事項です（会911Ⅲ⑦）。異なる種類の株式を発行したときは，発行済株式の種類および種類ごとの数を登記することを要します（会911Ⅲ⑨）。

5-2 剰余金の配当等に関し内容の異なる株式

剰余金の配当または残余財産の分配において，他の株式に対して優先的扱いを受ける株式を**優先株式**，劣後の扱いを受ける株式を**劣後株式**（後配株式）といい，標準となる株式を**普通株式**といいます。優先株式・劣後株式ともにその内部でさらに順位をつけることもできます。このような株式の多様化は，主として会社資金の調達を機動的に行うことが可能となるよう認められたものです。たとえば，業績不振の会社が，新株発行の際に優先株式を発行して株主を募集したり，業績良好の会社が，新株発行の際に旧株主の利益に配慮して劣後株式を発行したりすることを可能にしています。

優先株式・劣後株式の内容は，原則として定款に定めなければなりません（会108Ⅱ①②）。配当すべき財産の価額の決定の方法を定めておけば足りますから，これによって，剰余金の配当が発行会社の特定事業部門または特定子会社の業績に連動するよう設計された株式（トラッキング・ストック（tracking stock）という）を発行することもできます。なお，剰余金の配当について内容の異なる種類株主が配当を受けることができる額その他法務省令に定める事項の全部または一部に限っては，当該種類株式の内容の要綱を定款に定めておけば，当該種類株式を初めて発行する時までに，株主総会（取締役会設置会社にあっては，株主総会または取締役会）の決議によって定める旨を定款で定めることができます（会108Ⅲ）。これにより優先株式・劣後株式の機動的な発行が可能になります。

剰余金配当に関する優先株式は，その内容によって，参加的優先株式・非参加的優先株式，累積的優先株式・非累積的優先株式という区別が可能です。

参加的優先株式とは，利益の多い事業年度に定められた額または率による優先的配当を受けたのち，さらに普通株式と同列になお配当に参加できる優先株式であり，**非参加的優先株式**とは定められた額または率による配当に限られるものをいいます。優先株式でも非参加的であれば劣後株式の方が多くの配当を受ける可能性があります。

累積的優先株式とは，ある事業年度の配当が定められた額または率に達しない場合にその不足分を次年度以降の利益から填補されるものをいい，**非累積的優先株式**とは，不足分が填補されず当該事業年度限りで打ち切られるものをいいます。

利益配当優先株式を発行するには，その内容の要綱を定款で定めない限り，あらかじめ定款で株式の内容（参加的・非参加的の別，累積的・非累積的の別，優先権の継続期間など）および発行可能株式数を定めなければなりません（会108Ⅱ①・Ⅲ）。

5-3　議決権を行使できる事項について内容の異なる株式（議決権制限株式）

定款の規定によって議決権を行使できる事項について制限が付された株式を**議決権制限株式**といいます。議決権がまったく無い株式だけでなく，一部の決議事項について議決権のない株式もありえます。

普通株式についても議決権制限株式とし，議決権がないものとなしえます。議決権に関心のない株主は，相対的に低い払込金額ないし市場価額で株式を取得できるので（社員権に制限のある内容の株式は，制限のない内容の株式よりも相対的に金銭を尺度として比較すれば安くなる），投資利回りが高くなりますし，会社も，株主管理費用を軽減し，株主総会の定足数の充足が容易になるわけです（このような株式は原則として定足数の基数から除外される）。

公開会社にあっては，議決権制限株式は，事実上，発行済株式総数の2分の1を超えて発行することができません。すなわち，公開会社にあっては，議決権制限株式の数が発行済株式総数の2分の1を超えるに至ったときは，会社は，

直ちに，議決権制限株式の数を発行済株式総数の2分の1以下にするために必要な措置をとらなければなりません（会115）。したがって，是正措置をとる前の制限を越える議決権制限株式の発行は無効にはならないわけです。このような是正措置は，少数の株主によって会社が支配されるのを防ぐ配慮によるものです。しかし，非公開会社にあっては，原則として，株主の大規模な移動を予定していないので，そのような制限がなくとも株主になろうとする者が不測の損害を被ることが少ないと考えられます。それゆえ，非公開会社にはこのような制限が設けられていません。

議決権制限株式を発行するには，あらかじめ定款で株式の内容（どの総会決議事項につき議決権を行使できないか，議決権行使の条件を定めるときはその条件）および発行可能株式数を定めなければなりません（会108 Ⅱ③）。

5-4 譲渡制限株式

先に述べたように，会社は，その発行する全株式につき譲渡制限株式とする定めを設けることが可能ですが（本章4），会社法は，一部の種類の株式についての譲渡制限も認めました。すなわち，ひとつの会社で自由譲渡が保障された株式と譲渡制限株式との混在を認めているわけです。たとえば，ある会社が，譲渡制限株式を保有している株主集団を中核として事業を展開しつつ，自由譲渡が保障された株式（投下資本の回収の容易な株式）を発行することにより弾力的に資金調達を行うといった利用方法が考えられます。

この株式を発行するときに定款で定めるべき事項は，会社法107条2項1号に定める事項（本章4①参照）と同様です（会108 Ⅱ④）。

5-5 取得請求権付株式および取得条項付株式

これらの株式も，会社が発行する全株式にこの内容を具有させることが可能ですが（本章4），会社法は，種類株式とすることも認めました。

たとえば，会社の業績のふるわない時に発行する非参加的優先株式を，普通株式と引き換えることのできる取得請求権付株式としておけば，株主は，会社の低迷期には優先株主として安定的に配当を受け，業績の回復によって普通株式を持つ方が高配当を受けられるようになれば取得請求権を行使するといった

選択肢が生まれることになり，会社の資金調達の幅が広がるでしょう。

取得条項付株式についても同様に，たとえば期限または条件付で，普通株式と引き換える取得条項付株式を優先株として発行しておけば，会社は，長期にわたる高額配当の負担を免れることができることになります。

この株式を発行するときに定款で定めるべき事項は，会社法107条2項2号または同3号に定める事項（本章4②③参照）および当該種類の株式1株を取得するのと引換えに当該株主に対して当該会社の他の株式を交付するときは，その株式の種類・種類ごとの数またはその算定方法です（会108Ⅱ⑤⑥）。

5-6　全部取得条項付種類株式

会社は，株主総会決議によってその種類の株式全部を会社が取得できるものとする株式を種類株式として発行できます。これは，会社が債務超過に陥った場合に，会社再建のため株主を入れ替えて新たな出資者を募るようなとき，当該株式をすべて消却するような事態等を想定したものです。

この株式を発行するときに定款で定めるべき事項は，取得対価の決定方法（「決議時の会社財産の状況を勘案したうえで」といった一般的な定めでも可）およびそのような決議ができるか否かの条件を定めるときはその条件です（会108Ⅱ⑦）。

5-7　いわゆる拒否権付株式

会社は，定款をもって，法令または定款の定めにより株主総会（取締役会設置会社にあっては株主総会または取締役会）で決議すべき事項の全部または一部について，その決議のほかに，当該種類の株式の種類株主を構成員とする種類株主総会の決議があることを必要とする株式を発行することができます。すなわち，これによって株主総会または取締役会の一定の決議事項につき，定款上，ある種類の株主に拒否権を与えるという運用が可能になります。たとえば，ベンチャー企業において，ベンチャー・キャピタル（成長意欲の高いベンチャー企業に投資して，当該企業が上場を果たす際のキャピタル・ゲインの取得を目的とする金融機関）が，創業者グループ（多数派株主）の恣意的な企業運営を防止するため，重要事項について拒否権を発動できるよう設計された種類株式を持つ

といった利用方法が考えられるでしょう。

この株式を発行するときに定款で定めるべき事項は、当該種類株主総会の決議があることを必要とする事項および当該種類株主総会の決議を必要とする条件を定めるときはその条件、です（会108Ⅱ⑧）。

5-8　取締役または監査役の選任につき内容の異なる株式

この株式の意義についてはすでに言及しました（第2章6-3）。

この株式を発行するときに定款で定めるべき事項は、後述します（第4章3-2-4）。

6　非公開会社における株主平等原則の例外

先に述べたように（本章3）、株主平等の原則によって、同一内容の株式においては、原則として同一の取扱いがなされるべきですが、会社法109条2項は、株主平等の原則（同条1項）の例外として、非公開会社にあっては、剰余金配当・残余財産分配・議決権につき、株主ごとに異なる取扱いをする旨を定款で定めることができるものとしています。たとえば、保有株式数にかかわらず1人が1議決権を有する、あるいは株主全員に同額の配当を行うといった定めをなすことが可能です。このような条項が設けられたのは、株主の個性が重視される会社にあっては、株主平等の原則よりもむしろ定款の自治を尊重すべきであるとの判断があったのでしょう。

しかし、強行法規・株式会社の本質・公序良俗に反する定めはできませんし、剰余金の配当および残余財産の分配の双方の権利を奪うなど、株主の基本権を奪うような定めは許されません（会105Ⅱ参照）。

7　株式の内容を変更する定款変更と既存株主の利益

7-1　総　　説

すでに述べたように（第2章4-2）、会社は、成立後に定款を変更して、その基本的形質を柔軟に変更することができます。したがって、いったん定款で定めた株式の内容を後に変更することも可能です。均一の株式を発行していた会

社が種類株式発行会社に移行したり，種類株式発行会社が，その発行する株式の種類を増加・削減する等の例が考えられます。しかし，このような定款変更は，場合によっては既存株主に不利益に作用することがあるでしょう。たとえば，株式の自由譲渡が保障されていた会社の株主にとって，そのような自由譲渡を制限するという定款変更は，この者の投下資本の回収の簡便さ（株式を他者に有償譲渡して自由に離脱する）を奪うことになってしまいます。

会社法は，このような定款変更に際し，既存株主の利益に配慮した規定を整備しています。

7-2　定款変更手続きの特則

会社成立後に，会社が発行する全株式を取得条項付株式とする定款変更をしようとする場合には，株主全員の同意を得なければなりません。すでに全株式を取得条項付株式とする定款の定めを設けている会社が，取得条項の内容を変更する場合（定款の定めを廃止する場合を除く）も同様です（以上，会110）。既存株主が強制的に退社させられる可能性が新たに生じるからです。

種類株式発行会社が，ある種類の株式を発行後に定款を変更して，当該種類の株式を取得条項付株式とする場合も，その種類株式を有する株主全員の同意を得なければなりません。種類株式として取得条項付株式を発行している会社が，取得条項の内容を変更する場合（定款の定めを廃止する場合を除く）も同様です（以上，会111Ⅰ）。

会社成立後に，会社が発行する全株式を譲渡制限株式とする定款変更をしようとする場合には，当該株主総会において議決権を行使することができる株主の半数以上（これを上回る割合を定款で定めた場合にはその割合以上）であって，当該株主の議決権の3分の2（これを上回る割合を定款で定めた場合にはその割合い）以上にあたる多数をもって決議がなされなければなりません（会309Ⅲ①）。上で述べたように（本章7-1），株式の自由譲渡性を奪われることは，株主にとって深刻な不利益になると評価できますから，重い決議要件が課されているのです。

種類株式発行会社が，ある種類の株式を譲渡制限株式とする定款の定めを設ける場合，ある種類の株式を全部取得条項付種類株式とする定款の定めを設け

る場合には，そのような定款の変更は，①当該種類の株式の種類株主，②当該種類株式を取得対価とする定めのある取得請求権付株式・取得条項付株式の種類株主を構成員とする種類株主総会の決議がなければ，その効力を生じません。ただし，当該種類株主総会において議決権を行使できる種類株主が存在しないときは，種類株主総会の決議は不要です（以上，会111Ⅱ）。しかも，当該種類株主総会の決議要件は，譲渡制限株式とする場合には当該種類株主総会において議決権を行使できる株主の半数以上（これを上回る割合いを定款で定めた場合はその割合以上）であって，当該株主の議決権の3分の2（これを上回る割合いを定款で定めた場合はその割合い）以上に当たる多数をもってしなければならず（会324Ⅲ①），全部取得条項種類株式とする場合には当該種類株主総会において議決権を行使できる株主の議決権の過半数（3分の1以上の割合いを定款で定めた場合にはその割合以上）を有する株主が出席し，出席株主の議決権の3分の2（これを上回る割合いを定めた場合にはその割合い）以上に当たる多数をもってしなければなりません（会324Ⅱ①）。後者の決議は，かかる決議要件に加えて，一定の数以上の株主の賛成を要する旨その他の要件を定款で定めることもできます（会324Ⅱ柱書後段）。

7-3 ある種類の種類株主に損害を及ぼすおそれがある場合の種類株主総会

　種類株式発行会社における定款の変更が，ある種類の株式の株主に損害を及ぼす場合があります。たとえば，発行済優先株式の定款所定の優先配当額の引下げ，ある種類の株式の株主が選任しうる取締役の数の削減などがその例です。このような場合には，株主総会における通常の定款変更決議に加え，当該種類の株式の種類株主を構成員とする種類株主総会（当該種類株主に係る株式の種類が2以上ある場合には，当該2以上の株式の種類別に区分された種類株主を構成員とする各種類株主総会）の決議がなければ，定款変更の効力を生じません。ただし，当該種類株主総会において議決権を行使することができる種類株主が存在しない場合はこの限りではありません（以上，会322Ⅰ柱書）。会社法322条1項は，定款の定め方いかんによって，ある種類の株主に損害を及ぼすべき事項を1号から13号まで列挙しています。疑義を避ける趣旨でしょう。なお，

この種類株主総会決議は，会社法 324 条 2 項 4 号に基づく特別決議となります。

種類株式発行会社は，ある種類の株式の内容として，上のような場合が生じても，当該種類株式の株主による種類株主総会の決議を要しない旨をあらかじめ定款で定めておくことができます（会 322 Ⅱ）。このときは，(i) 株式の種類の追加，(ii) 株式の内容の変更，(iii) 発行可能株式総数または発行可能種類株式総数の増加の定款変更（単元株式数についてのものを除く）を行う場合を除き，当該種類株主総会決議は不要となります（会 322 Ⅲ）。なお，会社成立後に，ある種類の株式の内容として，上のような，種類株主総会の決議を要しない旨の定めを設ける定款変更を行う場合には，当該種類の種類株主全員の同意を得ることが必要です（会 322 Ⅳ）。

7-4　反対株主の株式買取請求権

定款の不利益変更に終始一貫して反対した株主は，最終的にどうなるのでしょう。この者が，意に反する形で株主に留まることを選ぶならば，これを止める理由はありません。しかし，この者に少なくとも経済的損失を負わせないような形で（すなわち投下資本を回収させて）退社の途をひらいてやることが，解決策としては妥当なものでしょう。会社法は，退社の途を選択した株主のために，株式買取請求の手続きを整備しました。

① 会社が発行する全株式を譲渡制限株式とする定款変更に反対の株主は，その全株式につき，② ある種類の株式を譲渡制限株式または全部取得条項付種類株式とする定款変更に反対の株主は，当該種類株式または当該種類株式を取得対価とする定めのある取得請求権付株式・取得条項付株式につき，③ 株式の併合・分割などの一定の行為をする場合に，ある種類の株式を有する種類株主に損害を及ぼす場合であって，当該種類の種類株主総会の決議を要しない旨の定款の定めがあるその種類株主は，当該種類の株式につき，会社に対し，自己の有する各株式を公正な価格で買い取ることを請求することができます（会 116 Ⅰ各号）。救済すべき株主の利害状況が多様であることにかんがみ，会社法は，買取価格を「公正な価格」という柔軟な表現にしています。

反対株主とは，会社が一定の行為をするために株主総会（種類株主総会を含む）の決議を要する場合には，当該総会において議決権を行使しうる者のうち，

7 株式の内容を変更する定款変更と既存株主の利益

総会に先立ってその行為に反対する旨を会社に通知し，かつ総会においてその行為に反対した株主，および当該株主総会において議決権を行使することができない株主，総会の決議が不要な場合にはすべての株主がこれにあたります（会116Ⅱ各号）。

会社が上の①ないし③の行為をしようとする場合には，当該行為の効力発生日の20日前までに，当該行為をする旨を対象株主に通知しまたは公告しなければなりません（会116Ⅲ・Ⅳ）。

株式買取請求は，会社の①ないし③の行為の効力発生日の20日前の日から効力発生日の前日までの間に，その買取請求に係る株式の種類および数を明らかにしてしなければなりません（会116Ⅴ）。いったんなした買取請求は，会社の承諾を得ない限り，撤回することができません（会116Ⅵ）。会社が①ないし③の行為を中止したときは，買取請求はその効力を失います（会116Ⅶ）。

株式買取請求があった場合に，株式の価格の決定について株主・会社間で協議が調ったときは，会社は，効力発生日から60日以内にその支払いをしなければなりません（会117Ⅰ）。他方，効力発生日から30日以内に株式の価格の決定につき協議が調わないときは，株主または会社は，その期間満了の日後30日以内に，裁判所に対し価格の決定の申立てをすることができます（会117Ⅱ）。協議が調わない場合に，効力発生日から60日以内に裁判所に対する価格決定の申立てがないときは，その期間満了後は，株主は，いつでも買取請求の撤回が可能になります（会117Ⅲ）。裁判所の決定に係る価格を支払うときは，会社は，効力発生日から60日の期間の満了の日後の年6分の利率による遅延利息をも支払わなければなりません（会117Ⅳ）。株式買取請求に係る株式の買取りは，当該株式の代金の支払いの時にその効力を生じます（会117Ⅴ）。

なお，会社が新株予約権の内容にも影響を及ぼす定款変更を行う場合にも，新株予約権者に，会社に対する新株予約権買取請求の途がひらかれています（会118参照）（新株予約権については，第5章3）。株式買取請求と同列の規定であり，価格の決定についても同様の手続きが整備されています（会119参照）。

第3章　株式，その優れた技術的工夫

8　発行可能株式総数など

8-1　発行可能株式総数

　すでに述べたように（第2章4-3-2），会社の設立過程の中で，遅くとも会社成立の時までに，発行可能株式総数が定款中に規定され（会37Ⅰ），設立中の公開会社においては，設立時発行株式の総数が発行可能株式総数の4分の1を下回ることができないという規制が適用されます（会37Ⅲ）。
　成立後の会社の発行可能株式総数に関しては，会社法113条が規制することになります。
　会社は，定款を変更して発行可能株式総数それ自体についての定めを廃止することはできませんが（会113Ⅰ），定款を変更してその総数を減少させまたは増加させることは可能です。
　減少させることのできる下限については，113条2項に定めがあります。すなわち，変更後の発行可能株式総数は，当該定款の変更が効力を生じた時における発行済株式の総数を下ることができません。これに違反して，発行可能株式総数を下限を超えて減少させる旨の定款変更は無効であると解せられます。
　増加させることのできる上限については，113条3項に定めがあります。すなわち，変更後の発行可能株式総数は，当該定款の変更が効力を生じた時における発行済株式の総数の4倍を超えることはできません。ただし，会社が公開会社でない場合は，このような制限は課せられません。公開会社がこの規定に違反して，発行済株式の総数の4倍を超えて発行可能株式総数を設定する定款の変更をしたときは，定款変更そのものが無効になり，発行済株式の総数の4倍の限度で増加の効力が認められることにはならないと解せられます。
　たとえば，ある会社が自己株式を消却したり（本章12-8参照），株式の併合（本章13-1参照）を行った場合には，当該会社の発行済株式総数は減少します。このとき，発行可能株式総数が発行済株式総数の4倍を超えるという事態が生じることがあるでしょう。しかし，このような場合に発行可能株式総数が減少することはありえません。会社法113条3項は，定款を変更して発行可能株式総数を増加させる場面でのみ適用がある規定だからです。株式の消却や併合が

行われても，定款に別段の定めがない限り，定款上設定された発行可能株式総数には何の影響もありません。すなわち，会社は，定款に定められた発行可能株式総数を上限として，その時この発行済株式総数を差し引いた数の間で，くり返し機動的に株式を発行することが可能です。

新株予約権を発行している会社は，新株予約権の行使によって新株予約権者が取得することとなる株式の数を留保しておく必要があります。そこで会社法113条4項は，新株予約権者が取得することとなる株式の数は，発行可能株式総数から発行済株式（自己株式を除く）の数を控除して得た数を超えてはならないと規定しています。

8-2　発行可能種類株式総数

種類株式発行会社は，発行可能株式総数に加えて，各種類の株式の発行可能株式総数を定めなければなりません（会108Ⅱ柱書）。各種類の株式の発行可能株式総数の合計数は，必ずしも当該会社の発行可能株式総数の内数である必要はありませんが，各種類株式の現実の発行総数が発行可能株式総数を超えることは当然に許されません。

定款を変更してある種類の株式の発行可能種類株式総数を減少するときは，変更後の当該種類株式の発行可能種類株式総数は，当該定款変更が効力を生じた時における当該種類の発行済株式の総数を下回ることができません（会114Ⅰ）。また，ある種類の株式について，①取得請求権付株式の株主が取得することとなる他の株式の数，②取得条項付株式の株主が取得することとなる他の株式の数，③新株予約権の新株予約権者が取得することとなる他の株式の数，の合計数は，当該種類株式の発行可能種類株式総数から当該種類の発行済株式の総数を控除して得た数を超えてはなりません（会114Ⅱ各号）。

9　株券と株主名簿

9-1　株券とは何か

会社は，その株式（種類株式発行会社にあっては，全部の種類の株式）に係る株券を発行する旨を定款で定めることができます（会214）。すなわち，株券と

いうものは不発行が原則とされているわけですが，株主という地位を物理的に実感したいと欲する需要が多い会社にあっては，株券という有価証券の利用は便宜なものといえます。株券を発行する会社を**株券発行会社**といいます。

株券は，株式を表章する有価証券です。株式を証券に化体させることにより，これを取引の対象とすること等を容易にさせるわけです。

株券は，会社によって正当に発行され，すでに成立している株式という私権を表章する有価証券ですから，**要因証券**であり，設権証券ではありません。

株券は**要式証券**であり，記載事項が法定されています（会216）。法定記載事項は，①会社の商号，②当該株券に係る株式の数，③譲渡による当該株券に係る株式の取得について会社の承認を要することを定めたときはその旨，④種類株式発行会社にあっては，当該株券に係る株式の種類およびその内容です。これらを記載したうえで代表取締役（委員会設置会社にあっては代表執行役）が署名（記名押印）しなければなりません。

記載事項②に関連して，1枚の株券が必ずしも1株式を表章するとは限らず，1枚に複数の株式を表章できます（100株券，1,000株券など。**併合株券**という）。ただし，最小単位ごとの株式譲渡の自由を保障するため，原則として，会社は1株券の発行を拒絶できません。

株券は，有価証券としては**無記名証券**です。

9-2 株券の発行

株券発行会社は，株式を発行した日以後遅滞なく当該株式に係る株券を発行しなければなりません（会215Ⅰ）。株式の併合・分割をなしたときも，これらが効力を生じた日以後遅滞なく併合・分割に係る株券を発行しなければなりません（会215Ⅱ・Ⅲ）。株券発行会社の株主が株式を処分するにあたっては，株券の交付が必要ですから（会128Ⅰ本文，146Ⅱ），会社には株券発行義務があり，株主には株券交付請求権があります。もっとも，非公開会社である株券発行会社は，株主から請求がある時までは，株券を発行しないことができます（会215Ⅳ）。

株券が有価証券としての効力をいつ生じることになるのかという点に関しては，会社が法定記載事項を株券に記載して代表取締役（または代表執行役）の

署名を終えた時点であるとする説（**作成時説**）と，書面行為がなされた後にこれを株主に交付した時点であるとする説（**交付時説**）とに大別できます。これに関しては，株券をめぐる善意の第三者（株券の差押債権者や善意の取得者）と，株主（株券を受領すべき者）との利害衝突が問題になります。会社（株券を交付すべき者）の利害状況は考慮の外に置いていいでしょう。作成時説をとれば，会社が株券を作成し終えて株主に交付する前に，当該株主の債権者は有効にこれを差し押さえて競売に付すことが可能であることになり，会社から株主の許に運送途上の株券が盗取され流通に置かれると善意取得者が現れる可能性があります。このような，一方的に株主の権利を奪うような結論を採るべきではなく，関係当事者の利害を考えれば交付時説が妥当といえるでしょう。一般論としても，有価証券理論として，交付契約説が支持されるべきです。

9-3 株券不所持制度

株券は有価証券としては無記名証券に属しますから，株券を所持して盗難・紛失等の事故に遭えば，権利を失う危険がきわめて大きいといえます。また，後述するように（本章9-6），株主名簿に記載または記録された株主は，会社に対する権利行使の際に株券を必要としません。そこで，株券発行会社の株主は，株券の所持を欲しない旨を会社に申し出ることができるとされています（会217Ⅰ）。もちろん，すでに発行された株券があるときは，これを会社に提出してこの申出でをすることになります（会217Ⅱ後段）。株主から株券不所持の申出でがあれば，会社は株券を不発行としこれを株主名簿に記載または記録しなければなりません（会217Ⅲ）。株券を発行しない旨を株主名簿に記載または記録した時に株主が提出した株券は無効になります（会217Ⅴ）。

株券不所持の申出でをした株主は，いつでも会社に対し株券の発行を請求することができます（会217Ⅵ前段）。その際，会社は，株主から発行に要する費用の支払を請求することができます（会217Ⅵ後段）。

9-4 株券失効制度

9-4-1 除権決定制度の不適用

一般に，有価証券の喪失者を救済する制度としては，公示催告手続きによる

除権決定という制度があります（非訟3編）。しかし，公示催告手続きは，その公示性に難点があり，名義書換制度との関連が必ずしも明確でないことから，公示催告・除権決定の制度は，株券に適用されません（会233）。この制度が適用されないのは株券のみであり，社債券や新株予約権証書の喪失については，公示催告・除権決定制度が利用されます。

9-4-2 株券喪失登録

株券を喪失した者は，法務省令で定めるところにより，会社に対し，当該株券についての株券喪失に係る法定記載事項を株券喪失登録簿に記載または記録するよう**株券喪失登録の請求**をすることができます（会223）。この請求がなされたときは，会社は，株券発行会社に作成が義務づけられた**株券喪失登録簿**に必要な事項を記載または記録しなければなりません（会221）。会社が株主名簿管理人を置いたときは（株主名簿管理人については本章9-6-1参照），株券喪失登録の手続きは，株主名簿管理人が会社を代理して行います（会222，123）。株券喪失登録簿は，会社の本店（株主名簿管理人を置いたときは，株主名簿管理人の営業所）に備え置かれ（会231Ⅰ），何人も営業時間内いつでも利害関係のある部分に限り閲覧または謄写の請求ができます（会231Ⅱ）。株券喪失登録がなされたときに，登録者が対象株券に係る株式の名義人でないときは，会社は，遅滞なく，その名義人に対し，当該株券につき喪失登録がなされた旨および請求に係る株券番号，喪失者の氏名・名称および住所ならびに喪失登録日を通知しなければなりません（会224Ⅰ）。名義人に喪失登録抹消の機会を与え，名義人の知らない間に株券が失効するのを防止する趣旨です。また，会社が喪失登録をした後に，当該株券に係る権利行使のために会社に株券が提出された場合には（名義書換請求など），会社は，遅滞なく，株券提出者にその株券の喪失登録がなされている旨を通知しなければなりません（会224Ⅱ）。権利を行使しようとする株券所持人に喪失登録抹消の機会を与えるためです。

9-4-3 株券所持人による株券喪失登録の登録抹消の申請

喪失登録のなされた株券を所持する者は，法務省令に定めるところにより，喪失登録のなされた日の翌日から起算して1年を経過するまでの間は，会社に

対し，その株券喪失登録の抹消の申請をなすことができます（会225Ⅰ）。登録抹消の申請をする株券所持人は，喪失登録がされた株券を会社に提出しなければなりません（会225Ⅱ）。登録抹消の申請があったときは，会社は，遅滞なく株券喪失登録者に対し，抹消の申請をした者の氏名等を通知しなければなりません（会225Ⅲ）。株券を所持する者は適法の所持人との推定を受けますから（会131Ⅰ），会社は，上の通知がなされてから2週間を経過した日に，その株券喪失登録を抹消し，提出された株券を抹消の申請をした者に返還しなければなりません（会225Ⅳ）。

これ以降は，当該株券の所持人と喪失登録をした者との間で株式の帰属を争うことになりますが，上述の手続きにより，喪失登録者は，会社が株券を預かっている2週間内に，当該株券につき占有移転禁止の仮処分（民保23）を得て，訴訟を提起することができます。

なお，喪失登録は，第三者による登録抹消申請によって抹消されるほか，喪失登録者自身も所定の手続きにより抹消申請が可能です（会226参照）。紛失株券を発見した等，事故が解消された場合が典型例です。

9-4-4 喪失株券の失効と再発行

喪失登録がなされた株券は，正当な抹消事由によって抹消された場合を除き，登録がなされた日の翌日から起算して1年を経過した日に当然に無効となります（会228Ⅰ）。株券の取得者は，定時総会で権利行使をするため，遅くとも取得後1年以内に名義書換請求をするのが通常ですから，無効になるまでの期間を1年としたのでしょう。株券が無効になったときは，会社は，当該株券についての株券喪失登録者に対し，株券を再発行しなければなりません（会228Ⅱ）。

もっとも，以上の手続きは，株券の実質的な権利者の帰属を確定する効果を持ちません。したがって，株券が無効になる前に当該株券を善意取得していた者があれば（会131Ⅱ参照），この者は，形式的資格を回復した者に対し，実質的権利者として再発行を受けた株券の引渡しを請求することができます。

9-4-5 喪失登録期間内の権利関係

喪失登録のなされた株券については，会社は，その登録が法定の事由により

抹消された日または登録の翌日から起算して1年を経過した日のいずれか早い日（登録抹消日）までの間は名義書換をすることができません（会230 I）。会社は，登録抹消日後でなければ，喪失登録に係る株券の再発行ができません（会230 II）。

喪失登録者が名義人であるときは，喪失登録期間中でも，当該登録者は株主総会における議決権を行使できますが，登録者が名義人でないときは，登録抹消日までの間，名義人は議決権を行使できません（会230 III）。

9-4-6　簡易異議催告と株券喪失登録者

株券発行会社が，譲渡制限株式とする定款の定めを設ける定款変更，株式の併合，全部取得条項付種類株式の取得，取得条項付株式の取得，組織変更，当該会社が消滅会社となる合併，株式交換または株式移転をなす場合には，これらの行為が効力を生じる日までに，会社に対し，一定の株式に係る株券を株主に提供させる必要がありますが，会社は，これらの場合に，株券の提出に関する公告を，効力発生日の1か月前までになすとともに，当該株式の株主およびその登録株式質権者には各別にこれを通知しなければなりません（会219 I）。会社は，これらの行為が効力を生じる前に株券の提出をしない者に対し，提出がなされるまでの間，これらの行為によってその株券に係る株式の株主が受けることのできる金銭等の交付を拒むことができることになっています（会219 II）。

会社が上に述べた行為を行った場合には，株券を提出できない者の請求により，この者に費用を負担させて，会社は，利害関係人に対し，異議があれば一定の期間内（3か月を下ってはならない）にこれを述べる旨を公告することができ，この公告をなした場合に異議を述べる利害関係人がいなかったときは，請求者に対し，株主が受けることのできる金銭等の交付をなすことができます（会220）。この手続きを**簡易異議催告**といいます。

株券喪失登録者が簡易異議催告の請求をした場合には，会社は，その期間の末日が喪失登録日の翌日から起算して1年を経過する日前に到来するときに限り，簡易異議催告の公告をすることができます（会229 I）。この公告をするときは，会社は，その公告をした日に，その公告に係る株券についての株券喪失

登録を抹消しなければなりません（会229Ⅱ）。

9-5　株券を発行する旨の定款の定めの廃止

株券発行会社は，その株式（種類株式発行会社にあっては，全部の種類の株式）に係る株券を発行する旨の定款の定めを廃止するという定款変更をすることができます。しかし，このような定款の変更は，株主その他の株券占有者に重大な影響を与えます。そこで会社法は，このような定款の定めの廃止について以下の手続きを設けました。

会社が株券を発行する旨の定款の定めを廃止しようとするときは，当該定款の変更の効力が生ずる日の2週間前までに，①その株式（種類株式発行会社にあっては全部の種類の株式）に係る株券を発行する旨の定款の定めを廃止する旨，②定款の変更がその効力を生じる日，③その効力が生じる日において株券が無効となる旨，を公告し，かつ，株主および登録株式質権者には各別にこれを通知しなければなりません（会218Ⅰ各号）。このような公告がなされれば，現に株券を占有している株式の質権者（登録株式質権者を除く）は，定款変更が効力を生じる日の前日までに，会社に対し，株主名簿に質権設定の記載または記録を請求できる機会を得ることができるでしょう（会218Ⅴ）。

株券発行会社であっても，たとえば全株主が株券不所持制度を利用している等，実際に株券を発行していない場合には，このような定款の変更をしようとするときは，定款の変更が効力を生じる日の2週間前までに，上記①②の事項を株主および登録質権者に通知すれば足ります（会218Ⅲ）。公告をもってこの通知に代えることもできます（会218Ⅳ）。株券は，定款変更の効力発生日に無効になります（会218Ⅱ）。

9-6　株主名簿

9-6-1　株主名簿とは何か

株主名簿とは，株主およびその持株等に関する法定事項を記載または記録した，会社が作成を義務づけられた帳簿のことです（会121参照）。

株主名簿には，①株主の氏名・名称および住所，②各株主の有する株式の数（種類株式発行会社にあっては，株式の種類および種類ごとの数），③株主が株

式を取得した日，④株券発行会社の場合にはその株式に係る株券の番号が記載または記録されます。これらを**株主名簿記載事項**といいます（以上，会121）。

会社は，株主名簿の作成，備置きその他の株主名簿に関する事務を行う**株主名簿管理人**を置く旨を定款で定め，この者に当該事務を行うことを委託することができます（会123）。わが国では，信託銀行等が株主名簿管理人になるのが通例です。株主名簿は，会社の本店（株主名簿管理人を置いたときはこの者の営業所）に備え置かなければならず（会125Ⅰ），株主および会社債権者は，営業時間内いつでも，その理由を明らかにして，その閲覧または謄写の請求をすることができます（会125Ⅱ）。このような請求があったときは，法定の拒絶事由がない限り，会社はこれを拒むことができません（会125Ⅲ）。親会社の社員も，その権利を行使するために必要があるときは，裁判所の許可を得て，かつ理由を明らかにしたうえで，当該会社の株主名簿の閲覧または謄写を請求することができます（会125Ⅳ）。

9-6-2 株主名簿の効力

株式の移転は，取得者の氏名・名称および住所を株主名簿に記載または記録する（株主名簿の**名義書換え**）のでなければ，会社その他の第三者に対抗することができません（会130Ⅰ）。株券発行会社にあっては，名義書換えが会社に対する対抗要件になります（会130Ⅱ）。名義書換えをしなければ株主権の移転を会社に対抗できないので，名義書換えをしない限り，会社に対して株主の権利を行使することができず，名義書換えを受けてはじめてその行使が可能になるのです。

株式の質入れの場合に，会社が質権設定者の請求により，質権の目的に係る株式につき質権者の氏名・名称および住所を株主名簿に記載または記録しなければ，会社その他の第三者に対抗することができません（会147Ⅰ，148）。

会社の株主または登録株式質権者に対する通知または催告（電子情報処理組織その他の情報技術通信を利用してなす場合を含む）は，株主名簿に記載もしくは記録した者の住所またはその者が会社に通知した場所もしくは連絡先に宛てに発すれば足り，当該通知または催告が延着したり到着しなかった場合でも，通常到達すべきであった時に到達したものとみなされます（会126Ⅰ・Ⅱ，

150)。株式が2人以上の者の共有に属するときは，共有者は，会社からの通知または催告を受ける者1人を定め，会社にこの者の氏名・名称を通知することになり，この場合には，会社からの通知・催告に関しては，その者が株主とみなされます（会126Ⅲ）。共有者からかかる通知がなければ，会社は共有者の1人に対し通知または催告をすれば足ります（会126Ⅳ）。

会社が配当する配当財産は，株主名簿に記載または記録した株主の住所または株主が会社に通知した場所で支払わなければなりません（会457Ⅰ）。

9-6-3　名義書換手続き

株式を取得した者は，利害関係人の利益を害するおそれがないものとして法務省令で定める場合を除き，その取得した株式の株主として株主名簿に記載・記録された者（名義人）またはその相続人その他の一般承継人と共同して，会社に対し，当該株式に係る名義書換えの請求を行います（会133）。

株券発行会社にあっては，株券の占有者が会社に株券を提示して行います（商517）。株券の有価証券性は，この場面で顕在化します。株券の占有者は適法の所持人と推定されますから（会131Ⅰ），会社は，名義書換請求者が無権利者であることに悪意または重過失のない限り，名義書換えに応じたことにつき免責されます。

会社が理由なく名義書換えを拒絶すれば，名義書換えの不当拒絶となり，請求者の氏名が株主名簿に記載されていなくとも，会社はその者を株主として扱わなければなりません。

9-6-4　基　準　日

株主名簿の名義書換えが絶えず行われると，どの時点で名簿に記載または記録されている者を株主として取り扱うべきかという技術的問題が生じます。そこで，株主総会の議決権を行使したり，剰余金の配当を受けるなど，ある時点で会社に対して株主としての権利を行使する者を確定するための処理として，基準日という制度が設けられています。**基準日**とは，一定の日において株主名簿上に記載または記録されている者を株主として扱う方法です。

会社は，一定の日（基準日）を定めて，この日において株主名簿に記載・記

録されている株主（基準日株主）を，その権利を行使できる者と定めることができます（会124 I）。基準日を定めたときは，その日の2週間前までに，当該基準日および基準日株主が行使できる権利（基準日から3か月以内に行使できるものに限る）の内容を定め，これを公告しなければなりません（会124 II・III本文）。ただし，定款に，当該基準日および当該権利の内容についての定めがあるときは，公告は不要です（会124 IIIただし書）。基準日株主の行使できる権利が，株主総会または種類株主総会における議決権である場合には，会社は，当該基準日後に株式を取得した者の全部または一部を当該権利を行使できる者と定めることができます（会124 IV本文）。実質的な株主の意見を反映させる配慮でしょう。しかし，たとえば基準日後に株式を取得した者の議決権行使を恣意的に容認し，特定の基準日株主を狙い撃ちにしてこの者の議決権の割合いを著しく低下させるような，基準日株主の権利を害する運用は許されません（会124 IVただし書）。

なお，基準日の制度は，登録株式質権者について準用されます（会124 V）。

9-6-5 名義書換未了の株主の地位

株式がAからBに移転しても，Bが名義書換手続きを完了し，株主名簿に記載または記録されるまで，Bは自己が株主であることを会社に対抗できず（会130 I・II），会社も株主名簿に記載または記録されている従前のAを株主として扱えば免責されます。

会社がAB間の株式移転の事実を認めて，名義書換未了のBを積極的に株主として扱うことは可能でしょうか。たとえば，会社がBを株主として遇し，総会におけるBの議決権行使を容認したとき，その決議に取消原因が存在するというべきか，といった形で問題が顕在化します。

これにつき，会社は必ず名簿上のAを株主として扱わなければならず，名義書換未了のBを株主として扱うのは違法であると解する説（画一説）は以下のように説きます。すなわち，もし会社に上述のような扱いを認めると，会社に都合が良いときはBに権利行使を許し，都合が悪いときはBに権利行使させないという事態が生じ，株主の処遇が恣意的になる。また，会社において，Bには名義書換未了を理由に，Aにはすでに株主でないことを理由に，いずれの権

利行使をも拒むことができ、権利の空白が生じる。

　しかし、会社法130条の趣旨は、通常は株式の移転があったことを会社が知ることが困難であるから、株式の取得者において従前の権利者（その包括承継者等を含む）と共同してまたは会社に株券を提示のうえ株主となったことを届け出ることを要するものとし、届出がない限り、会社はその者を株主として扱うことを要しないとしているにすぎないものですから、会社が、Aがすでに株主でないことを知りながら、必ずAを株主として扱わなければならないとするほうが、より不合理でしょう。会社が株主の移動を知りえたときに、何らかの事情で名義書換えがなされていないというだけの理由で、Bに権利行使させることを画一的に禁じるというのは妥当でないというべきでしょう。

　次に、Aから株式を譲り受けたBが株主名簿の書換えを失念していた場合に、会社が株主名簿の記載または記録に基づき、Aに配当金を支払ったり、株主割当てによる募集株式の発行（第6章2-2-1）に際してAに募集株式を割り当てた場合、BはAに対してこれらの引渡しを請求できるでしょうか。もちろん会社はAを株主として手続きを進めれば足りますから、かかる処理は、もっぱらAB間の問題になります。これを失念株の処理の問題といいます。「**失念株**」という用語は、広義には所定の期日までに名義書換えを行うことを失念した株式のことを指し、狭義には、株主割当てによる募集株式の発行の場合に、旧株式の譲受人が割当日までに名義書換えを行うことを失念した結果、株主名簿上の株主たる旧株式の譲渡人に割り当てられた募集株式のことをいいます。

　配当金や無償交付の新株式については、BはAに対し、不当利得としてこれらの引渡しを請求できるものと解されています。

　狭義の失念株の場合にも、AB間では実質的に募集株式の引受権はBに属することになるでしょうから、Aが募集株式の引受け・払込みをする前であれば、Bは、Bの計算でその引受け・払込みをするようAに請求することができるでしょう。Aが申込証拠金を支払って申込みをした後であれば、Bは、その金額と引換えにAに募集株式の引渡しを請求できるでしょう。Aが当該株式を売却してしまった場合には、Bによる売却代り金返還請求時に当該株式の価格が下落しておれば、Aは、現存利益をBに返還すればよく（民703類推、Bが故意に名義書換えをせずにいる例が多いので、Aを善意の受益者に比定するのが妥当か）、

当該株式の価格が上昇していても，その差益はAに帰属する（Aの利得は，募集株式の引受権の価額相当分と解するのが妥当か）と解すべきでしょうか。

9-6-6　所在不明株主の株式売却制度

会社の株式事務の合理化を図るため，会社が，所在不明株主の有する株式を売却し，その代金を所在不明株主に支払うという制度があります。

株券喪失登録のなされた株券に係る株式を除き（会230 Ⅳ），株主名簿に記載または記録のある株主につき，当該記載または記録のある住所等に宛てて発した通知および催告が5年間到達しなかった株式（会196 Ⅰにより通知または催告を要しない場合），または無記名式新株予約権証券が提出されなかったときの取得条項付新株予約権の取得対価となる（会294 Ⅱにより通知または催告を要しない場合）株式であってかつ，その株式について株主が継続して5年間，会社の配当する剰余金の支払を受領していないものがあるときは，会社は，その株式を競売することができます（会197 Ⅰ）。ただし株主名簿に記載または記録のある株式登録質権者があるときは，この者も同様に196条3項により準用された同条1項に基づき通知または催告を要しない者であり，かつ，継続して5年間，154条1項に基づき受領することができる剰余金を受領しなかった者でなければ競売することができません（会197 Ⅴ）。

会社は，上述の競売に代えて，市場価格のある株式は市場価格として法務省令で定める方法により算定される額をもって売却し，市場価格のない株式は裁判所の許可を得て競売以外の方法によって売却することができるものとされています（会197 Ⅱ・Ⅴ）。また，この場合，会社はとくに，売却する株式の全部または一部を買い受けることもできます（会197 Ⅲ前段）。この場合においては，買い受けるべき株式の数（種類株式発行会社にあっては種類および種類ごとの数）および取得と引換えに交付する金銭の総額を決定しなければならず，また，その金銭の総額は，分配可能額の範囲内でなければなりません（会461 Ⅰ⑥）（分配可能額については第5章4-5-2参照）。なお，取締役会設置会社においては，以上の事項の決定は，取締役会の決議によらなければなりません（会197 Ⅳ）。

株主や株式登録質権者の利益に配慮して，会社は，株式の競売または売却をする場合には，その株式について，株主その他の利害関係人に対し異議があれ

ば3か月を下回らない一定の期間内にこれを述べることができる旨その他法務省令で定める事項を公告し、かつ株主名簿上の株主および質権者に各別に催告しなければなりません（会198 I）。この催告は、株主名簿に記載または記録ある当該株主および登録株式質権者の住所（これらの者が別に通知または催告を受ける場所または連絡先を会社に通知した場合にはその場所または連絡先）にあてて発しなければならず株式の共有者があれば、その全員に対し、株主名簿に記載または記録ある住所（別に通知または催告を受ける場所または連絡先を会社に通知した場合にはその場所または連絡先）にあてて発しなければならないことになります（会198 II・III）。

異議申立期間内に利害関係人から異議申立てがなければ、対象株式に係る株券が発行されていたときは、当該株券は期間の末日に無効となります（会198 V）。

会社は、対象株式を競売または売却した場合には、その代金を従前の株主に支払わなければなりません（会197 I柱書）。これによって、従前の株主はその地位を失い、会社債権者となります。この債務の弁済場所は会社の住所地です（会196 II・III）。ただ、従前の株主は所在不明であり、事実上売却代金を支払うことは不可能ですから、会社は、弁済の準備をしている旨を通知して受領を催告し（民493）、従前の株主からの請求を待つか、債権者不確知を理由とする供託により債務を免れる（民494）ことになるでしょう。

10 株式の譲渡

10-1 株式の譲渡性

株式会社の社員（株主）は、欲しいままに会社から出資金の払戻しを受けて退社するという方法をとることができません。それゆえ、株主が投下資本を回収して会社との関係を絶ちたいと欲する場合には、自己が有する株式を他に譲渡する（端的には売却する、すなわち法律行為による処分）という方法によらざるをえません。

そうであるとすれば、**株式の自由譲渡性**を保障することは、株主の基本的な利益にかかわる問題であるといえます。会社法は、原則として株主が自由に株

式を譲渡できることを認めています（会127）。

しかし，株式譲渡の自由性が例外的に制限される場合があります。上に述べた株主の基本的利益を制限してでも守るべき公益，団体法特有の理由，技術的な特殊な理由，社員たる株主の多くが望む自治的な要請などの理由に基づく場合です。公益的見地からは，株式の取得・保有の過度な集中が公正な競争を妨げる要因になるといった理由が考えられますが，これは独占禁止法等の領域の問題ですから，ここでは言及しません。団体法特有の理由としては，自己株式の取得に関する財源・手続きに関する制約（本章12-2）があります。子会社による親会社の株式取得の原則禁止（本章12-9）もこれに含まれます。技術的な特殊な理由としては，権利株および株券発行前の株式の譲渡制限（本章10-2）があげられます。株主の多くが望む自治的な要請として認められるものに，定款の定めによる株式譲渡制限（本章10-3）があります。

10-2　権利株および株券発行前の株式の譲渡制限

権利株を譲渡する契約は当事者間では有効ですが，成立後の会社に対する関係では対抗することができないことはすでに述べました（会35，63Ⅱ，第2章8-3）。

株券発行会社において株券が発行される前になした株式譲渡は，会社に対する関係で効力がありません（会128Ⅱ）。これは，株券発行会社が株式を発行した日以後遅滞なく株券を発行しなければならないとする措置（会215Ⅰ）と一体として考えなければなりません。かかる譲渡制限は，もっぱら株券の発行を正確に行わせるための技術的な要請ですから，株券の発行に必要とされる合理的期間が経過した後は，このような株式譲渡をしても会社に対する関係でも有効であって，譲受人は自己の名をもって株券の交付と名義書換えを請求できると解されます。

10-3　定款による株式譲渡制限

10-3-1　譲渡制限の意義

「同族会社」と呼ばれる会社があります。税法上の定義としては，法人税法2条10号に「株主等（その会社が自己の株式又は出資を有する場合のその会社を

除く。）の3人以下並びにこれらと政令で定める特殊の関係ある個人及び法人がその会社の発行済株式の総数又は出資金額（その会社が有する自己の株式又は出資を除く。）の100分の50を超える数の株式又は出資の金額を有する場合におけるその会社をいう」とありますが，商法・会社法上はそれよりも広く親族・使用人等特殊な関係のあるものだけから成る会社という意で用いられます。要するに，このような会社は，株主相互の人的関係が濃厚であり，排他的な性格を帯びています。わが国では，このような小規模資本の同族会社でありながら，株式会社という形態を採る企業が多数存在します。したがって，このような閉鎖性を維持したいと欲する株主の需要に応える法的な手当てが必要となります。

そこで会社法は，株式は原則として自由に譲渡できるものの，会社がその発行する全部または一部の株式の内容として，譲渡による当該株式の取得について当該会社の承認を要する旨の定款の定めを設け，譲渡制限株式を発行することを認めました（会2⑰参照）。このような譲渡制限が課せられていることは，株券を発行したときは株券に記載することを要し（会216③），その旨の登記が必要です（会911Ⅲ⑦）。登記がなければ，譲渡制限を善意の第三者に対抗できません（会908Ⅰ前段）。そのような会社の株主になろうとする者の利益にかかわる重大な情報だからです。

10-3-2 譲渡制限株式の譲渡手続き

譲渡制限株式を発行している会社の株主Aは，その有する譲渡制限株式のBに対する譲渡を欲する場合には，会社に対し，譲渡の相手方Bが当該譲渡制限付株式を取得することについて承認するか否かを決定するよう請求することができます（会136）。また，譲渡制限株式を取得したBも，会社に対し，その取得を承認するか否かを決定するよう請求することができます（会137Ⅰ）。Bからの請求は，利害関係人の利益を害するおそれがないものとして法務省令で定める場合を除き，その取得した株式の株主として株主名簿に記載・記録された者（通常の場合はAでしょう）またはその相続人その他の一般承継人と共同してなさなければなりません（会137Ⅱ）。AB間で譲渡制限株式の譲渡をすれば，当事者間ではその効力を生じると解されますから，Bが主体として行う請求も

許容されたのでしょう。

　Aが承認請求をする場合には、譲り渡そうとする譲渡制限株式の数（種類株式発行会社にあっては、その種類および種類ごとの数）、Bの氏名・名称を明らかにしてなさなければなりません。加えて、会社がBへの譲渡を承認しない場合に備えて、この場合には会社または会社の指定買取人が当該譲渡制限株式を買い取るよう請求しておくこともできます（以上、会138①）。

　Bが承認請求をする場合には、Bが取得した譲渡制限株式の数（種類株式発行会社にあっては、その種類および種類ごとの数）、Bの氏名・名称を明らかにしてなさなければなりません。加えて、やはり会社が承認しない場合に備えて、この場合には会社または会社の指定買取人が当該株式を買い取るよう請求しておくこともできます（以上、会138②）。

　会社が、AまたはBからの請求の承認をするか否かの決定をするには、定款に別段の定めがない限り、株主総会（取締役会設置会社にあっては取締役会）の決議によらなければなりません（会139Ⅰ）。その決定の内容は、承認請求をしたAまたはB（譲渡承認請求者）に通知しなければなりません（会139Ⅱ）。会社が、承認請求の日から2週間（これを下回る期間を定款で定めた場合はその期間）以内に決定の内容を通知しなかった場合には、会社とAまたはBとの間に特約がない限り、承認する旨の決定をしたものとみなされます（会145①）。

　会社がAまたはBからの請求に係る株式譲渡の承認を決定するか、または上の通知を怠って承認したものとみなされた場合には、Bへの名義書換手続きに進むことになります（会134①②）。

　会社が株式譲渡等を承認しない旨を決定したときは、請求に係る対象株式を会社自らが買い取るか、対象株式を買い取るべき指定買取人を指定することになります（会140Ⅰ・Ⅳ）。

　会社自らが買い取る場合には、株主総会決議をもって、対象株式を買い取る旨および買い取るべき対象株式の数（種類株式発行会社にあっては対象株式の種類および種類ごとの数）を決定し、承認請求者たるAまたはBに通知しなければなりません（会140Ⅰ・Ⅱ、141Ⅰ）。なお、Aは、この株主総会において議決権を行使できません（A以外に議決権を行使できる株主が不在の場合を除く）（会140Ⅲ）。当該株主総会決議は特別決議です（会309Ⅱ①）。会社がAまたは

Bに承認請求の諾否の内容を通知した日から40日（これを下回る期間を定款で定めた場合にはその期間）以内に，上の通知をしなかった場合には，AまたはBの承認請求は承認されたものとみなされます（会145②）。

指定買取人を指定する場合には，あらかじめ定款でこの者を定めておく等，定款に別段の定めがない限り，株主総会（取締役会設置会社にあっては取締役会）の決議をもって指定を行います（会140Ⅳ・Ⅴ）。株主総会決議は特別決議です（会309Ⅱ①）。たとえば，Cが指定買取人として指定を受けたときは，指定を受けた旨および買い取るべき対象株式の数（種類株式発行会社にあっては対象株式の種類および種類ごとの数）を，CからAまたはBに通知しなければなりません（会142Ⅰ）。会社がAまたはBに承認請求の諾否の内容を通知した日から10日（これを下回る期間を定款で定めた場合にはその期間）以内に，上の通知をしなかった場合には，AまたはBの承認請求が承認されたものとみなされます（会145②）。

会社またはCが，上の通知をAまたはBになした段階で，当事者間に売買契約の成立が擬制されます。

会社またはCは，上の通知に際して，1株当たりの純資産額に対象株式の数を乗じて得た額を，本店所在地の供託所に供託し，当該供託を証する書面を請求者たるAまたはBに交付しなければなりません（会141Ⅱ，142Ⅱ）。対象株式が株券発行会社の株式であるときは，上の書面の交付を受けたAまたはBは，当該交付を受けた日から1週間以内に，対象株式に係る株券を会社の本店所在地の供託所に供託して，会社またはCに対し，遅滞なく当該供託をした旨の通知をしなければなりません（会141Ⅲ，142Ⅲ）。AまたはBがこの期間内に株券を供託しなかったときは，会社またはCは，対象株式の売買契約を解除することができます（会141Ⅳ，142Ⅳ）。

承認請求の当初に，AまたはBがあらかじめ指定買取人を指定するよう合わせて請求していた場合に，AまたはBは，会社が対象株式を買い取る旨の通知を受けた後は，会社の承諾を得ない限り請求の撤回ができず（会143Ⅰ），Cが対象株式の指定買取人となった旨の通知を受けた後は，Cの承諾を得ない限り請求の撤回ができません（会143Ⅱ）。

対象株式の売買価格は，会社またはC・AまたはBとの協議によって定めら

れます（会144Ⅰ・Ⅶ）。協議が調わないときは，各当事者は，会社またはCからの買取通知のあった日から20日以内に，裁判所に対し，売買価格の決定の申立てをすることができます（会144Ⅱ・Ⅶ）。協議が調わなかったにもかかわらず，この期間内に申立てがなければ，1株当たりの純資産額に対象株式の数を乗じて得た金額が売買価格となります（会144Ⅴ・Ⅶ）。申立てがなされると，裁判所は，譲渡承認請求時点の会社の資産状態その他一切の事情を考慮して価格を決定しなければならず，裁判所が定めた額が売買価格となります（会144Ⅳ・Ⅶ）。いずれにせよ，売買価格が確定した場合には，買主側が供託した金銭に相当する額を限度として，売買代金の全部または一部が支払われたものとみなされます（会144Ⅵ・Ⅶ）。会社またはCには，残額支払義務が残ることになります。

　なお，AまたはBの承認請求を承認しないで，会社が自ら買受人となって当該譲渡制限株式を買い取ることは，後に述べる自己株式の取得（本章12参照）の一事由に該当します。会社が当該譲渡制限株式を買い取るには，財源規制が設けられています。すなわち，会社が当該株式買取りの対価として交付する金銭等の帳簿価額の総額は，買取りが効力を生ずる日における分配可能額を超えてはなりません（会461Ⅰ①）。すなわち，上のような余裕資金がなければ，会社は自ら当該譲渡制限株式の買取りをすることができません。

　譲渡制限株式が質入れされまたは譲渡担保に供されている段階では，未だ会社の承認を求める必要はなく，担保権が実行され，株式が担保権者等に移転した時点で承認請求をなせば足ります。担保権者の競売申立てに基づく競売または国税徴収法94条以下に基づく公売によって譲渡制限付株式を取得した者も，会社に対し，自己の取得につき承認を求めることができます。この場合も，上に述べた手続きに従って進められます。

10-3-3　会社の承認を欠く譲渡の効力

　譲渡制限株式を会社の承認を得ないで譲渡しても，会社に対する関係では効力がありませんが，当事者間では有効と解するのが多数説です。会社に対する関係でのみ効力がないとすることで，会社にとって好ましくない者の参加の防止という譲渡制限の趣旨は損なわれませんし，株式取得者の側から自己の取得

を承認すべきことを会社に請求できる（会137Ⅰ，138②）ということは，会社の承認がなくても当事者間では株式の移転の効力が生じていることを前提としているものと解されるでしょう。

10-4　契約による株式譲渡制限

　定款（種類株式発行を含む）による株式譲渡制限という会社法が認めた方法を採用することなく，あるいはこれと併用して，会社・株主間で，株主相互間で，あるいは株主と第三者との間で，契約によって株式の譲渡を制限することができるでしょうか。

　株式は自由譲渡性を有することが原則であり，会社法は例外的に定款による譲渡制限を認めているわけですから，その趣旨はできる限り生かされるべきですが，一方では私法の基本指導原理たる契約自由の原則というものがあります。そうであるとすれば，株主相互間または株主と第三者との間の契約は，民法90条に反しない限り，原則として有効であると解されるでしょう。会社・株主間の契約は，投下資本の回収を妨げない合理性が認められない限り，脱法行為として無効であると思われます。

　ただし，有効な譲渡制限契約であっても，契約自体には債権的効力しかありませんから，契約違反の株式譲渡行為の効力は認められるでしょう。

10-5　株式の譲渡方法

　株式の譲渡は，当事者間の合意によって成立するのが原則ですが，株券発行会社で株式につき株券が発行されている場合には，株券を譲受人に交付することによってなされます。先に述べたように（本章9-1），株券は有価証券としては無記名証券です。したがって，**株券の交付**は，株式譲渡の成立要件であり，かつ会社を除く第三者対抗要件です（会128本文，130Ⅱ）。株式が譲渡されると，株主が株主たる地位に基づいて会社に対して有する一切の法律関係は，自益権も共益権も，一括して譲受人に移転することになります。なお，株主たる地位に基づく権利であっても，株主総会の決議によって確定した配当金支払請求権のような具体化した権利は，もはや株式に包含されませんから，株式譲渡によって当然に移転するものではありません。

株式の移転を会社その他の第三者に対抗するには，株主名簿の書換えが必要であることはすでに述べました（本章 9-5-2）。

10-6　株券の善意取得

　株券の占有者は適法の権利者と推定されます（会 131 Ⅰ）。すなわち，株券の所持には権利推定的効力があります。それゆえ，株券の取得者は，株券を譲渡した譲渡人が無権利者であったとしても，善意無重過失でこれを譲り受けたのであれば，当該株券に係る株式についての権利を**善意取得**することができます（会 131 Ⅱ）。ただ，定款による譲渡制限がなされた株式を譲り受けようとする者は，株券にも譲渡制限株式である旨の記載があり（会 216 ③），会社による承認の可否を探るべく，会社または株主名簿上の名義株主等に照会するのが通常でしょうし，株券の所持のみを信頼して取引をしても重過失と判断されることになるでしょう。

11　株式の担保化

11-1　担保化の態様

　株式は財産的価値を有しますから，担保として利用することが可能です。
　株式の担保化の態様としては，**株式の質入れ**と**株式の譲渡担保**とがあり，質入れには，略式株式質と登録株式質とがあり，譲渡担保には略式株式譲渡担保と登録株式譲渡担保とがあります。一般には譲渡担保が利用されることが多いようですが，略式株式質と略式株式譲渡担保は，外形上その区別が困難である場合が多いと思われます。

11-2　質権の設定とその効力

　略式株式質は，株券発行会社の株式を目的として，質権設定契約に基づき，質権設定者が株券を質権者に交付することによって成立し（会 146 Ⅱ），質権者による株券の継続占有が会社その他の第三者対抗要件となります（会 147 Ⅱ）。
登録株式質は，以上の手続きに加えて，あらゆる会社の株式を目的として，質権設定者の請求に基づき，会社が株主名簿に質権者の氏名・名称および住所を

記載または記録するという手続き（会148）を要するものです。株主名簿への記載または記録が会社その他第三者への対抗要件となります（会147Ⅰ）。登録株式質の手続きをとると，株式に質権を設定したことが外形的に明らかになります。

質権者は，株券を留置し，優先弁済を受け，転質する権利を有します（以上民362Ⅱ→342，348）。**株式質入れの効果**につき，会社法151条は，株式を目的とする質権が，会社による取得請求権付株式・取得条項付株式・全部取得条項付種類株式の取得，株式の併合・分割株式無償割当て，新株予約権無償割当て，剰余金の配当，残余財産の分配などによって株主が受けるべき金銭または株式の上に存在すると規定しています。登録株式質権者は，会社から直接物上代位的給付を受けることができます（会154Ⅰ）。略式質権者も金銭の支払いまたは株券の引渡しを受けるのに従来の株券を必要とする場合には，株券を占有するこの者が株券を提出して，物上代位的給付の請求ができると解すべきでしょう。

登録株式質権者は，会社から直接に剰余金の配当金および残余財産分配金の支払いを受けることができます（会154Ⅰ）。残余財産分配金については略式株式質権者の権利も及びます。かつては，株式担保金融を営む金融業者が利益配当金に無関心であるという実情に照らし，略式質の効力は配当金に及ばないと解するのが当事者の意思に適うと一般に解されていました。しかし，会社法151条が配当によって交付される財産に対して質入れの効力が及ぶことを明定したので，略式質についても，当然に質権の効力が及ぶことになります。

11-3　譲渡担保権の設定とその効力

譲渡担保の場合も，株券発行会社の株式を目的として，担保権設定契約に基づき，担保権設定者が株券を担保権者に交付し（会128Ⅰ），担保権者が株券を継続して占有することになります（**略式株式譲渡担保**）。**登録株式譲渡担保**は，以上に加えて，あらゆる会社の株式を目的として，株主名簿上も担保権者の名義に書き換えるものです。略式株式質と略式株式譲渡担保は，いずれも株券発行会社の株式を目的として株券の交付によってなされますから，形式的外形上区別することは困難で，いずれであるかは当事者の意思によって決まりますが，その意思が不明確なときは，担保権者にとって有利である譲渡担保と推定すべ

きです（担保権者が目的物を取得し，法律に定めた以外の方法で目的物の処分が可能などの点で有利）。

会社法151条所定の権利の行使方法については，譲渡担保権者も質権者と同様であると解されます。残余財産分配金および剰余金の配当請求権に対する譲渡担保権も質権と同様に解されます。

登録株式譲渡担保の場合には，議決権（他の共益権も同様）は会社に対する関係では担保権者に帰属しますから，当事者間では，担保権者が担保権設定者に委任状を交付して議決権を代理行使させるといった措置をとることもできますが，これは当事者の自由に委ねられるでしょう。

11-4 担保権と株式譲渡制限との関係

譲渡制限株式（会2⑰）については，これに担保権を設定すること自体に会社の承認を得る必要はありません（ただし登録株式譲渡担保を除く）。担保権が実行されて，株式を取得した者が現われた段階で，この者が会社に対し，取得を承認しないときは指定買取人を指定するよう請求することになります（会137，138②）。

12 自己株式の取得規整

12-1 自己株式取得の弊害と長所

会社が自社の株式を取得することを「**自己株式の取得**」といいます。自己株式の取得は純理論的には不可能ではありませんが，まったく自由に放置すると以下のような弊害を生じます。

①資本金または資本準備金を財源とする買受けは，実質的な出資払戻しとなり，資本維持の原則に反し，会社債権者の利益を害します。②流通性の低い株式を恣意的に一部の株主から買い受けると，株主相互間の投下資本回収の機会に不平等を生じるとともに，取得対価を高額に設定すれば残存株主との間に不平等が生じます。③経営陣に批判的な株主から恣意的に株式を買い受けると，会社支配の公正が歪められます。④相場操縦やインサイダー取引に利用され，市場取引の公正が歪められます。

一方で，自己株式の取得は，とりわけ公開会社の財務戦略上の観点等から有用であるという見方もあります。たとえば，① 合併や会社分割等の企業組織再編に際して新株発行に代えて会社が保有する自己株式を利用することができれば，新株発行にともなう配当負担の増加や既存株主の持株比率の低下を防ぎながら，機動的な組織再編が可能となります。株式の消却や新株発行によってこの目的を達成しようとすれば，発行済株式総数がいったん減少したり，新株発行によって資本金の額等に変動が生じますが，自己株式を利用すれば，発行済株式総数や資本金の額等に変動が生じません。また，株券発行会社の場合，株式の消却によっていったん株券を廃棄し，新株発行によって新たに株券を発行するというコスト負担も軽減できます。② 株式の需給関係を調整し，株式持合解消の受皿として自己株式を利用して，株式市場の安定化を図ることができます。持合解消は市場での売圧力となり，株価を必要以上に押し下げるからです。③ 大株主や提携先が株式を売却すれば，流通株式が増大し，それだけ敵対的企業買収の危険が増大するので，自己株式を取得することにより，これを防止する効果が期待できます。④ 企業年金の拠出・運用手段として自己株式を利用することができます。

自己株式の取得を原則禁止するか，原則容認するかは，もっぱら立法政策の問題ですが，わが会社法は，上に述べた自己株式取得の弊害は，それぞれに規整を設けることで対処可能であるとの立場をとり，取得規整を大幅に緩和し，自己株式の取得と保有を原則自由とする政策を採用しています。米国に倣った政策です。

12-2　総　　説

会社法155条柱書きは，「株式会社は，次に掲げる場合に限り，当該株式会社の株式を取得することができる。」と規定し，文言上は，自己株式取得を原則禁止しているかのような表現になっています。しかし，実質は，相当広範な形で自己株式の取得を許容しており，上に述べたように，法制としては，自己株式の取得を実質上原則許容していると評価できます。

同条が列挙する，自己株式の取得が許容される事由は以下のとおりです。すなわち，① 取得条項付株式につき，当該株式取得のための一定の事由（会107

Ⅱ③イ）が生じた場合（会155①），②会社が譲渡制限株式の譲渡等承認請求を承認しない旨を決定した際に，承認請求者が会社に当該譲渡株式の買取請求（会138①ハ・②ハ）をした場合（会155②），③会社が株主との合意により自己株式を有償取得することにつき，株主総会の決議（会156Ⅰ）をもって承認した場合（会155③），④取得請求権付株式の株主が会社に対し当該取得請求権付株式の取得を請求（会166Ⅰ）した場合（会155④），⑤全部取得条項付種類株式の全部取得を株主総会の決議（会171Ⅰ）をもって承認した場合（会155⑤），⑥会社が相続人等に対する譲渡制限株式の売渡請求（会176Ⅰ）をした場合（会155⑥），⑦単元未満株主が会社に対し単元未満株式の買取請求（会192Ⅰ）をした場合，⑧会社が競売に代えて売却する株式の全部または一部を買い取る際に，買い取る株式の数およびその買取りと引換えに交付する金銭の総額を定めた場合（会197Ⅲ）（会155⑧），⑨会社が競売に代えて売却する端数株を買い取る際に，買い取る株式の数およびその買取りと引換えに交付する金銭の総額を定めた場合（会234Ⅳ）（会155⑨），⑩他の会社（外国会社を含む）の事業全部の譲受けの際に，当該他社が有する当該会社の株式を取得する場合（会155⑩），⑪合併後消滅する会社から当該会社の株式を承継する場合（会155⑪），⑫吸収分割をする会社から当該会社の株式を承継する場合（会155⑫），これに加えて，⑬その他法務省令で定める場合（会155⑬），において自己株式の取得が許容されます。

とくに，①ないし⑥ならびに⑧および⑨については，取得手続きおよび取得財源による規制が設けられています（⑦は手続規制のみ）。該当箇所で詳述します（②については，すでに本章10-3-2で言及しました）。

12-3　株主との合意による取得

12-3-1　市場取引等以外の方法による自己株式の取得
12-3-1-1　原則的手続き

会社は，株主との合意により，有償で自己株式を取得することができますが（会155③），この場合には，あらかじめ，株主総会の決議によって（普通決議，会309Ⅱ②参照），①取得する株式の数（種類株式発行会社にあっては株式の種類および種類ごとの数），②株式の取得と引換えに対価として交付する金銭等（当

該会社の株式等を除く）の内容およびその総額，③会社が当該総会決議に基づき自己株式を取得できる期間（1年を超えることができない），を定めなければなりません（以上，156Ⅰ各号）。会社は③の期間，①および②の範囲内で自己株式を取得することを授権されるわけです。定時株主総会であれ臨時株主総会であれ，随時この決議をすることができます。

　会社が上の総会決議に依拠して自己株式を取得しようとするときは，その都度，取締役（取締役会設置会社にあっては取締役会）が，①取得する株式の数（種類株式発行会社にあっては株式の種類および数），②株式1株の対価として交付する金銭等の内容および数もしくは額またはこれらの算定方法，③株式を取得するのと引換えに交付する金銭等の総額，④株式譲渡しの申込みの期日，を定めなければなりません（以上，会157Ⅰ各号・Ⅱ）。株式取得の条件は決定ごとに均等に定める必要があることに加えて（会157Ⅲ），上の決定には，取得財源規制が設けられています。すなわち，会社がかかる自己株式取得の決定をなすにあたっては，株主に対して交付する金銭等（当該会社の株式を除く）の帳簿価額の総額は，当該取得行為がその効力を生ずる日における分配可能額を超えてはなりません（会461Ⅰ③）。

　機会均等を保障するため，会社は，株主（種類株式発行会社にあっては取得対象たる種類株式の株主）の全員に対し，上記決定事項を通知しなければなりません（会158Ⅰ，公開会社は公告をもって通知に代えることができます，158Ⅱ）。通知を受けた株主は，申込期日内に，譲渡しの申込みに係る株式の数（種類株式発行会社にあっては株式の種類および数）を明らかにして会社に譲渡申込みをし（会159Ⅰ），申込期日に，会社は，株主が申込みをした株式の譲受けを承諾したものとみなされます（会159Ⅱ本文）。申込総数が会社の決定に係る取得総数を超えるときは，申込みをした株主に対し按分して株式の譲受けを承諾したものとみなされます（会159Ⅱただし書き）。申込みをした株主を平等に扱う趣旨です。

12-3-1-2　特定の株主からの取得

　以上の手続きに対し，特定の株主からのみ自己株式を取得しようとするときは，株主総会決議において，自己株式取得の通知を特定の株主に対して行う旨を細目の決定と併せて定めることができます（会160Ⅰ）。このような特定の株

主を定める事項は，特別決議事項になります（会309Ⅱ②かっこ書）。残存株主との間に不公平が生じたり，会社支配の公正が歪められないよう担保するためでしょう。

特定の者からのみ自己株式を取得しようとするときは，他の株主（種類株式発行会社にあっては取得する株式の種類株主）は，法務省令で定めるときまでに，自分も特定の者に加えるよう議案の修正を求めることができ（会160Ⅲ），会社は，このような請求ができることを株主（種類株式発行会社にあっては取得する種類株主）に通知しなければなりません（会160Ⅱ）。投下資本回収の機会均等を保障する趣旨です。ただし，① 会社が取得する株式が市場価格のある株式であって，当該株式1株を取得する対価として交付する金銭等の額が当該株式1株の市場価格として法務省令で定める方法により算定するものを超えないとき，② 株式（種類株式発行会社にあってはある種類の株式）の取得について160条1項の規定による決定をする場合に同条2項および3項の規定を適用しない旨を定款で定めたときは，他の株主は議案修正請求ができず，したがって会社からする通知も必要ありません（以上，会161，164Ⅰ）。なお，株式発行後に定款を変更して，②の定めを定款に設けることは，不利益変更として，その株式を有する株主全員の同意が必要です（会164Ⅱ）。

特定の株主からのみ自己株式を取得しようとする株主総会においては，当該特定の株主以外の全株主が当該総会において議決権を行使することができない場合を除いて，当該特定の株主は，議決権を行使することができません（会160Ⅳ）。

特定の者が定められた場合には，取締役（取締役会設置会社においては取締役会）が決定した自己株式取得に関する事項の通知は，当該特定の株主に対してなされます（会160Ⅴ）。

12-3-1-3 相続人等からの取得

非公開会社にあっては，株主の相続人その他の一般承継人が株主総会または種類株主総会において議決権を行使する前であれば，当該相続人その他一般承継人から，相続その他の一般承継の対象となった株式を，会社が自己株式として取得することができます。これは，特定の者からの自己株式取得の1類型ですが，他の株主は自己を特定の株主に追加するよう議案修正請求することがで

きません。よって、その前提となる会社からの通知は不要です。しかし、株主総会の特別決議を要することは、特定の者からの自己株式取得手続きと同様です。当該相続人または当該一般承継人以外の全株主が当該株主総会において議決権を行使することができない場合を除いて、当該相続人または当該一般承継人は、議決権を行使することができません（以上、会162）。

12-3-2　市場取引等による自己株式の取得

会社は、証券市場において行う取引や公開買付けの方法（証取27の2Ⅵ）により自己株式を取得することができます。株主との合意による自己株式の取得に該当すること、言うまでもありません。

この場合には、あらかじめ株主総会決議により、その細目（会社法156条1項所定の事項）を定めなければなりません。ただし、取締役会設置会社は、市場取引等によって当該会社の自己株式取得を取締役会の決議によって定めることができる旨を定款で定めることができます（会165Ⅱ）。このような定款の定めのある会社では、株主総会または取締役会の決議により、156条1項所定の事項を定めることになります（会165Ⅲ）。市場取引等による自己株式の取得にあっては、株主間の公正と平等的扱いが保障されていますから、会社法157条ないし160条の規定の適用が除外されています（会165Ⅰ）。

もちろん市場取引等によって自己株式を取得する場合にも、取得に要する帳簿価額の総額は、当該行為がその効力を生ずる日における分配可能額を超えることは許されません（会461Ⅰ②）。

12-4　取得請求権付株式の取得

取得請求権付株式の株主は、会社に対して、当該株主の有する取得請求権付株式を取得するよう請求することができます（会166Ⅰ本文）。請求時期に制限はありませんが、会社が取得請求権付株式を取得するのと引換えに対価として交付する会社の株式以外の財産（社債、新株予約権、新株予約権付社債等）の帳簿価額が、当該請求の日における分配可能額（会461Ⅱ参照）を超えているときは、株主はこのような請求ができません（会166Ⅰただし書）。これは、会社側から見れば、自己株式取得の財源規制規定ですが、会社が取得請求権付株式

を自己株式として取得する場合には，株主側にイニシアティブがありますから，その規制を株主の請求規制という形式で規定したのでしょう。

株主は，その請求に係る取得請求権付株式の数（種類株式発行会社にあっては種類および種類ごとの数）を明らかにして請求を行います（会166Ⅱ）。株主の請求に係る取得請求権付株式に株券が発行されている場合には，株主は株券を発行会社に提出して請求をしなければなりません（会166Ⅲ）。

会社は，株主が対象株式の取得請求をした日に，当該請求に係る取得請求権付株式を取得します（会167Ⅰ）。すなわち，株主の取得請求は形成権です。取得請求をした株主は，その請求の日に，定款の定めに従い（会107Ⅱ②，108Ⅱ⑤参照），当該株式の対価として交付される社債，新株予約権，新株予約権付社債があれば，これらの権利者となり，あるいは，対価として交付される他の株式の株主となります（会167Ⅱ）。

上の場合に，株主に交付されるべき他の株式，社債または新株予約権の数に1株または1個に満たない端数があるときは，これは切り捨てられます（会167Ⅲ本文）。しかし，定款に別段の定めがない限り，① 他の株式，社債または新株予約権が市場価格のあるそれらである場合には，それらの1株または1個の市場価格として法務省令で定める額に当該端数を乗じた金額を，② それ以外の場合には，他の株式であれば1株当たり純資産額に当該端数を乗じた額を，社債または新株予約権であれば法務省令に定める額に当該端数を乗じた金額を，請求株主に交付しなければなりません（会167Ⅲ各号・Ⅳ）。

12-5　取得条項付株式の取得

会社が別に定める日が到来することをもって株式取得事由とする旨の定款の定め（会107Ⅱ③ロ）がある場合には，定款に別段の定めがない限り，会社は，株主総会（取締役会設置会社にあっては取締役会）の決議により，この日を定めることになります（会168Ⅰ）。この日を定めたときは，会社は，当該日の2週間前までに，取得条項付株式の株主（取得条項付株式の一部を取得する旨の定めがある場合には，決定された対象株主）およびその登録株式質権者に対し，当該日を通知するか公告をしなければなりません（会168Ⅱ・Ⅲ）。

一定の事由が生じた日に取得条項付株式の一部を取得する旨の定款の定め

（会107Ⅱ③ハ）がある場合には，定款に別段の定めがない限り，会社は，株主総会（取締役会設置会社にあっては取締役会）の決議により，取得の対象となる取得条項付株式を定めなければなりません（会169Ⅰ・Ⅱ）。この決定をしたときは，会社は，決定された取得条項付株式の対象株主および登録株式質権者に対し，直ちに，当該株式を取得する旨を通知するか公告をしなければなりません（会169Ⅲ・Ⅳ）。

会社は，株式取得事由が生じた日（取得事由が生じた日に取得条項付株式の一部を取得する旨の定めがある場合には，取得事由が生じた日と決定に係る通知または公告の日から2週間を経過した日のいずれか遅い日）に，取得条項付株式（その一部を取得する旨の定めがある場合には決定された対象株式）を取得します（会170Ⅰ）。取得条項付株式の株主は，取得事由が生じた日に，定款の定めに従い（会107Ⅱ③，108Ⅱ⑥参照）。当該株式の対価として交付される社債，新株予約権，新株予約権付社債があれば，これらの権利者となり，あるいは，対価として交付される他の株式の株主となります（会170Ⅱ）。

会社は，株式取得事由が生じた後，遅滞なく，取得条項付株式の株主およびその登録株式質権者（取得条項付株式の一部を取得する旨の定めがある場合には決定された対象株主およびその登録株式質権者）に対し，当該事由が生じた旨を通知するか，公告しなければなりませんが，会社が別に定めた日を通知または公告した場合はこの限りではありません（会170Ⅲ・Ⅳ）。

株式取得事由が生じた場合であっても，会社が取得条項付株式を取得するのと引換えに対価として交付する会社の株式以外の財産（社債，新株予約権，新株予約権付社債等）の帳簿価額が，取得事由発生日における分配可能額（会461Ⅱ参照）を超えているときは，会社が株式を取得することはなく，上述の手続きはなされません（会170Ⅴ）。これは，取得財源規制です。

12-6　全部取得条項付種類株式の取得

全部取得条項付種類株式を発行した会社は，株主総会の特別決議によって，当該株式の全部を取得することができます（会171Ⅰ柱書前段，309Ⅱ③）。この場合には，当該総会決議において，①取得対価に関する事項，②対象株主に対する当該対価の割当てに関する事項，③会社が全部取得条項付種類株式を

取得する日，を定めなければなりません（会171 I 各号）。①につき，取得対価として対象株主に交付する財産としては，その会社の株式，社債，新株予約権，新株予約権付社債，これら以外の財産がありますが，各々の種類，数，内容，金額またはその算定方法などを対価の性質に応じて定めなければなりません（会171 I ①イないしホ）。②につき，株主（その会社を除く）の有する全部取得条項付種類株式の数に応じて取得対価を割り当てることを内容とするものでなければなりません（会171 II）。

なお，取締役は，株主総会において，全部取得条項付種類株式の全部を取得することを必要とする理由を説明しなければなりません（会171 III）。

全部取得条項付種類株式の全部取得に関する議案が株主総会で承認された場合であっても，①当該株主総会に先立って，会社による全部取得条項付種類株式の取得に反対する旨を会社に通知し，かつ当該株主総会において当該取得に反対した株主（当該株主総会において議決権を行使できるものに限る），または②当該株主総会において議決権を行使することができない株主は，総会の日から20日以内に，裁判所に対し，会社による株式取得の価格の決定の申立てをすることができます（会172 I）。反対株主の保護は，経済的利益を償うことをもってする他ありません。会社は，裁判所の決定した価格に対する取得日後の年6分の利率により算定した利息をも支払わなければなりません（会172 II）。

会社は，取得日に全部取得条項付種類株式を取得します（会173 I）。全部取得条項付種類株式の株主は，取得日に，株主総会の決議による定めに従い，対価として交付される株式，社債，新株予約権，新株予約権付社債があれば，これらの権利者となります（会173 II）。

全部取得条項付種類株式の取得にあっても，対象株式の株主に対して交付する金銭等（当該会社の株式を除く）の帳簿価額の総額が，取得日における分配可能額を超えるときは，これをなすことを許されません（会461 I ④）。

12-7　相続人等に対する売渡請求

会社は，相続その他の一般承継により，当該会社の譲渡制限株式を取得した者に対し，当該株式を会社に売り渡すことを請求することができる旨を定款で定めることができます（会174）。相続等により，会社にとって好ましくない者

が株主となった場合等に対処するためです。

　このような定款の定めがある場合には，その都度，株主総会の特別決議により，①売渡請求の対象となる株式の数（種類株式発行会社にあっては株式の種類および種類ごとの数），②売渡請求の対象となる株式を有する者の氏名・名称を定めなければなりません（会175Ⅰ各号）。上記②に該当する者は，その者以外の全株主が当該株主総会で議決権を行使しえない場合を除き，その総会において議決権を行使することができません（会175Ⅱ）。

　売渡請求をなす旨の議案が株主総会で承認された場合は，会社が相続その他の一般承継を知った日から1年内に限り，会社は，その対象者に対して株式の売渡請求をすることができます（会176Ⅰ）。この請求は，当該請求に係る株式の数（種類株式発行会社にあっては種類および種類ごとの数）を明らかにしてなさなければなりません（会176Ⅱ）。なお，会社は，いつでも売渡請求を撤回することができます（会176Ⅲ）。

　売買価格は会社と対象者との協議によって定められるのが原則です（会177Ⅰ）。しかし，会社または対象者は，売渡請求があった日から20日以内に，裁判所に対し，売買価格決定の申立てをなすことができ（会177Ⅱ），この場合には，裁判所は，売渡請求時の会社の資産状態その他一切の事情を考慮してこれを決定しなければなりません（会177Ⅲ）。法定期間内に申立てがなされれば，申立てに基づいて裁判所が定めた額が株式の売買価格となります（会177Ⅳ）。当事者の協議が調わないまま，申立期間を徒過してしまった場合には，売渡請求そのものが失効します（会177Ⅴ）。

　このような売渡請求に基づく株式取得にあっても，対象株式の株主に対して交付する金銭等（当該会社の株式を除く）の帳簿価額の総額が，取得日における分配可能額を超えるときは，これをなすことを許されません（会461Ⅰ⑤）。

12-8　自己株式の保有および処分

　会社は，取得した自己株式を，数量・期間の制限なく保有することができます。会社が保有した状態にある自己株式を「**金庫株**」と通称します。

　自己株式の法的地位は次のとおりです。会社は，自己株式について，議決権（その他の共益権も）を行使することができません（会308Ⅱ）。自己株式には剰

余金配当請求権は認められません（会453）。残余財産分配権は当然に認められません。株式無償割当てを受ける権利，新株予約権無償割当てを受ける権利，募集株式につき株主割当てを受ける権利，新株予約権につき株主割当てを受ける権利も認められません（会186Ⅱ，278Ⅱ，202Ⅱ，241Ⅱ）。株式の併合・分割を受ける権利については，会社の任意に委ねてよいと思われます。保有中の金庫株は，会社の資産性を否定されます。

会社は，その保有する自己株式を以下の方法により（以下の方法のみによって）処分できます。

まず，会社は，その保有する自己株式を取締役の決定または取締役会の決議によって（取締役会設置会社の場合）消却する株式の種類および数を定めて消却することができます（会178Ⅰ・Ⅱ）。時期等に制限はありません。**株式の消却**とは，特定の株式を絶対的に消滅させる会社の行為です。消却の結果，会社の発行済株式総数は減少します。

次いで，会社はその保有する自己株式を対価を得て処分することができますが，この場合には新株発行と同様の手続きに服します（会199以下）。これを**準発行**と呼ぶことがあります。

また，会社は，その保有する自己株式を，株式交換に際し完全親会社となる会社が，吸収分割により承継会社となる会社が，吸収合併により存続会社となる会社が，各々新株に代えて自己株式を移転する形で，取得請求権付株式・取得条項付株式・全部取得条項付種類株式・取得条項付新株予約権と引換えにその対価として自己株式を交付する形で，単元未満株式の買増制度を採用した会社が単元未満株式を売り渡す場合等にも，それぞれ利用できます。これらを**代用自己株式としての使用**といいます。

12-9 子会社による親会社株式の取得規整

12-9-1 親会社・子会社

子会社とは，会社がその総株主の議決権の過半数を有する株式会社その他の当該会社がその経営を支配している法人として法務省令で定めるものをいい（会2③），**親会社**とは，株式会社を子会社とする会社その他の当該株式会社の経営を支配している法人として法務省令で定めるものをいいます（会2④）。

子会社の議決権の総数（100％）を保有する親会社を**完全親会社**，保有される子会社を**完全子会社**といいます。さらに，子会社が他の会社の議決権の過半数を保有していれば，親会社から見ればその会社は系列上は孫にあたるといえますが，会社上はその会社も子会社として規整されます。また，親子で合わせて他の会社の議決権の過半数を保有するときも，その会社は子会社として規整されます。

12-9-2　親会社株式の取得規整

子会社は，原則として，その親会社の株式を取得することができません（会135Ⅰ）。子会社は親会社から出資および支配を受けており，自己株式の取得規整の潜脱手段として利用されないようにするため，親会社・子会社関係は複数の会社を含めて輻湊しているので量的規制による複雑さを避けるため，会社法は原則禁止という法政策を採用しました。

例外的に取得が許されるのは，① 他の会社の事業全部の譲受けによるとき（会135Ⅱ①），② 合併によるとき（会135Ⅱ②），③ 会社の分割によるとき（会135Ⅱ③④），⑤ その他法務省令で定める場合（会135Ⅱ⑤）に限られます。しかし，適法に親会社の株式を取得した場合であっても，子会社は相当の時期にこれを処分しなければなりません（会135Ⅲ）。会社が新たに他の会社の子会社になったときも，自社が子会社になったことを知った時から相当の時期に従前から保有していた新たな親会社の株式を処分しなければなりません。

子会社がその保有する親会社の株式を処分しようとしても，親会社の株式に市場性が乏しかったり，大量処分により市場に与える影響が懸念されるときは，必ずしも処分が容易ではありません。それゆえ，親会社が相対取引によって子会社の有する親会社株式を自己株式として取得することができる途がひらかれています（会163参照）。株主総会（取締役会設置会社にあっては取締役会）の決議のみで可能ですが，やはり取得財源規整が設けられています（会461Ⅰ②）。

子会社が適法に保有する親会社株式にも議決権が認められません（会308Ⅰかっこ書）。ただ，親会社と子会社は別個の法人ですから，その保有親会社株式の法的地位は必ずしも自己株式と同一に論じることはできません。議決権行使を前提とする共益権（総会招集権，株式提案権など）は認められないでしょう

が，その他の共益権（定款または各種議事録閲覧権）は認められるでしょう。自益権は株主割当てにおける株式の割当てを受ける権利を除いて認められます。株式の割当てを受ける権利が認められないのは，早期に処分する必要のある新株を追加取得することが適当でないからです。

子会社による違法な親会社株式の取得は無効ですが，譲渡人が善意であるときは，子会社は無効を主張できないものと解されます。なお，取得規整違反に関与したり処分を懈怠した取締役等は過料の制裁に処せられます（会967⑩）。

13　株式の併合・分割・無償割当て

13-1　株式の併合

13-1-1　株式の併合とは何か

株式の併合とは，数個の株式たとえば2株を合わせて，それより少数の株式たとえば1株にする会社の行為をいいます。株式の併合が行われれば，当然に発行済株式総数が減少します。各株主の所有株式数は一律かつ按分比例的に減少します。しかし資本金額減少手続きをとらない限り資本金の額も変わりませんし，当然会社資産も何ら変動しません。

会社の持分の単位の大きさをどう定めるべきかは，基本的には会社の自治に委ねればよい問題です。しかし，併合の態様によっては，株主たる地位を失ってしまう者も生じるなど（10,000株を1株に併合するような極端な場合を想定してみて下さい），株主の利害に重大な影響を与えます。そこで会社法は，株式併合に厳格な手続きを課しました。

13-1-2　株式併合の手続き

会社は，株主総会の特別決議によって株式の併合をすることができます（会180Ⅰ・Ⅱ，309Ⅱ④）。この場合，取締役は，株主総会において株式併合をなすことが必要とされる理由を開示しなければなりません（会180Ⅲ）。この議案の要領は，株主総会招集通知に記載または記録されなければならないでしょう。この総会では，①併合の割合い，②併合がその効力を生ずる日，③種類株式発行会社にあっては，併合する株式の種類をも決議する必要があります（会

180Ⅱ各号)。この手続きを踏んでも，故意に少数株主を締めだすような意図で行なわれた併合決議は，多数決の濫用を理由とする決議無効などの一般原則で対処されることになるでしょう。

会社は，株式併合の効力発生日の2週間前までに，株主(種類株式発行会社にあっては，併合の対象となる種類株式の株主)およびその登録株式質権者に対し，総会決議で定めた上の①ないし③の事項を通知するかまたは公告しなければなりません(会181)。

株券発行会社における株式併合の場合には，原則として株券提出手続きが行われます。すなわち，会社は，株式併合をなす旨，当該行為の効力が生ずる日までに株券を提出すべき旨，その期間内に提出されない株券は無効になる旨を当該日の1か月前までに公告し，かつ株主および登録株式質権者に各別に通知しなければなりません(会219Ⅰ・Ⅲ)。総会決議で定めた併合の効力が生ずる日に株式併合の効力が生じます(会182)。旧株券を提出した株主には併合後の新株券が交付されます。旧株券の喪失等のためこれを提出できない者があるときは，会社は，その者の請求に基づき，その者に費用を負担させて，利害関係人に対して，異議があれば3か月を下らない一定の期間内に異議を述べるべき旨を公告し，その期間経過後に新株券を交付することができます(会220)。

株式の併合によって1株に満たない端数が生じたときは，その端数の合計数(その合計数に1に満たない端数が生じる場合にはこれを切り捨てる)に相当する数の株式を競売し，その代金を端数に応じて株主に交付しなければなりませんが(会235Ⅰ)，市場価格のある株式は市場価格で売却または買受けをなし，市場価格のない株式でも裁判所の許可を得て競売以外の方法で売却または買受けをなし，代り金を株主に分配することもできます(会235Ⅱ→234Ⅱ・Ⅳ・Ⅴ)。

なお，登記実務の扱いによれば，併合によって発行済株式総数が減少すれば，当該株式併合の総会決議において明示的に会社の授権株式数の変更の決議をしなかった場合でも，自動的に授権株式総数が併合比率に比例して減少すると解されています。

13-2 株式の分割

13-2-1 株式の分割とは何か

株式の分割とは，発行済株式を細分化する（たとえば従来の1株を2株にするように）会社の行為をいいます。併合の逆の形です。分割がなされれば，当然に株式数は増加しますが，会社財産それ自体には何の変動もなく，したがって資本金の額にも変更はありません。

株式の分割は，併合と異なり，既存の株主が株主たる地位を失うという事態が生じることはありません。よって，会社は，その資金調達の便宜性，株式市場の状況，株主管理に要する費用等を勘案して，持分の単位の大きさを機動的に定めることができるようになっています。

13-2-2 株式分割の手続き

株式の分割は，株主総会決議（取締役会設置会社にあっては取締役会決議）でなすことができます（会183）。当該決議においては，①分割の割合いおよび分割の基準日，②分割がその効力を生ずる日，③種類株式発行会社にあっては分割する株式の種類を定めなればなりません（会183 Ⅱ各号）。

ところで，株式分割は，会社の発行済株式総数を増加させるため，定款所定の発行可能株式総数を超える株式分割を行おうとすれば，形式上は発行可能株式総数増加の定款変更を要することになるでしょう。しかし，株主総会の特別決議（会309 Ⅱ⑪，466）を経てこれをなしていては，市場の状況等に応じて機動的に株式分割を行うことが困難になります。それゆえ会社法は，株式分割を行う場合においては，現に2以上の種類の株式を発行している場合を除き，株主総会の決議によらないで，分割に応じて発行可能株式総数を比例的に増加させる定款変更をすることができます（会184 Ⅱ）。2以上の種類の株式を発行しているときにかかる定款変更ができないのは，たとえば優先株式と普通株式とが発行されていて，一律に株式分割がなされると，優先配当額の総額が増加し，普通株主の利益を害する場合があること等が勘案されたためでしょう。そうでない限り，株主総会決議によらないこのような定款変更を認めても，既存株主の持分比率の急激な低下を抑制するという授権株式制度の趣旨を損なうことは

ありません。

　株式分割では，株券発行会社にあっては会社は株券を株主に追加発行すれば足りますから，株券提出手続きは必要ありません。

　分割の効力は，基準日において株主名簿に記載または記録された株主について，分割の効力が生ずる日に生じ，株主はその日に分割による株式を取得することになります（会184Ⅰ）。

　株式分割により1株に満たない端数が生じた場合は，株式併合と同様の処理を行います（会235参照）。

13-3　株式の無償割当て

　会社は，株主（種類株式発行会社にあってはある種類の種類株主）に対し，新たに払込みをさせないで，すなわち無償で，当該会社の新株の割当てをすることができます（会185）。これを株式無償割当てといいます。新株の割当てに代えて，自己株式を交付してもかまいません。

　株式無償割当ては，定款に別段の定めがない限り，株主総会決議（取締役会設置会社にあっては取締役会決議）によらなければなりません（会186Ⅲ）。当該決議においては，①株主に割り当てる株式の数（種類株式発行会社にあっては，種類および種類ごとの数），②無償割当てが効力を生ずる日，③種類株式発行会社にあっては，無償割当てを受ける株主の有する株式の種類，を定めなければなりません（会186Ⅰ各号）。

　無償割当ての場合には，たとえば，甲種株式を有する株主に，甲種株式1株に対して乙種株式を1株無償で割り当てるといったことも可能です。会社の自己株式には無償割当てをすることができません（会186Ⅱ参照）。

　無償割当ての効力は，先の決議で定められた効力発生日に生じ，従前の株主は，その日に無償割当てを受けた株式の株主になります（会187Ⅰ）。会社は，効力発生日後遅滞なく，株主（種類株式発行会社にあっては無償割当てを受ける種類株主）およびその登録株式質権者に対し，当該株主が割当てを受けた株式の数（種類株式発行会社にあっては種類および種類ごとの数）を通知しなければなりません（会187Ⅱ）。

14　単元株制度

14-1　単元株とは何か

　くり返し述べるように，株式の大きさは会社が自由に定めることができます。これが過小に定められたときは，零細株主が増大し，会社の株主管理コストが，1株主を総会に出席させて1議決権を行使させるには不釣合なほどに増大することがあります。このような事態を避けるため，会社は，定款をもって一定数の株式を1単元の株式とする旨を定めることができ，1単元につき株主総会または種類株主総会における1個の議決権を与えることができるとしています（会188Ⅰ）。1単元を過大に定めると，株主の権利が不当に制限されますから，会社法は，1単元の株式数は法務省令で定める数を超えることができないとして，歯止めを加えています（会188Ⅱ）。種類株式発行会社においては，株式の種類ごとに1単元の株式数を定めなければなりません（会188Ⅲ）。なお，1単元の数は登記事項です（会911Ⅲ⑧）。

14-2　単元株制度と定款変更

　会社が成立後に定款を変更して単元株制度を採用する場合には，取締役は，当該定款変更に関する議案を審議する株主総会において，これを採用する理由を開示しなければなりません（会190）。

　いったん定めた1単元の株式数を減少する場合または単元株制度を廃止する場合には，株主総会の決議によらないで，取締役の決定（取締役会設置会社では取締役会の決議）限りで，その旨の定款変更をすることができます（会195Ⅰ）。このような変更は，実質的には株式分割と同様であり，既存株主に不利益とならず，単元未満株主にとっては有利な事柄であるため，株式分割同様に株主総会の決議によらない定款変更を許したわけです。この場合，定款変更後遅滞なく，株主（種類株式発行会社では単元株式数を変更した種類の株式の株主）に対し，定款を変更した旨の通知をしまたは公告をしなければなりません（会195Ⅱ・Ⅲ）。

　また，株式分割と同時に単元株式数を増加し，または単元株式数についての

定款の定めを設ける場合で，かつ，当該定款変更後の各株主が有する株式数を単元株式数で除して得た数が定款変更前の各株主が有した株式数（単元株式数を定めていた場合には，その株式数を単元株式数で除して得た数）を下回らないときには，株主総会の決議によらないで，単元株式数（種類株式発行会社では各種類の株式の単元株式数）を増加し，または単元株式数の定めを設ける定款の変更をすることができます（会191）。この場合も株主が不利益を受けることがないからです。

14-3　単元未満株主の権利

　単元株制度を採用した会社においては，株主は1単元株式につき1個の議決権を有します。**単元未満株主**は株主総会または種類株主総会における議決権を有しません（会189Ⅰ）。したがって，単元未満株主には，総会出席権・質問権など，議決権行使を前提とする一切の権利（少数株主権を含む）が認められません。

　しかし，その他の権利については，自益権だけでなく共益権も認められるのが原則です。単元未満株式は，独立した完全な株式だからです。しかし，会社法は，単元未満株主の権利を定款で制限できるものとしました（会189Ⅱ柱書）。ただし，①全部取得条項付種類株式の取得対価を受領する権利，②取得条項付株式における取得対価を受領する権利，③株式無償割当てを受ける権利，④単元未満株式の買取請求権，⑤残余財産分配請求権，⑥その他法務省令で定める権利，については，定款による制限を課すことが許されません（以上，会189Ⅱ各号）。これらの権利は，いずれも社員の会社に対する持分の消長に直接関係する権利であるからです。代表訴訟提起権や単独株主に認められる帳簿閲覧権など，議決権と無関係に認められる共益権は定款によって制限されない限り，行使することができます（前者につき，会847Ⅰ柱書中かっこ書参照）。もっとも，会社法上，少数株主権の要件は，総株主の議決権を基準に定められているため，単元未満株式は除外されており，単元未満株主が集まってもこれを行使することができないと解されるでしょう。

　単元未満株主は，会社に対し，いつでもその有する単元未満株式の買取りを請求することができます（会192，193）。その手続きは，株主の株式買取請求

権に準じて整備されています。さらに，会社は，定款をもって単元未満株式を有する株主がその有する単元未満株式と合わせて1単元となるべき株式を売り渡すべきことを会社に請求することができ，この定めをした場合には，単元未満株主の請求に際し，その請求がなされた時に会社が売り渡すべき単元未満株式を有しないときを除いて，自己株式を請求者に売り渡さなければなりません（会194 Ⅰ・Ⅲ）。なお，買取りや売渡しの価格決定についても規定が設けられています（会193, 194 Ⅳ）。

　株券発行会社は，定款をもって単元未満株式に係る株券を発行しない旨を定めることができます（会189 Ⅲ）。この場合でも，株主のために会社が必要と認めるときは株券を発行することができます。たとえば，株式に略式担保権を設定する場合などが考えられます。ただ，会社には株券発行義務はないので，株主からの発行請求を拒むことはできません。

第 4 章　株式会社を運営する

1　総　説

1-1　「機関」とは何か

　繰り返し述べるように，会社は権利能力を有する法人です。法人ですから，自ら意思決定をしたり法律行為をしたりすることができず，自然人を通じて活動することになります。第 2 章 2-1 で述べたことの繰り返しになりますが，会社の組織上，法令または定款の定めにより一定の地位を与えられ，会社の意思を決定または会社としての行為をなす権限を有する者または会議体を会社の**「機関」**といいます。会社の機関の地位にある者または会議体の意思決定または行為が，すなわち法人たる会社の意思決定または行為であると認められるのです。なお会社法は，機関のうち，取締役，会計参与および監査役を総称して**「役員」**という単語を用いています（会 329 Ⅰ参照）。

　会議体という形態をとる機関にあっては，機関としての意思形成を会議体の決議という形で決定することになります。したがって，そのような会議体の決議の手続（会社の内部的意思決定手続き）を定めなければなりません。

1-2　society と company

　会社法を専門的に学んだ経験のない人でも，株式会社には，株主総会，取締役，取締役会および代表取締役，監査役といったような名称の諸機関が存在するらしい，といった程度の知識は常識的に持っていることと思います。会社の機関の構成や権限配分については，時代とともに変遷がありますが，わが国が明治中葉に継受した株式会社法は，株主総会，取締役，監査役という 3 機関が必要的機関として存在するという素朴なものでした。そして，株主総会が意思

117

決定を司る機関，取締役が業務執行を司る機関，監査役が監督を司る機関という形で3機関が分化・鼎立(ていりつ)していました。こうした機関分化は，元来，近代市民革命によって実現した市民社会の立法・行政・司法・の三権分立制度を株式会社機構に持ち込んだものであったと説かれています。つまり，会社は社会の縮図であるというわけです。

　明治維新をなし遂げ西洋法を継受したわが国の先達は，companyに「会社」という訳語をあてました。誰が最初にこの訳語を作出したのか，不明ですが，この訳者はすぐれた慧眼(けいがん)の持主だったのでしょう。「会社」の本来の漢字は「會社」です。「社」という文字の意味は，およそ次のようなものです。この字は，神の意を示す「示」と，耕作を意味する「土」から成り，転じて土地の神を祭る建造物の意味に用いられました。農耕民族である日本人は，その大切な建造物である「社」を村落の集会所としても用いました。そこから，人間の同志的団体をも「社」と呼ぶようになったのです。「社」とは「仲間・同志的団体」という意味です。次に，「會」という文字の意味は，およそ以下のようなものです。この字は源流をたどると「甑(こしき)」に由来します。こしきとは，穀物を蒸す土器のことで，この字の左半分に蓋(ふた)(亼)をしたのが，「會」の字であって，ぴったり合うという意味を表します。転じて，合うものが集まる，合うものを集めるという意に用いられるようにりました。したがって，「会社」という単語の意は，「社」を目的格，「会」を他動詞的に捉え，「同志的な仲間を集めたもの」という意味になります。社員の集合体に相応しい訳語といえるでしょう。ちなみに，同じ漢字からなる「社会」は，「社」を主格，「会」を自動詞的に捉え，「同胞が集まったもの」を意味することになります。なお，偶然にもsocietyの語源となったのは，古代ローマ時代の組合組織であるsocietas(ソキエタスあるいはソチエタス)ですが，このソキエタスこそが今日の会社の起源なのです。

　さて，このような同志的仲間を集めた社団においては，その運営をめぐる仲間の利害をどう調整すべきか，そのような調整を経て，社団としての意思決定をどう行うべきか，決定された事項はどのように実行されるべきか，そうしてなされた意思決定や実行にどのような監視をなすべきか，という問題が必然的に生じます。このような問題は，社団内部の仲間（社員）にとどまらず，従業

員，債権者，ひいては同胞が集まった社会をも含めた関係者のための利害調整，それをふまえた会社の意思決定手続き，業務の実行，その監視のあり方というより広範な領域へと発展します。こうした問題は当然に昔からあったのですが，近年，とりわけ会社機関の領域で，上のような問題意識をより明確にした形で，企業の運営，企業の統治（あるいは統御）のあるべき姿を実体的・手続的に検証する，いわゆる**コーポレート・ガバナンス**（Corporate Governance）に関する議論が活発になっているのです。

わが国でコーポレート・ガバナンス論が盛んになったのは，平成のバブル経済崩壊にともない企業の不祥事が続々と明らかにされたことが大きな契機であったといえます。企業の経営者が社会的な批判を受けるような不公正な行為あるいは公序に反するような行為をしないよう，どういった方法で，どういった組織が，どのような制度の下でチェックすべきか，といった点が議論の中心的課題となりました。そのような問題意識は改めてきわめて大切になっています。

2 株主総会について学ぶ

2-1 総説——意義と権限

株主総会のさしあたってのイメージを，議決権を有する株主によって構成される意思決定機関であって，株式会社の必要的機関であると捉えるところから出発してみましょう。**必要的機関**とは，会社にとって欠くべからざる機関という意味です。

議決権を有する株主，という点を概略説明しておきましょう。株主総会は会議体ですから，各株主は議決権という権利を行使することになりますが，ここでは株式会社が資本的な団体であることにかんがみ，株主平等の原則を反映させて，原則として各株主は1株につき1個の議決権を有しています（会308 I 本文）。これを「**一株一議決権の原則**」といいます。ただし定款で単元株制度（第3章14）を導入した会社にあっては，1単元の株式につき1議決権が与えられます（会308 I ただし書）。原則は上に述べたとおりですが，以下のような例外があります。すなわち，①いわゆる議決権制限株式（会108 I ④）の議決

権なきものとされた範囲に属する株主，②自己株式を有する会社自身（会308Ⅱ），③複数の会社が相互に相手会社の株式を持ち合っているとき（相互保有）に議決権が制限される場合（会308Ⅰ本文かっこ書），④上に述べたように単元株制度が採用された会社の単元未満株主（会189Ⅰ），⑤基準日後に発行された株式の当該基準日に係る株主総会の場合（会124Ⅰ参照――総会運営の技術的困難さが克服されるなら，会社側から議決権行使を認めることは可能（会124Ⅳ）），⑥非公開会社における議決権についての定款の定めによる異なった扱い（会109Ⅱ）。以上の点，とりわけ③は，後でもう少し詳しく解説します（本章2-5-1参照）。このような例外に該当する株主は総会の構成員でもなく，議決権は当然のこと，総会に出席して意見を述べることすら許されません（⑥は必ずしもそうではない）。しかし，①に該当する株主が議決権を有する種類株主総会（会322）においては，当該種類株主総会の構成員に含まれます。

　株主以外の者を総会の構成員とすることは，定款をもってしても許されません。株主でない者が総会の議長を務めても，その者は主宰者たりえても議決権は有しません。

　後に詳しく述べるように，株主総会は，会社の存立にかかわる重要事項を決定するほか，取締役の選解任権を有していますから，その意味では，会社の「最高の」意思決定機関と位置づけられます。しかし，あらゆる株式会社の「最高」機関ではあっても，決してあらゆる株式会社の「万能」機関ではありません。

　かつては，会社の実質的所有者で構成される株主総会には広範な権限が付与され，総会の決議事項は広く認められていました。しかし，社会経済の成熟にともない，これは必ずしも適当でないと考えられるようになりました。すなわち，迅速を要する経営判断を株主総会に委ねれば商機を逸するでしょうし，株主総会を開催するコスト負担も考える必要があります。社会経済が複雑化（国際化を含む）すれば，会社経営にも高度の専門的知識，識見才能が要求されます。内外の諸要因を分析し，利益を上げるために最も合理的な経営を模索する必要があります。このような業務執行の決定にかかる役割りを株主総会に担わせるべきでないことは容易に理解できるでしょう。

　そこで会社法は，取締役会設置会社の株主総会は会社法または定款に定める

事項に限って決議をすることができると定めました（会295Ⅱ）。これ以外の事項を株主総会で決議しても，その決議は当然に無効です。また会社法の規定により株主総会決議事項となっているものについては，定款をもってしても，取締役，執行役，取締役会その他の株主総会以外の機関に委ねることはできません（会295Ⅲ）。会社法が，取締役会設置会社に定款による決議事項の追加を認めたのは，各会社の実情に応じて小回りの効く権限配分が必要ですし，「業務執行」の範囲も必ずしも明確でないことから，柔軟性を持たせた結果であろうと思われます。

　取締役会設置会社における総会の権限がどのような思想によって決定されるべきかは，さしあたって，龍田節（たつた みさお）教授の言をお借りして，以下のように述べることができるでしょう。すなわち，株主の利益にとってきわめて重要で，非日常的な事項は総会の権限に属させるべきであり，そうでない事項は，純粋に業務執行といえなくても，取締役会かぎりで機動的に処理できるようにするのがよい，と。

　以上に対し，取締役会を設置しない会社にあっては，株主総会は会社法に規定する事項だけでなく，株式会社に関する一切の事項について決議をすることができる万能機関としての位置づけがなされています（会295Ⅰ）。

2-2　株主総会の決議事項

　株主総会の決議事項は，普通決議事項，特別決議事項，特殊な決議事項に分けることができます。

2-2-1　普通決議事項

　普通決議とは，原則として議決権を行使することができる株主の議決権の過半数を有する株主が出席して，出席株主の議決権の過半数をもってなす決議です（会309Ⅰ）。しかし，会社法は定款によって別段の定めを設けることを許しており（会309Ⅰ），決議要件を厳しくする方向でも緩くする方向でも別段の定めをすることが可能ですが，実際は，定款によって定足数の要件を排除し，出席株主の議決権の過半数で決議するものとしている例が多いようです。もっとも，この場合でも役員の選任および解任の決議については，その重要性にかん

がみ，定足数を議決権を行使することができる株主の議決権の3分の1未満に下げることができず，出席株主の議決権の過半数という下限を緩和することもできません（会341）。普通決議事項としては，総会提出資料等の調査人の選任決議（会316），総会の延期または続行の決議（会317），取締役の報酬に関する決議（会361 I），監査役の報酬に関する決議（会387 I），会計参与の報酬に関する決議（会379 I），計算書類の承認決議（会438 II），準備金の減少決議（会448 I），剰余金の資本組入決議（会450 II），剰余金の配当に関する事項の決定（会454 I），清算人の選解任決議（会478 I ③，479 I），清算人の報酬に関する決議（会482 IV→361 I），清算終了の承認決議（会507 III），役員および会計監査人の選解任決議（会329 I，339 I），取締役・清算人と会社間の訴えの代表者の選任決議（会353，482 IV→353）等があります。なお，決議要件につき別段の定めをせず，定款によって総会の決議事項を追加したときは，普通決議事項になります。

2-2-2　特別決議事項

特別決議とは，議決権を行使することができる株主の議決権の過半数または定款に定める議決権の割合を有する株主が出席して，その議決権の3分の2（定款による加重可）以上に当る多数をもってなす決議です（会309 II 前段参照）。この決議要件に加えて，一定の数以上の株主の賛成を要する旨その他の要件を定款で定めることができます（会309 II 後段）。「議決権を行使することができる株主の議決権の過半数」という定足数の原則を，定款によって変更することを妨げないものとしているのですが，普通決議と異なり，定款の定めをもってしても，その定足数を議決権を行使することができる株主の議決権の3分の1未満の割合に下げることはできないとして，その下限が定められています（会309 II 前段かっこ書参照）。株主にとって重大な事項を決定するのに，あまりに少人数で決めることは許されないとする趣旨です。特別決議の定足数に関する要件が緩和されるに至った背景には，議決権を行使しない個人株主の増大や，年金信託等の信託財産となる株式が増大し，その受託者が議決権を行使しないといった事情，株式持合いの解消にともなう株式分散化により，特別決議の定足数を原則に従って充足することが困難になったという事情があるようです。

特別決議は，以下のように多くの重要事項の決議に用いられています。

会社法の定める特別決議事項には以下のようなものがあります。すなわち，①譲渡制限株式の譲渡不承認の場合の会社による買取事項の決定および指定買取人の指定（会141Ⅱ・Ⅴ），②特定の者からの自己株式の合意取得に関する決定（会160Ⅰ，156Ⅰ），③全部取得条項付種類株式の取得に関する事項の決定および相続人等に対する売渡請求に関する事項の決定（会171Ⅰ，175Ⅰ），④株式の併合に関する事項の決定（会180Ⅱ），⑤募集株式の募集事項の決定・募集事項の決定の委任・募集株式の株主割当発行事項の決定および募集株式が譲渡制限株式である場合の募集株式の割当て（会199Ⅱ，200Ⅰ，202Ⅲ・Ⅳ，204Ⅱ），⑥募集新株予約権の募集事項の決定・募集事項の決定の委任・募集新株予約権の株主割当発行事項の決定および募集新株予約権の目的が譲渡制限株式である場合または募集新株予約権が譲渡制限新株予約権である場合の募集新株予約権の割当て（会238Ⅱ，239Ⅰ，241Ⅲ・Ⅳ，243Ⅱ），⑦監査役・累積投票により選任された取締役の解任（会339Ⅰ，342Ⅲ～Ⅴ），⑧役員等の対会社責任の一部免除（会425Ⅰ），⑨資本金額の減少に関する事項の決定（ただし，定時株主総会において減少する資本金の額が欠損額を超えない場合——欠損の填補のためにする場合——を除く）（会447Ⅰ），⑩現物配当をする場合の株主に対して金銭分配請求権を与えない旨の決定（会454Ⅳ），⑪定款の変更・事業の譲渡等および解散（会2編6章ないし8章），⑫合併契約・吸収分割契約・新設分割計画・株式交換契約・株式移転契約の承認（会5編），です。以上の特別決議事項は，会社法309条2項の1号ないし12号に列挙されています。

なお，定款によって会社法の定める普通決議事項を特別決議事項とすることもできますし，総会の決議事項を定款によって追加し，かつそれを特別決議事項とすることもできます。

2-2-3 特殊な決議事項

議決権を行使することができる株主の過半数または定款に定める議決権の割合いを有する株主が出席し，その議決権の3分の2以上または定款に定める割合い以上に当る多数をもってなす決議があります（会309Ⅲ参照）。定款による別段の定めは，定足数および決議要件とも，これを加重する方向でしか認めら

れません（会309Ⅲ柱書かっこ書参照）。このような決議を**特殊決議**ということがあります。

特殊決議事項には以下のようなものがあります。① 種類株式発行会社を除き，その発行する全部の株式の内容として譲渡による当該株式の取得について会社の承認を要する旨の定款の定めを設ける定款変更，② 吸収合併による消滅会社または株式交換により完全小会社となる会社が公開会社であって当該会社の株主に対して交付する対価の全部または一部が譲渡制限株式等である場合の合併契約または株式交換契約の承認，③ 新設合併による消滅会社または株式移転により完全子会社となる会社が公開会社であって当該会社の株主に対して交付する対価の全部または一部が譲渡制限株式等である場合の合併契約または株式移転契約の承認，です。以上の特殊決議事項は，会社法309条3項の1号から3号に列挙されています。

さらに，剰余金の分配・残余財産の分配・株主総会における議決権につき株主ごとに異なる扱いをする旨の定款の定めを変更する（新設を含み，廃止を除く）定款変更については，総株主の半数以上（これを上回る割合いを定款で定めた場合はその割合以上）であって，総株主の議決権の4分の3（これを上回る割合いを定款で定めた場合はその割合）以上にあたる多数をもって行わなければなりません（会309Ⅳ）。

また，総株主の同意が必要とされているものがあります。会社が役員等や清算人の会社に対する責任を免除する場合です（会120Ⅴ，424Ⅰ，462Ⅲ，486Ⅳ）。これらの者の責任を免除するときは，総株主の個別的な同意をもって総会の決議に代えうると思われます。

2-3　株主総会の招集

株主総会は会議体の機関ですから，通常は法定の手続に従った**招集手続き**を要します。株主同士が勝手に会合しても株主総会にはなりません。複数の矛盾する総会決議が続出しては，いたずらに混乱を招くだけだからです。しかし，すべての株主が一堂に会してなされた総会は，正規の招集手続きを欠いていても成立すると解されます（**全員出席総会**）。全株主が議事・議決に参加すべく与えられる準備の機会を放棄したものとみなしうるからです。全員出席総会のみ

ならず，当該総会において議決権を行使することができるすべての株主の同意があるときは，その者が現実に総会に出席したか否かを問わず，招集手続きを経ずに総会を開催することができます（会300本文）。これは，株主自治のひとつの現れとして招集手続きを緩和したものと評価できます。ただし，総会に出席しない株主が書面または電磁的方法によって議決権を行使できる旨を定めたときはこの限りではありません（会300ただし書）。なお，一人会社の株主総会は全員出席総会の特殊な形態と見ることができますから，招集手続きは不要であると解されます。

以下では，法定の招集手続きを概観しておきましょう。

2-3-1 招集権者

通常の場合，株主総会の招集は取締役がこれを行います（会296Ⅲ）。株主総会を招集するには，総会の日時・場所，会議の目的たる事項といった大綱を定めるとともに，総会に出席しない株主に書面または電磁的方法による議決権行使ができるものとするときはその旨，その他法務省令で定める事項をも決めなければなりません（会298Ⅰ各号）。議決権を有する株主が1,000人以上であるときは，原則として必ず書面による議決権行使ができる旨を定めなければなりません（会298Ⅱ本文，例外につきただし書）。

取締役会設置会社にあっては，株主総会を招集する旨および上述の定めるべき事項につき，取締役会の決議に基づき（会298Ⅳ），代表取締役（委員会設置会社では代表執行役）が具体的な招集手続きを進めます。取締役会の決議なしに代表取締役または代表執行役が招集した総会決議には取消原因が存在することになります（会831Ⅰ①）。

株主の利益保護を勘案して，少数株主による総会の招集権が認められています。6か月（これを下回る期間を定款で定めた場合にはその期間）前から引き続き総株主の議決権（会議の目的たる事項につき議決権を行使できない株主が有する議決権数を除く）の100分の3（これを下回る割合を定款で定めた場合にはその割合）以上の議決権を有する株主は，取締役に対し，会議の目的たる事項（当該株主の議決権行使が可能である事項に限る）および招集の理由を示して，総会の招集を請求することができます（会297Ⅰ・Ⅲ）。請求の日から遡って6か

月を通して議決権の100分の3以上を有していなければなりません。ただし，非公開会社においては，6か月間の継続保有期間の要件は適用がありません（会297Ⅱ）。なお，少数株主は，この議決権保有要件を招集の時まで有していれば足りると解されます。いったん適法になされた招集の効力は後の事情によって影響を受けるべきではないからです。請求を受けて，会社が上記招集手続きをとればいいのですが，遅滞なくこの手続きがとられなければ（請求の日から8週間，定款でこれを下回る期間を定めた場合にはその期間以内の日を会日とする招集の通知が発せられなかったときも），請求をした株主は，裁判所の許可を得て，自ら総会を招集できます（会297Ⅳ）。

少数株主が裁判所の許可を求めた場合，裁判所は，申請人の形式的要件を審査のうえ，その要件を満たしていれば，申請が権利濫用に該当しまたは会議の目的たる事項が総会の権限に属さない場合を除き，許可を与えなければなりません。許可を得た株主は，自己の名で招集通知をなしえますし，招集に必要な基準日を定めて公告することもできます（会124Ⅰ・Ⅲ）。したがってその場合，株主名簿以外にも総会に招集すべき株主を確知するために必要な書類の閲覧・謄写も許されます。招集および開催の費用は，会社の負担に帰すると解されます。裁判所の招集許可があった後は，取締役・取締役会は同一議題についての招集権を失います。

上述のような少数株主の総会招集請求権ないし招集権の行使は，事実上なかなか困難です。それゆえ，会社が株主総会を招集する限り，またそれまで待てるなら，その総会の機会を利用して後述の株主提案権（本章2-3-4）を行使するほうが現実的であると思われます（会303参照）。

2-3-2 招集の時期と場所

株主総会には**定時総会**と**臨時総会**とがあります。前者は，毎事業年度の終了後一定の時期に招集されなければなりません（会296Ⅰ）。後者は，必要がある場合に随時招集されるものです（会296Ⅱ）。

定時総会は，本来，計算書類の報告・承認を主要な会議の目的事項として開催されるものです（会438Ⅱ参照）が，その機会に他の事項を決議することもできます。その**招集の時期**は，基準日の設定時期の制限との関係から（会124

Ⅱ），決算期後3か月以内でなければなりません。一般に定款で，毎年6月あるいは決算期後3か月以内に招集する旨が定められているようです。

招集の地は，必要であれば定款で定めることもできますが，株主の利便性を勘案して自由に選択することができます。故意に遠隔地にしたり，開催場所が著しく交通不便であったり，株主の収容が困難であったりすれば，決議取消事由になります（会831Ⅰ①参照）。

2-3-3 招集の通知

株主に総会への出席の機会を保障し，かつ準備の時間を与えるために，招集権者が必要事項を定めて**招集通知**を出さなければなりません。この通知は，原則として会日より2週間前に各株主に対して発せられなければならないことになっています（会299Ⅰ）。会日より2週間前というのは，会日と発信日との間に丸2週間あることをいいます。非公開会社は原則1週間前までに通知を発しなければなりませんが，取締役会非設置会社では定款をもってさらにその期間を短縮することができます（会299Ⅰかっこ書）。公開会社では，実務上，招集通知は会日の3週間前に発送するという扱いが進んでいるようです。

書面もしくは電磁的方法による議決権行使を認めた場合または取締役設置会社にあっては，書面によって招集の通知をしなければなりませんが（会299Ⅱ），招集権者は，上記書面による通知に代えて，政令に定めるところにより，株主の承諾を得て，電磁的方法によって通知を発することができます（たとえば，電子メール）。この場合には，かような方法による通知の発信が書面による通知の発出とみなされます（会299Ⅲ）。

もちろん以上の通知は，当該株主総会において議決権を行使し得ない株主に対してなす必要はありません（会298Ⅱかっこ書参照）。

書面もしくは電磁的方法による議決権行使を認めた場合または取締役会設置会社にあっては，総会招集の通知には，総会の日時・場所に加えて，会議の目的である事項，書面または電磁的方法による議決権行使を認めた場合はその旨，その他法務省令で定める事項を記載または記録しなければなりません（会299Ⅳ）。**会議の目的である事項**とは，何を審議しようとするのかという，議題を指します。

第4章　株式会社を運営する

　取締役会設置会社では，定時総会の招集通知には，計算書類（貸借対照表，損益計算書（連結計算書類），事業報告書）を，および監査役（会計監査に権限が限定された監査役を含む）または会計監査人を設置した会社では監査報告・会計監査報告を提供しなければなりません（会437）。

　定時総会たると臨時総会たるとを問わず，書面または電磁的方法による議決権の行使ができる旨を定めたときは，招集の通知に際し，法務省令で定めるところにより，株主に対し，議決権の行使について参考となるべき事項を記載した書類（**株主総会参考書類**）を交付しなければなりません（会301Ⅰ，302Ⅱ）。書類の交付に代えて電磁的方法による提供をすることもできますが，この場合でも，株主の請求があれば書類を交付しなければなりません（会301Ⅱ，302Ⅱ）。これらの場合には，総会に出席しない株主も書面または電磁的方法によって議決権を行使できますから，議案の判断に必要な情報をより詳しく提供させようとしたわけです。なお，会社法298条2項本文から，議決権を有する株主の数が1,000人以上の会社にあっては，原則として，株主総会参考書類の交付が義務づけられることになります。

　書面による議決権行使を認める場合には，招集通知に際し，議決権を行使するための書面（**議決権行使書面**）を交付しなければならず（会301Ⅰ），電磁的方法による議決権行使を認める場合には，招集通知に際し，電磁的方法による通知を承諾した株主に対し，または会日の1週間前までに請求のあった株主に対し，議決権行使書面に記載すべき事項を電磁的方法により提供しなければなりません（会302Ⅲ・Ⅳ）。

　会社は，株主名簿に記載または記録した株主の住所，またはその者が会社に通知した場所もしくは連絡先に招集通知を発すれば免責されます（会126Ⅰ）。この宛先に発した通知が継続して5年間到達しないときは，以後この者に対する通知をなす必要がありません（会196Ⅰ）。

2-3-4　株主提案権

　総会の議事・議案の決定権は，取締役会設置会社では，原則として取締役会に属しますが，取締役会のみに専属するものではありません。

　6か月（これを下回る期間を定款で定めた場合にはその期間）前から引き続き

総株主の議決権の100分の1（これを下回る割合いを定款で定めた場合にはその割合い）以上または300個（これを下回る数を定款で定めた場合にはその個数）以上の議決権を有する取締役会設置会社の株主は，取締役に対し，総会の会日から8週間（これを下回る期間を定款で定めた場合にはその期間）前に，その事項が総会の決議すべきものである限り，一定の事項を会議の目的（議題）となすべきことを請求することができます（会303Ⅰ・Ⅱ）。非公開会社の取締役会設置会社の株主にあっては，この請求をなすにつき，継続保有の要件は必要ありません（会303Ⅲ）。取締役会非設置会社の株主にあっては，この請求は単独株主権になります（会303Ⅰ）。また，同様の要件の下で，そのような株主は取締役に対し，会日から8週間（これを下回る期間を定款で定めた場合にはその期間）前までに，会議の目的たる事項につき，その株主の提出する議案の要領を，総会招集通知に記載または記録することを請求することができますが，その議案が法令もしくは定款に違反するとき，または，実質的に同一の議案につき総会において総株主（当該議案につき議決権を行使できない株主を除く）の議決権の10分の1（これを下回る割合いを定款で定めた場合にはその割合い）以上の賛成が得られなかった日から3年を経過していないときはこの限りではありません（会305Ⅰ・Ⅳ）。前者は，**議題提案権**ないし**議題追加権**と呼ばれることがあり，後者は，**議案要領の通知請求権**と呼ばれることがあります。さらに株主は，株主総会において，株主総会の目的たる事項（当該株主が議決権を行使できる事項に限る）につき議案を提出することができますが（会304Ⅰ本文），その議案が法令もしくは定款に違反するとき，または，実質的に同一の議案につき総会において総株主（当該議案につき議決権を行使できない株主を除く）の議決権の10分の1（これを下回る割合いを定款で定めた場合にはその割合い）以上の賛成が得られなかった日から3年を経過していないときはこの限りではありません（会304ただし書）。これを**議案提出権**といいます。以上の権利は，株主に，みずから総会を招集するのでなく，会社が招集する総会の機会を利用して自己の提案をなす権利を与えるものです。議案要領の通知請求権は，当該株主の提案に係る議題にも行使できる他，取締役が提案すると予想される議題にも行使できます。

議決権保有期間の6か月前という要件は，少数株主の総会招集権行使の要件

と同様，請求日から遡って満6か月を意味しますが，取締役会設置会社における提案権と総会招集権の保有議決権数の要件は，提案権の行使要件のほうが緩和されています（会297Ⅰと同303Ⅱとを対照のこと）。加えて，提案権行使の場合の保有議決権数の要件には，保有議決権比率基準だけでなく，絶対数基準も認められています。発行済株式総数の多い大規模会社では，保有議決権比率基準だけでは株主がこの権利を行使することがきわめて困難であることが考慮された結果でしょう。会社法は，提案権の行使要件を緩和することによって，総会の活性化を図ろうとしたものと思われます。なお，提案権を行使した株主がいつまで保有議決権数の要件を具備すべきかについては，現実にこのような請求がなされる日は，基準日より後でしょうから，取締役会が株主提案権を議事日程に含めることを決定した時までと解すべきでしょう。

　適法な株主提案権の行使があったときは，取締役はこれに応じる義務があり，その提案を無視すれば，過料に処せられます（会976⑲）。会社が議題提案権に応じないでなした決議については，その議題に対する決議が存在しないので決議取消しの問題を生じませんが，議案修正提案等に応じないで会社側の原案を可決したような場合には決議取消しの訴えの対象となるでしょう（会831Ⅰ①）。

2-4　株主総会の議事

2-4-1　議長の選任と権限

　株主総会の議事は会社法または定款に従い，それらに規定がないときは慣習に従い，慣習がなければ会議体の議事に関する一般原則に従って行われます。

　議長は，定款に定めがなければ総会で選任してよいでしょうが（会議体の議事に関する一般原則に従い，決議しても取締役会設置会社でも295条2項違反にならない），実際には定款で社長その他の役員をあらかじめ順序を定めて規定していることが多いでしょう。ただし，定款による議長の定めは，取締役会の決定に基づき代表取締役が招集する通常の総会を前提としたものですから，少数株主による招集や裁判所の命令に基づく招集には適用がありません。なお，小規模な会社では，とくに議長を設けない総会も可能でしょう。

　議長は，会議体の一般原則に従い，公正な審議を尽くすことに努め，粛然と議事を消化すべき職責を担っています。この当然の理を会社法315条1項は，

議長が総会の秩序を維持し議事を整理すると明定し，さらに同2項は，議長の秩序維持や議事整理の命令に従わない者その他総会の秩序を乱す者を議長が退場させることができると明定しています。

2-4-2 取締役等の説明義務

取締役が総会に提案した議案については，株主に賛否の合理的判断をなさしめるため，これらの者が説明すべきことは，会議体の一般原則からして当然のことです。逆に株主が，これら議案につき，賛否の合理的判断をするため，質問を許されるべきことも同様に当然のことです。会社法は，この当然の理を，**取締役等の説明義務**という形で明定しました（会314）。

取締役，会計参与，監査役および執行役は，総会において株主が求めた事項につき説明しなければなりません（会314本文）。ただし，制度の趣旨から，その事項が会議の目的たる事項（決議事項，報告事項の双方）に関しないとき，説明することにより株主の共同の利益を著しく害するとき，そのほか正当の理由がある場合として法務省令で定めるときには，説明を要しません（会314ただし書）。

取締役等の説明義務と**株主の質問権**とは表裏一体のものです。株主側から観れば，質問権を有する株主資格は，議決権を有する限り制限されてはおらず，定款をもってしても株主資格に制限を加えることは許されないと解すべきでしょう。

実際に説明をなす当事者は，説明義務を負う者としての責任において，構成員中最も適当であると認められる者がなせば足りるでしょうし，事柄によっては，商業使用人等に説明させることも可能でしょう。

取締役等が説明義務を尽くしたと認められる分水嶺は，質問した株主が会議の目的事項につき賛否の判断を合理的になすために客観的に必要な情報が提供されたと認められる程度，というように抽象的に述べるしかありません。上述の抽象的な基準をクリアしておれば，質問した株主を主観的に満足させる必要はありません。総会において株主の質問を待つことなく，取締役等が，事前に送付された質問状などに事前に一括説明することは，理論上は説明義務の履行とはいえないでしょうが，すでに必要な情報が提供された後になされた株主の

質問はもはや意味のない質問であると評価できますから，このような無意味な質問にまで説明義務を課す必要はないと思われます。決議事項につき説明義務違反があった場合には，決議方法の法令違反として決議取消事由に該当します（会831 I ①）。

なお，会計監査人設置会社にあっては，定時総会において会計監査人の出席を求める決議があったときは，会計監査人は当該総会に出席して意見を述べなければなりません（会398 II）。

2-4-3 総会屋の規整

先に述べたように，わが会社法が，議長の権限につき，当然の理をあえて明定し（本章2-4-1），取締役等の説明義務をも明定したのは（本章2-4-2），わが国の株主総会が，俗に「総会屋」と称される特殊な株主に牛耳られてきたという風土と無関係ではありません。

総会屋とは，会社の株式を所有して，総会において威迫的に一般株主の発言を封じ込めて議事の進行に協力することを持ち掛け，その見返りに会社に金品その他の利益の供与を強要したり，逆に，会社から金品その他の利益を得る目的で，総会において威迫的に会社の議事を妨害しこれを混乱させるような者を指します。その存在は古くから知られており，大正バブル経済時に登場した「会社ゴロ」あるいは「一株主」と称された者にまで遡ることができます。総会屋を規整すべく，会社法はいくつかの対処規定を設けました。

総会における発言または議決権の行使等に関し，不正の請託を受けて財産上の利益を収受，要求または約束した者およびこれを供与またはその申込みもしくは約束した者に対し，刑罰が課せられています（会968 I ①・II）。たとえば，経営上の失策に対する責任追及を恐れる会社役員が，総会屋に報酬を与えて総会における一般株主の発言の封殺を依頼し，会社提出に係る議案の可決を図ろうとした場合，このような依頼は「**不正の請託**」に該当するといえるでしょう。この刑罰は**株主等の権利の行使に関する贈収賄罪**との1類型とされています。しかし実際上，不正の請託を受けたことを立証するのは容易ではありません。

会社法は，会社は何人に対しても株主の権利行使に関して自己またはその子会社の計算において財産上の利益を供与してはならないものとしました（会

120Ⅰ）。「株主の権利の行使に関し」とは，「株主の権利の行使にあらゆる影響を与える趣旨で」という意味です。権利の行使・不行使，行使方法などに関するものが広く含まれます。議事への協力たとえば議案への賛成発言をすること，逆に反対発言をしないこと，といった協力も含まれます。「不正の請託」があることも要件ではありません。会社または子会社の計算で財産上の利益を供与すれば，実際に代表取締役，その他の取締役，監査役，執行役，使用人等，いずれが供与したかも問いません。

さらに，会社による特定株主への利益供与が株主の権利行使に関してなされたとの立証が容易でないことにかんがみて，会社法は，会社が特定の株主に対して無償で自己またはその子会社の計算で財産上の利益を供与した場合，または有償であっても自己またはその子会社の受けた利益が供与した利益に比べて著しく少ない場合には，株主の権利の行使に関して財産上の利益が供与されたものと推定することにしました（会120Ⅱ）。

会社が株主の権利の行使に関して財産上の利益を供与したときは，その利益の供与を受けた者はその利益を会社または子会社に返還しなくてはなりません（会120Ⅲ前段）。利益の供与を受けた者は株主に限られるものではなく，総会屋が経営する会社の出版物等を著しく高値で購入させられたときは，当該出版会社が利益返還義務者になります。会社法のこの規定は不当利得の特則に当りますから，利益供与を受けた者は，非債弁済（民705）や不法原因給付（民708）の主張ができません。他方，利益供与を受けた者が会社またはその子会社に対して給付したものがあるときは，その返還を受けることができます（会120Ⅲ後段）。利益供与を受けた者に対する返還請求の訴えについては株主に代表訴訟（第8章5-1）を認めています（会847参照）。

利益供与を受けた者がその利益を返還しなかった場合または返還しなかった範囲において，**利益供与禁止規定**に違反して財産上の利益を供与することに関与した取締役（委員会設置会社では執行役を含む）として法務省令で定める者もまた，その供与した利益額につき会社に対し損害賠償義務があります（会120Ⅳ本文，当該利益の供与をした取締役を除いて過失責任である，同条同項ただし書参照）。この義務は，総株主の同意がなければ免除することができません（会120Ⅴ）。

さらに，取締役，会計参与，監査役，執行役またはそれらの職務代行者もしくは支配人その他の使用人が，株主の権利の行使に関して会社または子会社の計算で財産上の権利を供与したときは，刑罰が課せられます（会970Ⅰ）。情を知って利益供与を受け，または第三者にこれを供与させた者も同様です（会970Ⅱ）。「情を知って」とは「株主の権利行使に関して会社またはその子会社の計算で供与がなされることの認識を有すること」を意味します。これらに加え，利益の供与を受けたと否とを問わず，株主の権利の行使に関し，会社またはその子会社の計算で財産上の利益を自己または第三者に供与することを取締役等に要求した者にも刑罰が用意され（会970Ⅲ），利益の供与を受けた者またはこれを要求した者が取締役等に威迫の行為をしたときは刑罰が加重されます（会970Ⅳ）。これらを**株主の権利の行使に関する利益供与の罪**といいます。

以上，会社法の規定を概観するだけで，会社と総会屋との激闘が伺えるでしょう。会社法の総会屋規整は，カルタゴに対するローマの備えにも匹敵するでしょう。しかし，総会屋は時にハンニバルのように思わぬ攻撃をしてくることがあり，わが社会はまだまだ「カルタゴ掃討」には至っていません。

2-4-4 総会の議事録

総会の議事については，法務省令に定めるところにより，議事録を作成しなければなりません（会318）。すなわち，**議事録**の記載・記録の要領はすべて法務省令に委ねられます。会社は，この議事録を総会の日から10年間本店にその写しを5年間支店に備え置かなければならず（支店における写しの備置きにつき，例外あり），株主および会社債権者は，営業時間内いつでも書面をもって作成された議事録の閲覧もしくは謄写の請求または電磁的記録をもって作成された議事録に記録された情報の内容を法務省令で定めた方法によって表示したものの閲覧もしくは謄写の請求ができます（会318Ⅱ～Ⅳ）。親会社の株主は，その権利を行使するため必要があるときは，裁判所の許可を得て，子会社の株主総会の議事録の閲覧または謄写請求ができます（会318Ⅴ）。

議事録は，総会に関する証拠手段ではありますが，唯一の証拠手段ではなく，他の証拠によってその記載または記録と異なる審議経過や決議内容を証明することは許されます。また，議事録は証拠手段にすぎず，議事録が作成されずま

たは不備であっても決議の効力に影響はありません。

なお，登記すべき事項につき総会の決議を要するときは，申請書にその議事録を添付しなければなりません（商登46Ⅱ）。

2-4-5　総会の延期・続行

総会においては，延期または続行の決議をすることができます（会317参照）。**延期**とは実質的な議事に入ることなく後日に総会を延期することであり，**続行**とは議事に入ったものの審議未了のまま後日に総会を継続することをいいます。純然たる議事運営にかかわるものですから，招集通知に記載がなくても必要により決議できます。

延会または継続会については，改めて総会招集の通知をなす必要はありません（会317）。通常，延会または継続会の日時や場所は延期または続行の決議の際に決定されるでしょうが，これを議長等に一任したときは，その決定が前の総会の出席株主に通知されます。延会または継続会は，前の総会が同一性を保ちながら開催されるものですから，その議題は前の総会と同一でなければならず，議決権を行使しうる株主も，前の総会で議決権を行使しえた株主（欠席者も可）と同一でなければなりません。なお，延会または継続会は前の総会から相当の期間内に開催されなければならないと一般に解されています。その期間は，公開会社の場合，会社法299条1項との関係で最長でも2週間以内と解されているようです。

2-5　議決権の行使

2-5-1　一株一議決権主義とその例外――とくに株式相互保有について

先に言及したように（本章2-1），資本的団体である株式会社は，原則として資本多数決すなわち一株一議決権の原則（またはその変形である一単元株一議決権の原則）に基づく多数決によって株主総会の議事を決しています（会308Ⅰ）。法が特に認めた場合を除いて，定款の定めによってもこれに反することは許されません。なお，法が特に認めた例外としてとりわけ重要なものは，先に述べたように（第3章6），会社法109条2項です。

一株一議決権の原則に対する例外については，すでに本章2-1にその事項を

掲げておきましたが，ここでは，**相互保有株式に関する議決権行使の制限**について概観しておきましょう。

複数の会社が互いに相手会社の株式を持ち合うことを**相互保有**といいます。すなわち，甲社が乙社の株式を，乙社が甲社の株式を各々保有し合うという状態です。わが国では，こうした相互保有は，企業結合の手段として常態的に行われてきました。企業同士の提携にあたり，その結合を強化する手段として利用されてきたのです。しかし，相互保有が行われることにより，次のような弊害が生じます。

かりに甲社が1億円を増資することとし新株を発行して乙社がこれを全部引き受けたとします。次いで，乙社が1億円増資し，発行新株を甲社が全部引き受けました。これを繰り返すと，甲乙両社の名目上の資本金額は増加し続けますが，計算上は最初の1億円が両者の間を往復し続けるだけで，実質的な資産の増加は何もありません。これを「**資本の空洞化**」現象といいます。程度の差こそあれ，相互保有にはこのような弊害があります。加えて，このような相互保有によって相互の持株比率が相対的に高くなれば，どうなるでしょう。甲社においては乙社が，乙社においては甲社が各々多数派株主となりますから，両社の取締役は互いに相手会社を利用してその意向に従って議決権を行使することになるでしょう。そうなってくると，甲乙両社とも株主の支配を離れて総会決議が歪曲化され，経営者支配が永遠に続くことになるのです。

しかし，株式相互保有を全面的に禁止することはできません。企業結合の形成を妨げたり，これを徹底することが容易でなくなるからです。それゆえ会社法は，一定の割合以上の相互保有株式について議決権行使を制限する旨の規定を設け，いわば妥協的に，議決権の馴合行使を禁ずる規整をしました。

会社法308条1項かっこ書によれば，たとえば以下のようなことになります。甲社が，乙社の総株主の議決権の4分の1以上の議決権を有していた場合（またはその他の事由により甲社が乙社の経営を実質的に支配することが可能であるとして法務省令で定める株主に該当するとき），乙社は，その保有する甲社の株式について議決権を行使することができません。甲社とその子会社丙社とを合わせて，乙社の総株主の議決権の4分の1以上の議決権を有する場合，あるいは，甲社の子会社丙社が単独で乙社の総株主の議決権の4分の1以上の議決権を有

する場合にも，同様に乙社はその保有する甲社の株式について議決権を行使できません。甲乙両社が互いに相手会社の総株主の議決権の4分の1以上の議決権を保有しあっているときは双方とも議決権を行使し得ないことになります。

2-5-2　議決権の代理行使

議決権の行使とは，株主が議案に対して賛否を表明することです。議場においては，投票，挙手，起立といった適宜の方法でその機会が与えられます。

株主は代理人に議決権を行使させることができます（会310Ⅰ前段）。株主はその個性が重視されないため，必ずしも株主自身が議決権を行使する必要がないばかりではなく，議決権行使をより容易にさせるため，会社法は**議決権の代理行使**を認めました。出席できない株主の意思をできる限り総会に反映させる趣旨ですから，定款によってこれを禁止することはもちろん，不当に制限を加えることも許されません。

定款によって代理人資格を株主に限定することは許されるでしょうか。このような定めは，株主以外の者によって総会が攪乱されることを防止する合理的な理由に基づく相当な制限と解されているようです（通説）。ただ，このように解しても，地方公共団体や会社が株主であるときは，法人株主がその職員や従業員（この者たち自身は必ずしも株主ではない）を使者として総会に出席させ議決権を行使させることは許されますし，そうであれば，個人株主が病気や高齢を理由に，自己の意図に反しない親族・知人等を総会に出席させることも許されるべきでしょう。結局，株主が総会に送り込もうとする者が株主でないという理由だけをもって議決権行使を拒まれるならば，当該株主が議決権を行使する機会を事実上与えられない結果を招来するような場合には，そのような定款の定めは効力を有さず，会社は代理人の議決権行使を拒めない結果になりそうです。それならばむしろ，その趣旨の定款の規定は無効と解するほうが明快であり，妥当であると思われます。

株主が代理人によって議決権を行使する場合，代理人は，会社に対し**代理権を証明する書面**（委任状）を会社に提出しなければなりません（会310Ⅰ後段）。この書面の提出に代えて，電磁的方法による情報提供を選択する途が開かれています（会310Ⅲ・Ⅳ）。代理関係の存在を明確ならしめ，会社の事務処理を迅

速に行うための措置です。ただし，法定代理人や法人の代表機関は，適宜の方法で代理権や代表権を証明することができます。

　議決権行使のための代理権の授与は，総会ごとになさなければなりません（会310Ⅱ）。取締役などが包括的な代理権を得て，この制度を会社支配の手段として濫用しないようにするためです。しかし，外国人株主などを対象に，定款上，国内に会社からの通知等を受ける代理人を定めなければならない旨の規定が設けられている場合，このような**常任代理人**は，議決権のみならず株主としての権利全体の代理人ですから，会社法310条2項の適用外と一般に解されています。なお，総会荒しを防止する趣旨で，会社は総会に出席できる代理人の数を制限することができます（会310Ⅴ）。

　議決権の代理行使制度の下では，株主の側が自ら代理人を選任して総会に出席させ，議決権を行使させる，という形で株主がこれを利用することはまずありません。実際には，会社からの勧誘という形でこの制度が利用されているのです。すなわち，会社が総会招集通知とともに，議決権行使に関する委任状用紙を株主に送付し，総会に出席しない場合には，これに署名（記名押印）のうえ，会社に返送するよう勧誘するのです。このような委任状用紙は，通常，代理人欄が白地になっており，株主は白地を埋めることなく会社にこれを返送します（郵送料会社負担）。このようにして集めた委任状によって，会社は，会社が適当と認めた者に議決権を行使させるのです。すなわち，**委任状の勧誘**は，会社が株主に対して代理人を斡旋する旨の媒介の申込みといえます。

　委任状の勧誘は，決議の成立に必要な定足数の確保に有用な手段ですが，会社支配の手段としても利用されます。会社による委任状の勧誘は，現経営陣の会社支配を容易ならしめる手段として利用されますし，逆に，会社の支配権を奪おうとする会社以外の当事者が，支配権争奪の手段として利用することもあります。議決権代理行使の委任状が，いたずらに取締役等の会社支配の手段として利用されないよう，証券取引法194条は，上場会社における株式の議決権代理行使の勧誘については政令で定めるところによらなければならない旨を定め，これに基づく規整がなされています。

　取締役は，総会終結の日から3か月間，代理権を証する書面または電磁的記録を本店に備え置かなければならず，株主は，営業時間内いつでも，これらの

書面または情報の閲覧または謄写の請求をすることができます（会310Ⅵ・Ⅶ）。代理権の授与や行使が適正になされることを保障するための措置です。

2-5-3 書面による議決権の行使

書面による**議決権行使**（**書面投票**）とは，株主に議決権行使書による投票をさせることによって，株主総会に出席することなく各議案につき賛否を表明できるようにする制度のことです。総会に出席することのできない株主の便宜を考慮すれば，より多くの会社がこの制度を採用できることが望ましく，他方，このような議決権行使制度を強制することは会社の規模によってはコスト負担に見合わない結果になるでしょう。それゆえ会社法は，会社は，取締役が定めるところにより，取締役会設置会社にあっては取締役会の決議をもって，株主総会に出席できない株主が書面によって議決権を行使することができる旨を定めることができるという規定を設け（会298Ⅰ③・Ⅳ），書面投票制度の採用を原則として会社の選択に委ねることとしました。ただし，株主（総会において決議をすることができる事項の全部につき議決権を行使することができない株主を除く）の数が1,000人以上である場合には書面投票の実施が強制されます（会298Ⅱ本文，例外あり，同条同項ただし書）。

会社が書面投票を定めた場合，株主総会の招集通知には，書面投票を行うことができる旨の記載または記録がなされなければなりません（会299Ⅱ①・Ⅲ・Ⅳ）。さらに，招集通知の際に，書面投票によって議決権を行使するために参考となる書類を交付しなければなりませんが，これを電磁的方法によって提供する途も開いています（会301）。

株主には，招集通知に際して，法務省令によって定められた様式の，**議決権を行使するための書面**（議決権行使書面）を交付しなければならず（会301Ⅰ），これによって議決権を行使しようとする株主は，この書面に必要事項（たとえば氏名，保有議決権の数，各議案への賛否等）を記載し，これを法務省令で定める時までに会社に提出しなければなりません（会311Ⅰ）。書面投票によって行使された議決権の数は，総会に出席した株主の議決権数に算入されます（会311Ⅱ）

取締役は，総会終結の日から3か月間，株主から提出された上述の書面を本

店に備え置かなくてはならず，株主は会社の営業時間内いつでもその閲覧または謄写を請求することができます（会311Ⅲ・Ⅳ）。

招集通知に適式の議決権行使書を添付しなかったり，提出のあった議決権行使書を違法に取り扱ったような場合は，総会決議の取消原因になります（会831Ⅰ①）。

2-5-4　電磁的方法による議決権の行使

インターネットや電子メールの普及を反映して，書面投票とともに，これら電磁的方法を利用した議決権行使を可能とする制度を採用することもできます。すなわち，会社は，取締役が定めるところにより，取締役会設置会社にあっては取締役会の決議をもって，株主総会に出席しない株主が電磁的方法によって議決権を行使することができる旨を定めることができます（会298Ⅰ④・Ⅳ）。

会社が**電磁的方法**による**議決権行使**を定めた場合，株主総会の招集通知には，電磁的方法による議決権行使が可能である旨の記載または記録がなされなければなりません（会299Ⅱ①・Ⅲ・Ⅳ）。さらに，招集通知の際に，電磁的方法によって議決権を行使するために参考となる書類を交付しなければなりませんが（会302Ⅰ），これらの会社や株主は，電磁的方法を用いることの利便さを十分に理解しているでしょうから，会社法299条3項の承諾をして招集通知も電磁的方法によっている株主に対しては，招集通知の情報と共に参考書類に記載すべき情報も提供すれば足るようになっています（会302Ⅱ本文）。もっとも，そのような株主であっても，招集通知は電磁的方法でよいが，参考書類は書面でじっくり読みたいと欲することがあるでしょうから，会社法は，かかる株主が参考書類を書面で交付するよう請求した場合には，会社はこれに応じなければならないものとしました（会302Ⅱただし書）。

株主総会の招集通知を電磁的方法によることを承諾した株主に対しては，会社はそのような招集通知とともに，議決権行使書（法務省令で定められた様式による投票用紙）の記載内容たる事項も電磁的方法によって提供しなければなりません（会302Ⅲ）。また，株主総会の招集通知を電磁的方法によることを承諾しなかった株主が，総会の会日の1週間前までに，電磁的方法により議決権行使書の内容たる事項を提供するよう求めてきた場合には，会社は，法務省令

に定めるところにより，そのような事項を直ちに電磁的方法によって提供しなければなりません（会302Ⅳ）。

電磁的方法による議決権の行使は，政令で定めるところにより，この方法によって投票しうる旨を定めた会社の承諾を得て，議決権を行使しようとする株主が，議決権行使書の内容たる事項を記録した電磁的記録上に必要な情報を記録し，これを法務省令で定める時までに電磁的方法によって会社に提供することによって行われます（会312Ⅰ）。具体的には，会社から送付された議決権行使書のフォーマット上に，株主の氏名，保有議決権数，賛否の記載等を入力して返信することになります。なお，電磁的方法によって議決権を行使しようとする株主が，総会招集通知を電磁的方法によることを承諾した者であるときは，会社は正当の事由がない限り，株主の電磁的方法による投票を拒絶できません（会312Ⅱ）。

電磁的方法によって行使された議決権の数は，総会に出席した株主の議決権の数に算入されます（会312Ⅲ）。取締役は，総会終結の日から3か月間，電磁的方法によった議決権行使の電磁的記録を本店に備え置かなければならず，株主は会社の営業時間内いつでもその情報の閲覧または謄写の請求ができます（会312Ⅳ・Ⅴ）。

2-5-5 議決権の不統一行使

2個以上の議決権を有する株主は，これを統一しないで行使することができます（会313Ⅰ）。たとえば，同一会社の株式が信託されている場合，その株式は株主名簿の上では形式的に受託者一人に属していても，実質上は複数の受益者に属していることがあり，通常，受益者の意思は区々でしょう。また，わが国の会社の株式がたとえば米国で流通する場合には**ADR**（American Depositary Receipts）が利用されますが，この場合には，米国の銀行または信託会社が預託機関となって，原株式自体は日本において日本の銀行に管理させ，その株式についてADRという証券を発行し，これを米国市場で株券と同様の効果を持つものとして流通させるのです。このとき，その株式の株主名簿の名義人は預託機関になっていますが，実質上の株式は複数のADR所持人達であるということになり，これらの者の意思もまた区々でしょう。なお，同様の仕組みの欧

州向け外国預託証券を **EDR**（European Depositary Receipts）といいます。上記のような場合にかんがみ，名義上の株主が実質上の株主の意向に従って議決権を行使できるよう，会社法は明文をもって**議決権の不統一行使**を認めたのです。

他方，これを認めた理由は上記のようなものでしたから，株主が他人のために株式を有することを理由としないときは，会社は議決権の不統一行使を拒むことができます（会313Ⅲ）。しかし，必ずしも拒む必要はなく，たとえば法人そのほかの団体が株主となっており，その内部に意見の対立がある，といった理由で不統一行使をしようとする株主に，これを許すことは差し支えありません。

総会の事務処理上の便宜を図るため，取締役会設置会社にあっては，株主が議決権を不統一行使するためには，会日より3日前までに，会社に対しその旨および理由を通知しなければなりませんが（会313Ⅱ），取締役会を設置しない会社では，そのような便宜を考慮する実益に乏しいので，事前通知は必要ありません。なお，事前通知の方式は定款で自由に定めることができます。

総会の決議の成立要件として，総株主の過半数の賛成を要する場合（会309Ⅱなど）は，不統一行使した各株主につき，行使した議決権の数に対する賛成票の割合いをそのまま賛成側に加えるという計算方法によるものと思われます。賛成人数が必ずしも整数である必要はないでしょう。反対株主の株式買取請求権（本章2-7参照）に関しては，総会で不統一行使した株式のうち，議案に反対した株式についてこれが認められます。

2-6　書面等による総会決議

以上，株主による議決権行使の態様を概観しましたが，このうち，取締役の定めるところによりまたは取締役会の決議によって書面による議決権行使を認める場合も，同様に電磁的方法による議決権行使を認める場合も，いずれも，「株主総会が実際に開催されることを前提として」総会に出席しない株主につき，書面または電磁的方法による議決権行使を認める制度であることが理解できたと思います。

これに対して，物理的に株主総会を開催しないで，書面または電磁的方法による投票のみで総会決議があったのと同様の効力を認める制度が設けられてい

ます。すなわち，総会の決議の目的たる事項につき，取締役または株主から提案があった場合において，当該事項につき議決権を行使することができるすべての株主が書面または電磁的方法によって当該提案に同意したときは，当該提案を可決する総会の決議があったものとみなされます（会319 I）。総会決議があったものとみなされる対象となるのは，取締役が提案した議題または議案だけでなく，株主が提案したものも含まれます。この方法によって定時総会の目的である事項のすべてについての提案を可決する総会決議があったものとみなされた場合には，その時に定時総会が終結したものとみなされます（会319 V）。

　このような書面または電磁的方法による総会決議が行われた場合には，全株主が同意した書面または電磁的記録の備置きおよび閲覧・謄写について，総会議事録と同様の取扱いがなされなければなりません（会319 II～IV参照）。

2-7　反対株主の株式買取請求権（総まとめ）

　株主による会社の意思決定は，原則として株主総会における多数決によって行われます。したがって，その決議は多数派株主の意向に左右されざるをえません。会社の社員がその経営に不満があれば，合名会社や合資会社の社員ならば，その持分の払戻しを受けて退社することができます（会606，611）。しかし，欲しいままに株主に自由な退社を許せば，会社財産の基礎を危うくさせますから，株主はそのような形での退社を許されません。経営に不満を抱く株主が投下資本を回収するには株式を原則として譲渡するより他ありません。しかし，市場性のない株式の売却は容易ではありませんし，市場性があっても不当な措置のため必ずしも希望の売値で売却できないこともあります。それゆえ会社法は，反対株主の株式買取請求の制度を設けました。第3章7-4で，一部説明を済ませたものもあります。

　反対株主の株式買取請求権とは，株主総会において株主の利益に特に重大な関係のある一定の事項に関する決議が多数決によって成立した場合に，それに反対の株主が，公正な価格で，会社に対し，自己の株式を買い取るよう請求することのできる権利のことです。反対株主に投下資本の回収を確実ならしめ，この者を経済的に救済する制度です。

　買取請求が認められる場合を列挙してみましょう。以下の場合に限られます。

① 事業譲渡等（会469，470），② 株式譲渡制限のための定款変更（会116，117），③ 合併，④ 会社の分割，⑤ 株式交換・株式移転（以上，会785，786，806，807）。上記のうち，②は，従来どおりの株式譲渡による投下資本の回収が著しく妨げられる場合に該当します。残りの事項は，これらが会社に不利な条件でなされると株価の下落を招く結果になり，相当に長期にわたって，有利な投下資本回収の途を閉ざされることになる場合に該当します。

買取請求権行使の流れについては，すでに第3章7-4で説明しました。会社が買い取った株式は自己株式となります。

2-8　株主の総会検査役選任請求権

公開会社である取締役会設置会社においては，6か月前（これを下回る期間を定款で定めた場合にはその期間）から引き続き総株主（株主総会において決議をすることができる事項の全部につき議決権を行使することができない株主を除く）の議決権の100分の1（これを下回る割合いを定款で定めた場合にはその割合い）以上を有する株主は，総会招集の手続きおよびその決議の方法を調査させるため，総会に先だち，**検査役の選任**を裁判所に申し立てることができます（会306Ⅱ）。これ以外の会社にあっては，継続保有要件がありません（会306Ⅰ）。決議の成否についての証拠を保全し，紛争を防止する趣旨で，たとえば株主が二派に分かれて争い，成否の票差が微妙である場合等に利用されるものと思われます。検査役は，その調査の結果を裁判所に報告しなければなりません（会306Ⅴ）。裁判所はその報告の結果により，必要があると認めるときは，取締役に株主総会を招集させることができます（会307Ⅰ①）。この場合には，検査役の報告が総会において開示され，取締役（監査役設置会社にあっては取締役および監査役）がその報告を調査して総会に意見を報告します（会307Ⅲ）。この総会は，調査対象となった総会の手続きの瑕疵を是正するために招集されたものと解されます。

2-9　決議の瑕疵

株主総会の決議が形式的になされても，その手続面または内容において瑕疵が存在し，その効力が否定されざるをえない場合があります。しかし，総会決

議を基礎に諸々の法律関係が重なるでしょうから，決議の瑕疵を一般原則によって処理することは妥当ではありません。そこで会社法は，**決議取消しの訴え**，**決議無効の確認の訴え**，**決議不存在確認の訴え**という制度を定め，合理的な処理を図っています。

　これらの制度については会社関係の訴えを論じる章（第8章2）で詳述します。

2-10　種類株主総会

2-10-1　総　　説

　会社が数種の株式を発行している場合には，言わば「規格の異なる株式」が併存しているわけですから，これら規格の異なる株式の株主間には，株主平等の原則は本来の形では適用されません。しかしながら，特定の種類株主にとって不利益変更となるような定款変更を当該種類株主の意向を反映させず行うことや，会社がある種類の種類株主だけに損害を及ぼすような行為をすることなどは問題があります。これらについては，第3章7-2，7-3で言及しました。ここでは，会社法が整備した種類株主総会に関する規定を整理しておきましょう。

2-10-2　権限，決議要件など

　種類株主総会は，会社法に規定する事項および定款で定めた事項に限って，決議をすることができます（会321）。種類株主総会の決議は，定款に別段の定めがある場合を除き，その種類の株式の総株主の議決権の過半数を有する株主が出席し，出席株主の議決権の過半数をもって行うのが原則です（会324Ⅰ参照）。定款により，決議要件を加重することも緩和することも可能です。

　これに対し，以下の事項については，その種類株主総会において議決権を行使することができる株主の議決権の過半数（3分の1以上の割合を定款で定めた場合はその割合以上）を有する株主が出席し，出席株主の議決権の3分の2（これを上回る割合を定款で定めた場合はその割合）以上に当たる多数をもって行わなければなりません（会324Ⅱ柱書前段）。すなわち，①全部取得条項付種類株式に関する定款の定めを設ける定款変更に係る種類株主総会（会324Ⅱ

①),②譲渡制限株式に関する募集事項を決定する種類株主総会またはその決定を委任する種類株主総会(会324Ⅱ②),③募集新株予約権の目的たる株式の種類の全部または一部が譲渡制限株式であるときの募集事項を決定する種類株主総会またはその決定を委任する種類株主総会(会324Ⅱ③),④ ある種類の種類株主に損害を及ぼすおそれがある場合の種類株主総会(会324Ⅱ④),⑤ 種類株主総会で選任された監査役を解任する種類株主総会(会324Ⅱ⑤),⑥ 存続会社等が種類株式発行会社である場合において,存続会社等の譲渡制限株式を対価とする吸収合併・吸収分割・株式交換をする際の存続会社等における種類株主総会(会324Ⅱ⑥),です。なお,これらの事項については,上に述べた決議要件に加え,一定の数以上の株主の賛成を要する旨その他の要件を定款で定めることができます(会324Ⅱ柱書後段)。

　また,以下の事項については,当該種類株主総会において議決権を行使できる株主の半数以上(これを上回る割合を定款で定めた場合はその割合以上)であって,当該株主の議決権の3分の2(これを上回る割合を定款で定めた場合はその割合)以上に当たる多数をもって行わなければなりません(会324Ⅲ柱書)。すなわち,① ある種類の株式を譲渡制限株式とする旨の定款変更に係る種類株主総会(会324Ⅲ①),② 吸収合併消滅会社もしくは株式交換完全子会社が種類株式発行会社である場合に,合併対価等の全部もしくは一部が譲渡制限株式等であるときの種類株主総会または新設合併消滅会社もしくは株式移転完全子会社が種類株式発行会社である場合に,株主に交付される株式等の全部もしくは一部が譲渡制限株式等であるときの種類株主総会(会324Ⅲ②),です。

2-10-3　ある種類の種類株主に損害を及ぼすおそれがある場合の種類株主総会

　種類株式発行会社が,株式の種類の追加・株式の内容の変更・発行可能株式総数または発行可能種類株式総数の増加を内容とする定款変更を行う場合に,当該定款変更がある種類の種類株主に損害を及ぼすおそれがあるときは,株主総会の特別決議のほか,当該種類の株式の種類株主を構成員とする種類株主総会(当該種類株主に係る株式の種類が2以上ある場合にあっては,当該2以上の株式の種類別に区分された種類株主を構成員とする各種類株主総会)の決議がなけれ

ば，その効力を生じません（会322Ⅰ①）。

また，株式の併合・分割，株式の無償割当て，株式・新株予約権の株主割当て，新株予約権の無償割当て，合併，吸収分割，他の会社がその事業に関して有する権利義務の全部または一部の吸収分割による承継，新設分割，株式交換，他の会社の発行済株式全部の株式交換による取得，株式移転，によって，ある種類の種類株主に損害を及ぼすおそれがあるときも，原則としてその種類株式に係る種類株主総会の決議を必要とします（会322Ⅰ②～⑬）。しかし，いずれの場合も，当該種類株主総会において議決権を行使することができる種類株主が存在しなければ，種類株主総会の決議は不要です（会322Ⅰ柱書ただし書）。

上のような種類株主総会決議を要求することは，しばしば企業再編等を円滑に進める妨げとなりますから，種類株式発行会社は，定款をもって，あらかじめ，ある種類株式につき種類株主総会の決議を要しない旨を定めておくことができます（会322Ⅱ）。このような定めを設けた場合には，単元株式数についての定款の変更および会社法322条1項2号ないし13号の行為につき，種類株主総会の決議が不要となります（会322Ⅲ）。もっとも，後に定款を変更してこのような定めを設ける場合には，当該種類の種類株主全員の同意が必要とされます（会322Ⅳ）。

2-10-4　補　遺

会社は，定款をもって，いわゆる拒否権付株式を発行できる旨はすでに述べましたが（第3章5-7），このような株式の種類株主総会に関する規定が会社法323条に設けられています。

種類株主総会の運営等につき，株主総会の規定が準用されています（会325）。

3　取締役・取締役会・代表取締役について学ぶ

3-1　取締役とは何か

会社は，目的として掲げた行為を通じて営利を追求するために，大局的な見地から合理的かつ合目的的な戦略を策定し，それに従って具体的な数量目標を設定のうえ，目標を達成するために細かな行動計画を立案し，そのような行動

計画に合わせて，自らの客観的意義における営業を配分・管理しながら，全体として整合性を保った事業活動を遂行しています。これらの一連の行為を広く**業務執行**といいます。上に述べたところによれば，業務執行は，これに関わる意思の決定および実際的な執行行為（法律行為たると事実行為たるとを問わない）から成っていることが理解できると思います。

株式会社では，会社の業務執行の中枢は，原則として株主総会で選任された**取締役**に委ねられています（委員会設置会社の業務執行については，本章5）。

取締役会設置会社にあっては，**取締役**は，取締役会という会議体の構成員であると位置づけられます。会社の業務執行に関する意思を決定し，代表取締役を含む取締役の業務執行を監督するのは，各自の取締役ではなく，会社機関としての**取締役会**なのです（会362Ⅱ）。

3-2　取締役の選任・終任

3-2-1　取締役の員数

取締役会設置会社においては，取締役は3人以上であることを要します（会331Ⅳ）。会社には1人または2人以上の取締役を置かなければなりませんが（会326Ⅰ），取締役会設置会社にあっては，取締役会という会議体の構成単位であること，および，多数決になじむこと，から会社法は3人以上の員数を要求しているものと思われます。それぞれの会社は，定款で取締役の員数を定めています。

3-2-2　取締役の資格

会社法が定める**取締役の欠格事由**は以下のとおりです。① 法人（会331Ⅰ①），② 成年被後見人もしくは被保佐人または外国の法令上これらと同様に取り扱われている者（会331Ⅰ②），③ 会社法もしくは中間法人法に定める罪または証券取引法，民事再生法，外国倒産処理手続の承認援助に関する法律，会社更生法に定める特定の罪を犯し，刑に処せられて，その執行を終わりまたはその執行を受けなくなった日から2年を経過しない者（会331Ⅰ③），④ 上述の③以外の罪により，禁錮以上の刑に処せられ，その執行を終わるまでまたはその執行を受けることがなくなるまでの者（刑の執行猶予中の者を除く）（会331

Ⅰ④)。

　取締役資格を自然人に限ったのは，その個性（個人としての資質）および会社との信頼関係を重視したからでしょう。また，会社法は，外国人にも当然に取締役資格を与えています。上述の③と④の文言の違いは，③の罪には罰金刑が含まれるという点にあります。これら欠格事由者を取締役に選任しても，その選任に関する株主総会決議等は無効です。在任中に欠格事由に該当することとなった取締役は，その地位に留まることはできません。

　取締役であるためには，当該会社の株主である必要がないばかりでなく，公開会社にあっては，定款をもってしても，**取締役資格**を株主に限ることは許されません（会331Ⅱ）。公開会社にあっては，広く有能な人材を求めることができるようにとの配慮，および，取締役を大株主に限る弊害の防止，を要することがその意味です。上記以外の取締役資格の制限（たとえば，日本国籍を有する者に限る等）や非公開会社の取締役資格については，定款の自治に委ねられるべきでしょう。

　委員会設置会社の取締役はその会社の支配人その他の使用人を兼ねることができません（会331Ⅲ）。

　取締役は，その会社または親会社の監査役を兼任することができません（会335Ⅱ）。

3-2-3　選任の方法（一般）

　その会社の設立時取締役の選任手続きについては，第2章で述べたとおりです（第2章6-3および8-5-2参照）。以下では，会社成立後に就任する取締役の選任手続きについて概観します。

　まず，原則的な選任手続きを概観しましょう。取締役は，株主総会において選任されます。（会329Ⅰ）。すなわち，**取締役の選任**は，もっぱら株主の意思のみに委ねられています。したがって，その選任は，定款または総会決議をもってしても，取締役会その他の機関または第三者（労働組合，親会社，県知事など）に委ねたり，その同意を条件とすることも許されません。

　取締役の地位はきわめて重要ですから，その決議は総会の**普通決議事項**に属してはいますが，**定足数等**につき会社法341条は特別の扱いをしています。す

なわち，その選任決議については，総会に出席を要する株主が有すべき議決権は，定款の定めをもっても，これを総株主の議決権の3分の1未満に下げることができませんし，出席株主の議決権の過半数をもって決するという決議要件を定款によって加重できても緩和することはできません（会309Ⅰと対照のこと）。

　また，総会における取締役の選任決議には累積投票の制度が設けられています。2人以上の取締役を同一総会で選任する場合，定款に別段の定めがない限り，各株主（取締役の選任について議決権を行使できる株主に限る）は累積投票によるべきことを請求することができます（会342Ⅰ）。**累積投票**とは次のような制度です。2人以上の取締役を選任するとき，法務省令で定める手続きにより，その選任を一括し，株主は，1株（または1単元株）につき，選任されるべき取締役の員数と同数の議決権を与えられ，その議決権を1人の候補者に集中して行使することも，数人に分散して行使することも各株主の裁量に委ね，得票数の多い者から順次当選させようという制度です（会342Ⅲ～Ⅴ参照）。以下に例を示してみましょう。

　甲社には，X・Y_1・Y_2と3名の株主がいます。Xは100株，Y_1は50株，Y_2は10株をそれぞれ保有しています。甲社がある株主総会で2名の取締役を選出すべきことになりました。候補者は，A_1・A_2・Bの3名です。A_1・A_2はXの意中の候補です。BはY_1・Y_2の意中の候補です。通常の決議方法によれば，各候補者につき，個別選任であれ一括選任であれ，Xの意向どおりにA_1・A_2が当選してしまいます。ところが累積投票によれば，Xは200票，Y_1は100票，Y_2は20票を持っていますから，Y_1とY_2が合計120票をBに集中して投票すればXの投票行動のいかんを問わず，必ずBが当選することになります。このように，累積投票制度は，少数派株主からも自派の取締役を送り出すチャンスを生む制度といえます。しかし，現実には大多数の会社が定款で累積投票制度を排除しています。累積投票制度には，上に述べたような少数派の意見を会社の業務執行に反映させるという長所もありますが，逆に，取締役間または取締役会に両派の対立を持ち込み，業務の円滑な運営の阻害要因になる危険性も持っているからです。そこで会社法は，累積投票制度を採用するか否かを，各会社の定款の自治に委ねたのです（会342Ⅰ参照）。

累積投票制度を採用している会社において2人以上の取締役の選任を目的とする株主総会の招集があったときは，累積投票によることを欲する株主は，総会の会日より5日前までに累積投票によるべき旨を請求しなければなりません（会342Ⅱ）。

なお，累積投票によって自派から最低1人の取締役を送り出すために必要な持株数Xは，以下の数式によって求められます。複数の取締役を送り出したいときは，分子にその人数を掛けて求めることになります。

$$X = \frac{出席株式数}{選出取締役数 + 1} + 1 \quad （端数切捨）$$

3-2-4 選任の方法（種類株主による選任）

以上の原則的な選任手続きに対し，**取締役等の選任について内容の異なる数種の株式を発行した場合の取締役の選任手続き**について概観しておきましょう。すでに第2章で言及しましたが，委員会設置会社，公開会社を除く株式会社は，定款をもって取締役等の選任につき内容の異なる数種の株式を発行することが許容されています（会108Ⅰ⑨参照）。そのような種類株式を発行することができる意義については，すでに第2章で述べました（第2章6-3参照）。ここでは，まず，そのような種類株式の概念を固めておいてから，その選任手続きを述べることにします。

繰り返し述べるように，このような種類株式は，委員会設置会社・公開会社を除く株式会社のみに発行が許されます。通常の議決権制限株式において，たとえば取締役の選任については議決権のない株式とか，取締役の選任のみ議決権が与えられた株式が発行されても，取締役の選任が普通株主総会でなされる場合，これらの株式は，ここで述べる種類株式ではありませんので注意が必要です。

会社がその種類の株主の総会における取締役の選任につき内容の異なる数種の株式を発行する場合には，各種の株式の内容および発行可能種類株式総数を定めなければなりませんが（会108Ⅱ柱書），とくにその内容に関して，全部の種類の株式につき，定款をもって以下のことを定めなければなりません。①当該種類株主を構成員とする種類株主総会において取締役（または監査役，以

下同じ）を選任すること，および，選任する取締役の数，② 上述①の定めにより選任することができる取締役の全部または一部を他の種類株主と共同して選任することとするときは，当該他の種類株主の有する株式の種類および共同して選任する取締役の数，③ 上述①または②に定める事項を変更する条件があるときは，その条件およびその条件が成就した場合における変更後の①または②に掲げる事項，④ そのほか法務省令で定める事項，です（以上，会108Ⅱ⑨イないしニ）。

　たとえば，発行済株式総数10万株の会社で，その内訳が，甲種株式5万株，乙種株式3万株，丙種株式2万株であって，甲種株式の株主が3名の，乙種株式の株主が2名の取締役を選任することができ，丙種株式の株主は取締役を選任することができないとしたとしましょう。具体的に定款で何を定めるべきかをおさえておきましょう。まず，上述の①につき，甲種株式の株主は3人の取締役を，乙種株式の株主は2人の取締役を選任できる旨および丙種株式の株主は取締役を選任することができない旨を定める必要があります。取締役を選任できないとした丙種株式についても定款で定める必要があると思われます。次に②についてですが，この会社は，甲種株式の株主と乙種株式の株主とが共同の株主の総会で5名の取締役を選任するとか，5名中3名は共同で選任し，他2名については各々の種類の株主の総会で選任することができるものとする，といったオプションを選択することができますが，そのような場合には，その旨を定款で定めることになります。なお，上のように共同して取締役を選任すべき2つ以上の種類の株主は，これを1つの種類の株主であるとみなされるでしょう。最後に上述の③についてですが，上の①および②で定めた事項を変更しなければならない事情が生じることがありえます。たとえば，①の定めがなされている場合に，乙種株式が取得請求権付株式であって，取得請求権を行使した乙種株主に，対価として丙種株式を交付することとした場合に（会108Ⅱ⑤ロ参照）。請求権が行使された結果，乙種株式が存在しなくなったり，一定数以下に減じたりしたときには，甲種株式の株主の種類株主総会において5名の取締役の全員を選任するという定めをすることが必要となったり，許されるべきである，という事態が考えられます。このような事態を勘案して，定款で乙種株式が存在しなくなったという条件またはその株式が一定数以下になった

という条件を定め，かつ，その条件の成就の際には，甲種株式の株主の種類株主総会で取締役の5名全員を選任する旨を定めるということになります。

やや複雑ですが，以上が取締役の選任について内容の異なる数種の株式のアウトラインです。

さて，会社が上記のような数種の株式を発行した場合には，定款の定めに従って，取締役は各種類の株主の総会において選任されます（会347 I）。したがって，この場合には，取締役の選任が株主総会によってなされるという旨の会社法329条1項の規定は同347条1項によって，定款の定めに従った各種類株主総会によってなされるという趣旨に読み替えられます。この場合に，各種類の株主の総会において累積投票の利用を認めるか否かは，会社の自治に委ねていいと思われます。ただ，このような種類株式の発行を認めるからには，これを利用する必要性はきわめて乏しいでしょう。

各種類の株主の総会における**定足数**については，株主総会における選任決議（会341）に準じて，その種類の株主の総会に出席を要する株主の有すべき議決権は，定款の定めをもってしても，これをその種類の総株主の議決権の3分の1未満に下すことができません（会347 I）。

その**決議要件**についても，株主総会の普通決議要件に準じた扱い（会341）をして，特別に重い要件を課さないようにするという配慮がなされています（会347 I）。取締役の選任を円滑に進めるためでしょう。さらに会社法325条により，同308条が準用され，自己株式または相互保有株式の議決権が排除されます。単元未満株式についても同様です。

3-2-5　選任の効果

株主総会またはその種類の株主の総会による**取締役選任決議**は，その会社の内部的意思決定がなされたにとどまるものです。したがって形式的には，会社代表者による就任の申込みと被選任者による承諾という，**任用契約の締結**によって被選任者が取締役の地位に就くという見解が妥当であるということになります。しかし現実には，総会の選任決議を停止条件として会社と候補者との間に任用契約が締結されていると解される例が多いでしょうから，さほど実益のある議論ではありません。

取締役を選任したときは，会社はその氏名を登記しなければなりません（会911 Ⅲ⑬参照）。

3-2-6 取締役の任期

取締役の任期は，原則として，選任後2年以内に終了する事業年度のうち最終のものに関する定時株主総会の終結の時までです（会332Ⅰ本文）。その再任は妨げられるものではありません。すなわち，選任時から2年を超えることができないのが原則ですが，定時株主総会の開催が遅れるような場合には，再選または新たな取締役が選任される前に任期が満了して空白が生じないように，このような定めになっているのです。2年という任期は，取締役が占める地位の強さにかんがみ，株主の信任を問う機会の頻度を勘案して立法されています。したがって，会社の特質に合わせ，定款または株主総会の決議によって，取締役の任期を短縮することは可能ですが（会332Ⅰただし書），法定の任期を伸張することは原則として許されません。また，委員会設置会社の取締役の任期は，上に述べた原則の選任後「2年」を「1年」として，上述どおりに規整されます（会332Ⅲ）。

これに対し，委員会設置会社を除く非公開会社にあっては，定款によって，取締役の任期を選任後10年以内に終了する事業年度のうち最終のものに関する定時株主総会の終結の時まで伸張することを妨げられないものとされています（会332Ⅱ）。たとえば，家族的経営を貫く株式譲渡制限会社などは，株主に対して取締役の信任を頻繁に問わせる必要性に乏しいでしょうから，経営実態に応じて取締役の任期を定めることができるよう配慮されたのです。

以上の規定にかかわらず，① 委員会を置く旨の定款の変更，② 委員会を置く旨の定款の定めを廃止する定款の変更，③ 委員会設置会社がするものを除く株式譲渡制限会社であることを止める定款の変更，をした場合には，当該会社の取締役の任期は，当該定款変更の効力が生じたときに満了します（会332 Ⅳ各号）。会社の性格が根本的に変わるので，早期に信任を新たにする必要があるからです。

なお，会社法332条と離れて規定されていますが，会計監査人設置会社で剰余金配当等の権限を取締役会に与える旨を定款で定めた会社にあっては，取締

役の任期は，選任後1年以内に終了する事業年度のうち最終のものに関する定時総会の終結の時までです（会459参照）。

3-2-7　取締役の終任（一般の解任を中心に）

　取締役の任用契約は，単純な典型契約に代入することは困難でしょうが，委任および準委任を中核とする契約であることにまちがいはありません。したがって，取締役と会社の関係は委任に関する規定に従うとされており（会330），民法の委任関係終了の一般事由が**取締役の終任事由**になります。すなわち，取締役は，その辞任（民651 I），死亡，破産手続開始の決定または後見開始の審判（民653各号）によって終任します。民法653条によれば，会社が破産手続開始の決定を受けたことも取締役の終任事由に該当するはずですが，会社の破産の一事をもって当然に取締役の資格が消滅するか否かは一考を要するところであり，むしろ会社の事情を知る従来の取締役に善後措置を講じさせるのが適当な場合がありますから，これを終任事由と解さない考え方も存在します。

　民法651条によれば，取締役は，その事由のいかんを問わず，何時でも**辞任**することができますが，会社のために不利な時期に辞任したときは，やむを得ない事由がない限り（たとえば病気で長期入院加療する等），会社に生じた損害を賠償しなければなりません。辞任の意思表示は会社を代表する権限のある取締役または代表取締役に対してなしますが，代表取締役自身が辞任するなど，他に会社を代表する者がいなければ，取締役会または株主総会に対してなせばよいでしょう。原則として，その意思表示が会社に到達したときに辞任の効力が生じます。

　以上のほか，任期の満了，欠格事由の発生，定款所定の資格の喪失，会社の解散（会478 I参照）も，取締役の終任事由です。

　民法651条1項によれば，委任は各当事者がいつでも解除することができ，それゆえ先に述べたように，取締役は何時でも辞任ができるのですが，会社側からする委任の解除は，**取締役の解任**という形をとります。以下，取締役の解任について概観しておきましょう。

　原則として，株主総会において選出された取締役は，正当な理由があると否とを問わず，何時でも株主総会の決議をもって解任することができます（会

339Ⅰ)。任期中であっても，株主総会による取締役の監督権が発揮できるように，株主総会は解任権を留保しているのです。不適任であることが判明した取締役を早期に更迭することが会社の利益に適うでしょう。また任期中に株主構成が変った場合には，早期に新しい株主の意中の者を取締役にできる機会を設けるべきでしょう。取締役の解任は，普通決議で足ります（会341）。株主の利益に反する取締役を容易に解任できるようしたわけです。定款によって，その定足数を法定の範囲内で緩和した会社にあっては（会341参照），その要件の下で決議をなすことになります。なお，累積投票によって選任された取締役については，少数派の株主の意向を取締役の選任に反映させるという制度の趣旨にかんがみ，解任決議は特別決議でなければならないこととしています（会309Ⅱ⑦，342Ⅵ）。任期の定めがある場合に会社が正当な事由なくしてその任期の満了前に取締役を解任したときは，その取締役は，会社に対し解任によって生じた損害（残余期間の報酬など）の賠償を請求することができます（会339Ⅱ）。選任と同様，解任もまた，定款または総会の決議によってこれを取締役会その他の機関や第三者に委ねたり，解任決議の効力を第三者の同意にかからしめたりすることはできません。被解任者に対し，決議に基づく解任の告知がなされた時点で解任の効果が生じます。

たとえば，取締役の職務遂行に関し，ある取締役が不正の行為または法令もしくは定款に違反する重大な事実があったことを理由に，総会において解任決議が試みられたにもかかわらず，多数派の支持を背景に，解任が否決された場合には，その取締役は不正をしたのに居座り続けるという結果になってしまいます。そこで，このような事態に対処するため，少数株主に**解任請求権**が与えられています。すなわち，上述のような取締役につき総会においてその取締役を解任することを否決したとき（拒否権付種類株主総会による拒否により総会決議が効力を生じないときを含む）は，6か月（これを下回る期間を定款で定めた場合にはその期間）前から引き続き総株主の議決権の100分の3（これを下回る割合を定款で定めた場合にはその割合）以上または発行済株式の100分の3（これを下回る割合を定款で定めた場合にはその割合，自己株式を除く）以上を有する株主は，30日以内に，その取締役の解任を裁判所に請求することができます（会854Ⅰ）。6か月という保有期間は，訴えの提起の時を基準に定めら

れ，判決確定時までこの要件を満たす必要があります。解任の対象となる取締役の株式は100分の3の計算から除きます。非公開会社にあっては保有期間の要件が不要です（会854Ⅱ）この訴えは総会決議の修正を求めるものですから，解任議案につき議決権のない株式を有する株主にはこの請求が認められません。会社，取締役間の委任関係の終了を求める訴えですから，当該法律関係の当事者である会社と取締役の双方が被告になります（会855）（固有必要的共同訴訟）。この訴えは会社の本店の所在地を管轄する地方裁判所の管轄に属します（会856）。

3-2-8　種類株主の総会によって選任された取締役の解任

　取締役等の選任について内容の異なる種類の株式が発行され，各種類の株主の総会において選任された取締役（本章3-2-4参照）を解任する手続きを概観しておきましょう。

　これらの取締役については，通常の解任手続きである会社法339条1項の規定は原則としてそのまま適用されませんが（会347Ⅰ），基本的には，その取締役を選任した種類株主総会の決議によるとともに，その取締役に職務遂行に関する不正等があるときは，一定の要件のもとに，総株主に，裁判所に対する解任請求権を与えるという，一般の解任原則と同様の法構造が用意されています。

　すなわち，そのような取締役は，何時でも選任した種類株主総会の決議で解任することができます（会347Ⅰ）。理由のいかんを問わないことは通常の株主総会における取締役の解任と同様です。その取締役につき任期の定めがある場合において正当の事由なくその任期前に解任したときは，その取締役が会社に対し損害賠償請求できる（会347Ⅱ）ことも，通常の総会における解任と同様です。その種類株主総会の決議要件については，会社法347条1項による読み替えにより，同341条の決議に準じます。

　本章3-2-4で用いた例において，乙種株式が丙種株式を対価として交付される取得請求権付株式であって，その請求権が行使され，乙種株式がすべて取締役を選任することができない丙種株式に転換されてしまう場合がありえます。あるいは，乙種株式がすべて自己株式として保有されて，その株式につき議決権を行使する者がいなくなることもありえるでしょう。かかる場合には，乙種

株式の種類株主総会で選任された取締役の解任は，一般原則に戻って，通常の株主総会の決議ないし解任の訴えの規定（会339Ⅰ，854Ⅰ・Ⅱ）によることになります（会347Ⅰ）。

　各種類株主総会で選任された取締役の職務執行に関し，不正の行為または法令もしくは定款に違反する重大な事実があるときは，当該取締役が上述したように一般原則に戻って会社法339条1項の規定に従って解任される場合を除き，以下のような形で取締役の解任を裁判所に請求する権利が少数株主に与えられています。6か月（これを下回る期間を定款で定めた場合にはその期間）前から引き続き総株主の議決権の100分の3（これを下回る割合いを定めた場合にはその割合い，計算から解任対象の取締役である株主の議決権を除く）以上の議決権または発行済株式総数の100分の3（これを下回る割合いを定款で定めた場合にはその割合い，計算から解任対象の取締役である株主の株式・自己株式を除く）の数の株式を有する株主は，その取締役の解任の決議をすべき種類株主総会において，その取締役の解任が否決されたときに，解任請求が認められています（会854Ⅲ）。非公開会社にあっては継続保有要件は必要ありません（会854Ⅱ）。このような取締役であっても，その種類株主に対してだけではなく，すべての株主に対する関係で善管注意義務を負っていますから，上述のような形の少数株主権が認められるのです。

　その他，このような解任のための種類株主総会には株主総会に関する規定が準用されます（会325）。

　会社は，定款をもって，種類株主総会で選任された取締役の全部または一部を，原則どおり会社法339条1項の規定に従って解任できる旨を定めることができます（会347Ⅰ参照）。この場合には，会社法339条1項の規定によって解任できるものとされた取締役については，少数株主による解任請求権もまた同854条1項によるべきことになり，同854条3項の適用はありません。

　なお，本章3-2-7の場合も3-2-8の場合も，取締役が終任したときは，会社はその登記をしなければなりません（会911Ⅲ⑬参照）。

3-2-9　欠員の場合の措置

　取締役の任期満了または辞任等によって，法律または定款に定めた取締役の

員数が欠けることがあります。このような場合，会社は速やかに株主総会を招集して後任の取締役を選任しなくてはなりません。ただ，どうしても空白が生じることがありえますから，会社法は，任期の満了または辞任によって退任した取締役が，新たに選任された取締役の就任するまで，なお取締役の権利義務を有するものとしました（会346Ⅰ）。この間は退任の登記をしません。

取締役が死亡して退任したときは，上記の対処規定は使えません。また，退任取締役に職務を継続させることが不適切な場合もあります。そのため，利害関係人（株主，取締役，監査役，従業員，会社債権者など）の請求によって，裁判所は，一時的に取締役の職務を行うべき者を選任することができます（会346Ⅱ）。この者を，通常，**仮取締役**とよびます。仮取締役の権限は，本来の取締役のそれと同様です。仮取締役は，正規の取締役の欠員の全部が補充されたときにその地位を失います。なお，仮取締役が選任されたときは，裁判所書記官が職権で，本店の所在地を管轄する登記所に，その登記を嘱託しなければなりません（会937Ⅰ②イ）。

委員会設置会社を除く非公開会社において，取締役の選任について内容の異なる数種の株式が発行されたとき，先に述べたように（本章3-2-4参照），株式の事実上の転換や自己株式の取得等によって，取締役を選任する種類の株主が存在しなくなることがありえます。そのような事態に備えた定款の対処規定が不備であるにもかかわらず，任期満了または辞任にともない，法律または定款に定めた取締役の員数に足りる数の取締役を選任すべき種類の株主が存在しなくなった場合はどうなるのでしょうか。たとえば，ある取締役会設置会社で定款所定員数たる5名全員の取締役が任期満了により退任することになったとします。その会社は，甲種株式の株主が3名の，乙種株式の株主が2名の取締役を選任することができるとしていましたが，甲種株式の株主が存在しなくなり，それに備えるための定款の定めがありませんでした。こうなると，乙種株式の株主総会によって後任の取締役を選任しても，2名の新任取締役のみ，ということになりますから，会社法331条4項に定める取締役の最低員数たる3名にすら届きません。そこで会社法は，このような場合には，種類株主による取締役の選任に関する定款の定めは廃止されたものとみなされるという対処規定を設けました（会112Ⅰ）。この場合には，残った株主によって別途に取締役の選

任について決定すべきことになります。

　このように会社法は取締役に欠員が生じた場合を想定した対処規定を設けていますが、会社の業務執行は出来る限り株主の信任を受けた者の手に委ねられるのが望ましいことは言うまでもありません。そこで会社法は、取締役が欠けた場合または会社法もしくは定款で定めた取締役の員数を欠くことになることに備え、あらかじめ法務省令で定めるところにより、株主総会の取締役選任決議に際して、**補欠の取締役**を選任することができるようにしています（会329Ⅱ）。

3-2-10　取締役の職務執行停止と職務代行者

　取締役の選任決議の無効もしくは取消しの訴え（会830、831）または取締役解任の訴え（会854）が提起されたような場合、もちろん提訴それ自体がただちに当該取締役の地位に影響するものではありませんが、その地位が否定される可能性のある取締役が職務を継続することが適当でない場合がありえます。そこで、本案の管轄裁判所は、当事者の申立てにより、仮処分をもって、取締役の職務の執行を停止し、これと同時に、またはこれに代えて、**職務代行者**の選任を請求することができます。さらに、急迫な事情があれば、無効、取消し、解任等の本案訴訟前であっても、上述の仮処分の申請ができます。以上の手続きは、会社法自体には規定がなく、民事保全法23条2項に基づく**仮の地位を定める仮処分**の一種としてなされるものです。これらの仮処分における債務者は、会社と職務執行が停止される取締役の双方になります。取締役の職務執行停止、職務代行選任の仮処分およびその変更、取消しがあったときは、本店の所在地で登記がなされなければなりません（会917①、民保56）。

　職務執行を停止された取締役が仮処分の趣旨に反して行った行為はすべて無効であり、後に仮処分が取り消されても遡って有効とはなりません。

　職務代行者には、弁護士が選任されるのが通例であるようです。職務代行者の権限は、仮処分命令に別段の定めがある場合を除き、会社の常務に属する行為に限定され、常務に属しない行為をなすには裁判所の許可を要します（会352Ⅰ）。これに違反する職務代行者の行為の効果は無効ですが、職務代行者がこれに違反したときでも、会社は善意の第三者に対して責任を負わなければな

りません（会352Ⅱ）。**会社の常務**とは日常行われるべき通常の業務の意味です。定時総会の招集や計算書類の承認は常務といえますが，臨時総会の招集や新株，社債等の発行は常務とはいえません。

3-3　取締役会非設置会社の業務執行と代表

　取締役会を設置しない会社にあっては，定款に別段の定めがある場合を除き，原則として各取締役に業務執行一般を担う権限があります（会348Ⅰ）。取締役が1名しかいない会社は，事実上この者が全業務執行権限を掌握し，適宜支配人等を任命して（会10）業務執行にあたることになるでしょう。

　取締役が2名以上いる会社にあっては，その業務執行の具体的な方法は実態に配慮して定款の自治に委ねられることになりますが，定款に別段の定めがなければ，複数の取締役間で業務執行に関する意思の統一が図られるのが望ましいわけですから，会社法は，取締役の過半数をもってこれを決定するのを原則としています（会348Ⅱ）。かりに会議体によってこの決定をしても，当該会議体は会社法上の取締役会でないことは当然です。

　取締役の過半数をもって会社の業務執行を決定する場合には，①支配人の選解任，②支店の設置・移転・廃止，③株主総会招集の場合の特定の決定事項の決定（種類株主総会で準用される場合を含む），④いわゆる内部統制システムの整備（これについては本章3-4-2参照），⑤取締役がする役員等の会社に対する責任の免除，については，その決定を各取締役に委任することができません（会348Ⅲ各号）。なお，大会社は，上記④の事項を必ず決定しなければなりません（会348Ⅳ）。上記，会社法348条3項各号の列挙事項は，限定列挙と解されます。

　取締役会を設置しない会社にあっては，原則として，各取締役に会社を代表する権限があります（会349Ⅰ本文・Ⅱ）。会社を「代表」するというのは，その者が機関としてなした行為の効果が当然に会社に帰属するという意味です。業務執行には対外的側面と対外的側面とがあり，対外的行為の効果が会社に帰属するという側面を捉えて「代表」と称しますが，各取締役が原則として業務執行一般を担う権限を有する以上（会348Ⅰ），等質の対外的代表権を有するのは当然のことです。

161

取締役会を設置しない会社にあっても，定款，定款の定めに基づく取締役の互選または株主総会の決議によって，取締役の中から**代表取締役**を定めることができます（会349Ⅲ）。この場合には，代表取締役が会社の業務に関する一切の裁判上または裁判外の行為をなす権限を有することになります（会349Ⅳ）。すなわち，対外的代表権は代表取締役の手に委ねられます。多くの場合，代表取締役は他の取締役から広範な対内的業務執行権限をも委ねられることになるでしょうが，代表取締役の選任は，当然には他の取締役の対内的業務執行権限に影響を与えるものではないでしょう。代表取締役の氏名および住所は登記事項です（会911Ⅲ⑭）。かかる代表取締役の代表権を内部的に制限しても，その制限は善意の第三者に対抗することができません（会349Ⅴ）。民法54条と同旨の規定です。

代表取締役に欠員を生じたときまたはこの者が職務執行停止を受けたときの，仮代表取締役または代表取締役の職務代行者に関する対処規定が設けられているので（会351，352），取締役会非設置会社の代表取締役が欠けたときに，他の取締役が代表権を回復するものではないことが明確になっています。

代表取締役を設けたときであっても，会社・取締役（取締役であった者を含む）間の訴えにおいて，株主総会は，当該訴えにおける会社代表者を別途定めることができます（会353）。

取締役設置会社の代表取締役と同列に規整される事項については，後述します（本章3-6参照）。

3-4 取締役会

3-4-1 取締役会の意義と権限

取締役会設置会社において**取締役会**は，取締役の全員によって構成され（会362Ⅰ），会社の業務執行に関する意思を決定するとともに，取締役の職務の執行を監督し，代表取締役の選定および解職を行う必要的機関です（会362Ⅱ各号）。株主総会と異なり，**常設機関**です。会社の業務執行とは，会社の業務に関する諸般の事務を処理することを指します。取締役会は，法令または定款によって株主総会の決議事項とされた事項（会295Ⅱ参照）を除き，会社の業務執行に関するあらゆる事項を決定する権限を有しています。しかも，取締役会

において決定すべきものと法定されている事項は，必ず取締役会で決定しなければならず，定款の定めをもってしても，取締役会より下位の代表取締役等他の機関や組織に委ねることはできません。しかし，株主総会の招集の決定（会298）のように，その性質上，株主総会の決議事項にならないものを除いて，これを定款によって取締役会より上位の機関たる株主総会に委ねることは，それぞれの会社の需要に応じた方法がありえるでしょうし，これを否定する理由もないので，許されるものと思われます。

　まず，個別の条文で**取締役会の専決事項**とされたものはおよそ以下のとおりです。① 定款で株式譲渡制限を定めているときの株式譲渡・取得の承認，承認拒否にともなう買受人の指定（会139Ⅰかっこ書，140Ⅴかっこ書），② 自己株式の処分（会201Ⅰ），③ 自己株式の取得（会163かっこ書，165Ⅱ），④ 自己株式の消却（会178Ⅱ），⑤ 株式分割およびそれにともなう発行株式総数増加の定款の変更（会183Ⅱかっこ書，184Ⅱ），⑥ 1単元の株式の数の減少またはその数の定めを廃止する場合の定款の変更（会195かっこ書），⑦ 株主総会の招集（その議題の決定を含む），書面または電磁的方法による株主総会議決権行使の許容（会298Ⅳ），⑧ 取締役会招集権者の指定（会366Ⅰただし書），⑨ 業務執行取締役の選定（会363Ⅰ②その解職を含む），⑩ 代表取締役の選定・解職（会362Ⅲ），⑪ 取締役の競業および自己取引の承認（会365Ⅰ），⑫ 取締役の責任免除（会426Ⅰかっこ書），⑬ 新株の募集事項の決定（公開会社につき会201）その募集事項決定の委任（会200Ⅰかっこ書），⑭ 新株予約権の募集事項の決定（公開会社につき会240Ⅰ）その募集事項の委任の決定（会239Ⅰ柱書かっこ書），⑮ 新株予約権の譲渡の承認（会265Ⅰかっこ書），⑯ 計算書類の承認（会436Ⅲ），⑰ 準備金の減少（会448Ⅲ），⑱ 中間配当（会454Ⅴ），⑲ 特別取締役による取締役会決議の許容（会373），⑳ 取締役との訴訟における会社代表者の決定（会364）など，各所に規定が散在します。

　上記の具体的な法定決議事項に対し，会社法362条4項は，とくに一般的な法定事項として，取締役会で決議すべき項目を列挙しています。すなわち，① 重要な財産の処分および譲受け（会362Ⅳ①），② 多額の借財（会362Ⅳ②），③ 支配人その他の重要な使用人の選任および解任（会362Ⅳ③），④ 支店その他の重要な組織の設置，変更および廃止（会362Ⅳ④），⑤ 社債募集にあたり，

募集社債の総額（会676①参照）その他これに関する重要な事項として法務省令で定める事項（会362Ⅳ⑤），⑥いわゆる内部統制システムの整備（会362Ⅳ⑥），⑦取締役等の責任免除に関する定款の定め（会426Ⅰ参照）に基づく取締役等の会社に対する損害賠償責任（会413Ⅰ参照）の免除（会362Ⅳ⑦）です。これらは，例示列挙ですから，これらに加えて⑧その他の重要な業務執行の決定（会362Ⅳ柱書）ということになります。「財産の処分」には，売却のみならず，出資，貸与，担保権設定，債権放棄，債務免除も含まれます。「借財」には，保証も含まれます。何が「重要な財産」で何が「多額」か，といった点については，会社の規模，事業の性質，財務状況等を総合的に勘案して個別に決するほかありません。

　取締役会は，取締役の職務の執行を監督する機関でもあります（会362Ⅱ②）。代表取締役や業務執行取締役がする業務執行を監督するのです。**業務執行取締役**とは，代表取締役およびそれ以外の取締役であって，取締役会の決議によって会社の業務を執行する取締役として選定され，その指名を受託した者をいいます（会363Ⅰ②，なお，会2⑮かっこ書参照）。会社法363条1項2号の業務執行取締役（以下，同様）は，代表取締役とともに会社の業務執行（主に対内的業務執行，対外的代理権を有する場合もありうる）をなす権限を有します（会363Ⅰ柱書）。取締役会が代表取締役や業務執行取締役の選定解職権を有することから，取締役会が**取締役に対する監督権限**を有するのは当然のことといえるのですが，明文をもって取締役会の監督権限を明定することにより，各取締役の自覚を促し，取締役会の活性化を図るという効果が期待できます。代表取締役や業務執行取締役の業務執行を監督するということは，従業員を含めた会社の業務全体を監督するという意味です。

　会社法362条2項においては「取締役会は……取締役の職務の執行を監督する」という旨が規定され，他方，会社法381条1項前段は「監査役は取締役の職務の執行を監査する」と規定されています。その表現は似ていますが，後述するように（本章5-3），監査役の業務監査の権限がその適法性の監査に限られるのに対し，取締役会の監督権限は，その適法性だけでなく，妥当性についても及びます（そう解される理由については本章6-3-2参照）。したがって，代表取締役等がする業務執行が会社の利益にならないと判断した取締役会は，すみや

かに是正措置をとらなければなりません。取締役会が監督権限を効果的に発揮できるように，会社法は以下のような規定を設けています。

代表取締役や業務執行取締役は，3か月に1回以上，業務の執行の状況を取締役会に報告しなければなりません（会363Ⅱ）。業務の状況を十分に把握しなければ十分な監督ができないことから，上記のような**報告義務**が定められました。この規定は，監査役の監査権限の発動にも資する規定です。

3-4-2　内部統制システムの整備

上で概観したように，会社法362条4項は，重要な業務執行の決定に係る取締役会の専決事項を例示列挙していますが，その6号に，とくに「取締役の職務の執行が法令及び定款に適合することを確保するための体制その他株式会社の業務の適正を確保するために必要なものとして法務省令で定める体制の整備」が挙げられています。大会社である取締役会設置会社にあっては，その構築が義務づけられています（会362Ⅴ）。すでに概観したように（本章3-3），取締役会非設置会社においても大会社はこの構築を義務づけられており（会348Ⅳ），これを構築しようとする会社は取締役の合議でこれを決定しなければなりません（会348Ⅲ④）。これがいわゆる**内部統制システム**に関する規整です。

内部統制は，元来は，internal controlと称される米国に由来する概念であり，企業が公表する財務諸表の信頼性の確保，事務経営の有効性・効率性の向上，業務執行に係わる法令の遵守を促すために企業内部に設けられる体制のことをいいます。米国のトレッドウェイ委員会支援組織委員会（Committee of Sponsoring Organizations of Treadway Commision ——通称COSO）が，1992年および1994年に公表したいわゆる「COSOの内部統制フレームワーク」あるいは「COSOの内部統制報告書」（わが国では一連の報告書を総称してこう呼んでいます）で提示され，その後世界に普及した概念です。

上に示した会社法362条4項6号の表現は，業務執行に係わる法令遵守を促すための体制作りに軸足を置く表現になっていると評価できるでしょう。

おそらく多くの会社の経営者が，株主の支持・信頼を得るための重要な手段として位置づけ，このシステムの構築を導入するものと思われます。このシステムが構築されれば，業務執行監督機関としての取締役会に，監督責任という

重責に対する自覚を促すことが期待されます。

なお，このシステムの構築に係わる取締役会の決定は，その重要性にかんがみ，事業報告書に記載されることになるでしょう（会435Ⅱ参照）。

3-4-3　取締役会の招集Ⅰ──招集権者

取締役会は会議体の機関ですから，その意思決定に至るプロセスを法定しなければなりません。

まず，会議を開催するには，招集権を有する者が法定の手続きに従って，取締役会を招集しなければなりません。

取締役会の招集権者は，原則として各取締役です（会366Ⅰ本文）。しかし，取締役会において招集権を有する取締役を定めることができるので（会366Ⅰただし書），実際には，取締役会規則等で社長が取締役会を招集する旨を（社長に事故あるときは，その代行者の順序も）定めている会社が多いようです。このような内規があっても，各取締役の招集権は，以下のように保障されています。取締役会で招集権を有すると定められた取締役以外の取締役は，会議の目的たる事項を示して，取締役会の招集を請求することができます（会366Ⅱ）この請求がなされたにもかかわらず，5日以内にその請求の日から2週間以内の日を会日とする取締役会の招集の通知が発せられないときは，その請求をなした取締役は，みずから取締役会を招集することができます（会366Ⅲ）。

監査役にも一定の場合に取締役会の招集請求権および招集権が認められていますが（会383Ⅱ・Ⅲ），監査役会設置会社および会計監査人設置会社を除く非公開会社で，監査役の監査の範囲を会計に関するものに限る旨の定款の定めを設けた会社の監査役にはこれが認められません（会389Ⅶ）。監査役にこのような権利が認められていることとの均衡上，監査役設置会社・委員会設置会社を除くいわゆる独立した業務監督機関を持たない会社の株主にも，取締役会の招集請求権および招集権が一定の場合に認められています（会367Ⅰ～Ⅲ）。この場合には，招集請求をした株主に，取締役会で意見を陳述する権利が認められています（会367Ⅳ）。

3-4-4　取締役会の招集Ⅱ——招集通知

　取締役会への出席の機会と準備の時間を与えるため，取締役会を招集するには，原則として会日から1週間（これを下回る期間を定款で定めた場合にはその期間）前までに各取締役および監査役設置会社にあっては各監査役に対してもその通知を発しなければなりません（会368Ⅰ）。通知は，書面や電磁的方法による必要はなく，口頭，電話等でも足ります。また，会議の目的事項を特定する必要もありません。議題のいかんを問わず，取締役は取締役会に出席する義務があり，業務執行一般につき，必要に応じて，機動的に審議・決議しなければならない議題が臨機応変に付議されうるからです。さらに，取締役会における経営に関する意思決定の迅速性に配慮して，取締役（監査役設置会社にあっては取締役および監査役）の全員の同意があるときは，招集手続きを経ないで取締役会を開くことができます（会368Ⅱ）。たとえば，全員の同意により定期的に一定の日時および場所において取締役会を開催する旨を定めておく場合，あるいは緊急事態が生じて，全員の同意によって即日取締役会を開催する場合などが考えられます。

　適法に招集されなかった会議，たとえば同意なく一部の取締役に対する通知がなされなかった会議で決議がなされても，その取締役会決議は無効です。

3-4-5　取締役会の議事

　取締役会は，本来は実体のある会議を開いて決議に至るのが望ましいあり方です。つまり，相互の協議，意見の交換が自由にでき，かつ相手の反応が十分に認識できるような臨場感が必要です。とりわけテレビ会議などは取締役会の実体を有すると評価してかまわないと思われます。しかし，たとえば時差のある海外駐在の取締役が常に実体のある会議に出席を強いられることは，必ずしも適当ではありません。それゆえ，取締役会の決議の目的たる事項に係る提案につき，特別利害関係人を除く全取締役が同意し，かつ監査役設置会社にあっては監査役が異議を述べることがない場合に限って，書面または電磁的方法による持回り決議によって，取締役会の決議があったものとみなすことができるようになっています（会370）。

　その議事は，定款や取締役会規則などの内部規則に従い，それらに規定がな

いときは慣習に従い，慣習がなければ会議体の議事に関する一般原則に従って行われます。会社上，とくに議事運営に関する規定はありません。しかし，各取締役が議案の判断をなすにつき必要な説明や資料の提供がないまま決議がなされたような場合には，決議の無効原因になります。

取締役会の議事は，各取締役の個性，資質に左右され，取締役相互の個人的信頼に立脚していますから，取締役本人が出席すべきであり，代理出席は認められません。

なお監査役は，取締役会の構成員ではありませんが，原則として取締役会に出席することを要し，必要がある場合には意見を述べることを要します（会383 I，ただし会389 Ⅶ）。

3-4-6　取締役会の決議

取締役会の決議は，原則として，議決に加わることのできる取締役の過半数が出席し，その取締役の過半数の賛成で成立しますが，定款の定めにより，定足数および決議要件を加重することができます（会369 I）。要件を緩和することは許されません。取締役会では，各取締役が1個の議決権を有しています。

定足数算定の基礎となる取締役は，原則として，現存取締役の全員です。現存取締役数が法令または定款に定める取締役の最低員数を下回るときは，その最低限員数が基準になります。定足数の要件は，討議・議決の全過程を通じて維持されなければなりません。

取締役会の決議につき，特別の利害関係を有する取締役は，決議に参加することができません（会369 Ⅱ）。決議の公正を期するためです。たとえば，取締役の競業取引の承認（会356 I①，365 I）において，自己または第三者のために競業をなそうとする当該取締役，取締役・会社間の直接・間接取引（会356 I②③，365 I）で取引をなそうとする実質的当事者たる取締役，取締役・会社間の訴えで会社代表者を決定する際の（会364），訴えられまたは訴えを提起する当該取締役，などが**特別利害関係人**に該当します。代表取締役の選定につき，候補者たる取締役自身が議決権を行使することは，業務執行への決定の参加行為ですから，特別利害関係人にあたらないと解されています。これに対し，代表取締役の解職決議の際の解職される本人については争いがあります。解職

決議の際には，対象となった本人が私心を棄て去って会社に対し忠実に議決権を行使することが困難だとして特別利害関係人にあたるという見解もありますが，当該解職対象者の議決権の行使は，株主総会における取締役の選解任に関する株主の支配力を反映した経営参加権の行使であると考えられますから，特別利害関係人には該当しないと解すべきでしょう。なお，特別利害関係人に該当する取締役は，取締役会の決議要件との関係で，定足数算定の基礎から除外されます（会369 I 参照）。

3-4-7　取締役会の議事録

取締役会の議事については，議事の経過の要領およびその結果を記載または記録した**議事録**を作成しなければならず，出席した取締役および監査役はこれに署名（記名押印・電子署名を含む）しなければなりません（会369 Ⅲ・Ⅳ）。議事録は会日または370条の持回り決議の日から10年間本店に備え置かれます（会371 I）。

取締役会の議事には，事業上の秘密をはじめ，機密に属する事項が少なからず含まれていますから，たとえ株主であっても，議事録の自由な閲覧等は許されていません。しかし，会社の監査機関の充実度の差異により，監査役設置会社・委員会設置会社を除く会社の株主は，その権利を行使するため必要があるときは，会社の営業時間内はいつでも，議事録の閲覧または謄写の請求が可能であり，かなり閲覧等の自由度が高いといえます（会371 Ⅱ）。これに対し，監査役設置会社または委員会設置会社にあっては，株主または親会社の株主は，その権利を行使するため必要があるとき，会社債権者は，役員または執行役の責任を追及するため必要があるときに，裁判所の許可を得た場合に限って，書面によって作成された議事録の閲覧または謄写の請求，電磁的記録によって作成された議事録の情報表示の本店における閲覧または謄写の請求ができます（会371 Ⅲ～Ⅴ）。親会社の株主に閲覧・謄写権が認められているのは，親会社の役員または執行役の責任を追及するためには，重要な子会社の経営状況を調査する必要がありえるからです。裁判所は，閲覧・謄写によって会社またはその親会社もしくは子会社に著しい損害を及ぼすおそれがあると認めたときは，閲覧・謄写の許可をあたえることができません（会371 Ⅵ）。このような閲覧・

謄写の制限によって，取締役会の議事録の内容が充実するという効果が期待できます。

取締役会の議事録は，単に法律関係の明確化のために作成するものにすぎません。証拠にはなりえますが，唯一の証拠手段というわけではありません。ただ，決議に参加した取締役が議事録に異議をとどめなかった場合には，決議に賛成したものと推定され，取締役の会社および第三者に対する責任の追及に関し，不利益を受けるおそれがあります（会369Ⅴ参照）。

3-4-8　取締役会の決議の瑕疵

取締役会の決議の内容が法令・定款に違反する場合も，その招集・議事手続きに違法な点があった場合も，その決議は当然に無効になります。株主総会の決議の瑕疵と異なり，会社法には特別の訴えの制度もなければ，無効と取消しの区別もありません。したがって，取締役会決議の瑕疵は一般原則に従って当然に無効となるわけです。誰が何時どのような方法によっても（無効確認の訴えも含む），決議の無効を主張できます。

株主総会の決議取消しの訴えのような，裁量棄却を認める規定（会831Ⅱ参照）は，取締役会の決議の無効確認の際には存在しません。しかし，瑕疵が軽微であり，かつ決議の結果に影響を及ぼさない場合は，救済の余地を認め，決議は無効にならないと解すべきでしょう。

無効（不存在も含む）な取締役会の決議に基づいてなした代表取締役の行為の効力は，必要な取締役会の決議を欠く代表取締役の行為の効力と同様であり，この点は後に考察することにします（本章3-6-4参照）。

3-5　特別取締役制度

3-5-1　制度の意義

「船頭多くして船山に上る」という諺がありますが，わが国には，取締役の人数が多過ぎて機動的に取締役会を開催することが実際上不便な会社が少なからず存在します。たとえば都市銀行同士が合併したような場合，わが国の風土では，一気に取締役の員数を減らすことが困難であるという事情などがあります。現在の大規模公開会社は，取締役会で実質的な議論を行いかつ意思決定を

迅速に行うべく、取締役の人数を減らす傾向にありますが、それがスムーズに進まないようなときに、特別取締役制度の導入という選択が合理的であると思われます。

特別取締役制度のさしあたってのイメージを、「一定の要件を満たした取締役会設置会社に設置され、取締役会の決議に基づいて、取締役会から委任された事項の決定を行う、取締役会の内部機関である」と捉えるところから出発してみましょう。

3-5-2　特別取締役の定め

特別取締役制度はすべての株式会社で導入できる制度ではありません。この制度を置くことができるのは、委員会設置会社を除く取締役会設置会社であって、①　取締役の数が6人以上であること、および②　取締役のうち1人以上が社外取締役であること、という要件を満たす会社に限られます（会373Ⅰ）。「**社外取締役**」とは、取締役ではあるが、その会社またはその子会社の業務執行取締役もしくは執行役または支配人その他の使用人でなく、過去に、その会社または子会社の業務執行取締役もしくは、執行役または支配人その他の使用人となったことがない者をいいます（会2⑮）。より簡単にイメージすれば、社外取締役とは、業務執行に従事することなく、意思決定への参加と監督に専念することに特化した取締役であると捉えておけばいいでしょう。

取締役の人数を6人以上としたのは、取締役の人数の少ない会社にこれを認めると、取締役会の形骸化を招くおそれがあるためだと思われます。取締役のうち1人以上が社外取締役であることを要件としたのは、このような制度を認めるには、取締役会の監督機能の強化が前提となると考えられたからでしょう。特別取締役制度は取締役会の一部の権限が委任される制度ですから、それだけ取締役会の監督機能を強化する必要があるわけです。

上記の要件を満たす会社は、取締役会の決議をもって特別取締役制度を導入することができます。

3-5-3　特別取締役による取締役会決議

特別取締役による取締役会は、取締役会の決議によって定められた、**特別取**

締役とよばれる3人以上の取締役によって組織されます（会373Ⅰ柱書参照）。特別取締役の資格は取締役に限られるものと解されます。その員数の上限は定められていませんが、取締役全員が特別取締役に就任するという事態は、会社法上予想されていないものと思われます。

　特別取締役による取締役会は、取締役会決議に基づき、① 重要な財産の処分および譲受け、② 多額の借財について、取締役会の委任を受けて意思決定を行うことができます（会373Ⅰ柱書参照）。これらの事項は、先に述べたように（本章3-4-1）、取締役会の専決事項とされ、代表取締役またはその他の取締役に委任することが禁じられた事項の一部です（会362Ⅳ参照）。このように、特別取締役による取締役会に委任できる事項を限定したのは、会社法362条4項各号は、同項の柱書の記載から、重要な業務執行の例示として掲げられた事項ですから、すべてをまとめて特別取締役による取締役会に委任してしまうのは、取締役会自体との関係上不適当であると考えられたためでしょう。また、実際上、特に機動的な判断が求められるのは、上記①②の事項でしょうから、特別取締役による取締役会に決定を委ねる必要性が高いと判断されたのでしょう。

3-5-4　特別取締役による取締役会の運営

　特別取締役であって特別取締役の互選によって定められた者は、特別取締役による取締役会の決議の内容を遅滞なく取締役会に報告しなければなりません（会373Ⅲ）。特別取締役による取締役会は、取締役会の委任を受けた内部機関ですから、当然のことです。

　特別取締役による取締役会は、特別取締役のうち、議決に加わることができる者の過半数（これを上回る割合いを取締役会で定めた場合にはその割合以上）が出席し、その過半数（これを上回る割合いを取締役会で定めた場合にはその割合以上）をもって決議を行います（会373Ⅰ柱書）。特別取締役でない取締役には、出席義務はありません（会373Ⅱ前段）。招集手続き等は、通常の取締役会に準じます（会373Ⅱ後段）。

　株主は、特別取締役による取締役会の招集請求権はありません（会373Ⅳによる367の適用除外）。また、この決議には、書面または電磁的方法による持回

り決議が認められておらず（会373Ⅳによる370の適用除外），必ず実体のある会議を開くことが要求されています。

なお，特別取締役制度を導入した会社は，その本店の所在地において2週間以内に，① 特別取締役による議決の定めがある旨，② 特別取締役の氏名，③ そのうち社外取締役である者につきその旨，を登記しなければなりません（会911Ⅲ㉑イ～ハ）。

3-6 代表取締役

3-6-1 代表取締役の意義と員数

代表取締役は，会社の業務執行自体を司り，委員会設置会社を除く取締役会設置会社を代表する必要かつ常置の機関です（会362Ⅲ）。代表取締役は，当然に対内的な業務執行権限をも兼ね備えています（会363Ⅰ①）これに対し，主に対内的な業務執行権限を持つ取締役が代表取締役以外の業務執行取締役です（本章3-4-1参照）。ただ，業務執行取締役も，一定の範囲で会社から会社を代理する代理権が授与されることはあります。

代表取締役はまた，取締役会から相当に広範な業務執行に関する意思決定権限を委任されています。ことに日常の業務（常務）の決定は代表取締役に委ねられています。

代表取締役は1名以上必要です。定款に定めがない限り，取締役会で自由に定められます。通常は取締役の一部が就任することになるでしょうが，その会社の取締役の全員が代表取締役となっても違法にはあたりません。

3-6-2 代表取締役の選定・終任

代表取締役は，取締役会の決議により，取締役の中から**選定**されます（会362Ⅱ③，Ⅲ）。代表取締役は取締役でなければなりませんから，取締役の地位を失えば当然に代表取締役の地位を失います。

代表取締役への就任は，その者の義務と責任を増大しますから，被選任者の承諾を待って選任の効果を生じます。代表取締役を選定したときは，会社は代表取締役の氏名・住所を登記しなければなりません（会911Ⅲ⑭）。

代表取締役任用契約もまた委任および準委任を中核とする契約です。した

がって，代表取締役は，事由のいかんを問わず，何時でも**辞任**することができますが（民651Ⅰ），会社のために不利な時期に辞任したときは，やむを得ない事由がない限り，会社に生じた損害を賠償しなければなりません（民651Ⅱ）。

会社もまた，正当な事由があると否とを問わず，取締役会の決議をもって何時でも代表取締役を**解職**することができます（会362Ⅱ③）。取締役会が選定の権限を持ち（会362Ⅱ③），代表取締役の職務執行を監督する権限を持つ（会362Ⅱ②）からには，取締役会に解職の権限が帰属することは当然でしょう。委任契約の解約ですから，被解任者への解任の告知が必要であると解すべきでしょう。任期の定めのある場合に会社が正当な事由なく任期満了前に代表取締役を解職したような場合には，解職された代表取締役は会社に対し解職によって生じた損害の賠償を請求することができます（民651Ⅱ）。

代表取締役が終任したときは，会社はその登記をしなければなりません（会911Ⅲ⑭）。

代表取締役の終任によって，法律または定款に定めた代表取締役の員数を欠くに至った場合は，後任の代表取締役が就任するまで，退任者が代表取締役の権利義務を有します（会351Ⅰ）。ただし，正規の取締役の員数が足りていれば，直ちに後任の代表取締役を選任すればいいわけですから，退任者が代表取締役の権利義務を有するのは，代表取締役が終任することにより，法律または定款に定めた取締役および代表取締役の双方の員数を欠くに至った場合に限られます。

代表取締役の終任により法律または定款に定めた代表取締役の員数を欠く場合に，退任代表取締役が代表取締役の権利義務を有しないか，有することが不適当であるため，必要と認められるときは，裁判所は，利害関係人の申立てにより，一時的に代表取締役の職務を行う者（**仮代表取締役**）を選任することができ，これが選任されたときは，登記をしなければなりません（会351Ⅱ，会937Ⅰ②イ）。この場合に裁判所は，仮代表取締役の報酬を定めることができます（会351Ⅲ）。

3-6-3　代表取締役の権限

代表取締役は，会社の業務に関する一切の裁判上または裁判外の行為をなす

権限があります（会349Ⅳ）。業務に関する一切の行為とは，会社の権利能力の範囲内の一切の行為という意味です。裁判上の行為とは，会社の訴訟代理人たりえるという意味でしょう。とりわけ重要なのは，裁判外の行為，すなわち一般的な取引行為・事実行為をなす広範な包括的権限が認められている点です。

代表取締役の代表権が法令によって制限される場合があります。たとえば会社と取締役との間の訴訟については，監査役設置会社にあっては，代表取締役ではなく原則として監査役が会社を代表します（会386Ⅰ）。株主総会の法定決議事項（たとえば会309Ⅱ・Ⅲなど）および取締役会の法定決議事項（たとえば会362Ⅳ，365Ⅰなど）については，所定の機関の決議を経なければ，代表取締役は会社を代表することができません。

また，定款や取締役会規則などで，代表取締役の権限が内部的に制限されることがあります。この場合，代表取締役は，その制限に従って代表権を行使しなければなりません。

いずれにせよ代表取締役は，きわめて広範な代表権限を有しています。代表取締役は，その代表権の範囲に属する行為を，会社の利益のために行使しなければならず，もっぱら自己または第三者の利益を図るために行使してはなりません。

複数の代表取締役がいる場合には，代表取締役は各自独立に会社を代表するのが原則です（**単独代表**）。

3-6-4　代表取締役の専断的行為および権限濫用行為

この問題を考えるにあたっては，民法における法人の理事の代表行為の対外的法律関係がどのように律せられているかを整理しておく必要があると思います。民法の体系書では，必ずしも一箇所にまとめて記述されていない場合もありますから，順序立てて考えておきましょう。

言うまでもなく，法人の能力の制限の問題と，理事の代表権の制限の問題とは，区別される問題です。まず，法人は，自然的性質上または法人の本質上，権利能力の制限を受けます。そして，法人が法主体として権利能力を認められるのは，窮極においては法の規定に基づくものですから，権利能力の範囲についても法律の制限があればこれに従い，さらに命令による制限にも従います。

民法43条の「目的の範囲内」による制限に関し，これを法人の権利能力の制限とみる伝統的な考え方（かりに能力制限説と呼びます）の下では，法人の権利能力が目的の範囲内に制限される結果，理事は，このような権利能力の範囲内でのみ包括的な代表権を有するという構成になるでしょう。そして，その範囲内で包括的に与えられた理事の代表権が，定款の規定，寄附行為，総会の決議などによって個別具体的に制限された場合には，代表権の内部的制限として，民法54条が適用されるという構成になるのです。目的の範囲外の理事の行為の効力は，絶対無効であると解されます。

　理事の代表権を法令によって制限することは当然に可能です。法令による理事の代表権の制限は，法令によって法人の権利能力を制限することとは別次元の問題です。能力制限説に即していえば，法人の権利能力の範囲内で本来存在すべき理事の代表権につき，その行使の要件や手続きを法令によって制限するということが，理事の代表権の法令による制限という意味です。この場合，民法学者の議論においては，法令による代表権制限に違反して理事がなした対外取引行為には，民法54条ではなく，民法110条を類推して，相手方が代表権ありと信じるにつき「正当な理由」がある場合に限って（すなわち，相手方が善意無過失である場合に限って）保護すべしとするのが通説であるようです。法人の内部機構において理事の代表権を制限する場合と，法令によって外から代表権の範囲を画する場合とでは事情が異なり，法令による代表権制限に反する法律行為については，相手方の法令の不知を保護すべきでないから，民法54条に基づく保護を与えるのは適当でないとされているのです。ただ，この場合でも，民法110条の類推適用をも否定し，取引の安全を犠牲にすることは適当ではなく，取引の安全を保護するために，民法110条の類推適用を認めるのが正当であると考えられているのです。

　一方，民法43条によって制限されるのは，理事の活動およびその結果としての権利義務の帰属の範囲にすぎないと解する考え方（かりに代表権制限説と呼びます）も有力に主張されているようです。この考え方に従えば，理事は「すべての」財産上の権利義務を法人に帰属せしめる代表権があると構成されることになるでしょう。したがって，同条にいう「目的の範囲」外の理事の法律行為は越権行為であると構成され，越権行為の理論がこれに適用されることにな

ります。この説は、「目的の範囲」がすなわち理事の対外的代表権の範囲を示すものと解するようですから、目的の範囲の法令による制限は、そのまま理事の代表権の範囲の法令による制限ということになるでしょう。したがって、法令による代表権制限に違反して理事がなした対外取引行為には、越権行為の理論、すなわち民法110条の法理が適用されるという結論が明瞭となるわけです。

次に理事の専断的行為と権限濫用行為とは区別されうる概念です。つまり、外形的形式的には法令によって制限されておらず、かつ法人の内部的制限にも服さない行為であるが、理事が自己または第三者の利益を図る目的で代表権を濫用する行為というものが存在します。現実には、専断的行為と権限濫用行為との競合も考えられるでしょう。

このような理事の権限濫用行為に関しては、民法93条ただし書の類推適用が問題とされると思われます。民法学者の間においては、従来、代理人が代理権を濫用して代理行為をした場合、その代理行為は有効か、という問題について、民法93条ただし書の類推適用が議論の焦点とされたようです。そこで問題とされているのは、代理人の本人のためにする旨の表示と自己または第三者のためにする意図との不一致であり、この不一致が心裡留保に類似するとして、民法93条ただし書が類推適用されているのです。したがって、法人の理事の取引行為についても、理事が代表権を有する行為につき、理事の法人のためにする旨の表示と自己または第三者のためにする意図との不一致という形で、理事の権限濫用行為に対して、民法93条ただし書の類推適用が問題となりえます。商法学者の中にも、会社代表者の権限濫用行為の効力に関して、その相対的処理の根拠を民法に求め、民法93条ただし書類推適用を採用する考え方があります。すなわち、主体たる会社の意思（取締役会等の意思）と会社代表者の表示（代表取締役の表示）との不一致について、民法93条ただし書が類推適用されると説くのです。

しかし、多くの商法学者は、民法学者のように、理事または会社代表者の権限濫用行為に民法93条ただし書類推適用をなすことに批判的です。代表行為が成立するために必要な理事の意思としては、法人に行為の効果を帰属させようとする意思が存在すれば足りるわけで、法人の利益のためにする意思が存することは必要ないのですから、理事が権限の濫用を内心に留保したとしても、

177

その行為には心裡留保の類推適用に堪えうる同一属性があるとはいえないからです。このように考える立場は，民法上は，権限濫用や信義則などの一般原則を用いて解決を図るべき旨を主張するものと思われますが，商法上は，一般悪意の抗弁による解決が主張されるものと思われます。一般悪意の抗弁とは，原告が被告の真意を知っているときは，原告の権利行使を認めるのは無用のことであり，正義衡平にも反するという抗弁を被告に認めるというものです。

　さて，民法の多数説に従って，法人の理事が代表権を濫用した行為に民法93条ただし書を類推適用すると解した場合，同条によって解決される行為と，民法54条あるいは民法110条によって解決される行為との関係は，どのように調整されることになるのでしょう。民法学者は，代理人が背信的意図で代理行為をなす場合に，代理権の範囲外であるとして表見法理の適用が問題となる事例においては，重ねて民法93条ただし書を類推適用すべきでないと考えているようです。すなわち，代理人が権限内の行為を背信的な意図の下で行った場合こそが，民法93条ただし書によって処理される場合であり，代理人が権限外の行為を背信的な意図の下に行った場合には，権限外の行為を背信的な意図なしに行った場合とを分離せず，表見法理のみによって処理することになります。つまり，理事の専断行為として民法110条が類推適用される領域では，重ねて民法93条ただし書を類推適用する余地がないのです。さらに，民法54条を表見法理の特別規定と解すれば，同じく理事の専断行為として同条が適用される領域において，民法93条ただし書はこれと競合しないことになるでしょう。

　結局，**法人の理事の対外取引行為の効果に関する民法の規定の適用関係は**，以下のとおりに整理することができます。

① 法人の目的外の行為についての理事の代表行為……絶対無効（能力制限説）または民法110条類推適用（代表権制限説）
② 法令によって代表権が制限された事項についての理事の専断的代表行為……民法110条類推適用
③ 内部的に代表権が制限された事項についての理事の専断的行為……民法54条適用
④ 上記②または③のような制限のない代表権の下に，背信的な意図をもっ

てなす理事の代表権濫用行為……民法93条ただし書類推適用
⑤ 上記②または③の専断行為と背信的意図が競合する理事の代表行為……専断行為の性質のみに着目し，各々②または③の法理で処理

能力制限説によれば，理事の専断行為としては，法人の目的外すなわち権利能力外の行為，ならびに，権利能力の範囲内ではあるが，法令によって代表権を制限された行為および定款などによって内部的に代表権を制限された行為という3種類の各行為が考えられます。そして，各々の専断行為の対外的効力を考えた場合，第1の行為は絶対無効ですが，第2の行為には民法110条の類推適用が，第3の行為には民法54条の適用がなされることになるでしょう。一方，代表権制限説によれば，理事の専断行為としては，目的の範囲内すなわち理事の対外代表権外の行為，および，目的の範囲内すなわち理事の対外的代表権内の行為ではあるが，定款などによってさらに内部的に代表権の行使要件などが制限された行為という2種類の行為が考えられます。そして，前者は越権行為と捉えられ，とくに財産上の行為は民法110条類推適用の余地があり，後者には民法54条が適用されることになるでしょう。いずれにせよ，理事の代表権が法令によって制限された場合と内部的に制限された場合とにおいて，前者が民法110条，後者が民法54条によって解決されるという結論に差異はありません。以上を整理すれば，上の①②③のようになるでしょう。

以上をふまえて，同じ法人である**株式会社の代表取締役の対外的取引行為の効果**を整理してみましょう。

まず民法43条が会社に適用がないと考える立場では①を考える必要がありません。それに，会社の定款所定の目的の範囲に関する議論の今日的状況の下では（1章1参照），①を考える実益は乏しいといえます。

次に株式会社の代表取締役の③の行為については，立法的手当てがなされています。すなわち，会社法349条5項によって，代表取締役の代表権に加えた制限は善意の第三者に対抗しえないという民法54条と同様の規整になっています。この条文は，先の民法上の議論からわかるように，取締役会の法定事項でない事項について，会社が内部的に制限を加えた場合のみを規律する規定（定款や取締役会規則などによる内部的制限が加えられた場合の代表取締役の専断行為を規律する）ということになり，法令による代表権制限に違反する行為には

適用がありません。代表取締役の③の行為は，株式会社の場合も民法上の法人と同一の解決が図られます。

　代表取締役の④の行為については，先に言及したように，民法93条ただし書類推適用に代え，一般悪意の抗弁によって処理しようというのが商法学者の趨勢であるといえるでしょう。一般悪意の抗弁は，商法上，取引安全の要請から④の場合に用いられるのです。すなわち，民法上の法人に比べて，会社代表者のように代表権が包括的画一的に定められている場合には，取引の安全を重視して，代表権濫用の場合にも代表行為は有効であり，会社は悪意の相手方に対してのみ一般悪意の抗弁を対抗しうると解すべきであるという考え方が有力です。

　最後に残るものが，代表取締役の②の行為の効力です（②が解決すれば，代表取締役の⑤の行為の効力も基本的には民法と同様に解決していいでしょう）。民法上の法人の理事の専断行為の効力に関する民法54条と同110条の棲み分けどおりに株式会社の代表取締役の専断行為の効力を処理してよいのであれば（事実，会社法349条5項は民法54条と同じ使い方をします），代表取締役の代表権限が法令の制限に服するときは，民法110条が類推適用されるということになりそうです。理論上は確かにそうでしょう。しかし，株式会社の代表取締役の代表行為は，民法上の法人の理事の代表行為にはない特徴があります。まず，代表取締役の対外取引行為（法律行為）は，事実上すべて商行為です。きわめて大量に反復継続して行われますから，取引の安全に対する要請が民法上の法人に比して格段に強いのです。会社は大量の手形取引を行います。多くの者の間で流通することが予想される手形取引もまた，取引の安全が求められます。さらに，株式会社には株式会社法上特有のきわめて取引の安全が求められる行為があります。典型的には新株・社債等の発行行為です。このような行為は，そもそも民法が予想するものではありません。したがって，代表取締役の②の行為の効果は区々に解決されるべきであり，一律に民法110条を類推適用すれば済むものではありません。とくに会社法356条1項2号3号，同365条1項違反の取引行為の効力については，後述します（本章3-7-4）。

3-6-5　表見代表取締役

社長・副社長その他会社を代表する権限を有するものと認めるべき名称を付した取締役のなした行為については，会社は，その者が代表権を有しない場合でも，善意の第三者に対して責任を負わなければなりません（会354）。会社法354条は，取引行為のみに適用され，訴訟行為には適用されません。取引の安全を確保するため，名称（肩書き）に対する外観を信頼した者を保護するものです。この制度を**表見代表取締役**といいます。

会社法354条は，権利外観主義のひとつの現れですから，それが適用されるためには，会社が取締役に対して表見代表取締役の名称を付し（外観の作出），現に当該取締役がそのような名称を使用している（外観の存在）ことが必要です。会社がそのような名称の僭称の事実を知りながらそれを放置していた場合も含まれます。取引の相手方は善意無重過失であれば（外観の信頼）保護されます。民法の表見代理（民109など）に比べて取引の保護に厚いといえます。

取締役でない従業員に表見代表取締役相当の肩書きを付与したような場合，代表取締役の選定決議が無効であっても被選定者が代表取締役としてその職務を行った場合にも会社法354条の類推適用が認められます。

3-7　取締役と会社との関係

3-7-1　善管注意義務と忠実義務

会社と取締役との間の関係は委任に関する規定に従うので（会330），取締役は，取締役として，取締役会等の構成員または代表取締役，業務執行取締役として，その職務を行うにあたり，会社に対し，民法644条に規定された善良な管理者の注意義務（**善管注意義務**）を負います。一方で，会社法355条は「取締役は，法令及び定款並びに総会の決議を遵守し，株式会社のため忠実にその職務を行わなければならない。」と規定しており，一般にこの義務は**忠実義務**と呼ばれています。民法644条と会社法355条の義務の関係の理解のしかたには，争いがあります。

第1の見解は，忠実義務は善管注意義務を具体的かつ注意的に規定したものであって，双方は同じものであると解します。第2の見解は，善管注意義務が取締役が職務の執行にあたって尽くすべき注意の程度に関するものであるのに

対し，忠実義務は取締役がその地位を利用し会社の利益を犠牲にして自己または第三者の利益を図ってはならないという義務であると説き，双方は別個の義務であると解します。忠実義務と善管注意義務とを区別すると，具体的には，忠実義務違反の責任には，善管注意義務違反の責任に要求される故意・過失が必ずしも必要でなく，理論上，忠実義務に反すれば原則として無過失責任を負うことになると主張されています。しかし，民法学者が民法644条の善管注意義務を説明するときは，受任者が委任者の利益を尊重して行動すべき義務が当然に同条に含まれると述べるでしょう。取締役が会社の利益と自らの利益とが衝突する具体的な場面に遭遇し，あっさりと私益を優先させたとき，過失がなかったとは考え難いと思われ，これを無過失責任と表現するのは正確でないとの指摘もあります。以上によれば，会社法355条の規定の存在意義は，委任関係にともなう善管注意義務を取締役につき強行規定とする点にあると思われます（もっとも法律に認められた範囲で会社の自治により責任を免除または制限することは許容されますが）。

3-7-2 取締役の競業避止義務

取締役が自己または第三者のために会社の事業の部類に属する取引をなすには，株主総会においてその取引につき重要な事実を開示して，その承認を受けなければなりません（会356Ⅰ①）。取締役会設置会社においては，取締役会において重要な事実を開示したうえで，取締役会の承認を得なければなりません（会365Ⅰ）。これを「**取締役の競業避止義務**」といいます。取締役は，会社のノウハウや顧客情報など，事業の機密に精通していますから，その地位を利用すれば，容易に会社の利益を犠牲にして自己または第三者の利益を図ることのできる立場にいます。これを防止すべく規整を加えた規定です。

会社法356条1項1号にいう「会社の事業の部類に属する取引」とは，会社が実際に行っている事業と市場において扱う商品や役務の種類が競合し，会社と取締役との間に利益衝突を生じる可能性のある取引を指します。同じく，「自己又は第三者のために」は，自己または第三者の計算においてと解すべきものと思われます。

競業取引の承認に先立ち，承認を求めようとする取締役は，その取引につき

重要な事実を開示しなければなりません。すなわち，取引先，目的物，数量，価額，期間など，判断のための資料となりうる情報を提供しなければなりません。ある程度包括的な承認を受けることで足り，個々の取引につきその都度承認を求める必要はないでしょう。取締役会における承認決議の際，承認を得ようとする取締役は特別利害関係人（会369Ⅱ参照）に該当します。

　株主総会または取締役会の承認を受けることにより，当該取締役は，自己または第三者のために競業取引をなしえることになります。しかし，取締役が株主総会または取締役会の承認なしに競業避止義務に違反して競業取引をしても，取引自体は完全に有効です。取引の相手方の善意悪意を問いません。競業取引は会社の行為ではありませんから，取引と無関係な会社の株主総会または取締役会の承認の有無の影響を受けないのです。この場合，もちろん会社は，取締役の義務違反を理由に，その競業取引によって当該取締役または第三者が得た利益の額を会社が被った損害額と推定のうえ，当該取締役に損害賠償の請求ができます（会423Ⅰ・Ⅱ）。

　取締役会設置会社においては，競業取引をなした取締役は，遅滞なく，その取引につき重要な事実を取締役会に報告しなければなりません（会365Ⅱ）。競業取引が取締役会の承認を得たと否とを問いません。この報告に基づいて，取締役会は，取引の実行に取締役の善管注意義務（忠実義務）違反がなかったか否かをチェックすることになり，違反があればその善後措置をとることになります。

　なお，たとえ取締役会の承認を得た競業取引であっても，競業によって会社に損害が生じれば，善管注意義務違反として，競業取締役および承認を与えた取締役に過失があれば（過失が推定されます），これらの者は損害賠償責任を負います（会423Ⅰ・Ⅲ①③）。義務違反の責任を取締役会が免除できるわけでもなく，承認決議に免責の効果はありません。ただ現実には，ある会社が他社と提携するため，その取締役を他社の代表取締役として派遣する等の目的で競業承認がなされることが多く，短期的に損害が生じたからといって，直ちに善管注意義務違反になるとはいえないと思われます。

　最後に，競業取引の承認は事前承認たることを要すべきでしょう。事後承認によって義務違反の事実が治癒されるものではないでしょう。

3-7-3　利益相反取引

　取締役自身が当事者となり，または他人の代理人・代表者として，会社の製品等会社財産を譲り受け，会社に対して財産を譲り渡し，会社から貸与を受けるなど，会社と取引をなすには，株主総会の承認を必要とします（会356Ⅰ②）。これを「**取締役・会社間の取引（取締役の自己取引・直接取引）**」といいます。会社が取締役の債務を保証する等，取締役以外の者との間で会社・取締役間の利害が相反する取引をなす場合にも同様に株主総会の承認を受けることを要します（会356Ⅰ③）。これを**間接取引の規整**といいます。いずれの取引も，取締役会設置会社にあっては，取締役会が承認機関になります（会365Ⅰ）。

　取締役が自己の地位を利用して取引の条件を自己に有利に（したがって会社が不利益を受ける形で）決定することは防止しなければなりません。また，たとえ他の取締役が会社を代表したとしても，仲間意識のために会社の利益を厳密に検討しない危険があります。したがって，その取締役が代表取締役であると否とを問わず，みずから会社を代表すると否とを問わず規整されます。取締役自身が会社を代表して自己または第三者のために取引をするときは，民法108条の自己契約または双方代理にあたりますが，株主総会または取締役会の承認を受けた取引についてはこの禁を解き，取引の相手方となる取締役が自ら会社を代表してもよいことになります（会356Ⅱ）。

　規整の対象となる行為は，直接取引については，原則として取締役・会社間のすべての財産上の法律行為が含まれます。取締役・会社間の契約だけでなく，会社による取締役の債務の免除（民519）のような単独行為も含まれます。しかし，取締役・会社間の取引であっても，会社が不利益を受けるおそれのないものまで，この規整を加える必要はありません。たとえば，運送・保険・預金など約款に基づく取引，会社が取締役から負担のない無償贈与を受ける行為，取締役が会社の債務を免除する行為，その他純然たる債務の履行，相殺などは株主総会または取締役会の承認が不要と解されます。要するに，具体的取引が会社にとって公正かつ合理的であり，事実上会社を何ら害さないときは，その取引は株主総会または取締役会の承認を必要としない取引に該当するということができます。間接取引についても，会社による取締役の債務の保証・債務引受け・物上保証のように，会社・第三者間の取引であって外形的・客観的に会

社の犠牲において取締役側に利益が生ずる形の行為については，会社を代表する者が当該取締役であるか否かに関わらず，株主総会または取締役会の承認を要することになります。取締役が代表取締役をしている他社の債務を会社が保証する場合も同様と解されています。

会社のなす**取締役・会社間の手形行為**（端的には，会社が取締役に宛てて約束手形を振り出す行為）も会社法356条1項2号にいう取引に該当し，原則として株主総会または取締役会の承認が必要です。手形債務は，原因債務とは別個独立の，しかもより厳格な責任（抗弁の制限・挙証責任の転換・不渡処分の危険など）を負担する債務ですから，利益相反の余地のない行為とは認め難く，改めて承認を要求すべきです。

以上に述べた直接取引・間接取引については，取引の性質上除外される場合を除き，原則として各個の取引について承認を得なければなりません。しかし，同種同型の取引が反復してなされるときは，会社の利害得失を株主総会または取締役会が合理的に判断できる限り，包括承認しても差し支えありません（とりわけ株主総会が取締役・会社間の手形行為をその都度承認するのは容易ではありません）。したがって，承認を求める際には，当該取締役は，取引に関する重要事項を開示しなければなりません（会356Ⅰ柱書参照）。取締役会設置会社において，会社法356条1項2号3号の取引の承認を求める取締役は，承認決議において特別利害関係人となります（会369Ⅱ参照）。

取締役会設置会社において，会社法356条1項2号3号の取引をなした取締役は，遅滞なく，その取引につき重要な事実を取締役会に報告しなければなりません（会365Ⅱ）。この報告に基づき，取締役会をして，取引の実行に取締役の善管注意義務違反がなかったかをチェックさせ，違反があれば善後措置をとらせるための趣旨であることは，競業取引の報告義務と同様です。

3-7-4　会社法356条1項2号3号違反の取引の効果——相対的無効説の分析

会社法356条1項2号3号違反の取引の効力に関しては，株主総会または取締役会の承認のない取引は無効であるが，会社が第三者に対して無効を主張するには，承認のないことにつき第三者が悪意であったことを主張立証しなけれ

ばならないと解する相対的無効説が学界の趨勢です。重過失は悪意と同視されます。**相対的無効説**は，元々は会社が無効を主張しうる相手方について相対的な扱いができるという発想から生まれたものです。しかし，その後，無効を主張しうる者についても相対的な取扱いがなされるようになりました。会社法356条1項2号3号は会社利益の保護を目的とする規定であり，第三者は意図した効果をその取引を通じて得ることができたはずであるから，第三者側から無効を主張することは許されないと説かれるようになりました（このような無効主張者の制限も相対無効の名で呼ぶことがあります）。

会社法356条1項2号3号，365条1項に基づく株主総会または取締役会の承認を受けない取引につき，会社は，取締役または取締役が代理した直接取引の相手方に対しては，常に取引の無効を主張できるという結論については，とくに問題なく認められてきました。相対的無効説が提唱された背景には，会社が取締役を受取人として振り出した約束手形（これは特殊な直接取引と評価できます）の譲受人の保護，および間接取引の相手方の保護という具体的な問題がありました。現在では，上の具体的な2例以外の第三者との関係においても，会社法356条1項2号違反の取引の効果は，すべて相対的無効説の考え方を適用することで処理しています。

先に述べたように（本章3-6-4），法人の理事の専断行為の効力に関する民法上の議論を前提とする限り，民法においては，理事が代表権限の法令による制限を逸脱してなした代表行為の効果には越権代理の考え方が応用されています。会社法356条1項は，取締役または代表取締役の代表権限に法令による制限を加える規定ですから，民法の議論との整合性を図ろうとすれば，同条違反の効果に関しても，越権代理の考え方を代入してもよさそうです。確かに，かつては，承認を受けない取引は無効であるが，無権代理行為に準じて効力浮動の状態にあり，追認があれば有効と解する考え方もありました。しかし，この考え方では，取引安全の保護にどうしても限界が生じるのです。

いま，取締役会設置会社たる甲社の取締役であるBが，甲社から動産を購入することになり，甲社との間で取締役会の承認を得ないで売買契約を締結したと仮定します（ケースⅠ）。甲社財産をBが不当に廉価で買い受けることは，利益相反行為に該当します。このとき，取締役会の承認のない甲社代表取締役

〔ケースⅠ〕

甲株式会社
　｜
代表取締役
　A ─────▶ B ─────▶ C
動産売却　（甲社取締役）　転売

〔ケースⅡ〕

甲株式会社
　｜
代表取締役
　A ─────▶ B ─────▶ C
約束手形振出（甲社取締役）裏書

〔ケースⅢ〕

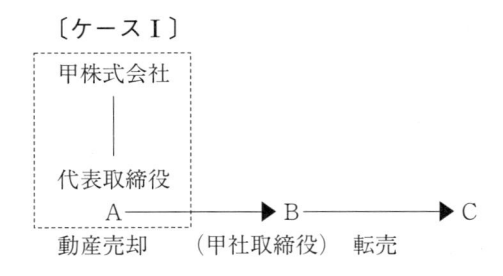

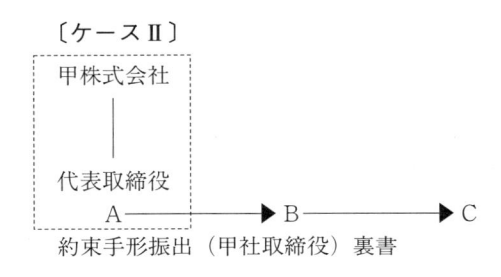

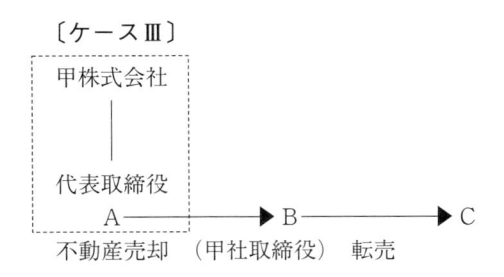

甲株式会社
　｜
代表取締役
　A ─────▶ B ─────▶ C
不動産売却　（甲社取締役）　転売

Aの代表行為を越権代理に準ずるものと構成すればどうなるでしょう。取引の相手方Bには，形式的には民法110条の類推適用が問題にされますが，Bは悪意者ですから保護を受ける主観的要件を欠き，甲B間の契約は，追認なき限り無効です。しかし，ケースⅠでは，Bから当該動産を善意無過失で譲り受けたCは，民法192条により動産を即時取得できますから，甲B間を無権代理に準じて扱ったとしても，動産取引の安全には深刻な支障はないでしょう。

ところが，甲社取締役Bが，甲社からBを受取人とする約束手形の振出しを，取締役会の承認なしに受けた場合はどうでしょう（ケースⅡ）。この場合にケースⅠと同様の構成を持ち込むと，甲B間の約束手形の交付契約は先ほどと同様に無効になります。手形法で学ぶように，民法上，表見代理などの規定を手形行為に適用するに際しては，それにより保護される第三者は直接の相手方に限られ，相手方から手形を譲り受けた第三取得者は含まれないと解されています。そうであれば，ケースⅡの場合，Bは悪意者ですから，Bから手形を裏書きによって取得したCは，善意無過失であっても保護されないことになります。そうするとCは，会社名義の手形を取得する際には，その相手方が取締役であるかどうか，取締役であれば取締役会の承認を受けたかどうかを調べなければならず，手形取引の安全は著しく害されるでしょう。もっとも，ケースⅡの場合に，手形行為理論（創造

説）により，単独行為によって作成した手形上の権利を移転するのに承認を要するとの立場で，Cを善意取得によって保護する構成もありますが，これは手形取引に限っての理論であって，一般化することはできません。

相対的無効説は，ケースⅡの場合のCを保護すべく生まれたものですが，その根底には次のような利益衡量が存在します。すなわち，一方には決議を要求して守ろうとする会社の利益があります。他方には，行為が代表取締役によってなされたことを信頼した第三者の利益があります。この両者の利益を比較衡量して手形の第三者取得者を保護すべく導かれた考え方が相対的無効説の結論です。この手法は，手形の無権代理（または偽造）の場合の善意の第三取得者を保護すべく用いられる権利外観理論の考え方にきわめて類似します。とりわけ，ケースⅡで，甲B間の手形の交付契約を無権代理に準じるものと構成した場合には，そのことが明瞭になるのではないでしょうか。

先に述べたように，今日では，相対的無効による処理は，手形取引以外の直接取引においても認められています。したがって，取締役会の承認を受けない甲B間の不動産取引においても（ケースⅢ），Bから当該不動産を譲り受けた善意（無重過失）のCは，不動産を有効に取得することができます。相対的無効説に従えば，この場合Cは，動産取引の即時取得者（民192参照）よりも厚い保護を受けることになり，逆に会社は不動産という一般的に動産よりも高価な財産の流出の危険がそれだけ高まるということになりますが，この結論もやむをえないと思われます。

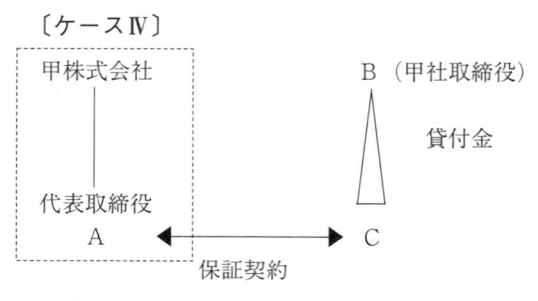

〔ケースⅣ〕

```
┌─────────────┐
│  甲株式会社  │              B（甲社取締役）
│      │      │
│      │      │                    貸付金
│ 代表取締役  │
│      A      │←──────────→ C
└─────────────┘      保証契約
```

ケースⅡにおいてもⅢにおいても，善意者Cから手形または不動産を取得したDは，たとえ悪意であっても，信義則等の一般原則に照らして不当でない限り，手形上の権利または不動産を取得することができます。共に権利の完全な承継取得とみることができるからです。

次に，間接取引について検証してみましょう。典型的な例を挙げます。いま，取締役会設置会社たる甲社取締役Bが，Cに個人的な債務を負っているとしま

す。このとき，甲社が取締役会の承認なしに，BのCに対する債務を保証すべく，Cと保証契約を締結したとしましょう（ケースⅣ）。このとき，取締役会の承認のない甲社代表取締役Aの代表行為を越権代理に準ずるものと構成すればどうなるでしょうか。この場合，甲社の取引の相手方はBではなくてCですから，Cに対して民法110条類推適用を問題にすればいいことなります。そうすると，Cは，甲社代表取締役Aが自分と保証契約を締結する瑕疵のない代表権限があると信ずべき「正当な理由」があれば，換言すれば善意無過失であれば，保護されることになります。間接取引の相手方の保護としては，これで十分であると考えた人もいるのではないでしょうか。

　確かに，ケースⅣのような典型的な事例では，民法110条の類推適用によって妥当な結論を導くことができます。ところが，間接取引は，その輪郭が必ずしも明瞭ではありません。ケースⅣのような債務保証，あるいは債務引受けは，契約の構造上，当事者に当らない取締役が取引の利益を受け，会社が不利益を受けることが明らかなのですが，程度の大小を問わなければ，取締役・会社間の利益相反は無限にありうるのです。債務保証ですら，取締役Bの妻の債務を甲社が保証する場合はどうか，子の債務はどうか，親の債務はどうか，孫の債務は，祖父母の債務は，伯父伯母・叔父叔母・従兄弟……とその外輪があいまいになります。間接取引としてどこまで規整すべきか，明瞭な解答は困難です。そうであるとすれば，間接取引の相手方に善意無過失を要求する民法110条類推適用で処理するよりも，相対的無効説によって，取引の安全を広くカバーしておくほうが望ましいということになりそうです。結局，相対的無効説は，その政策的妥当性において，最もすぐれた考え方であるわけです。

　このようにして相対的無効説は大方の支持を得ており，現在では追認を認める相対的無効説が学界の趨勢になっています。なお，この考え方は，同じくその取引の外輪があいまいな会社法362条4項1号2号違反の取引の効果の問題についても同様に用いられるべきものと思われます。

3-8　取締役の責任

　会社法は，取締役に対し，とくに規定を設けて重い民事責任を課してます。この民事責任には，会社に対する責任と第三者に対する責任とがあります。

3-8-1　取締役の会社に対する責任

先に述べたように（本章3-7-1），取締役は受任者として会社に対して善管注意義務を負いますから，この義務に違反すれば，当然に債務不履行に基づく損害賠償責任を負うことになります（民415）。会社法はこれに加え，とくに423条等を設けて，取締役の地位に即した責任を明定しました。

会社法423条1項は，取締役が「その任務を怠ったときは」会社に対し，これによって生じた損害を賠償する責任を負う旨を規定し，取締役の会社に対する損害賠償責任が，原則として任務懈怠責任であることを明らかにしています。取締役がその任務を懈怠するとは，端的には，法令定款に反する行為をすることを意味します。

① **未承認競業取引**（会423Ⅱ）……取締役が株主総会または取締役会の承認を得ずに（すなわち会社法356条1項，365条1項に違反して）競業取引をなしたときは，先に述べたように（本章3-7-2），当該取引によって取締役または第三者が得た利益の額を，会社に生じた損害額と推定して，競業取引の対象たる取締役が損害賠償責任を負います。会社側が損害額を立証するのが困難であることにかんがみ，挙証責任の転換が図られています。

② **利益相反取引**（会423Ⅲ）……取締役が株主総会または取締役会の承認を受けて利益相反取引（会356Ⅰ②③）をした場合であっても，それによって会社に損害を生じたときは，その取引をした取締役（利益相反取引の実質的当事者たる取締役），会社が当該取引をすることを決定した取締役，当該取引に関する取締役会決議に賛成した取締役は，その任務を怠ったものと推定され，会社が被った損害を賠償しなければなりません。

　この責任は，会社法356条1項，365条1項の手続規整に服して取引を行いながら，会社が損害を被った場合に一定の範囲の取締役が負うべき責任です。過失責任であり，上記の取締役に有過失の推定がなされています。

　株主総会または取締役会の承認を得ずに利益相反取引を行うことは法令違反ですから，下記⑥の責任を問われます。

③ **株主の権利の行使に関する利益供与**（会120Ⅳ）……株主の権利の行使に関する財産上の利益供与の禁止（会120Ⅰ）に違反して財産上の利益を供与することに関与した取締役として法務省令に定める者は，会社に対し連

帯して，供与した利益の価額に相当する額を支払う義務を負います。過失責任ですが，責任の追及を受ける側が無過失を立証すればこの責任を免れることができます。ただし，当該利益の供与をした取締役に限っては，無過失責任です（会120 Ⅳただし書かっこ書）。

④ **財源規整に違反する剰余金の配当等に係る弁済責任**（会462，464）……会社が剰余金の配当や自己株式の取得をなす場合には，会社法461条所定の財源規整に服さなければなりません。この財源規整に違反する行為がなされた場合に会社法462条が規整する取締役等の責任につき，同条1項6号の違法配当を例に（会461Ⅰ⑧違反）説明します。財源規整に反する違法配当がなされた場合には，当該行為に関する職務を行った業務執行者（業務執行取締役その他業務執行取締役の行う業務の執行に職務上関与した者として法務省令で定める者）のほか，違法配当に係る株主総会議案または取締役会議案を提案した取締役は，会社に対し連帯して，配当財産の帳簿価額に相当する金銭を支払う義務を負います。この責任は過失責任ですが，責任の追及を受ける側が無過失を立証すればその責めを免れることができます。

会社法462条は，会社から違法に流出した財産につき資本維持の必要上関係取締役に弁済責任を課したものです（不当利得を理由に株主から完全に回収を図ることが困難であるから，関係取締役から回収するという法政策を採用したのです）。過失責任としたのは，会社法461条1項所定の行為が，資産評価・経理処理等の微妙な要素に関わるからであると思われます。

なお，違法に配当等がなされた財産の帳簿価額に相当する金銭を弁済した取締役は，違法配当等であることを知って金銭等を受け取った株主に求償することができます（会463Ⅰ）。

次に，464条所定の弁済責任について説明します。会社が116条1項に基づいて反対株主の買取請求に応じて自己株式の取得をなす場合（すなわち，①発行する全株式を譲渡制限株式とする定款変更をするとき，②ある種類の株式を譲渡制限付株式または全部取得条項付種類株式とする定款変更をするとき，③種類株主総会の決議を要しない旨の定款の定めがある場合に（会322Ⅱ参照）株式の併合・分割，株式・新株予約権の無償割当て，単元株式数につ

いての定款変更，株主に割当権を与えてなす募集株式の発行等・募集新株予約権の発行がその種類の株式を有する種類株主に損害を及ぼすおそれがあるとき）に，株主に対して支払った金銭の額がその支払日における分配可能額を超えるときは，当該自己株式取得に関する職務を行った業務執行者は，会社に対し連帯して，その超過額を支払う義務を負います。やはり過失責任ですが，責任を追及される側が無過失を立証すればその責めを免れます。

⑤ **剰余金の分配に係る填補責任**（会465）……会社が期中に剰余金の分配（配当や自己株式の買取り）をした場合の，関係取締役の期末における填補責任です。会社法465条1項10号の剰余金配当を例に説明します。

　会社が剰余金の配当をした日の属する事業年度（その事業年度の直前の事業年度が最終事業年度でないときは，その直前の事業年度）に係る計算書類につき定時株主総会の承認（会計監査人設置会社であって株主総会の承認不要の場合には取締役会の承認）を受けた時における①自己株式の帳簿価額，②最終事業年度の末日後に自己株式を処分した場合の当該自己株式の対価の額，③法務省令で定める各勘定科目に計上した額，の合計額が剰余金の額を超えるときは，剰余金の配当に関する職務を行った業務執行者は，会社に対し連帯して，その超過額（当該超過額が465条1項10号に定める額を超えるときは，同条同項同号に定める額）を支払う義務を負います。ただし，(イ)定時株主総会（会計監査人設置会社であって総会承認が不要である場合には定時株主総会または計算書類承認取締役会）において決議する剰余金の配当，(ロ)資本金額の減少を決議する株主総会において決議する剰余金の配当（配当財産の帳簿価額の総額──基準未満株式の株主に支払う金銭があるときはその額を合算した額──が減少する資本金の額を超えない場合であって，配当財産の割当てについて株式ごとに異なる取扱いを行うこととする旨の定めがない場合に限る），(ハ)準備金の減少を決議する株主総会において決議する剰余金の配当（配当財産の帳簿価額の総額──基準未満株式の株主に支払う金銭があるときはその額を合算した額──が減少する準備金の額を超えない場合であって，配当財産の割当てについて株式ごとに異なる取扱いを行うこととする旨の定めがない場合に限る），については支払義務はありません。

　この責任も過失責任ですが，責任を追及される側が無過失を立証すれば

その責めを免れます。
⑥ **その他の法令定款違反行為**（会423Ⅰ）……法令または定款に違反する行為をなした取締役は，それによって会社に生じた損害を賠償しなければなりません。

　ここにいう法令は，取締役の具体的な義務を定める諸規定だけでなく，善管注意義務（民644）や忠実義務（会355）のような一般規定を含み，さらに会社法たるとその他の法令たるとを問わず，すべての法令を含みます。この責任は過失責任です。

　ところで，現在の会社経営は，ますます複雑化・専門化しつつあります。このような環境で不確実な諸要素を勘案しながら迅速な決断を求められるのが取締役の業務執行の現実です。したがって，取締役がなした経営上の判断につき，その適否を，善管注意義務に照らして事後的に論ずることは困難であり，極論すればナンセンスでもあります。したがって，取締役の業務執行上の判断につき，善管注意義務が尽くされていたか否かという評価は，当時の状況に照らし，合理的な情報収集・調査・検討等が行われたか，およびその状況と取締役の地位にある者に通常期待される能力水準に照らし，不合理な判断がなされなかったか否かを基準とすべきことになります。つまり，当時の状況下で事実認識・意思決定過程に不注意がなければ，**経営上の判断**について取締役が善管注意義務違反を問われることは稀となります。取締役に過失があったことの立証責任は，取締役の責任を追及する原告側にあります（立証責任を転換する旨の定めがないから原則どおりになります）。

　上述の行為が取締役会の決議に基づいてなされたときは，当該決議に参加した取締役で，議事録に異議をとどめなかった者は，その決議に賛成したものと推定されます（会369Ⅴ）。

　会社法423条等に定める取締役の責任は，債務不履行責任に他なりません。①については，会社に生じた損害額の推定規定（会423Ⅱ）が存在します。③④⑤については，会社に賠償すべき額が法定されています。上記を除く②⑥の具体的損害額は，取締役の責任を追及する原告に立証責任があります。

3-8-2　取締役の会社に対する責任の免除・制限

　上に述べた取締役の会社に対する責任を免除するには原則として総株主の同意を要します（①②⑥につき，会424，③につき会120 V，④につき会462 Ⅲ，464 Ⅱ，⑤につき会465 Ⅱ）。違法配当等に係る会社法462条1項の責任は，剰余金の分配時における分配可能額を限度として，総株主の同意によって免除することができます（会462 Ⅲ）。

　会社法423条1項に基づく取締役の責任（会社法428条1項の場合を除く，以下同じ）は，その取締役が職務を行うにつき善意かつ無重過失であるときは，実際の損害賠償額から，下記①および②の金額を控除した額（最低責任限度額）を限度として，**株主総会の特別決議**（会309 Ⅱ⑧）をもって**免除**することができます（会425 Ⅰ）。すなわち，① 当該取締役がその在職中に会社から職務執行の対価として受け，または受けるべき財産上の利益の1年間当たりの額に相当する額として法務省令で定める方法により算定される額について，代表取締役であれば6を，代表取締役以外の取締役（社外取締役を除く）であれば4を，社外取締役であれば2を，それぞれ乗じて得た額（すなわち，各々の身分に応じて実質年俸の6年分，4年分，2年分に相当する額），② 当該取締役が当該会社の新株予約権を引き受けた場合（有利な条件または有利な金額で引き受けた場合に限る）における当該新株予約権に関する財産上の利益に相当する額として法務省令で定める方法により算定される額（すなわち，ストック・オプションとしての新株予約権の行使・譲渡によって得た利益），です（会425 Ⅰ①イ〜ハ，②）。

　たとえば，海外支店で会社の従業員がきわめて投機性の強い不正な証券取引等を行ったとき，これを長期にわたって看過し，防止措置を怠った取締役は，会社法423条1項違反を理由に，不正取引にともなう会社の損害を賠償しなければならないでしょうが，このような取引では何百億という損害賠償責任を負担せざるをえない事態もあるでしょう。それゆえ，この規定により，取締役の損害賠償責任を，① 取締役としての実質年俸（会社から得た利益）のそれぞれ6，4または2年分，② ストック・オプションとしての新株予約権の行使・譲渡によって得た利益（ストック・オプションについては，第6章3-1），の合計額を限度とする旨の特別決議を株主総会でなしえることとし，取締役が非現実的な天文学的賠償額を負うことのないよう，賠償責任に制限を認めることにし

ているわけです。

　取締役は，この免除決議をなす株主総会において以下の事項を開示しなければなりません（会425Ⅱ柱書）。すなわち，① 責任の原因となる事実および実際の損害賠償額（会425Ⅱ①），② 上述の限度額およびその算定の根拠（会425Ⅱ②），③ 責任を免除すべき理由および免除額（会425Ⅱ③），です。監査役設置会社における取締役は，この責任免除の議案を株主総会に提出する際に，監査役の同意を得なければならず，監査役が数人いるときは各監査役の同意を得なければなりません（会425Ⅲ①）。（委員会設置会社については，本章6-8-1（1）参照）

　責任免除の決議がなされた後に，会社がその取締役に対して退職慰労金その他法務省令で定める財産上の利益を与える時は株主総会の承認が必要です（会425Ⅳ前段）。その取締役がストック・オプションとしての新株予約権を行使または譲渡するときも同様です（会425Ⅳ後段）。また，責任免除の決議がなされた場合，その取締役は所持する新株予約権証券を遅滞なく会社に預託しなければなりません（会425Ⅴ前段）。この取締役は，新株予約権を譲渡しようとすれば，株主総会の承認を得なければ預託した新株予約権証券の返還を請求することができません（会425Ⅴ後段）。

　上に述べたような責任免除を株主総会の特別決議によらしめることなく，定款をもって，取締役の過半数の同意，取締役会設置会社にあっては取締役会の決議によらしめることができる場合があります。すなわち，取締役が2人以上ある監査役設置会社は，会社法423条1項に基づく取締役の損害賠償責任につき，取締役がその職務を行うにつき善意かつ無重過失である場合において，責任の原因たる事実の内容，その取締役の職務遂行の状況その他の事情を勘案して，とくに必要があると認められるときは，取締役の損害賠償責任を，先の会社法425条1項に掲げられた金額に相当する金額を控除した額を限度として，取締役（当該責任を負う取締役を除く）の過半数の同意，取締役会設置会社にあっては取締役会の決議によって免除できる旨を，定款をもって定めることができます（会426Ⅰ）。このような定款変更議案を株主総会に提出する場合，およびこのような責任免除議案を取締役会に提出する場合に，監査役等の所定の同意を要することは，総会における免除議案提出の場合と同様です（会426Ⅱ

→ 425 Ⅲ）。

　取締役の過半数による免責の同意または**取締役会による責任免除決議**がなされたときは，取締役は，遅滞なく①責任の原因となる事実および実際の損害賠償額，②責任を免除すべき理由および免除額，③損害賠償額から実際の限度額を控除した額およびその算定の根拠，④異議があれば1か月を下らない一定の期間内にこれを述べるべき旨を公告または株主に通知しなければなりません（会426 Ⅲ）。非公開会社ではこれらを株主に通知すれば足ります（会426 Ⅳ）。この期間内に総株主（責任を負う取締役である者を除く）の議決権の100分の3（これを下回る割合を定款で定めた場合にはその割合）以上を有する株主が異議を述べたときは，会社はこの方法による免除を行うことができません（会426 Ⅴ）。

　取締役の過半数による免責の同意または取締役会の免除決議がなされた後に会社がその取締役に対して退職慰労金その他法務省令で定める財産上の利益を与えるとき，その取締役がストック・オプションとしての新株予約権を行使または譲渡するときは株主総会の承認が必要であり（会426 Ⅳ→425 Ⅳ），その取締役は所持する新株予約権証券を遅滞なく会社に預託することを要し，新株予約権を譲渡しようとするときは，総会の承認を得なければ証券の返還を請求できません（会426 Ⅳ→425 Ⅴ）。

　会社は，社外取締役との間で，次のような**社外取締役の会社に対する責任を制限する契約**を結ぶことができます。会社法は，会社が，定款をもって，社外取締役との間において，爾後その者が取締役として会社法423条1項に基づく責任につき，その職務を行うにつき善意で重過失がないときは，定款に定めた範囲内であらかじめ定めた金額と最低責任限度額（会425 Ⅰ①ハ，②参照）とのいずれか高い額を限度として，賠償責任を負うべき旨の契約を結ぶことができるものとしています（会427 Ⅰ）。要するに，社外取締役の法令定款違反行為による損害賠償責任額を，定款に定めた金額と，①取締役としての実質年俸（会社から受けた利益）の2年相当分，②ストック・オプションとしての新株予約権の行使または譲渡によって得た利益の合計額との，いずれか高い額を限度とする旨の契約を，会社が社外取締役との間で締結することができるという意味です。

このような定款変更議案を総会に提出するに際し，監査役の同意を要すること，このような契約を結んだ会社が社外取締役の法令定款違反行為によって損害を被ったことを知ったときは，取締役はその後最初に招集された株主総会において一定の事項を開示すべきこと，責任制限決議後の退職慰労金その他の利益供与，新株予約権の行使または譲渡に際し株主総会の承認を要すること，につき，すでに述べたのと同様の手当てがなされています（会 427 Ⅲ・Ⅳ・Ⅴ）。なお，社外取締役が，その会社もしくは子会社の業務を執行する取締役もしくは執行役または支配人その他の使用人となったときは，上記契約は将来に向かって失効します（会 427 Ⅱ）。

3-8-3　取締役の第三者に対する責任

　取締役は，その任用契約に基づき，会社に対して債務を負い，その本旨に従った履行を怠れば会社に対して責任を負うのは当然のことですが，第三者とは直接の契約関係にありませんから，本来は一般の不法行為責任（民709）以外の責任は負わないはずです。しかし，会社法は，とくに規定を設けて，一定の場合に取締役が第三者に対しても責任を負うべきものとしました。

　会社法429条1項は取締役が「その職務を行うについて悪意又は重大な過失があったときは，」当該取締役は，「これによって第三者に生じた損害を賠償する責任を負う。」と規定しています。これだけの短い規定ですが，この規定はきわめて多岐にわたる法律問題を包含しています。とくに，会社と取引関係にあった会社債権者が当該会社の倒産等によって十分な債権回収ができなかった場合に，この規定を根拠に取締役から回収しようと欲して，取締役の責任を追及するという形で多くの裁判例が蓄積されています。法理上，そもそもこの責任の性質は何か（特別の法定責任か不法行為責任か）に始まり，悪意・重過失は何について必要なのか，第三者の範囲はどこまでか，どのような損害が含まれるのか，といった問題を挙げることができます。

　上述の問題のうち，従来関心が高かったのはやはり，この責任がどこまでの損害をカバーするのかという点でしょう。具体的には，この責任は直接損害または間接損害のいずれかについて認められるか，双方について認められるかという争点です。**直接損害**というのは，会社が損害を被ったか否かにかかわらず，

取締役の行為によって第三者が直接に被った損害を指します。たとえば，代表取締役が支払いの見込のない手形で商品を仕入れた場合とか，取締役による虚偽の情報を信頼して株式を引き受けた場合の損害がその例です。**間接損害**とは，放漫経営など取締役の違法な行為が会社に損害を被らせた結果，第三者が間接に被った損害を指します。典型的には，放漫経営により会社が倒産し，債権を回収しえなくなった会社債権者の損害が例となります。同条項がカバーする責任の範囲をどう解するかは，同条項の責任の性質論とも密接にかかわっています。きわめて乱暴に述べれば，直接・間接損害の双方をカバーするという見方は，同条項を特別の法定責任と解する説に結びつき易く，直接損害に限るという見方は，複雑な職務を迅速に処理しなければならない取締役に，軽過失の責任を免除するのものであるとして，同条項を不法行為の特別規定と解する説に結びつき易いといえます。間接損害のみをカバーするという見方は，やや特殊で，同条項を債権者代位権（民423）の特則と解し，直接損害は一般の不法行為の規定によるべきだとしています。

　ここでは，通説に従った記述をしておきましょう。通説によれば，同条項は，株式会社の経済社会に占める地位および取締役の職務の重要性を考慮し，第三者保護の立場から，取締役が悪意または重過失により会社に対する義務（善管注意義務ないし忠実義務）を懈怠し，第三者に損害を被らせたときは，当該任務懈怠行為と第三者の損害との間に相当の因果関係がある限り，直接損害たると間接損害たるとを問わず，取締役に損害賠償責任を負わせた規定であると解されます。同条項はしたがって，**特別の法定責任**を規定したものと解されることになるでしょう。悪意・重過失は会社に対する任務懈怠について必要であり，第三者には会社債権者も株主も含まれます。この責任と一般不法行為責任の競合も認められます。

　第三者に株主を含める場合，株主がその直接損害につき賠償請求できることは容易にイメージしうるでしょう。たとえば，後述の計算書類等の不実開示により被った損害の賠償請求をする場合などがこれです。ところが，株主の被った間接損害については，株主代表訴訟（会847，第8章5-1）によって会社の損害が回復できれば，株主が被った損害も回復するから，この場合には会社法429条1項に依らなくてもいいのではないかという見解が有力です。しかし，

取締役らの行為が会社の社会的信用を失墜させ，たとえ代表訴訟を通じて会社に賠償させたとしても，株価が長期にわたって低迷するという事態もありうるわけですから，間接損害についても，株主が会社法429条1項に依拠して賠償請求できる途を閉ざすべきではないでしょう。

この責任が取締役の責任を加重するために特に認められた特別責任であるとすれば，この責任に基づく損害賠償請求権の消滅時効期間は民法167条1項の一般原則により10年であると解されます。

会社法429条2項1号は，取締役が(イ)株式・新株予約権・社債もしくは新株予約権付社債を引き受ける者の募集に際して通知すべき重要な事項についての虚偽の通知または当該募集のための当該会社の事業その他の事項に関する説明に用いた資料についての虚偽の記載・記録，(ロ)計算書類および事業報告書ならびにこれらの附属明細書ならびに臨時計算書類に記載・記録すべき事項についての虚偽の記載・記録，(ハ)虚偽の登記，(ニ)虚偽の公告（公告に代わる電磁的方法による公表を含む）をなしたときは，同条1項の場合と同様，その取締役は第三者に対しても連帯して損害賠償の責めに任ずべきものと規定するとともに，ただし書において，その取締役がその記載もしくは記録，登記または公告をなすについて注意を怠らなかったことを証明したときはこの限りでないとしています。投資者や取引の相手方は，上記の記載・記録や登記・公告に依拠して会社の財務状況や経営状態を判断します。それゆえ，不実の情報開示を信じて第三者が被った直接損害について取締役に損害賠償責任を負わせようとする趣旨です。過失の挙証責任を取締役に転換しています。

違法行為が取締役会の決議に基づいて行われた場合，決議に参加しながら議事録に異議をとどめなかった取締役は，決議に賛成したものと推定されます（会369Ⅴ）。

会社が倒産したこと等により債権回収ができなかった会社債権者は，形振をかまいませんから，とくに名目だけ取締役の地位にある中小企業の取締役に対し，代表取締役等の業務執行に対する監視業務を怠った点に重過失による任務懈怠があったとして，会社法429条1項に基づく責任を追及してくることがあります。しかし現実には，このような**名目的取締役**にワンマン社長の業務執行を是正することは期待できませんし，損害との間に相当因果関係を認めること

199

も困難です。監視義務違反の責任を問うには，違法行為を防止しうべきであったこと，その前提としてこれを知りうべきであったことが必要ですが，職務怠慢であればあるほど知りうべき機会が少なく，防止の可能性が乏しいでしょう。なまじ真面目に監視すると，かえって違法行為を知りえたりしますから，逆に職務怠慢の者が免責されるような矛盾も生じかねません。したがって，報酬も一切受けない等の名目的取締役が重過失による任務懈怠を認定される例は，あまり多くないのではないかと思われます。

とくに中小企業において，正式な選任手続きを経ていないのに取締役として登記されている者，あるいは辞任したのに退任登記のない者が会社法429条1項に基づく責任を追及されることがあります。こういう者は，正確な意味での同条項にいう「取締役」（役員等）には該当しませんが，取締役として登記されることを承諾したり，退任が未登記だと知りながら登記申請を要求せずに放置すると，不実の登記の出現や残存に加功したと評価され，会社法908条2項を類推適用されて，登記が不実であることをもって善意の第三者に対抗できなくなり，その結果，会社法429条との関係でも取締役と同様の扱いを受けることがあります。

3-9 取締役の報酬

民法上，受任者は特約がない限り委任者に対して報酬を請求することができませんが（民648Ⅰ），取締役任用契約は有償契約であるのが原則です。**取締役の報酬**の決定を取締役会または代表取締役に委ねると，いわゆるお手盛りとなったり，株主への情報開示が必ずしも十分でないことから，会社法は，取締役が受けるべき報酬の実質的な内容を，定款または株主総会の決議で定めるべきものとしました（会361Ⅰ柱書）。総会決議をもって定める会社の方が多いものと思われます。

取締役の**報酬形態**は，多様化しているのが現実です。もちろん，年俸・月俸のように確定額で支払われることもあれば，業績に連動した形で報酬額が変動することもあるでしょう（いわゆる業績連動型報酬）。また，社用車・社宅・ゴルフ会員権等（非金銭的報酬）を取締役に役職手当ての一部として支給する会社もあります。したがって，これらの報酬の中身について，総会の実質的審議

を通じてお手盛りの危険を排除してやる必要があります。

　確定金額を報酬とする場合は，定款に定めがない限り報酬額を総会の決議によって定めなければなりません（会361Ⅰ①）。このときは，各取締役の報酬の額を個別的に定める必要はなく，取締役全員の報酬総額または総額の最高限度額を定め，各取締役に配分する額の決定を取締役の合議や取締役会の決定に委ねてもよいと解されています。支給の都度決議する必要はなく，額に変更があるときだけ決議を求めればいいでしょう。取締役会において，総会で定めた総額を配分する場合，どの取締役も特別利害関係人にはあたらず，全員参加の取締役会で決します。取締役会決議で，配分を代表取締役に一任することもできます。取締役の報酬が具体的に定められた後は，この額が会社・取締役間の契約内容となりますから，総会で同人につき無報酬とする決議をしても，同人はこの報酬請求権を失うものではなく，取締役としての同人の職務内容に著しい変更があった場合でも同様です。

　不確定金額を報酬とする場合の例は，先に述べた業績連動型報酬が典型です。これについては，具体的な算定方法を定款に記載するか，株主総会で決定しなければなりません（会361Ⅰ②）。この場合，株主総会における実質的な審議を保障するため，当該事項を定めまたはこれを改訂する議案を提出した取締役は，総会において当該事項を相当とする理由を開示しなければならないものとされています（会361Ⅱ）。ところで，いわゆるストック・オプションもまた業績連動型報酬の類型に属するものですが，これは新株予約権の有利発行（会238，239）として株主総会の特別決議を要し（会309Ⅱ⑥），したがって会社法361条の規整よりも重い要件が課せられているため（第6章3-2-5参照），361条の規整の対象外となっています。

　非金銭型報酬としては，取締役が，たとえば社宅を無償ないしきわめて低廉な家賃で借りているとすれば，本来支払われるべき金銭を潜脱して事実上報酬を受けていると評価することができるでしょう。したがって，このような金銭以外の報酬についても，定款に定めがない限り株主総会においてその具体的な内容を定めるべきものとされています（会361Ⅰ③）。確定金額を報酬とするときと同様に，取締役全員に係る非金銭的報酬の総枠を総会で定めればよいでしょう。この場合もまた，当該事項を定めまたはこれを改訂する議案を提出し

た取締役は，総会において当該事項を相当とする理由を開示しなければなりません（会361Ⅱ）。

　退任した取締役に支給される退職慰労金も，職務執行の対価の後払いという性質上，会社法361条1項の報酬に含まれます。わが国の慣行では，**退職慰労金**については，その贈呈のみを総会で定め，具体的な金額・支給期日・支払方法などの決定を取締役会に一任するのが通例です。退職は個別に生じることが多いので，1人だけ退任するとき総会で金額まで定めれば，個人の支給額がわかってしまうことを嫌うためであるようです。無条件の一任は許されないでしょうが，一定の支給基準に従って額を決定するよう取締役会に一任することまでは禁じられないものと思われます。退職慰労金は，あるいは不確定型報酬に該当すると評価できる側面もありそうです。そうであるとすれば，株主への開示を要求する会社法361条2項の立法趣旨から，この議案を総会に提出し，取締役会への一任を求める取締役は，支給基準が相当である理由を開示する必要があるものと思われます（支給基準の内容が相当である旨の説明が必要でしょう。個人の具体的な報酬額までの開示は要求されないものと思われます）。

　なお，いわゆる賞与についても，これが職務執行の対価としての性質を有する限り，会社法361条1項の文言上，同条項の規整を受けるものと解されます。

3-10　再び取締役とは何か

　取締役に対する法規整は，幾重にも張り巡らされ，会社法の体系書は，精緻な議論を展開しています。会社法を専門的に将来にわたって学ぶ機会の少ない多くの人たちは，いずれ，これらの議論の詳細を忘却することになるのでしょう。これらの人たちのためには，法学者が口を酸っぱくして法理論を説くよりも，わが国の歴史にその名を止める渋沢栄一の戒めの弁を紹介するほうが適当であるかもしれません。明治42年（1909年）に述べられた弁ですが，世の取締役が彼の戒めさえ忠実に遵守すれば，おそらく会社法の出番はあまりないでしょう。

　「いやしくも株主から選ばれて会社経営の局に当たる者は，名誉も資産もことごとく多数から自分に嘱託されたものという覚悟がなくてはならぬ。そうしてこれに自分の財産以上の注意を払わなければならないことはもちろんではあ

るけれども，又一方において重役は常に会社の財産は他人の物であるということを念頭におかなくてはならぬ。一朝自分が株主から信用を失った場合には，何時でもその会社を去らなければならないという覚悟が必要である」。

少なくとも，渋沢栄一の上記の弁だけは頭の片隅に留めてください。偉大な商法学者である松本烝治も言っております。「問題は世道人心に在り，法抑も末なり」と。なお，渋沢栄一を知らない人（知ろうとする意欲すらない人）に社会科学を学ぶ資格はありません。

4 会計参与について学ぶ

4-1 意義および選任・終任

会計参与は，取締役（委員会設置会社では執行役）と共同して，計算書類およびその附属明細書，臨時計算書類ならびに連結計算書類の作成の任に当たる役員です（会374 Ⅰ前段・Ⅵ）。基本的に，どのような機関設計によろうとも，その設置は任意ですが，委員会設置会社を除く取締役会設置会社であって，監査役を置かない非公開会社は，会計参与を置く必要があります（会327 Ⅱ参照）。

員数につき会社法上特段の定めはありません。会計参与は，公認会計士もしくは監査法人または税理士もしくは税理士法人でなければなりません（会333 Ⅰ）。法人が選任された場合には，その社員の中から職務を行うべき者を選定し，これを会社に通知しなければなりません（会333 Ⅱ前段）。

会計参与の欠格事由は以下のとおりです（法人が選任された場合の職務を行うべき社員の欠格事由も含む）。すなわち，① 会社またはその子会社の取締役，監査役もしくは執行役または支配人その他の使用人，② 業務の停止の処分を受けその停止の期間を経過しない者，③ 税理士法の規定により税理士業務を行うことができない者，です（以上，会333 Ⅲ各号，333 Ⅱ後段）。

資格および欠格事由を法定したのは，その業務の専門性と独立性を担保するためです。

選任・解任・任期・欠員が生じた場合の措置については，会社役員のそれとして，取締役と同様の規整に服します（会329, 339, 341, 334 Ⅰ→332, 346 Ⅰ～Ⅲ）。ただし，会計参与は，その選解任または辞任につき，株主総会で意見

を述べること等ができ（会345Ⅰ・Ⅱ），その独立性が保障されています。なお，会計参与を置く旨の定款の定めを廃止した場合には，当該定款の変更の効力が生じた時に任期が満了します（会334Ⅱ）。

　会計参与設置会社である旨ならびに会計参与の氏名・名称および会計参与報告等の法定の資料の備置場所は登記事項です（会911Ⅱ⑯）。

4-2　会計参与の権限および義務

　会計参与には，**計算書類の作成に必要な権限**が付与されます。すなわち，会計参与は，いつでも，会計の会計帳簿またはこれに関する資料を，閲覧または謄写することができ，取締役（委員会設置会社では取締役および執行役）および支配人その他の使用人に対して会計に関する報告を求めることができます（会374Ⅱ・Ⅵ）。また，その職務を行うため必要があるときは，その子会社に対し，会計に関する報告を求め，または会社もしくはその子会社の業務および財産の状況を調査することができます（会374Ⅲ）。ただし，子会社は独立した権利主体ですから，正当な理由がある場合には，会計参与が要求する報告または調査を拒むことができます（会374Ⅳ）。会計参与の権限行使の適性を担保するため，会計参与が職務を遂行するにあたっては，業務停止の処分を受けている者および税理士法により税理士業務を行うことができない者を履行補助者として使用することができません（会374Ⅴ）。

　会計参与が，その職務の執行について費用等を支出したときは，会社に対しこれを求償することができます（会380）。

　会社参与任用契約もまた委任・準委任を中核とする混合契約ですから，会社との関係は委任に関する規定に従い（会330），会計参与は，会社に対し，**善管注意義務**を負います（民644）。

　会社法が定める**会計参与の義務**は以下のとおりです。

　まず，会社法374条1項前段の趣旨から，会計参与は，計算書類の作成につき，取締役（執行役）に対して**協力義務**を負うものと解されます。計算書類を作成する場合には，法務省令で定めるところにより，**会計参与報告**を作成しなければなりません（会374Ⅰ後段）。

　会計参与は，その職務を行うに際して，取締役の職務の執行に関し不正の行

為または法令もしくは定款に違反する重大な事実を発見したときは，遅滞なく，これを株主に，監査役設置会社にあっては監査役に，監査役会設置会社にあっては監査役会に報告しなければならず（会375Ⅰ・Ⅱ），委員会設置会社の会計参与が，取締役または執行役につき同様の事実を発見したときは，遅滞なくこれを監査委員会に報告しなければなりません（会375Ⅲ）。

取締役会設置会社の会計参与（これが法人である場合はその職務を行うべき社員）は，計算書類等・連結計算書類を承認する取締役会（会436Ⅲ，441Ⅲ，444Ⅴ）に出席する義務を負い，必要があるときは当該取締役会で意見を述べなければなりません（会376Ⅰ）。このため会社法は，かかる取締役会に会計参与が出席できるよう手続きを整備しています（会376Ⅱ・Ⅲ）。

計算書類・連結計算書類の作成に関する事項について会計参与が取締役（執行役）と意見を異にするときは，会計参与（法人会計参与の職務執行社員）は，株主総会において意見を述べることができます（会377）。

会計参与は，①各事業年度に係る計算書類およびその附属明細書ならびに会計参与報告，②臨時計算書類および会計参与報告を，①については，定時株主総会の日の1週間前の日（取締役会設置会社では2週間前の日）から，開催省略の場合は提案があった日から，5年間，②については，作成した日から5年間，当該会計参与が定めた場所に備え置かなければなりません（会374Ⅰ）。株主および会社債権者は，会社の営業時間内（会計参与が請求に応ずることが困難な場合として法務省令で定める場合を除く）は，いつでも，これら資料の閲覧請求や，会計参与の定めた費用を支払って謄本・抄本等の交付の請求ができます（会378Ⅱ）。また，親会社の社員も，その権利を行使するため必要があるときは，裁判所の許可を得て，同様の請求ができます（会378Ⅲ）。会計参与が定めた資料等の設置場所は登記事項です（会911Ⅲ⑯）。

4-3 損害賠償責任および報酬

会計参与もまた，会社役員として，任務懈怠の場合には会社に対して**損害賠償責任**を負い（会423Ⅰ），この責任は総株主の同意がなければ免除できません（会424）。しかし，職務執行上，悪意重過失がなければ，株主総会の特別決議により（会309Ⅱ⑧），その損害賠償責任を，①その実質年俸の2年分，②ス

トック・オプションとしての新株予約権の行使・譲渡によって得た利益の合計額を限度とすることができること，取締役の責任免除と同様であり（会425Ⅰ①ハ・②），取締役等による責任免除に関する定款の定めを設けることができることも，あらかじめ定款をもって責任限定契約を締結できる旨を定めておくことができることも，取締役の場合と同様です（以上，会426，427）。

　会計参与が，その職務を行うにつき悪意または重過失があったときは，第三者に対してもまた，損害賠償責任を負うことも取締役と同様です（会429Ⅰ）。会計参与が，計算書類およびその附属明細書，臨時計算書ならびに会計参与報告に記載・記録すべき重大な事項についての虚偽の記載・記録をなしたときも，これによって第三者に生じた損害を賠償しなければなりません（会429Ⅱ②）。

　会計参与の報酬は，定款にその額を定めていないときは，株主総会の決議によって定められます（会379Ⅰ）。複数の会計参与がいる場合に，個別の報酬につき特段の定めまたは決議がないときは，定款または決議によって認められた報酬等の範囲内で会計参与が協議して定めることになります（会379Ⅱ）。会計参与（法人である場合は職務執行社員）は，株主総会において，その報酬等について意見を述べることができます（会379Ⅲ）。

5　監査役について学ぶ

5-1　監査役の意義

　監査役は，取締役（会計参与設置会社にあっては，取締役および会計参与）の職務の執行を監査する機関です（会381Ⅰ前段）。委員会設置会社を除く公開会社または会計監査人設置会社にあっては，必ず監査役を置かなければなりません（会327Ⅱ・Ⅲ）。

　監査役の資格・職務内容等は，機関設計や定款の定めによって大きく異なります。そのイメージの概略を述べれば，監査役会設置会社では，常勤監査役，社外監査役を含めた3人以上の監査役が監査役会を組織して，会計監査人を置いた場合はこれと連携しつつ，業務および会計の両面の監査を行います。監査役設置会社の監査役は，会計監査人を置いた場合はこれと連携しつつ，やはり業務および会計の両面の監査を行います。これに対し，監査役会設置会社およ

び会計監査人設置会社を除く非公開会社にあっては，監査役の職務権限を会計監査に限る旨の定款の定めを設けることが許され，この場合には監査役は会計監査のみを行うことになります。

　上述のような差異が設けられたのは，経営が複雑化・専門化（国際化も含む）して，専門知識がなければ十分な監査を行うことが困難な会社もあれば，取締役の業務執行に実効性をともなう監査権限を行使しうる人材を得るのが困難な会社もあるという，わが国の株式会社の現実のあり様が反映された結果でしょう。

5-2　監査役の選任・終任

5-2-1　監査役の資格と員数

　監査役に一定の**欠格事由**が定められていることは，取締役と同様です（会335Ⅰ→331Ⅰ）。欠格事由に該当する者を監査役に選任してもその選任は無効であること，監査役が在任中に欠格事由に該当することになればその地位に留まれないことも同様です。

　監査役たりうる資格についても，会社法に別段の規定はありません。公開会社にあっては定款による資格限定に制限があることも取締役と同様です（会335Ⅰ→331Ⅱ）。

　監査役は，会社もしくは子会社の取締役もしくは支配人その他の使用人，または子会社の会計参与（法人であるときは職務執行社員）もしくは執行役を兼ねることができません（会335Ⅱ）。監査する者とされる者とが同一であっては，監査の実が上がりません。子会社の取締役等を兼任したのでは，監査役の地位の独立性が担保されるとは限りません。そのため，上記のような**兼任禁止規定**が設けられています。兼任禁止に抵触する者が監査役に選任された場合には，その者が監査役への就任を承諾すれば，会社法335条2項の規定により当然に，従前の地位を辞任するまでもなく，兼任が禁止される従前の地位を失うものと解されます。

　監査役の員数については，1人以上で定款において自由にこれを定めることができます。しかし，監査役会設置会社にあっては，監査役は3人以上で，そのうち半数以上は**社外監査役**（過去に当該会社またはその子会社の取締役，会計

参与（法人であるときは職務執行社員）もしくは執行役または支配人その他の使用人となったことがない者（会2⑯））でなければならず、かつ監査役会において**常勤の監査役**（会社の営業時間中監査の職務に専念する義務を負う監査役）を定めなければなりません（335Ⅲ, 390Ⅲ）。

5-2-2 監査役の選任

監査役も原則として株主総会で選出され（会329Ⅰ），その**選任決議**の定足数につき特則があります（会341）。その選任決議は普通決議事項です。監査役の選任には累積投票は認められません。また，取締役の場合と異なり，その選任につき（解任についても同様），監査役がその総会において意見を述べることができます（会345Ⅳ→345Ⅰ）。監査役の選解任議案は，原則として取締役または取締役会によって最終決定されますが，監査役の独立性を保障すべく，このような**意見陳述権**を与えて，その選解任に監査役の意向を尊重する機会を設けたのでしょう。監査役が総会において意見の陳述を求めたにもかかわらず，その機会が与えられなかった場合は，決議取消原因に該当します（会831Ⅰ①）。

さらに会社法は，監査役の独立性を確固たるものにすべく，監査役の選任について取締役がその議案を総会に提出するには，**監査役の同意，監査役の過半数の同意**（監査役が複数の場合），監査役会設置会社にあっては**監査役会の同意**を得ることを要し（会343Ⅰ・Ⅲ），監査役または監査役会設置会社における監査役会は，監査役の選任を株主総会の目的とすること，またはその選任に関する議案を総会に提出するよう請求することができます（会343Ⅱ・Ⅲ）。監査役または監査役会設置会社における監査役会は，取締役に対し，会計監査人の選解任を総会の目的とすることを請求すること，会計監査人の非再任を総会の目的とすること，その選任に関する議案の提出を請求することもできます（会344Ⅱ各号・Ⅲ）。

その選任につき，内容の異なる数種の株式が発行されている場合には，定款の定めに従って，各種類の株主の総会において監査役が選任されることも，取締役の場合と同様です（会347Ⅱ）。

なお，選任決議の際に，法務省令で定めるところにより，欠員が生じた場合に備えて補欠の監査役を選任できることも取締役と同様です（会329Ⅱ）。

監査役設置会社（監査役の権限を会計に関するものに制限する定款の定めある場合を含む）である旨および監査役の氏名は登記しなければなりません（会911Ⅲ⑰）。監査役会設置会社である旨および監査役のうち社外監査役である者につきその旨もまた登記事項です（会911Ⅲ⑱）。

5-2-3 監査役の終任

会社の解散の場合を除き，監査役の終任事由，総会決議による解任，損害賠償請求権等，欠員の場合の措置については，取締役と同様です（会330，339，346）。ただし，監査役の解任決議は，特別決議によらなければなりません（会309Ⅱ⑦）。監査役の解任決議については，選任の場合と同様，監査役に意見陳述権があります（会345Ⅳ→345Ⅰ）。

監査役の任期は，選任後4年以内に終了する事業年度のうち最終のものに関する定時総会の終結の時までです（会336Ⅰ）。ただし，非公開会社にあっては，定款によって，その任期を選任後10年以内に終了する事業年度のうち最終のものに関する定時総会の終結の時まで伸長することができます（会336Ⅱ）。以上の規定にかかわらず，定款をもって，任期の満了前に退任した監査役の補欠として選任された監査役の任期を，退任した監査役の任期の満了すべき時までとすることができます（会336Ⅲ）。会社が定款を変更して，①監査役を置く旨の定めを廃止したとき，②委員会設置会社としたとき，③監査役の職務権限を会計に関するものに限る旨の定めを廃止したとき，④発行する全株式の内容としての株式譲渡制限の定めを廃止したとき，は，監査役の任期は，当該定款の変更の効力が生じた時に満了します（会336Ⅳ各号）。

法に定める場合にその任期が短縮される場合を除き，監査役の法定の任期を定款または選任決議によって短縮することは認められません（会332Ⅰただし書対照）。さらに，監査役の任期は，取締役のそれより長く法定されています。監査役の地位を強化し，その独立性を担保する趣旨です。監査役の任期については，監査役の職務権限等にかかわらず，共通です。

監査役が終任したときは，会社は，その登記をしなければなりません（会911Ⅲ⑰）。

監査役の選任決議に瑕疵がある等の場合における職務執行停止や代行者選任

の仮処分手続きに基づく登記についても、取締役の場合と同様です（会917①）。

5-3 監査役の職務権限

5-3-1 総説

会社法は、監査役が取締役（会計参与設置会社にあっては、取締役および会計参与）の職務の執行を監査する旨を規定しています（会381Ⅰ前段）。これは、監査役が、会計監査を含む取締役の業務執行一般を監査する権限を有することを意味します。しかし、監査役会設置会社および会計監査人設置会社を除く非公開会社であって、監査役の監査の範囲を会計に関するものに限定する旨の定款の定めのある会社の監査役の職務は、取締役が総会に提出しようとする会計に関する書類を調査し、総会に自己の意見を報告するという、会計監査に限られます（会389参照）。

監査役による**業務監査**は、業務執行の**適法性の監査**に限られると一般に解されています。取締役会設置会社にあっては、取締役会が業務執行の妥当性を監督するという建前で立法されており（会362Ⅱ②）、また監査役に業務執行の妥当性の監査を要求するのは事実上困難であるからです。もっとも、取締役の職務執行が著しく不当であることは、取締役の善管注意義務（民644）ないし忠実義務（会355）違反に他ならず、法令違反として、違法性監査の問題に帰着します。したがって監査役は、取締役の職務執行に不当な点はないかという姿勢でこれを監査することになります。

監査役が複数いる場合でも、その権限は、他の監査役に拘束されず、単独で行使できるのが原則です（**独任性**）。適法か否かの判断は多数決になじまないからです。なお、監査役会設置会社における監査役会については後述します（本章5-4）。

5-3-2 監査役の具体的諸権限

① **取締役会への出席義務等**……監査役は、取締役会に出席して、必要があると認めるときは、意見を述べなければなりません（会383Ⅰ本文）。ただし、特別取締役による議決の定め（会373Ⅰ）があるときは、複数の監査人があれば、その互選によりこれに出席すべき監査役を定めることができます（会383

Ⅰただし書)。取締役の業務報告を聞き，取締役の討議を聞いて業務執行に関する情報を得るとともに，監査の立場から意見を述べ，取締役会において違法または著しく不当な決議がなされるのを防止するのです。そのため，取締役会の招集通知は監査役にも発せられます（会368Ⅰかっこ書）。監査役は，取締役が不正の行為をし，もしくは当該行為をするおそれがあると認めるとき，または法令もしくは定款に違反する事実もしくは著しく不当な事実があると認めるときは，取締役（取締役会設置会社にあっては取締役会）にその旨を報告しなければならず（会382），この場合に，必要があるときは取締役会（特別取締役によるものを除く，会383Ⅳ）の招集を請求することができ（会383Ⅱ），請求しても所定の時期に取締役会が招集されないときは，自ら取締役会を招集することができます（会383Ⅲ）。

② **事業報告請求権**と**業務財産調査権**……監査役は何時でも取締役および会計参与ならびに支配人その他の使用人に対し，事業の報告を求め，または会社の業務および財産の状況を調査することができます（会381Ⅱ）。その調査方法に制限はなく，必要ならば補助者を使用することもでき，補助者の報酬を会社に負担させることもできます（会388参照）。さらに，親会社の監査役は，その職務を行うため必要があるときは，子会社に対し，事業の報告を求め，または子会社の業務および財産の状況を調査することができます（会381Ⅲ）。もっとも親会社の監査役の権限濫用を防止し，子会社の保護を図ることも必要ですから，子会社は，正当の理由があるときは，親会社の監査役の報告の要求または調査を拒むことができます（会381Ⅳ）。取締役は，会社に著しい損害を及ぼすおそれのある事実を発見したときは，直ちに監査役にこれを報告しなければなりません（会357Ⅰ，なお監査役を設置しない会社にあっては，株主に対して報告する）。

③ **取締役の違法行為の差止め**……以上のようにして情報を収集した結果，取締役が会社の目的の範囲外の行為その他法令もしくは定款に違反する行為をし，またはこれらの行為をしそうであると判明し，それによって会社に著しい損害を生じるおそれがあれば，監査役は，取締役に対しその行為を止めるよう請求することができます（会385Ⅰ）。監査役の請求にもかかわらず，取締役がその行為を止めないときは，取締役を相手にその行為の差止めの訴えを提起し，

これを本案として仮処分を申請することになりますが，裁判所は，差止命令を発するにあたり，監査役に担保を立てさせる必要がありません（会385Ⅱ）。

④ **総会提出議案・書類の調査報告義務**……監査役は，取締役が株主総会に提出しようとする議案，書類その他法務省令で定めるものを調査し，法令もしくは定款に違反しまたは著しく不当な事項があると認めるときは，総会にその調査の結果を報告しなければなりません（会384）。監査役にその調査の結果を報告させることによって，総会が違法ないし著しく不当な決議をすることを防止する趣旨です。計算書類はもちろん，総会招集通知に添付される参考資料等もすべて調査対象です。

⑤ **各種の訴権・訴訟代表**……監査役設置会社が取締役（取締役であった者を含む，以下同じ）に対し，または取締役が会社に対し訴えを提起する場合には，その訴えについては監査役が会社を代表します（会386Ⅰ），なお監査役の職務権限が会計監査に限られる会社では取締役会または株主総会の定める者が代表者となります（会353, 364）。監査役は，これ以外にも，各種の会社法上の訴えを提起したり，各種の申立てをなす権限を有しています（たとえば会828Ⅱ，831など参照）。

5-4 監査役会

先に述べたように（本章5-2-1），監査役会設置においては，監査役は，半数以上の社外監査役を含む3人以上の員数で構成され，その中から常勤監査役を選定しなければなりません（会335Ⅲ，390Ⅲ）。そして，これら監査役の全員で**監査役会**を組織します（会390Ⅰ）。

監査役会を組織する趣旨は，役割りを分担して各々の監査役が調査した結果を持ち寄り，情報を交換し，それに基づく各監査役の意見を相互に検証し合うことによって，組織的な監査を実施し，適切な監査意見の形成を図り，監査の実効性を高める点にあります。それゆえ，監査役会制度の下でも，各監査役は**独任制機関**としての性格を維持しています。

監査役の独任制機関としての長所を損なわないよう，監査役会の法定権限は限られたものになっています。すなわち，監査役会は，①監査報告の作成，②常勤監査役の選定および解職，③監査の方針，会社の業務および財産の状

況の調査の方法その他の監査役の職務の執行に関する事項の決定，という職務を担います（会390Ⅱ各号）。職務分担や役割分担を定めて，組織的監査を可能にさせる趣旨です。しかし，決議によって，各監査役の権限の行使を妨げることはできません（会390Ⅱ柱書ただし書）。たとえば，個々の監査役の有する事業報告請求権・業務財産調査権（会381Ⅱ）や取締役の違法行為の差止請求権（会385）などを制限することは許されません。また，監査役は，監査役会の求めがあるときは，いつでもその職務の執行の状況を監査役会に報告しなければなりません（会390Ⅳ）。監査役間の情報の共有を円滑に進める趣旨です。

監査役会の決議は，監査役の過半数をもって行うのが原則ですが（会393Ⅰ），会計監査人の解任および会社法425条1項に基づく取締役の責任免除の議案の総会提出への同意にかかる決議は，全員一致をもって行わなければなりません（会340Ⅳ→340Ⅱ，会425Ⅲ①）。各監査役が監査役会の招集権を有するとともに（会391），招集通知，招集手続きの省略，議事録につき取締役会の規定と同様の手当てがなされています（会392，393Ⅱ～Ⅳ，394）。

なお，取締役，会計参与，監査役または会計監査人が監査役の全員に対して監査役会に報告すべき事項を通知したときは，その事項を改めて監査役会に報告する必要はありません（会395）。

5-5　監査役の義務と責任

5-5-1　監査役の義務

会社と監査役との関係は，委任に関する規定に従いますから（会330），監査役は，その職務を遂行するにつき会社に対して善管注意義務を負います（民644）。しかし，監査役は業務執行をなさないので，競業避止義務（会356Ⅰ①参照）や利益相反取引の規整（会356Ⅰ②③参照）等の具体的規定は設けられていません。

5-5-2　監査役の会社に対する責任

監査役がその任務を怠ったときは，その監査役は，会社に対し連帯して損害賠償の責任を負います（会423Ⅰ）。取締役も会社に対して責任を負うときは，監査役・取締役は連帯して責任を負います（会430）。監査役の会社に対する責

任の免除には，総株主の同意を要します（会424Ⅰ）。監査役の会社に対する責任の免除，制限に関しては，取締役の場合と同様の措置に服します（会425〜427）。

監査役会設置会社においては，監査役のなした行為（不作為を含む）が監査役会の決議に基づいてなされたときは，決議に賛成した監査役または議事録に異議をとどめなかった監査役もその行為をしたものとみなされて責任を負う場合があります（会393Ⅳ）。

5-5-3　監査役の第三者に対する責任

監査役がその職務を行うにつき悪意または重大な過失があったときは，その監査役は，第三者に対しても連帯して損害賠償の責任を負います（会429Ⅰ）。また，監査役は，監査報告に記載・記録すべき重要な事項につき虚偽の記載・記録をなした場合には，その記載・記録をなすにつき注意を怠らなかったことを証明しない限り，第三者に対し，連帯して損害賠償責任を負います（会429Ⅱ③）。

5-6　監査役の報酬と監査費用

監査役の任用契約もまた有償委任であり，監査役も報酬請求権を有するものと解されます。**監査役の報酬**は，定款または株主総会の決議で定められなければなりません（会387Ⅰ）。もちろん取締役の報酬と別個に定められなければなりません。監査役はこの議案について意見を述べることができます（会387Ⅲ）。報酬の総額ないし上限が定められた場合には，監査役の協議によって各人への配分額を決定します（会387Ⅱ）。以上のように，報酬の面でも監査役の独立性の確保が図られています。

監査役が職務の執行につき費用の前払いをしたときは，会社はその費用が監査役の職務の執行にとって必要でないことを証明しない限り，これを拒むことができず，また，監査役が職務の執行につき費用の支出をした場合においてその費用および支出の日以後の利息の償還を請求したとき，または債務を負担した場合においてその債務を自己に代わって弁済すべきこと，その債務が弁済期にないときは相当の担保を供すべきことを請求したときは，会社は，その支出

や債務の負担が監査役の職務執行に必要でなかったことを証明しない限り，これらの請求を拒むことができません（会388）。監査役の費用請求を容易にすべく，挙証責任の転換が図られています（対照，民649・650）。

6 委員会設置会社について学ぶ

6-1 委員会設置会社のイメージ

まず，委員会設置会社のおよそのイメージを把握しておきましょう。

この会社には，会社の業務執行権限を有する「**執行役**」が置かれます。そして，執行役の職務執行を社外取締役を含む取締役会が監督することになります。端的に，業務執行自体と業務執行の監督とが分離されるとイメージしてよいと思います。この方式の下では，取締役会は，経営の基本方針などを含む会社の業務の大綱を決定し，取締役および執行役の職務の執行を監督することが主たる使命になります。

この方式を選択した会社には，取締役3人以上（うち過半数が社外取締役）からなる以下の3つの委員会の設置が義務づけられます。すなわち，① **指名委員会**，② **監査委員会**，③ **報酬委員会**がこれです。委員会設置会社という名称の由縁はここにあるのでしょう（会2⑫参照）。①は，取締役（会計参与設置会社にあっては取締役および会計参与）の選任・解任等に関する議案を定める役割りを担います。②は，取締役および執行役の職務執行の監査および監査報告の作成を行う役割りを担います。③は，取締役および執行役が受ける個人別の報酬の内容を定める役割りを担います。

上記の要件を満たす会社では，監査役が設置されません。取締役および執行役は，取締役会による監督と監査委員会による監査を受けることになります。

さらに，委員会設置会社においては，**代表取締役の制度を排除する**一方，執行役中から，取締役会の決議により「**代表執行役**」を選任しなければなりません。代表執行役は，会社を代表し，取締役会の監督下に置かれつつも，会社の業務の決定および執行に大きな権限を有することになります。

この制度を採用した会社は，委員会設置会社である旨を登記しなければなりません（会911Ⅲ㉒）。

6-2　指名委員会

　指名委員会は，取締役3人以上で組織されますが（会400Ⅰ），その過半数は，社外取締役でなければなりません（会400Ⅲ）。委員会設置会社の必要的常設機関です。この制限の範囲内であれば，執行役たる取締役も指名委員を兼ねることができますし，1人の委員が指名委員以外の委員を兼ねることもできます（ただし，執行役は監査委員を兼ねることはできません（会400Ⅳ参照））。**指名委員の選定**は取締役会の決議によります（会400Ⅱ）。

　指名委員会は，株主総会に提出する取締役（会計参与設置会社にあっては取締役および会計参与）の選任および解任に関する議案の内容を決定する権限を有します（会404Ⅰ）。取締役の選任および解任それ自体は，株主総会の決議によってなされることに変わりはありません（会329Ⅰ，339Ⅰ）。つまり，指名委員会は，取締役会に代わって**取締役の選解任議案**を作成することになるのです。委員会の構成員の過半数が社外取締役ですから，取締役の候補者となるには，社外取締役から肯定的な評価を受けなければなりません。このような形で，社外取締役によって取締役の人事に一定の影響が及ぶことが期待されているのです。こうして選出された取締役によって構成された取締役会は，執行役および取締役の業務執行につき，客観的かつ公正な監督権限を行使することができるものと意図されているのです。

6-3　監査委員会

6-3-1　監査委員会の構成

　監査委員会は，取締役3人以上で組織されますが，その過半数は社外取締役でなければなりません（会400Ⅰ・Ⅲ）。委員会設置会社の必要的常設機関です。以上の点は，他の委員会と同様ですが，監査委員会に限っては，当該会社もしくはその子会社の執行役もしくは業務執行取締役またはその子会社の会計参与（法人であるときは職務執行社員）もしくは支配人その他の使用人を兼ねる取締役は，監査委員に就任することが禁じられています（会400Ⅳ）。**監査委員の選定**は取締役会の決議によります（会400Ⅱ）。監査委員会は，後に述べるように，取締役会の内部機関として，取締役および執行役の業務執行の適法性，妥当性

について監査しますから，監査する者とされる者が一致していては監査の実効性に疑義が生じるでしょう。それゆえ，上に述べたような**兼任禁止規定**が設けられているのです。

6-3-2 監査委員会の権限

監査委員会には，① 執行役および取締役（会計参与設置会社にあっては，執行役，取締役および会計参与）の職務の執行の監査権限ならびに監査報告作成権限，② 会計監査人の選解任等の議案の内容の決定権限が与えられています（会 404 Ⅱ 各号）。

すでに概観したように，委員会設置会社を除く取締役会設置会社にあっては，わが会社法は，原則として，取締役の職務執行の監督について，取締役会による「監督」（会 362 Ⅱ ②）と，監査役による「監査」（会 381 Ⅰ 前段）という二重の監督体制を採っています。前者の監督は，業務の適法性および妥当性にまで及び，後者の監査は適法性監査に限られているという点にはすでに言及しました（本章 3-4-1，5-3-1）。適法性の監督ないし監査の点では，両者は競合しますが，監査役に対しては，監査を有効たらしめるとして手段として，すでに概観した取締役の違法行為の差止権をはじめとする具体的権限を付与するとともに（本章 5-3-2），その地位の独立性を保障する措置が構じられていますから，会社法は，監査役による適法性の監査には，より精緻な深い監査を期待しているものと解されます。これに対して，取締役会においては，取締役には上述のような配慮がなされておらず，取締役会は，代表取締役または業務執行取締役の選定・解職権等を通じて，主として大局的な立場から，業務執行の適法性および妥当性について監督することが期待されていると解されています。

委員会設置会社の取締役会にもまた執行役および取締役の職務執行を監督する権限が与えられています（会 416 Ⅰ ②）。したがって，監査委員会の監査権限と取締役会の監督権限との関係の扱いが同様に問題とされます。監査委員会は，取締役をもって構成される組織です。個々の監査委員が，取締役会の構成員たる立場では，妥当性監査に関与する権限を有しながら，監査委員会の構成員たる立場では，このような権限を有しないという区別をすることは，合理性に欠けるでしょう。また，判断材料として与えられる情報は，取締役会に与えられ

217

るそれと共通のものでしょう。そうであるとすれば，監査委員会は，妥当性監査を行うに足る情報を有していることになり，**監査委員会の監査権限**は適法性・妥当性の双方に及ぶと解されることになります。また，監査委員会またはそれを組織する取締役には，以下に観るように，会社法で監査役に与えられている業務財産調査権等の権限が与えられており，社外取締役が過半数を占めていることおよび執行役等との兼任禁止など業務執行担当者からの独立性を有していますから，**より精緻な監査**が期待されていることは，監査役設置会社における監査役と同様です。

　監査委員会が指名する監査委員には，以下のような**具体的権限**が与えられています。すなわち，①取締役，執行役および支配人その他の使用人に対する職務執行に関する事項の報告請求権または業務財産状況の調査権（会405Ⅰ），②子会社に対する事業報告請求権または子会社に対する業務財産状況の調査権（会405Ⅱ，ただし会405Ⅲ）です。しかし，これらの報告の徴求または調査に関する事項について，監査委員会の決議があるときは，指名された監査委員はこれに従わなければなりません（会405Ⅳ）。加えて，各監査委員には，以下のような権限・義務が与えられています。③執行役または取締役が不正の行為をし，もしくはそのような行為をするおそれがあると認めるとき，または法令もしくは定款に反する事実もしくは著しく不当な事実があると認めるときは，監査委員は各自が単独で，遅滞なくその旨を取締役会に報告しなければなりません（会406）。④監査委員は，執行役または取締役が会社の目的の範囲外の行為その他法令もしくは定款に違反する行為をし，またはそのような行為をするおそれがある場合で，当該行為によって会社に著しい損害が生じるおそれがあるときは，当該執行役または取締役に対して，当該行為を止めることを請求することができ，請求したにもかかわらず執行役または取締役がその行為を止めないときは，執行役または取締役を相手にその行為の差止めの訴えを提起し，これを本案として担保を立てることなく仮処分を申請することができます（会407Ⅰ・Ⅱ）。監査委員が，このような権限を有効に発揮できるよう，執行役は，会社に著しい損害を及ぼすおそれのある事実を発見したときは，直ちに監査委員に当該事実を報告しなければならないものとされています（会419Ⅰ）。さらに，監査委員には，一定の場合に⑤会社・取締役間または会社・執行役間の

訴えの代表権限（会408Ⅰ参照），⑥株主代表訴訟関連の権限（会408Ⅲ参照）が与えられています。

監査役設置会社においては，監査役が数人いる場合であっても，監査役は独任制の機関とされていました。しかし，監査委員会制度にあっては，各監査委員が独自の判断で行使できる権限は，緊急性の高い上述の③および④に限られます。それゆえ，監査委員会は原則として**合議制の機関**として他の委員と共に組織的に職務執行を監査し，例外的に独任制の長所を取り入れていると見ることができると思われます。

6-4 報酬委員会

報酬委員会は，取締役3人以上で組織されますが，その過半数は，社外取締役でなければなりません（会400Ⅰ・Ⅲ）。委員会設置会社の必要的常設機関です。**報酬委員の選定**は取締役会の決議によります（会400Ⅱ）。

報酬委員会は，執行役および取締役（会計参与設置会社にあっては，執行役，取締役および会計参与）が受ける**個人別の報酬等の内容を決定**する権限を有します（会404Ⅲ前段）。執行役が会社の支配人その他の使用人を兼ねているときは，当該使用人としての報酬等の内容をも決定します（会404Ⅲ後段）。委員会設置会社以外の会社にあっては，取締役の報酬は定款に定めがない限り株主総会の決議によって定められますが（会361参照），委員会設置会社にあっては，取締役の報酬は報酬委員会がもっぱら決定することになります。

報酬委員会においては，過半数を占める社外取締役の合意がない限り，取締役の報酬を決定することができません。これによって，執行役が欲しいままにお手盛り報酬を決定することが困難になっているのです。

報酬委員会は，執行役および取締役が受ける「個人別の」**報酬等の内容に係る決定に関する方針**を定めなければなりません（会409Ⅰ）。その方針に従って権限を行使することになります（会409Ⅱ）。

具体的な**報酬決定の方法**は以下のとおりです。①執行役または取締役に対して確定的な報酬金額を支給する場合には，上述の内容の決定に関する方針に従い，その個人別の金額を決定しなければなりません（会409Ⅲ①）。②不確定金額を報酬とする場合（業績連動型報酬など）には，上述の内容の決定に関

する方針に従い，執行役または取締役の個人別の具体的な算定方法を決定しなければなりません（会409Ⅲ②）。③金銭以外のものを報酬とする場合にも，報酬委員会は，個人別に報酬の具体的な内容を決定しなければなりません（会409Ⅲ③）。

6-5　各委員会の運営方法等

　すでに述べたように，各委員会は3人以上の取締役で組織されますが，各委員会につき，その過半数は社外取締役でなければなりません（会400Ⅰ・Ⅲ）。このような社外取締役はその旨を登記すべきことになっています（会911Ⅲ㉒イ）。各委員会を組織する取締役は，取締役会の決議によって定められます（会400Ⅱ）。各委員会を組織する取締役の氏名も登記事項です（会911Ⅲ㉔ロ）。各委員会の委員の選定決議は，取締役会の専決事項であり，これを執行役に委ねることは許されません。執行役の業務執行に対する監督の実をあげるためには，各委員会が執行役から独立した存在でなければならないからです。

　各委員会は，社外取締役を核として，会社の業務執行の監督を充実するために設けられます。したがって，この目的を容易に達成するため，取締役および執行役（会計参与も）は委員会の要求があったときは，当該要求があった委員会に出席し，当該委員会の求めた事項について説明をしなければならないことになっています（会411Ⅲ）。

　委員会設置会社にあっては，取締役会を招集すべき取締役が定められていても（会366Ⅰただし書），当該取締役以外の委員会を組織する取締役であって，その所属する委員会が指名する者は，そのような定めにかかわらず，取締役会を招集することができます（会417Ⅰ）。直接に取締役会招集権が与えられているのです。これは，必要迅速に取締役会の開催を可能にすべく認められた権限です。また，各委員会の職務執行を遅滞なく取締役会に報告する機会を与える（次段落参照）ことにも資する配慮です。

　くり返し述べるように，各委員会は，独立の機関でありながら，取締役会を組織する取締役で構成される取締役会の内部機関という性質も合わせ持っています。したがって，取締役たる各委員会委員は，各委員会の権限の行使を通じて取締役会の業務の決定，取締役および執行役の職務執行の監督を的確に実行

することが期待されています。そのためには，取締役会と各委員会との緊密な連携が図られなければなりません。したがって，各委員会を組織する取締役であってその所属する委員会が指名する者は，当該委員会の職務の執行の状況を，取締役会に遅滞なく報告しなければなりません（会417Ⅲ）。

委員会を組織する取締役が，その所属する委員会の権限を行使するため，その職務の執行につき，費用前払請求，支出した費用の償還請求や支出した日以後における利息の償還請求，負担した債務の債権者に対する弁済（当該債務が弁済期にないときは相当の担保の提供）請求を会社に対してなしたときは，会社は，当該請求に係る費用または債務が当該取締役の職務の執行に必要でないことを証明しない限り，これを拒むことができません（会404Ⅳ）。従来型会社において，監査役に認められている費用前払請求権および償還請求権等（会388参照）と同旨の規定です。

欠員の場合の措置等，委員会招集手続き，その手続きの省略，決議方法，議事録の作成閲覧に関しては，取締役会のそれらに準じた規定が用意されています（会401Ⅱ～Ⅳ，410～414）。その要諦は以下のとおりです。すなわち，各委員会は各委員が招集権限を有し，委員会の招集通知も全員の同意があれば省略することができます。委員会の決議は原則として過半数の委員が出席し，出席委員の過半数によって決定されます（取締役会の決定による加重も可能）。特別利害関係人は議決権を有さず，また定足数に算入されません。委員会議事録の作成と保管が義務づけられることも取締役会議事録と同様です。なお，各委員会と取締役会の連携の必要上，取締役は，委員会の議事録について，当該議事録に係る委員会を組織する取締役でない場合であっても，これを閲覧または謄写することができます（会413Ⅱ）。

6-6　執行役および代表執行役

6-6-1　執行役とは何か，取締役会との関係はどうなっているか

執行役は，取締役会の決議に基づいて委任を受けた事項を決定し，会社の業務を執行する機関です（会418各号）。委員会設置会社の必要的常設機関です。

委員会設置会社にあっては，**業務執行権限**は，もっぱら執行役に属します（会418②）。取締役は，会社法または同法に基づく命令に別段の定めのない限

り，取締役たる資格に基づき，委員会設置会社の業務を執行することができません（会415）。

　取締役会は，業務の決定権限ならびに**取締役および執行役**（会計参与も）**の職務執行の監督権限**を有しています（会416Ⅰ①②）。すなわち，委員会設置会社の業務執行の基本的な構図は，取締役会の意思決定に基づいて，その拘束・監督の下，執行役がこれを執行することになるわけですが，後述するように（本章6-6-3（1）），取締役会は，一定の事項を除いて，会社の業務の意思決定を執行役に委任することができるようになっています（会416Ⅳ柱書）。しかも，取締役会設置会社の取締役会が代表取締役に委任できると解される事項よりも，広範な事項を執行役に委任することが許されています（たとえば，準備金の資本金への組入れは，取締役会設置会社では取締役会の専決事項と解されていますが（会448Ⅲ），委員会設置会社では，その決定を執行役に委任することができます）。もちろん，取締役に対しては，取締役会が業務決定を委任できません（会416Ⅲ）。

　このように，業務執行権限を取締役会から執行役へと大幅に集中させる狙いは，執行役が業務執行をなし，取締役会がそれに対する監督をなす，というように，業務執行権限と監督権限とを分離しようという点にあると思われます。つまり，執行役において機動的迅速な業務執行を実施することが可能となり，その業務執行につき，取締役会およびこれと連携した監査委員会による充実した監督・監査をなすことが可能となっているのです。ただし，後述するように（本章6-6-2（2）），取締役が執行役を兼任することは可能であり（会402Ⅵ），執行役兼任取締役の人数や取締役会におけるその比率等については，とくに規整はありません。

6-6-2　執行役の選任・終任

（1）　執行役の員数

　委員会設置会社には1人または2人以上の執行役を置かなければなりません（会402Ⅰ）。なお，執行役が数人いる場合，その職務の分掌および指揮命令関係その他の執行役の相互の関係に関する事項は取締役会が決定することになっています（会416Ⅰ①ハ）。

（2） 資格および欠格事由

執行役であるためには，当該会社の株主である必要がないばかりでなく，定款をもってしても，執行役を株主に限ることは許されません（会402Ⅴ本文）。広く有能な人材を得るためです。ただし，非公開会社にあってはこの限りではありません（会402Ⅴただし書）。

取締役は執行役を兼ねることができます（会402Ⅵ）。取締役兼執行役の人数にも制限はありません。執行役と取締役との兼任を禁止して，執行役全員が非取締役であれば，わが国の風土上，適切かつ円滑な決定や監督は実際問題として困難でしょうし，監督機関である取締役会の構成員たる取締役の中に執行役を兼ねる者がいた方が，会社の業務執行の状況や会社の内情を把握することが容易になり，監督権限をより適切に行使することができるといった点が勘案された結果でしょう。

取締役の欠格事由がそのまま執行役に準用されます（会402Ⅳ→331Ⅰ）。執行役が任期中に欠格事由に該当したときは，当然にその職に留ることができません。

（3） 選任の方法

執行役は，**取締役会**において**選任**されます（会402Ⅱ）。委員会設置会社を設立する場合も設立時取締役が設立時執行役を選任します（会48Ⅰ②）。執行役への就任は，被選任者の承諾を待ってその効果を生じます。執行役を選任したときは，その氏名を登記しなければなりません（会911Ⅲ㉒ロ）。

（4） 執行役の任期

執行役の任期は，就任後1年以内に終了する事業年度のうち最終のものに関する定時株主総会の終結後，最初に招集される取締役会の終結の時までとされています（会402Ⅶ本文）。定款によってその任期を短縮することも可能です（会402Ⅶただし書）。

（5） 執行役の終任

委員会設置会社と執行役との関係は委任に関する規定に従うとされており（会402Ⅲ），民法の委任関係終了の一般事由が**執行役の終了事由**になること，取締役と同様です（本章3-2-7参照）。民法651条に基づき，その事由のいかんを問わず，何時でも**辞任**することができ，会社のために不利な時期に辞任した

ときは，やむをえない事由がない限り，会社に生じた損害を賠償しなければなりません。

執行役は，何時でも取締役会の決議をもって**解任**することができます（会403Ⅰ）。しかし，解任された執行役は，その解任について正当な理由がある場合を除き，会社に対し，これによって生じた損害の賠償を請求することができます（会403Ⅱ）。執行役に対する監督権限は取締役会に属していますから，その監督権が発揮できるように，取締役会が解任権を留保しているのです。

（6）　欠員の場合の措置等

執行役に欠員が生じた場合には，各委員会の委員に欠員が生じた場合の措置等に準じて処理されます（会403Ⅲ→401Ⅱ～Ⅳ）。

6-6-3　執行役の権限

（1）　**取締役会の決議により委任を受けた事項の決定権限**

くり返し述べるように，委員会設置会社の業務執行に関する意思決定権限は，本来取締役会に帰属しています。たとえ取締役会がその決議によって一定の事項を執行役に委任したとしても，取締役会は執行役と共にその事項に関する決定権限を有しているのです。

まず，**委員会設置会社の取締役会の権限**を整理しましょう。委員会設置会社の取締役会は，取締役および執行役の職務執行の監督権限と共に，次の事項その他会社の業務を決定する固有の権限があります。すなわち，①経営の基本方針（会416Ⅰ①イ），②監査委員会の職務の執行のために必要なものとして法務省令で定める事項（会416Ⅰ①ロ），③執行役が数人ある場合における執行役の職務の分掌および指揮命令関係その他の執行役の相互の関係に関する事項（会416Ⅰ①ハ），④執行役から取締役会の招集請求（会417Ⅱ）を受ける取締役（会416Ⅰ①ニ）⑤執行役の職務の執行が法令および定款に適合することを確保するための体制その他会社の業務の適正を確保するために必要なものとして法務省令で定める体制（内部統制システム）の整備（会416Ⅰ①ホ）です。取締役会は，その決議により，上に掲げた5項目および以下の事項を除き，会社の業務の決定を執行役に委任することができます。執行役に委任することができない事項は，上に掲げた5項目（会416Ⅲ）に加えて，①譲渡制限株式の譲渡等

の承認の可否の決定および指定買取人の指定（会416 Ⅳ①），②市場取引等による自己株式取得に関する事項の決定（会416 Ⅳ②），③譲渡制限新株予約権の譲渡等の承認の可否の決定（会416 Ⅳ③），④株主総会の招集事項の決定（会416 Ⅳ④），⑤株主総会に提出する議案（取締役，会計参与および会計監査人の選解任ならびに会計監査人の非再任に関するものを除く）の内容の決定（会416 Ⅳ⑤），⑥執行役および取締役の競業および利益相反取引の承認（会416 Ⅳ⑥），⑦取締役会を招集する取締役の決定（会416 Ⅳ⑦），⑧各委員会の委員の選定および解職（会416 Ⅳ⑧），⑨執行役の選任および解任（会416 Ⅳ⑨），⑩会社と監査委員との間の訴えにおける会社代表者の決定（会416 Ⅳ⑩），⑪代表執行役の選定および解職（会416 Ⅳ⑪），⑫役員等の会社に対する損害賠償責任の免除（会416 Ⅳ⑫），⑬計算書類等，臨時計算書類および連結計算書類の承認（会416 Ⅳ⑬），⑭いわゆる中間配当に関する事項の決定（会416 Ⅳ⑭），⑮事業譲渡等に係る契約（株主総会決議による承認を要しないものを除く）の内容の決定（会416 Ⅳ⑮），⑯合併契約（株主総会決議による承認を要しないものを除く）の内容の決定（会416 Ⅳ⑯），⑰吸収分割契約（株主総会決議による承認を要しないものを除く）の内容の決定（会416 Ⅳ⑰），⑱新設分割計画（株主総会決議による承認を要しないものを除く）の内容の決定（会416 Ⅳ⑱），⑲株式交換契約（株主総会決議による承認を要しないものを除く）の内容の決定（会416 Ⅳ⑲），⑳株式移転計画の内容の決定（会416 Ⅳ⑳），です。

　上記以外の事項について，取締役会は，その事項の決定権限を執行役に委任できます。会社にとって重要な事項でありながら，執行役に決定を委任することができる代表的な具体例としては，①子会社からの自己株式取得（会163），②自己株式の消却（会178 Ⅱ），③所在不明株主の保有株式の売却（会197 Ⅳ），④株式分割（会183 Ⅱ），⑤株式分割の場合の会社の発行可能株式総数の定款の変更（会184 Ⅱ），⑥公開会社における新株の発行，自己株式による準発行の募集事項の決定（会201），⑦同じく新株予約権の発行の募集事項の決定（会240），⑧準備金の資本金への組入れ（会448 Ⅲ），⑨社債の発行の募集事項の決定（会362 Ⅳ⑤対照），などがあります。

　執行役が複数いる場合で，取締役会から大幅な業務執行の決定権限を委任された場合には，執行役間の意思疎通を図るため，意思決定のための会議体が組

織されるのが好都合であることがありうるでしょう（それを執行役会と称するか否かは別問題として）。会社法はこのような任意的な会議体の存在を否定していないものと思われます。

（2） 業務執行権限

くり返し述べるように，委員会設置会社では，取締役は原則として会社の業務を執行することができず（会415），業務の執行権限はもっぱら執行役に帰属します（会418②）。このような執行機関たる側面から見れば，複数の執行役がいる場合であっても，執行役が執行のための会議体を組織することは必ずしも必要ではないでしょう。ただ業務執行といっても実際上は単純なものではありませんから，必要に応じて執行のための会議体を組織することがありえないわけではありません。

6-6-4　執行役の義務等

執行役と会社との関係が委任に関する規定に従うことから（会402Ⅲ），執行役は会社に対し**善管注意義務**を負っており（民644），かつ**忠実義務**をも負っています（会419Ⅱ→355）。

明定された**具体的義務**は以下のようなものです。執行役は，株主総会における説明義務を負わされています（会314）。執行役と会社との競業取引および利益相反取引につき取締役のそれらと同様の規整がなされています（会419Ⅱ→356，365Ⅱ）。なお，執行役の会社に対する責任の追及につき株主代表訴訟が認められています（会847〜853）。

取締役会が執行役に対する監督権限を行使するためには，執行役が行った職務の執行の状況を把握する必要があります。それゆえ，執行役は，3か月に1回以上，取締役会において自己の職務の執行の状況を報告する義務を負います（会417Ⅳ前段）。この場合，執行役は，代理人（他の執行役に限る）により当該報告をすることができます（会417Ⅳ後段）。このような定期的な報告義務に加えて，執行役は，取締役会の要求があったときは，取締役会に出席し，取締役会の求めた事項について説明をしなければなりません（会417Ⅴ）。

また，執行役が業務執行を行うにあたって株主総会や取締役会の決議を必要とすることがありえます。たとえば，株式交換・移転，会社分割，合併等を行

おうとする場合には，株主総会の決議が必要であり（会783Ⅰ，795Ⅰ，804Ⅰ），株主総会の招集には取締役会の決議が必要です（会416Ⅳ④参照）。そのため，執行役は，取締役会で定めた取締役に対し，会議の目的たる事項を示して，取締役会の招集を請求することができます（会417Ⅱ前段）。そして，請求の日から5日以内に当該請求日から2週間以内の日を会日とする取締役会の招集通知が発せられない場合には，執行役が自ら取締役会を招集することができます（会417Ⅱ前段）。

さらに，執行役は，上に述べた取締役会への報告義務に加えて，いずれかの委員会の要求があったときは，当該要求をした委員会に出席し，当該委員会の求めた事項について説明をしなければなりません（会411Ⅲ）。また執行役は，会社に著しい損害を及ぼすおそれのある事実を発見したときは，直ちに監査委員に当該事実を報告しなければなりません（会419Ⅰ）。

6-6-5 代表執行役
（1） 代表執行役の意義

委員会設置会社にあっても，会社を代表する権限を有する者を定める必要があります。委員会設置会社において会社の業務執行権を有するのは執行役ですが，執行役は，それ自体としては会社の代表権限を有するものではありません。会社代表権は，会社の業務執行権の対外的側面ですから，会社代表権を有する者は執行役の中から定められます。

代表執行役とは，執行役の中から定められ，会社を代表する機関をいいます（会420Ⅰ参照）。その会社の執行役の員数が1人である場合においては，当該執行役が当然に代表執行役となりますが，それ以外の場合には取締役会決議により選定された者が代表執行役になります（会420Ⅰ）。代表執行役は1人でも複数人であってもかまいません。代表執行役の氏名および住所は登記事項です（会911Ⅲ㉒ハ）。

なお，委員会等設置会社においては，代表取締役という機関は存在しません。

（2） 代表執行役の権限

代表執行役は，委員会設置会社の業務に関する一切の裁判上または裁判外の行為を行う権限を有します（会420Ⅲ→349Ⅳ）。委員会設置会社を除く株式会

社の代表取締役の権限と同様です。また，代表執行役の権限に加えられた制限が善意の第三者に対抗できないという点も，代表取締役のそれと同様です（会420Ⅲ→349Ⅴ）。欠員の場合の措置等についても代表取締役のその場合の措置と同様です（会420Ⅲ→352，401Ⅱ～Ⅳ）。

（3） 表見代表執行役

代表執行役以外の執行役に，社長，副社長その他会社を代表する権限を有するものと認められる名称を付した場合，会社は，当該執行役がなした行為について，善意の第三者に対して責任を負います（会421）。このような執行役を**表見代表執行役**といいます。この規定は，会社法354条の表見代表取締役の定めに相当するものです。

注意すべきは，委員会設置会社にあっても，表見代表取締役の規定すなわち会社法354条の適用が除外されない点です。会社の商号からは，その会社が従来型の会社なのか委員会設置会社なのかは判然としませんから，その会社に代表取締役制度が存在するか否かも判然としません。それゆえ，委員会設置会社の取締役に，代表取締役とか専務取締役といったような名称を付し，この者が代表行為を行った場合には取引の相手方を保護する必要があります。このことから，会社法354条の適用が排除されなかったのでしょう。

6-7 取締役および取締役会

委員会設置会社の取締役および取締役会のあり様は，委員会設置会社でない取締役会設置会社とはさまざまな点で異なっています。

6-7-1 取締役の任期

委員会設置会社を除く会社の取締役の任期は原則として2年を超えることができないと定められているのに対し（会332Ⅰ），委員会設置会社の取締役のそれは，選任後1年以内に終了する事業年度のうち最終のものに関する定時総会の終結の時までとされています（会332Ⅲ参照，定款による短縮も可）。委員会設置会社においては，取締役会決議のみで，計算書類を確定し，剰余金を配当することが認められ（第5章2-8-2，4-4-2），株主がこれらに関与できない場合が多くなることを勘案して，毎年の定時総会において株主に対して取締役の信任

6 委員会設置会社について学ぶ

を問う機会を与えるという配慮の結果です。

6-7-2　取締役の権限

くり返し述べるように，委員会設置会社の取締役は原則として会社の業務執行をなすことができません（会415）。したがって，業務執行取締役または使用人兼取締役を置くことができません。委員会設置会社の取締役が会社の支配人その他の使用人を兼ねることができない旨は明定されています（会331Ⅲ）。取締役会が，取締役会固有の職務の決定を個々の取締役に委任することができない旨も明定されています（会416Ⅲ）。

6-7-3　取締役会の権限

取締役会は，取締役および執行役（会計参与も）の**監督権限**を有しています（会416Ⅰ②）。取締役会の監督の対象となる取締役の職務執行には，取締役の権限（本章6-7-2）との関係で，業務執行は含まれません。もっぱら，取締役会の構成員として善管注意義務を尽くして意思決定に関与しているか，あるいは，各委員会の構成員として善管注意義務を尽くして職務を執行しているか，という側面を監督することになります。

取締役会において専決すべき事項（会416Ⅰ①参照）および取締役会が執行役に委任できない事項（会416Ⅳ各号参照）については，すでに述べました（本章6-6-3（1））。

6-8　執行役の責任

執行役については，社外取締役が過半数を占める3つの委員会の設置により，その業務執行に対する取締役会の監督権限・監督機能が格段に強化されています。したがって，執行役の責任もまた**過失責任を原則**としています。

執行役の民事責任も，会社に対する責任と第三者に対する責任とがあります。

6-8-1　執行役の会社に対する責任
（1）　任務懈怠に基づく責任

委員会設置会社においては，執行役も会社と委任関係にありますから（会

402Ⅲ），執行役がその任務を怠ったときは，会社に対して，これによって会社に生じた損害の賠償責任を負うのは当然のことです（会423Ⅰ）。

　取締役会設置会社では，取締役の任務懈怠行為が取締役会の決議に基づいてなされたときは，取締役会に出席して議事録に異議を止めなければ決議に賛成したものと推定されます（会369Ⅴ）。しかし，委員会設置会社の取締役は，もっぱら監督のみを行うことから，ある執行役の違法行為が取締役会決議に基づいてなされ，ある取締役が当該決議に賛成した場合であっても，その取締役は賛成したことにつき任務懈怠（善管注意義務違反）がない限りは責任を負いません。

　執行役が競業避止義務に違反して競業取引をした場合の会社の損害額の推定規定については，取締役のそれと同様です（会423Ⅱ）。上のような，執行役の任務懈怠に基づく責任は，総株主の同意がなければ免除することができません（会424）。

　取締役が会社に対して負う責任につき，取締役が職務を行う際に善意でかつ重大な過失がないときは，その賠償責任が一定の手続きの下に軽減を認められることはすでに述べました（本章3-8-2参照）。委員会設置会社の執行役の任務懈怠に基づく損害賠償責任の軽減に関しても，同様の規整を受けます。

　委員会等設置会社の取締役の任務懈怠に基づく損害賠償責任の軽減については，株主総会に責任免除に関する議案を提出する場合および定款を変更して責任免除に関する定めを設ける議案を提出する場合ならびに定款に基づく責任免除に関する議案を取締役会に提出する場合には，各監査委員の同意が必要になります。ただし，責任免除の対象となる取締役が監査委員である場合には，この限りではありません（以上，会425Ⅲ②・Ⅱ）。

　社外取締役の任務懈怠に基づく損害賠償責任の軽減については，定款を変更して責任制限契約に関する定めを設ける議案を株主総会に提出するには各監査委員の同意が必要ですが（会427Ⅲ→425Ⅲ②），当該社外取締役が監査委員である場合には，この限りではありません（会427Ⅲかっこ書）。

　執行役の任務懈怠に基づく損害賠償責任の軽減についても，取締役と同様の規定が適用されます（会425〜428）。この場合において，代表執行役の軽減限度額は，代表取締役のそれと同様ということになります（会425Ⅰ①イ参照）。

（2） 財源規整に違反する剰余金の配当等に係る弁済責任，剰余金の分配に係る塡補責任

これらの執行役の責任は，委員会設置会社を除く会社の業務執行者のそれと同様です（会462〜465，本章3-8-1④⑤参照）。

（3） 株主権の行使に関する利益供与

この責任についても，執行役は，取締役のそれと同様の責任を負います（会120 Ⅳ・Ⅴ，本章3-8-1③参照）。

（4） 利益相反行為

これについても，執行役は，取締役と同様の責任を負います（会423 Ⅲ，本章3-8-1②参照）。

6-8-2　執行役の第三者に対する責任

（1） 悪意重過失による職務執行

執行役がその職務を行うについて悪意または重大な過失があったときは，当該執行役は，これによって第三者に生じた損害を賠償する責任を負います（会429 Ⅰ）。取締役に認められる責任と同様のものです（本章3-8-3参照）。

（2） 重要書類への虚偽記載，虚偽登記等

監査委員が，監査委員会の監査報告に記載・記録すべき重要な事項につき虚偽の記載・記録をし，または監査委員会において当該記載・記録のある監査報告の決議に賛成したときは，当該記載・記録をし，または賛成をすることについて注意を怠らなかったことを証明できない限り，これによって第三者に生じた損害を賠償しなければなりません（会429 Ⅱ③）。この監査委員会の決議については，会社法412条5項が適用されます。

執行役が，会社法429条2項1号に掲げる行為をしたときも，その記載もしくは記録，登記または公告をするについて注意を怠らなかったことを証明しない限り，これによって第三者に生じた損害を賠償する義務を負います（本章3-8-3の取締役の責任を参照のこと）。

（3） 取締役および執行役の連帯責任

取締役または執行役が会社または第三者に生じた損害賠償義務を負う場合において，他の取締役または他の執行役も当該損害を賠償する義務を負うときは，

これらの者は連帯債務者となります（会430）。

7　検査役について学ぶ

7-1　検査役とは何か

検査役とは，法定の事項を調査するために臨時に選任される機関です。常設機関ではありません。

7-2　検査役の選任

検査役の選任には，裁判所による場合と株主総会による場合とがあります。

その資格や員数について，とくに法定されているわけではありませんが，その性質上，取締役，執行役，監査役または支配人その他の従業員は検査役を兼ねることができません。裁判所は，弁護士や公認会計士からこれを選任することが多いようです。

裁判所が検査役を選任する場合としては，①変態設立事項の調査（会33 I），②株主総会招集手続きおよび決議方法の調査（会306 I），③新株発行時の現物出資財産価額の調査（会207 I）などがあります。

創立総会が検査役を選任する場合（会94 I）もあります。

7-3　業務執行検査役

検査役のうち，重要なものとして，会社の業務執行の適正化を図る手段として有益な業務執行検査役制度を概観しておきましょう。

会社の業務の執行に関し，不正の行為または法令もしくは定款に違反する重大な事実があることを疑うに足る事由があるときは，総株主（総会において決議をすることができる事項の全部につき議決権を行使することができない株主を除く）の議決権の100分の3（これを下回る割合いを定款で定めた場合にはその割合い）以上の議決権を有する株主または発行済株式（自己株式を除く）の100分の3（これを下回る割合いを定款で定めた場合にはその割合い）以上の数の株式を有する株主は，当該会社の業務および財産の状況を調査させるため，裁判所に対し，検査役の選任の申立てをすることができます（会358 I）。

管轄裁判所は，会社の本店所在地を管轄する地方裁判所です（会868 I）。この申立てに際し，裁判所は，不適法を理由にこれを却下する場合を除いて，必ず検査役を選任しなければなりません（会358 II）。検査役の調査の対象に特段の制限はなく（かりに株主が自ら調査しようとすれば，対象は会計の帳簿・資料に限られる——会433対照），その職務を行うため必要があるときは，子会社の業務および財産の状況をも調査することができます（会358 IV）。検査の費用および検査役の報酬は会社の負担に帰しますが，裁判所は，その報酬の額を定めることができます（会358 III）。

必要な調査を行った検査役は，その調査の結果を書面または電磁的記録により裁判所に提出して，報告しなければなりません（会358 V）。同時に検査役は，当該会社および検査役選任の申立てを行った株主に対しても，報告の書面の写しまたは電磁的記録を交付・提供しなければなりません（会358 VII）。

報告を受けた裁判所は，その内容を明瞭にし，またはその根拠を確認するため必要があると認めるときは，さらに追加の報告を求めることができ（会358 VI），この場合には，検査役はさらに必要な調査を実施し，裁判所への報告義務を果たすとともに，会社および申立てをした株主に対し，追加報告書の写し等を交付・提供しなければなりません。

検査役から報告を受けた裁判所は，必要があると認めるときは，対象会社の取締役に対し，一定の期間内に株主総会を招集することまたは検査役がした調査の結果を株主に通知すること，の全部または一部の措置を執るよう命じなければなりません（会359 I）。裁判所が，対象会社の取締役に株主総会招集の措置を講じるよう命じた場合には，取締役は，検査役の調査報告の内容を総会において開示しなければならず（会359 II），対象会社の取締役（監査役設置会社にあっては取締役および監査役）は，検査役の報告の内容を調査し，その結果を株主総会に報告しなければなりません（会359 III）。

このように，業務執行検査役を活用することは，株主が取締役等の責任を追及する手段として，大きな意義があるといえます。

7-4　会社と検査役の関係

会社と検査役の関係は準委任（民656）であり，検査役は会社に対し善管注

意義務（民644）を負います。報酬は会社から支弁されます。

8　CEO／COOとは

　近時，委員会設置会社を中心に（これらの会社は，米国流のコーポレート・ガバナンスを取り入れていることもあって），役員にCEOとかCOOという名称を付す会社が増加しています。本章の最後にこれらの名称につき，解説をしておきます。

　CEOは，Chief Executive Officerの略で，一般に「**最高経営責任者**」と訳されます。一方，COOは，Chief Operating Officerの略で，一般に「**最高執行責任者**」と訳されます。CEOという名称をわが国に最初に導入したのは，ダイエー創業者として知られる中内㓛であったといわれています。

　今日のわが国の役員体制との兼合いでは，会長がCEO，社長がCOOに相当するという理解が趨勢のようです。たとえばソニーでは，代表執行役会長がソニー・グループのCEO，代表執行役社長が同じくCOOとされています。ともにソニーの取締役を兼務しています。

　以上のほか，財務の最高責任者として，CFO（Chief Financial Officer）を置く会社も増加しています。さらに，より高度に専門化した経営に対応すべく，情報戦略の責任者として，CIO（Chief Information Officer）や，インターネットの普及等の今日的状況を反映して，個人情報等の保護責任者たるCPO（Chief Privacy Officer）を置く会社もあります。

第5章 株式会社の会計を明朗にする

1 計算規整の必要性

　会社法431条以下，すなわち会社法第2編第5章は，「計算等」と題されて，465条までの規定が置かれています。ここに「**計算**」とは「**会計**」という意味であると理解してください。

　株式会社は，多くの株主が参加し出資した資金によって事業を展開し，そこから得た利益を株主に分配するためにこそ存在しています。まず，株式会社は当然に商人ですから，営利の追求という目的を達成しなければなりません。この目的を達成するには合理的な経営が必要ですが，そのためには自社の財産状況や損益状況を具体的な数字で知っておかなければなりません。また，株主にとっても，自己が投資した会社がどれだけの利益を得ているかを知ることは，剰余金の配当を受けるうえできわめて重要です。株式会社の債権者にとっては，会社財産が自己の債権の唯一の引当てですから，会社の財産および損益の状況が明確にされ，その財産的基礎が確保されることが必要です。以上のような理由から，会社法は，多数の強行規定を設けて，株式会社の計算を規整しているのです。

　なお，株式会社に対する会計規整は，会社法だけでなくほかの法令によってもなされています。証券取引法，税法，その他公共事業関係諸法に規定があります。ここでは，会社法の規整に限って言及することにします。

2 株式会社の決算手続き

2-1 計算書類の作成・保存義務

　会社は，その事業上の財産および損益の状況を明らかにすべく，適時に正確

な会計帳簿（日記帳・仕訳帳・元帳など）および各事業年度に係る計算書類（貸借対照表，損益計算書その他会社の財産および損益の状況を示すために必要かつ適当なものとして法務省令で定めるもの）を作成しなければなりません（会432Ⅰ，435Ⅱ・Ⅲ）。また，各事業年度に係る事業報告書およびこれらの附属明細書の作成も強制されています（会435Ⅱ・Ⅲ参照）。

　会社法は，会計の一般原則として，その431条に「株式会社の会計は，一般に公正妥当と認められる企業会計の慣行に従うものとする。」旨の規定を設けました。企業会計慣行は，時代とともに発展・充実するでしょうから，会計帳簿に表示すべき資産の評価，計算書類の作成方法や財産の評価方法は，法務省令に委ねられます。

　会社は，会計帳簿の閉鎖の時から10年間，その会計帳簿およびその事業に関する重要な資料を保存する義務があり（会432Ⅱ），同じく計算書類を作成した時から10年間，当該計算書類およびその附属明細書を保存しなければなりません（会435Ⅳ）。

　総株主（株主総会において決議をすることができる事項の全部につき議決権を行使することができない株主を除く）の議決権の100分の3（これを下回る割合いを定款で定めた場合にはその割合い）以上の以上の議決権を有する株主または発行済株式（自己株式を除く）の100分の3（これを下回る割合いを定款で定めた場合にはその割合い）以上の株式を有する株主は，その理由を明らかにしたうえで，会社の営業時間内いつでも，会計帳簿またはこれに関する資料の閲覧・謄写の請求が可能です（会433Ⅰ）。親会社の社員も，その権利を行使するため必要があるときは，その理由を明らかにしたうえで，裁判所の許可を得て，同様の請求ができます（会433Ⅲ）。このような請求に際し，会社は，一定の法定事由に該当する場合を除き，これを拒むことができません（会433Ⅱ各号参照）。裁判所の許可は，一定の法定事由があるときは与えられません（会433Ⅳ）。

　なお裁判所は，申立てによりまたは職権で，訴訟の当事者に対し，会計帳簿の全部または一部の提出を命じることができます（会434）。

2-2　計算書類の内容

2-2-1　貸借対照表

　事業年度に係る貸借対照表は，決算期時点の財産状態を表す一覧表として作成されます。その記載または記録の方法は，他の計算書および附属明細書もすべて同様ですが，法務省令の定め（会社法施行規則，会計計算規則）に委ねられます（会435Ⅱ参照）。従来わが国の会社会計は，商法会計（会社法会計），証券取引会計および税務会計という，それぞれ目的の異なる別個の会計制度が併存してきましたが，とりわけ商法会計と証券取引会計とは，規整目的に相互に密接に関係するところが多く，今後の変化にも迅速に対応する必要があるため，これらを必要な範囲で合理的に調和させるためにも，処理準則を法務省令に委ねることが適当であるとされたのでしょう。

　貸借対照表は，会社が現に有する財産と会社が有すべき財産とを対照表にして作成されます。すなわち，資産の部は，対照表の借方として，負債の部と資本の部は，対照表の貸方として作成されます。勘定式では借方が左側，貸方が右側に表示されます。

　おおまかに言えば，資産の部には，会社が保有する物（動産，不動産），権利（債権，無体財産権等）またはその他の財産的価値のあるもの（有償取得した・のれん等）が掲げられます。流動資産，固定資産，繰延資産（すでに支出された費用であるが，その効果が次期以降にも及ぶ場合の支出を資産的に評価し，次期以降に漸次償却していくもの――たとえば，創業費，開業準備費，試験研究開発費，新株または社債発行費用，社債差額）に区分され，固定資産の部は，有形固定資産，無形固定資産および投資などの各部に区分されます。くり返し述べるように，資産の評価方法は法務省令（商法施行規則）に委ねられます（会435Ⅱ参照）。**資産の部**は，要するに投下資本がどのように運用されているのかを示すものです。

　負債には，法律上の債務および引当金（将来の発生費用や損失の見越し）が掲げられます。流動負債，固定負債，引当金とに区分され，さらに必要な科目に細分化されます。**負債の部**は，他人資本がどのように調達されているかを示すものです。

資本の部は，純資産額をあらわすもので，資産額と負債額との差額です。資本金，法定準備金，各種積立金などが記載されます。**資本の部**は，自己資本がどのように調達されているかを示すものです。

貸借対照表上の資産の部の合計額から負債の部の合計額を控除した額（**純資産額**）は，会社が株主に対し利益の分配が可能となる限度額を導き出す出発点となります。

2-2-2　損益計算書

損益計算書は，一事業年度に生じた全収益とそのために要した全費用とを対比して，その期間内における会社の経営成績（純損益）を明かにする計算書です。会社の当該事業年度の利益がどのような源泉から生じたかを明らかにするためのものです。

2-2-3　事業報告書

事業報告書は，一事業年度の事業の概況その他会社の状況に関する重要な事項を文章で記載または記録したものです。

2-2-4　附属明細書

附属明細書は，上記計算書類の記載または記録を補足する重要な事項を記載または記録した書類です。

2-3　連結計算書類

連結計算書類とは，会社およびその子会社から成る企業集団の財産および損益の状況を示すために必要かつ適当なものとして法務省令で定めるものをいうとされています（会444Ⅰかっこ書参照）。会計監査人設置会社は，法務省令で定めるところにより，各事業年度に係る連結計算書類を作成することができます（会444Ⅰ・Ⅱ）。事業年度の末日において大会社であって，証券取引法24条1項の規定により有価証券報告書を内閣総理大臣に提出しなければならないものは，連結計算書類の作成が義務づけられます（会444Ⅲ）。

2-4 臨時計算書類

　事業年度中の一定の日（臨時決算日）における会社財産の状況を把握するため，会社は，法務省令で定めるところにより，① 臨時決算日における貸借対照表，② 当該事業年度の初日から臨時決算日までの期間に係る損益計算書を作成することができ，①と②を合わせて**臨時計算書類**といいます（会441 I 各号）。事業年度中に剰余金の配当を行う前に，分配可能額の財源を明確にする目的で作成すること等が考えられます。

2-5 計算書類の作成と監査

2-5-1 計算書類原案の作成

　事業年度の決算に係る計算書類を作成するのは，その作成に関する職務を担当する取締役ですが，委員会設置会社では執行役です。会計参与設置会社にあっては，会計参与が取締役・執行役と共同してこれを作成することになります（会374 I 前段）。連結計算書類，臨時計算書類も同様です。会計参与が計算書類の作成に関わる場合には，会計参与は，法務省令で定めるところにより，会計参与報告を作成しなければなりません（会374 I 後段）。会計参与報告の作成は，会計参与が単独で行います。

　会計参与が取締役・執行役と「共同して」計算書類を作成する（会374 I 前段）とは，これが取締役・執行役の補助者となるのではなく，取締役・執行役との共同の意思に基づいて作成するという意味です。したがって，最後まで会計参与と取締役・執行役の意見が対立すれば，適法な計算書類を作成することができず，これ以降の手続きが一切進まなくなります。

　こうなれば，多くの場合，会計参与は自発的に辞任するでしょう（民651 I）。これにより，法律または定款に定めた会計参与の員数が欠けた会社は，直ちに臨時株主総会を招集のうえ，後任の会計参与を選任するか，会計参与を設置する旨の定款の規定を削除して，計算書類作成手続きを再開しようとするでしょう。辞任した会計参与は，当該臨時株主総会に出席して，辞任した旨およびその理由を述べることができますから（会345 II），株主総会が，元会計参与の意見に理があると判断すれば，会社側（取締役・執行役側）の提案は否決される

ことになるでしょう（あるいは，取締役等の解任にまで発展するかもしれません）。提案が否決されれば，辞任した元会計参与は，なお会計参与としての権利義務を有するので（会346Ⅰ），自らが関与して取締役・執行役と共に再び計算書類作成手続きをすることができます。このとき，取締役・執行役は当該臨時株主総会が下した判断に拘束されると解されます。辞任した元会計参与が，取締役・執行役との信頼関係が損なわれたからには，再び共同して計算書類の作成に関わりたくないと欲すれば，会社法346条2項に依拠して，会計参与の職務代行者選任を申し立てればよいでしょう。

　会計参与が辞任を拒めば，取締役・執行役側は，会計参与の協力義務違反を根拠に，会計参与解任議案とその可決を条件とする後任人事案等を臨時株主総会を招集して提案する他ないでしょう。このとき，会計参与は，会社法377条1項に依拠して，計算書類の作成に関する事項について取締役・執行役と意見を異にする点につき陳述を行うことになります。あわせて会社法345条1項に基づき，自らの解任について意見を述べることができます。株主総会が，会計参与の意見に理があると判断すれば，やはり会社側の提案が否決されることになるでしょう。取締役・執行役および会計参与は，臨時株主総会の判断に拘束されて，計算書類作成手続きを再開することになります。

2-5-2　計算書類等の監査
（1）　監査役設置会社

　監査役設置会社（監査役の監査の範囲が会計に関するものに限定されている会社を含み，会計監査人設置会社を除く）においては，計算書類および事業報告書ならびに計算書類を，法務省令に定めるところにより，監査役の監査に付さなければなりません（会436Ⅰ）。監査役は，法務省令で定めるところにより，監査報告を作成しなければなりません（会381Ⅰ後段）。

　取締役会設置会社においては，監査役による監査を受けた計算書類および事業報告書ならびに附属明細書について，取締役会の承認を受けなければなりません（会436Ⅲ）。

（2）　会計監査人設置会社

　会社監査人設置会社においては，監査役（委員会設置会社にあっては監査委員

会）の監査のほか，会計監査人の監査が要求されます。

（2-イ）　会計監査人

会計監査人は，会社の計算書類およびその附属明細書，臨時計算書類ならびに連結計算書類を監査する権限を有する機関であり，その**資格**は，公認会計士または監査法人でなければなりません（会396Ⅰ前段，会337Ⅰ）。監査法人とは，5人以上の公認会計士が社員となり，内閣総理大臣の認可によって設置される法人です（公認会計34の4，34の7など参照）。当該会社の監査の適正とその独立性を確保すべく，一定の欠格事由が定められています（会337Ⅲ各号）。

会計監査人は株主総会において選任されます（会329Ⅰ）。その**選任**には監査役が関与します。すなわち，取締役が会計監査人の選任に関する議案を株主総会に提出するには，監査役（監査役が2人以上ある場合にはその過半数）の同意を，監査役会設置会社にあっては監査役会の同意を得なければならず（会344Ⅰ①・Ⅲ），監査役・監査役会は，取締役に対し，会計監査人の選任に関する議案を株主総会に提出すること，会計監査人の選任を総会の目的とすることを請求することができます（会344Ⅱ①②・Ⅲ）。また，会計監査人は，会計監査人の選任（解任・辞任についても同様）について，総会に出席して意見を述べることができます（会345Ⅴ→345Ⅰ）。選任は普通決議によります。会計監査人設置会社である旨および会計監査人の氏名または名称は登記事項です（会911Ⅲ⑲）。

会計監査人の**員数**は法定されていません。その**任期**は，選任後1年以内に終了する事業年度のうち最終のものに関する定時株主総会の終結の時までですが（会338Ⅰ），その定時総会で別段の決議がなされなかったときは，当然に再任されたものとみなされます（会338Ⅱ）。取締役が会計監査人の**不再任**を株主総会の目的とするには，監査役（監査役が2人以上ある場合にはその過半数）の同意を，監査役会設置会社にあっては監査役会の同意を要し（会344Ⅰ③，Ⅲ），監査役・監査役会は取締役に対し監査役の不再任を総会の目的とするよう請求することができます（会344Ⅱ③，Ⅲ）。なお，会計監査人設置会社が会計監査人を置く旨の定款の定めを廃止した場合には，会計監査人の任期は，当該定款の変更が効力を生じた時に満了します（会338Ⅲ）。

会計監査人は，いつでも株主総会の普通決議によって**解任**できますが（会

339Ⅰ），解任に正当な事由がない場合には会社に損害賠償を請求できます（会339Ⅱ）。取締役が会計監査人の解任を株主総会の目的とするには，監査役（監査役が2人以上ある場合にはその過半数）の同意を，監査役会設置会社にあっては監査役会の同意を要し（会344Ⅰ③・Ⅲ），監査役・監査役会は取締役に対し会計監査人の解任を総会の目的とすることを請求することができます（会344Ⅰ②・Ⅲ）。さらに，会計監査人に職務上の義務違反・任務懈怠・非行・心身の故障がある場合には，監査役（監査役が2人以上ある場合には全員の同意）によって，監査役会設置会社にあっては監査役会の全員の同意をもって，これを解任することができます（会340Ⅰ各号・Ⅱ・Ⅳ）。かかる解任の場合には，監査役の互選によるまたは監査役会が選定した監査役が，その旨および解任の理由を解任後最初に招集される株主総会で報告しなければなりません（会340Ⅲ・Ⅳ）。会社法340条解任につき，委員会設置会社にあっては必要に応じて監査役を監査委員等に読み替える措置がとられています（会340Ⅴ）。解任された会計監査人は，当該株主総会に出席して意見を述べることができます（会345Ⅴ→345Ⅰ）。欠員の場合の措置等については，仮会計監査人選任の手当て（会346Ⅳ・Ⅵ・Ⅶ参照）およびこの者の資格・欠格事由・解任等の手当てがなされています（会346Ⅴ参照）。

　会計監査人は，いつでも，会社の会計帳簿もしくはこれに関する資料を閲覧・謄写し，または取締役・執行役および会計参与ならびに支配人その他の使用人に対して，会計に関する報告を求めることができ（会396Ⅱ・Ⅵ），職務を行うため必要があるときは会社の業務および財産の状況を調査することができます（会396Ⅲ）。さらに，その職務を行うため必要があるときは子会社に対して会計に関する報告を求め，子会社の業務および財産の状況を調査することもできます（会396Ⅲ）。子会社は，正当の理由がない限り，この報告または調査を拒むことができません（会396Ⅳ）。会計監査人の職務執行の公正さを維持するため，その履行補助者にも欠格事由が定められています（会396Ⅴ各号）。会計監査人は，その職務を行うに際して，取締役・執行役の職務執行に関し不正の行為または法令もしくは定款に違反する重大な事実があることを発見したときは，これを監査役・監査役会・監査委員会に報告しなければなりません（会397Ⅰ・Ⅲ・Ⅳ）。監査役・監査委員会が選定した監査委員会の委員は，その職

務を行うため必要があるときは，会計監査人に対し，その監査に関する報告を求めることができます（会397Ⅱ・Ⅳ）。

　取締役は，会計監査人または仮会計監査人の報酬等を定める場合には，監査役（2人以上ある場合にはその過半数）の同意を，監査役会設置会社にあっては監査役会の同意を，委員会設置会社にあっては監査委員会の同意を得なければなりません（会399）。

　会計監査人が任務懈怠により会社に損害を生じさせたときは，その会計監査人は会社に対し連帯して損害賠償義務を負うとともに（会423Ⅰ），会計監査報告に記載・記録すべき重要な事項につき虚偽の記載・記録をしたときも，職務を行うにつき注意を怠らなかったことを証明できない限り，第三者に生じた損害につき連帯して賠償義務を負います（会429Ⅱ④）。会計監査人が会社または第三者に対して損害賠償義務を負う場合に，他の役員等も責任を負うときは，これらの者は連帯債務者になります（会430）。

（2－ロ）　監査手続き

　委員会設置会社を除く会計監査人設置会社においては，計算書類およびその附属明細書を，法務省令で定めるところにより，監査役および会計監査人の監査に付さなければならず，事業報告書およびその附属明細書を，法務省令で定めるところにより，監査役の監査に付さなければなりません（会436Ⅱ）。委員会設置会社にあっては，上記の監査主体が，監査役ではなく，監査委員会になります（会436Ⅱ参照）。

　委員会設置会社を除く会計監査人設置会社であって，取締役会設置会社にあっては，監査役および会計監査人の監査を受けた計算書類および事業報告書ならびにこれらの附属明細書は，取締役会の承認を受けなければならず，委員会設置会社においても同様に，取締役会の承認を受けなければなりません（会436Ⅲ）。

　会計監査人設置会社で，連結計算書類の作成が義務づけられたもの（会444Ⅲ参照）およびこれを作成したものは，法務省令で定めるところにより，監査役（委員会設置会社にあっては監査委員会）および会計監査人の監査を受けなければならず（会444Ⅳ），取締役会設置会社の場合には，監査を受けた連結計算書類を取締役会で承認しなければなりません（会444Ⅴ）。

第 5 章　株式会社の会計を明朗にする

上のいずれの場合にも，会計監査人は，法務省令で定めるところにより，会計監査報告を作成しなければなりません（会 396 Ⅰ 後段）。監査役・監査役会・監査委員会が監査報告を作成しなければならないこと，当然です（会 381 Ⅰ 後段，390 Ⅱ①，404 Ⅱ①）。

2-6　計算書類・附属明細書・監査報告の公示

　会社は，定時株主総会の日の 1 週間（取締役会設置会社は 2 週間）前の日から，計算書類および事業報告ならびにこれらの附属明細書（監査役を置く会社，委員会設置会社，会計監査人設置会社では監査報告または会計監査報告を含む）を 5 年間本店に，その写しを 3 年間支店に備え置くことを要し（会 442 Ⅰ①，Ⅱ①），株主および会社債権者は，営業時間内いつでも，これらの資料の閲覧を求め，または会社の定めた費用を支払ってその謄本，抄本もしくは情報を記載した書面の交付を求めることができます（会 442 Ⅲ）。株主にとっては，いわゆる**間接開示**と称される事前開示になります。親会社の社員は，その権利を行使するため必要があるときは，裁判所の許可を得て，子会社に対し，上記の資料の閲覧を求め，または会社の定めた費用を支払ってその謄本，抄本もしくは情報を記載した書面の交付を求めることができます（会 442 Ⅳ）。

　なお，臨時計算書類についても同様に備置義務があり（会 442 Ⅰ②，Ⅱ②），同様に閲覧等に供されます。

2-7　株主への直接開示

　取締役会設置会社においては，取締役は，定時株主総会の招集通知に際して，法務省令で定めるところにより，株主に対し，取締役会の承認を受けた計算書類および事業報告（監査役を置いた会社，会計監査人設置会社では監査報告または会計監査報告を含む）を提供しなければなりません（会 437）。いわゆる**直接開示**と称される事前開示です。

　連結計算書を作成した会計監査人設置会社が取締役会設置会社である場合には，取締役は，定時株主総会の招集の通知に際して，法務省令で定めるところにより，株主に対し，取締役会の承認を受けた連結計算書類を提供しなければなりません（会 444 Ⅵ）。

2-8 計算書類の報告・承認・公告

2-8-1 原則的な手続き（報告・承認）

取締役は，計算書類および事業報告書を定時株主総会に提出または提供のうえ（会438Ⅰ），事業報告の内容についてはこれを総会に報告しなければならず（会438Ⅲ），計算書類については総会の承認を受けなければなりません（会438Ⅱ）。これにより，計算が正当であるとして計算書類が確定します。

2-8-2 会計監査人設置会社の特則

会計監査人設置会社である取締役会設置会社については，取締役会の承認を受けた計算書類が法令および定款に従い，会社の財産および損益の状況を正しく表示しているものとして法務省令で定める要件に該当する場合には，計算書類について総会の承認を受ける必要はありません（会439前段）。この場合には，取締役は，当該計算書類の内容を総会に報告すれば足ります（会439後段）。すなわち，計算書類は，会社法436条3項の取締役会の承認をもって確定することになります。

なお，連結計算書類の報告について付言すれば，取締役会設置会社である会計監査人設置会社にあっては，取締役会の承認を受けた連結計算書類を，それ以外の会計監査人設置会社にあっては監査役および会計監査人の監査を受けた連結計算書類を，それぞれ定時株主総会に提出または提供のうえ，取締役は，その内容および監査役，監査委員会，会計監査人の監査の結果を報告しなければなりません（会444Ⅶ）。

2-8-3 決算公告（事後開示）

上記の定時株主総会の終結後遅滞なく，会社は，法務省令で定めるところにより，貸借対照表（大会社にあっては貸借対照表および損益計算書）を公告しなければなりません（会440Ⅰ）。ただし，会社の公告方法が，官報への掲載による場合（会939Ⅰ①参照）または時事に関する事項を掲載する日刊新聞紙への掲載による場合（会939Ⅰ②参照）には貸借対照表の要旨（大会社にあっては貸借対照表の要旨および損益計算書の要旨）を公告すれば足ります（会440Ⅱ）。

会社が，定時株主総会終結後遅滞なく，法務省令で定めるところにより，貸借対照表（大会社にあっては貸借対照表および損益計算書）の内容である情報を，総会終結の日後5年を経過するまでの間，継続して電磁的方法により不特定多数の者が提供を受けることができる状態に置く措置をとったときは，公告は免除されます（会440Ⅲ）。

上のような**決算公告**（電磁的公開を含む）は，原則として，あらゆる形態の株式会社に義務づけられます。違反すれば過料の制裁があります（会976②）。ただし，証券取引法24条1項の規定により有価証券報告書を内閣総理大臣に提供しなければならない会社については，決算報告で明らかにされる情報よりもさらに詳細な情報が提供されることになるので，決算公告が免除されます（会440Ⅳ）。

3　資本金および準備金

3-1　資　本　金

会社法上の資本金概念は，すでに述べたように（第2章5-2），貸借対照表上の資本の部に表示された**資本金額**をいい，会社法は少なくとも計算上の数値であるこの金額に相当する現実の財産を会社に保持させようとしています。その金額は，原則として発行済株式の実際の払込額（現物出資にあっては給付額）の総額によって求められますが（会445Ⅰ），払込みまたは給付に係る額の2分の1を超えない部分を資本に組み入れないでおくことができます（会445Ⅱ）。この場合には，組み入れない部分を資本準備金としなければなりません（会445Ⅲ）。

3-2　準　備　金

貸借対照表の資産の部の合計額から負債の部の合計額を控除した残額が純資産額です。この純資産額が資本金額を上回っている場合に，その超過額を内部留保金として一定の目的のために積み立てた金額が**準備金**です。準備金は資本を構成するものではありませんが，付加資本ともいわれ，会社の資本をより充実させるものといえます。

準備金には，**資本準備金**と**利益準備金**とがあります。その内容（具体的取扱い）は，法務省令に委ねられます。法律上は，両者に法的要件の差異または法的効果の差はなく，その区別はもっぱら会計処理の技術的要請によるものと思われます。

剰余金の配当をする場合には，会社は，法務省令で定めるところにより，当該剰余金の配当によって減少する剰余金の額に10分の1を乗じて得た額を資本準備金または利益準備金として計上しなければなりません（会445 Ⅳ）。

なお，合併，吸収分割，新設分割，株式交換または株式移転に資して資本金または準備金として計上すべき額については，法務省令で定めることとされています（会445 Ⅴ）。

3-3　任意積立金

任意積立金は，定款の規定または総会の決議によって積み立てられる積立金であり，会社の自由に処分しうる利益を財源に積み立てられます。目的が特定されている場合もあれば特定されていないものもあります。目的に従ったものであれば定款の定めに従って株主総会や期中に取締役会の決議等により取り崩すことができ，目的外使用等の場合には定款変更または総会決議を経て取り崩すことができます。

3-4　資本金額・準備金額の変動

3-4-1　資本金の額の減少

会社がその資本金の額を減少するには，株主総会の決議によって，① 減少する資本金の額，② 減少する資本金の額の全部または一部を準備金とするときは，その旨および準備金とする額（資本金の準備金組入れ），③ 資本金の額の減少がその効力を生じる日，を定めなければなりません（会447 Ⅰ各号）。上の場合に，①の額＞②の額のとき，①－②の額が剰余金の増加額になります。

この場合において，①の額＜③の日における資本金の額となること，すなわち資本金の額が計算上マイナスになることは許されません（会447 Ⅱ）。資本金額がゼロになることは許容されます（最低資本金制度が設けられていないから）。

上の総会決議は，原則として特別決議です（会309 Ⅱ⑨）。しかし，定時株主

総会において資本金の額の減少を決議する場合であり，かつ，その減少を行った後に減少する資本金の額が定時株主総会の日（取締役会限りで計算書類を確定する場合は取締役会の承認の日）における欠損の額として法務省令で定める方法により算定される額を超えない場合には，普通決議によるものとされています（会309Ⅱ⑨イ・ロ参照）。要するに，欠損填補のための資本金減少決議は普通決議によるということです。資本金をもって損失を吸収処理する趣旨です。

なお，株式の発行と同時に資本金額を減少する場合には，その差し引きで，減少の効力発生日において結果的に資本金額が増加するというケースにあっては，取締役の決定（取締役会設置会社では取締役会の決議）によって資本金の額を減少させることが可能です（会447Ⅲ）。

資本金の額を減少する場合には，会社債権者保護手続きが必要です。すなわち，当該会社の債権者は，資本金の額の減少について異議を述べることができます（会449Ⅰ柱書本文）。債権者が異議を述べることができる場合には，会社は，①資本金の額の減少の内容，②当該会社の計算書類に関する事項として法務省令で定めるもの，③債権者が一定の期間内に異議を述べることができる旨（1か月を下ることができない），を官報をもって公告し，かつ知れている債権者には各別にこれを催告しなければなりません（会449Ⅱ各号）。ただし，官報のほか，時事に関する事項を掲載する日刊新聞紙による公告または電子公告をなすときは，各別の催告は必要ありません（会449Ⅲ）。

債権者が上の期間内に異議を述べなかったときは，その債権者は，資本金の額の減少につき承認をしたものとみなされます（会449Ⅳ）。

債権者が上の期間内に異議を述べたときは，会社は，当該債権者に対し，弁済，相当の担保提供，当該債権者に弁済を受けさせることを目的とする信託会社・信託兼営金融機関への相当の財産の信託，のいずれかの措置を執らなければなりません（会449Ⅴ本文）。ただし，資本金の額の減少をしても当該債権者を害するおそれがないときは，そのような措置は不要です（会449Ⅴただし書）。

資本金減少の効力は，株主総会日等で定めた効力発生日に生じますが，債権者保護手続きが終了しない限り，その効力は生じません（会449Ⅵ①）。それゆえ，債権者保護手続きが当初の予想を超えて難行する場合には，会社は，いつでも効力発生日を変更することができますが（会449Ⅶ），この変更は，業務執

行の任に当たる者限りでなすことも可能です。

3-4-2　準備金の額の減少

　準備金の額を減少する場合にも，株主総会の決議によって，① 減少する準備金の額，② 減少する準備金の額の全部または一部を資本金とするときは，その旨および資本金とする額（準備金の資本金組入れ），③ 準備金の額の減少がその効力を生じる日，を定めなければなりません（会448Ⅰ各号）。このとき，①の額＜③の日における準備金の額となること，すなわち準備金の額が計算上マイナスになることは許されません（会448Ⅱ）。この限度で，準備金は制限なく取り崩すことが可能です。

　上の総会決議は普通決議で足ります。

　なお，株式の発行と同時に準備金の額を減少する場合に，取締役の決定（取締役会設置会社では取締役会の決議）によってこれをなしうるケースがあるとする措置につき，資本金の額の減少の場合と同様の規定が設けられています（会448Ⅲ）。

　準備金の額の減少についても，原則として債権者保護手続きが必要です。準備金の額の減少は，資本金のクッションにあたる部分の減少になりますから，本体にあたる資本金の額の減少の手続きとパラレルに規整されるわけです（会449参照）。ただし，準備金の額の減少にあっては，定時総会において決議する場合であり，かつ，減少額が定時株主総会の日（取締役会限りで計算書類を確定する場合には取締役会の承認の日）における欠損の額として法務省令で定める方法により算定される額を超えない場合には，債権者は，準備金の額の減少について異議を述べることができません（会449Ⅰ柱書ただし書①②）。損失を準備金の取崩しにより填補する場合のことです。これを資本金の取崩しにより填補するには債権者保護手続きを要するわけですから，資本金と準備金との扱いにおける会社法上の差異は，この点にのみあることになります。

　これ以外の債権者保護手続きの流れは，資本金の減少の場合の債権者保護手続きとすべて同様です（会449Ⅱ～Ⅶ）。

4　剰余金の分配等

4-1　剰余金の配当の意義

　営利社団法人にとって，事業活動によって得た利益を社員に分配することは，その本質的要素であり，存在の根本的目的です。株主への利益の分配は，会社を解散して残余財産を分配することによっても達成できますが，会社は一般的に永続的な活動を前提としていますから，定期的に決算を行い，株主に利益その他の剰余金を分配しています（**剰余金の配当**）。しかし，十分な剰余金がないにもかかわらず杜撰（ずさん）な配当を行えば会社の財産の基礎を危うくし，ひいては会社債権者を害することになります。それゆえ会社法は厳重な配当規整を行っています。その前提となるのが，先に述べた厳格な決算手続きです（本章2参照）。

4-2　剰余金の額

　剰余金の額の定義は，会社法446条にあります。勘定科目より導かれる株式会社の剰余金の額は，以下の①ないし④に掲げる額の総和から，⑤ないし⑦に掲げる額の総和を減じて得た額となります。

① 最終事業年度の末日における各〔資産の額＋自己株式の帳簿価額の合計額〕－〔負債の額＋資本金および準備金の額の合計額＋法務省令で定める各勘定科目に計上した額の合計額〕

② 最終事業年度の末日後に自己株式の処分をした場合における当該自己株式の対価の額から当該自己株式の帳簿価額を控除して得た額

③ 最終事業年度の末日後に資本金の額の減少をした場合における当該減少額（会社法447条1項2号の額を除く）

④ 最終事業年度の末日後に準備金の額の減少をした場合における当該減少額（会社法448条1項2号の額を除く）

⑤ 最終事業年度の末日後に会社法178条1項の規定により自己株式の消却をした場合における当該自己株式の帳簿価額

⑥ 最終事業年度の末日後に剰余金の配当をした場合における〔会社法454

条 1 項 1 号の配当財産の帳簿価額の総額（同条 4 項 1 号に規定する金銭分配請求権を行使した株主に割り当てた当該配当財産の帳簿価額を除く）＋会社法 454 条 4 項 1 号に規定する金銭分配請求権を行使した株主に交付した金銭の額の合計額＋会社法 456 条に規定する基準未満株式の株主に支払った金銭の額の合計額〕

⑦　その他法務省令で定める各勘定科目に計上した額の合計額

4-3　会社から流出しない剰余金の処分

会社は，株主総会の決議により，剰余金を減少させ，これを資本金または準備金に組み入れることができます。この場合には，総会決議において，① 減少する剰余金の額，② 資本金の額または準備金の額の増加がその効力を生ずる日を定める必要があります（会 450 I 各号・II，451 I 各号・II）。計算上，剰余金の額をマイナスにすることは許されません（会 450 III，451 III）。この総会決議は普通決議により，定時総会でも臨時総会でもなすことができます。

同じく，会社から実質的に財産が流出することのない，損失の処理，任意積立金の積立て，その他勘定振替えにすぎない剰余金の処分のためにする剰余金の減少も，株主総会の普通決議によって随時可能になっています（会 452）。

4-4　剰余金の配当（会社から流出する剰余金の処分）

会社は，その株主に対し，分配可能額（会 461 参照）を限度に，いつでも剰余金を配当することができますが，自己株式に対する配当をすることはできません（以上，会 453）。

4-4-1　原則的手続き

剰余金を配当しようとするときは，株主総会の決議により，その都度（したがって，定時株主総会に限らず臨時株主総会でも可能），① 配当財産の種類（当該会社の株式・社債・新株予約権を配当することは不可）および帳簿価額の総額，② 株主に対する配当財産の割当てに関する事項，③ 当該剰余金の配当がその効力を生ずる日，を定めなければなりません（会 454 I 各号）。剰余金の配当につき内容の異なる 2 以上の種類の株式を発行しているときは，その内容に応じ

て株主にどのように配当財産を割り当てるかを定めることになります（会454Ⅱ各号）。配当財産の割当ては，株主平等の原則（種類株式にあっては，同一種類株式の株主平等の原則）に従わなければなりません（会454Ⅲ）。

上の①の表現から分かるように，配当財産は必ずしも金銭に限定されるものではありません。配当財産が金銭以外のものであるとき，これを**現物配当**といいます。

現物配当をする場合には，株主総会の決議により，①株主に対して金銭分配請求権（当該配当財産に代えて金銭を交付することを会社に対して請求する権利）を与えるときは，その旨および金銭分配請求権を行使することができる期間，②一定の数未満の数の株式を有する株主に対して配当財産の割当てをしないこととするときは，その旨およびその数，を定めることができます（会454Ⅳ各号）。②を定めた場合には，基準未満株式の株主に対する処理は会社法456条に従ってなされます。

現物配当を行う場合であって，かつ株主に金銭分配請求権を与えない場合には，上の剰余金分配決議は特別決議によらなければなりません（会309Ⅱ⑩）。それ以外の剰余金分配決議は，普通決議で足ります。

4-4-2　取締役会決議による剰余金の配当

取締役の任期の末日が選任後1年以内に終了する事業年度のうち最終のものに関する定時株主総会の終結の日後の日と定めている監査役会を設置した会計監査人設置会社および委員会設置会社は，定款をもって，取締役会決議限りで剰余金の配当をなしうる旨を定めることができますが，株主に金銭分配請求権を与えないでする現物配当の場合には取締役会決議による配当はできません（会459Ⅰ④）。ただし，このような定款の定めは，最終事業年度に係る計算書類が法令および定款に従い会社の財産および損益の状況を正しく表示しているものとして法務省令で定める要件に該当する場合に限って効力を有します（会459Ⅱ・Ⅲ）。

なお，このような会社において，株主総会から取締役会への権限移動に関する定款の定めは，同じ要件の下で，①株主との合意による自己株式の有償取得（特定の株主からのみ取得する場合を除く），②欠損填補のためにする剰余金

の減少，③損失の処理，任意積立金の積立て，その他勘定振替えにすぎない剰余金の処分，についても認められます（以上，会459 I①～③）。

剰余金の配当を含め，上記事項を取締役会決議とする定款の定めがある場合には，会社は，これらの事項を株主総会で決議しないとする旨を定款で定めることができます（会460 I）。このような定款の定めは，やはり，最終事業年度に係る計算書類が法令および定款に従い会社の財産および損益の状況を正しく表示しているものとして法務省令で定める要件に該当する場合に限って，その効力を有します（会460 II）。

4-4-3 中間配当

あらゆる取締役会設置会社は，一事業年度の途中において，1回に限り，取締役会決議限りで剰余金の配当（配当財産が金銭であるものに限る）をすることができる旨を定款で定めることができます（会454 V）。このような取締役会決議に基づく配当を**中間配当**といいます。

4-4-4 配当財産の交付等

剰余金配当の効力が生じた日に，各株主の具体的な配当金支払請求権（現物配当にあっては配当財産交付請求権）が生じます。

配当財産は，株主名簿に記載・記録した株主（登録株式質権者を含む）の住所または株主が会社に通知した場所においてこれを交付しなければなりません（会457 I）。交付に要する費用は原則として会社の負担になります（会457 II本文）。すなわち，配当財産交付債務は持参債務です。配当財産は，本来は，配当がその効力を生ずる日現在の株主に支払われるべきものですが，多くは，その大量処理の便宜のため基準日の制度（会124参照）を利用するでしょう。

4-5 剰余金分配の規整

4-5-1 純資産額による規整

会社法458条は，会社の純資産額が300万円を下回る場合には，剰余金の配当をすることができない旨を規定しています。株式会社は，その社員がすべて有限責任ですから，会社たるに相応しい財産的基盤を築き上げるまで，放縦な

第5章　株式会社の会計を明朗にする

財産流出を許さないという趣旨でしょう。

4-5-2　分配可能額による規整

　剰余金の配当は，分配可能額の範囲内でなされなければなりません。分配可能額は，会社法446条により導かれる剰余金の額（随時に計算される可変額）を基準に，これに必要な技術的加減を行って導かれます。

　分配可能額は，会社法461条2項により，以下の①および②に掲げる額の和から，③ないし⑥に掲げる額の総和を減じて得た額となります。

① 　剰余金の額
② 　臨時計算書類につき株主総会の承認（会441 Ⅳ参照。同項ただし書に規定する場合には，441 Ⅲの取締役会の承認）を受けた場合における〔臨時決算日の属する事業年度の初日から臨時決算日までの期間（会441 Ⅰ②）の利益の額として法務省令で定める各勘定科目に計上した額の合計額＋当該期間内に自己株式を処分した場合における当該自己株式の対価の額〕
③ 　自己株式の帳簿価額
④ 　最終事業年度の末日後に自己株式を処分した場合における当該自己株式の対価の額
⑤ 　臨時決算日の属する事業年度の初日から臨時決算日までの期間の損失の額として法務省令で定める各勘定科目に計上した額の合計額
⑥ 　その他法務省令で定める各勘定科目に計上した額の合計額

　分配可能額を上限とする財源規整は，剰余金の配当にとどまるものではありません。これを含めた，会社のする以下の行為について，この財源規整が適用されます。すなわち，①譲渡制限株式の譲渡等不承認時の買取請求（会138 ①ハ・②ハ）に応じて行う当該株式の買取り，②自己株式の合意取得に関する事項の決定（会156 Ⅰ）に基づく子会社からの自己株式取得（会163）または市場取引等による自己株式取得（会165 Ⅰ），③すべての株主に売却機会を提供してなす自己株式取得（会157 Ⅰ），④全部取得条項付種類株式の全部の取得（会173 Ⅰ），⑤相続人等への売渡請求（会176 Ⅰ）に基づく自己株式の買取り，⑥所在不明株主の株式の買取り（会197 Ⅲ），⑦1株未満の端数処理時における自己株式の買取り，そして⑧剰余金の配当，です（以上，会461 Ⅰ各号）。

4-6　違法配当等

　上に述べた分配可能額の限度を超える剰余金の分配は，無効です。とくに，会社法461条1項8号違反の違法配当を，俗に「**たこ配当**」といいます。会社は当然に株主に対し違法に分配された額を返還するよう請求できますし（会462Ⅰ柱書），会社債権者もまた株主に対し，交付を受けた金銭等の帳簿価額（当該額が当該債権者の会社に対して有する債権額を超える場合にあっては当該債権額）を，債権者自身に直接支払うよう請求することができます（会463Ⅱ）。この場合，株主の善意悪意を問いません。

　しかし，現実には多数の株主から違法分配額を回収することは困難でしょう。そこで会社法は，違法分配に係る業務執行者および総会・取締役会に剰余金分配議案を提案した取締役らに対し，会社に対する違法分配の弁済責任を負わせています（会462Ⅰ，第4章3-8-1④）。

　分配可能額を超える自己株式の買取りに関する業務執行者の責任（会464），業務執行者の期末欠損填補責任（会465）については，すでに述べました（第4章3-8-1④⑤）。

第6章 株式会社の資金を調達する

1 資金調達の必要性

　会社は，その成立後は営利社団法人として営利の追求に邁進します。その結果，事業展開に成功を収めれば社内留保金が相当の規模に達するでしょう。会社は，このような社内留保金を利用して事業規模を拡大することができます。しかし社内留保金を利用した事業規模の拡大には自ずと限界があるでしょう。それ以上の事業規模の拡大を欲するならば，社外からさらに資金を調達せざるを得ません。また，事業展開が必ずしも当初の目論見通りの成果を上げることが出来ず，損失が生じた場合にも，この穴を埋めて捲土重来を期するために社外からの資金調達が必要です。

　株式会社の資金調達は，銀行等の金融機関からの借入れによってなすこともできます。しかし，多額かつ長期にわたって安定的な資金を確保するためには，借入れという方法では必ずしも目的を達成することができません。そのため，会社が主体的に資金調達を図る途として，新株，新株予約権や社債の発行という方法があります。

2 新株の発行──募集株式の発行

2-1 新株発行の意義

　会社がその成立後に発行済株式総数を増加させて株式を発行することを**新株の発行**といいます。原則として資金調達を目的として，取締役会の決議等によって行われます。このような新株の発行を「**通常の新株発行**」といいます（**狭義の新株発行**ともいう）。会社法は，このような新株発行につき，自己株式の処分を含めて「募集株式」の発行等として，規整を行っています。すなわち，

会社法にいう**募集株式の発行**とは，上の新株発行と対価を得てする自己株式の処分（準発行，第3章12-8）とを合わせた概念です。

　まず，「**授権資本制度**」について，その意義を説明しておきましょう。この制度の趣旨が最も徹底しているのは公開会社です。すなわち，定款には，資本の総額の代りに会社が発行する株式の総数（発行可能株式総数）を掲げ，設立の際も，その後定款を変更してその総数を増加する際も，原則としてその4分の1以上が発行済株式として発行されていればいいのです（会37Ⅲ本文，113Ⅲ本文）。そして，会社が発行する株式の総数から発行済株式総数を差し引いた残部につき，公開会社は，原則として取締役会の決議によっていつでも新株を発行することができるのです（会201Ⅰ）。これによって会社は，機動的な資金調達ができるわけです。上のように授権の限度を法定したのは，取締役会に無限にこれを認めると濫用のおそれがあるし，新株発行によって既存の株主が被る持分比率の低下の限界が見えなくなるからです。ただし，発行可能株式総数に対する発行済株式総数の割合いに関する制約を設ける必要性に乏しい非公開会社では上のような制約はありません（会37Ⅲただし書，113Ⅲただし書）。

2-2　募集株式発行の形態

　通常の募集株式発行の方法には，その割当て方法によって，株式割当てとそれ以外の場合とに分けることができます。

2-2-1　株主割当て

　この方法は，既存の株主に**株式の割当てを受ける権利**を与え，その持株数に比例して新株を割り当てるという形態でなされるものです（会202参照）。株主にとって持株比率の維持が重大な関心事であったり，株式に市場価格がないので他の方法による場合に必要な公正価格の決定が難しい等の需要に応える方法です。

　株主割当ての方法によるときは，その権利行使の機会が保障されれば，各株主の持株割合いは募集株式発行の前後を通じて変わりません。払込金額をどのように設定しようとも株主に損害はありません（株価に比して低廉な価額で発行し，結果，発行後の1株当りの価値が低下しても，株主自身の払込金額が安く済む

から損得は生じない)。

2-2-2 株主割当て以外の方法

株主に株式の割当てを受ける権利を与えない場合には，既存株主の持株引率の維持という利益は保障されません。しかし，払込金額が公正である限り，既存の株主に経済的損害はありません（募集株式発行の前後を通じて1株当りの価値が低下しないので)。

2-3 募集事項の決定

会社が発行する新株または処分する自己株式を引き受ける者を募集しようとするときは，募集に応じてこれらの株式の引受けの申込みをした者に対して割り当てる株式（この株式が「募集株式」と呼ばれる）について，以下の事項を定めなければなりません（会199Ⅰ柱書)。

2-3-1 定めるべき募集事項

① **募集株式の種類および数**（会199Ⅰ①）……会社の発行可能株式総数のうち，未発行株式数の範囲内で定めなければなりません。種類株式の発行を認めている場合にはどの種類の株式を何株発行するかを決定します。その際，取得請求権付株式の株主が取得することとなる他の株式の数，取得条項付株式の株主が取得することとなる他の株式の数，新株予約権の新株予約権者が取得することとなる株式の数を留保しておくべきこと，当然です。

② **募集株式の払込金額またはその算定方法**（会199Ⅰ②）……払込金額とは，募集株式1株と引換えに払い込む金銭または給付する金銭以外の財産の額をいいます。株主割当ての場合は払込金額はどのように定めてもかまいません（本章 2-2-1 参照)。それ以外の場合には既存の株主の経済的利益を害してはなりません。すなわち，会社の資産状態や収益力などから見て公正な価額による払込み（既存株主と同等の資本的貢献を求める）を実現しなければなりません。公開会社において市場価格のある株式を引き受ける者の募集をするときは，取締役会は，公正な価額による払込みを実現するために適当な払込金額の決定の方法を定め，代表取締役等に具体的な金額等の

決定を委ねることができます（会201Ⅱ参照）。公開会社においては，取締役会決議をもって第三者に募集株式の割当てをなすことができるのが原則ですが（会201Ⅰ），株主以外の者に特に有利な払込金額で募集株式を発行する場合には，募集事項の決定は，所定の手続きに従い株主総会の特別決議が必要です（会199Ⅲ，201Ⅰ，309Ⅱ⑤）。

　払込金額を含む募集事項は，原則として募集ごとに均等に定めなければなりません（会199Ⅴ）。同時に募集される等価値の株式につき恣意的に差別的扱いがなされないようにとの趣旨です。もちろん，この均等性は同一種類の株式について適用されるものです。

③ **現物出資の場合の当該財産の内容および価額**（会199Ⅰ③）……現物出資者の資格に制限はありません。要件に適合した例外的場合を除き，現物出資は，裁判所が選任した検査役の調査を受けなければならないことは（会207），設立の場合と同様ですが（第2章4-3-7），募集株式の発行に係る現物出資にあっては，募集株式の引受人に割り当てる株式の総数が発行済株式総数の10分の1を超えない場合に検査役の調査手続きの適用除外が認められ（会207Ⅸ①），現物出資財産が会社に対する弁済期到来済みの金銭債権であって，当該金銭債権について定められる出資価額が当該金銭債権に係る負債の帳簿価額以下となる場合にも検査役の調査を要しません（会207Ⅸ⑤）。後者は，業績が悪化した会社を救済すべく，債権者が自己の有する債権を株式に振り替えるという形で用いられることが多い手法です。また，一定の取締役等が財産価額填補責任を負うこと（会213），これも設立の場合と同様です（第2章11-1）。

④ **払込期日または払込期間**（会199Ⅰ④）……払込期日とは，募集株式の引受人が引き受けた株式につき払込み（出資の履行）をなすべき最終日のことです。その日までに払込みまたは現物出資の給付をした募集株式の引受人は，当該期日に株主になります（会209①）。払込期日に代えて払込期間を定め，その期間内に払込みをして，当該払込日に株主になるという方法も認められます（会209②）。募集株式の引受人が払込期日までにまたは払込期間内に出資の履行をしなければ失権します（会208Ⅴ）。

⑤ **増加する資本金および資本準備金**（新株発行の場合のみ）（会199Ⅰ⑤）……

新株発行に際し，払込みまたは給付がなされた額の全額を増加する資本金の額とするのが原則ですが（会445Ⅰ），払込財産額または給付財産額の2分の1を超えない額は資本金として計上しないことができ（会445Ⅱ），この場合はこれを資本準備金とする措置が認められます（会445Ⅲ）。

2-3-2 非公開会社における決定手続き

　上記事項は，非公開会社においては，株主総会の特別決議によって定めるのが原則です（会199Ⅱ，309Ⅱ⑤）。非公開会社においては，株主の持分比率に対する利益を保護すべき要請が強いからです（もちろん経済的利益の保護の要請も強い）。ただ，非公開会社であっても，機動的に資金調達を行うことができるのが便宜ですから，株主総会の特別決議（会309Ⅱ⑤）をもって，一定の範囲で，募集事項の決定を取締役（取締役会設置会社では取締役会）に委任することができます（会200Ⅰ前段）。まず，払込期日または払込期間の末日がその決議の日から1年以内の日である募集株式の発行等に係る募集事項の決定に限って委任できます（会200Ⅲ）。また，株主総会による委任がなされる場合には，当該委任に基づいて募集事項の決定をすることができる募集株式の数の上限および払込金額の下限の双方を総会で定めなければならず（会200Ⅰ後段），その範囲内で取締役・取締役会はこれを決定しなければなりません。

　なお，種類株式発行会社において，募集株式の種類が譲渡制限株式であるときは，当該種類の株式に関する募集事項の決定またはその決定の取締役・取締役会に対する委任は，原則としてその種類の株式の種類株主総会の決議（特別決議，会324Ⅱ②）がなければ効力を生じません（会199Ⅳ，200Ⅳ——かかる種類株主総会の決議を要しない旨の定款の定めがある場合，当該種類株主総会において議決権を行使できる種類株主が存しない場合には，この限りでない）。もっぱら，既存の譲渡制限株式の株主の利益保護のためです。

2-3-3 公開会社における決定手続き

　公開会社においては，募集事項は，原則として取締役会（委員会設置会社では執行役への委任が可能（会416Ⅳ柱書））がその決議をもってこれを決定することになります（会201Ⅰ）。

公開会社が取締役会決議によって募集事項を定めた場合には，払込期日または払込期間の初日の2週間前までに，株主に対し，当該募集事項を通知し，または公告をしなければなりません（会201Ⅲ・Ⅳ）。これは，株主に募集株式の発行差止請求権行使の機会を確保させるためです。したがって，会社が募集事項について払込期日または払込期間の初日の2週間前までに証券取引法に基づく届出をなしている場合その他株主の保護に欠けるおそれがないものとして法務省令で定める場合には，あらためて株主への通知または公告をする必要がありません（会200Ⅴ）。

2-4　株主割当てによる募集株式の発行

募集株式の募集にあたっては，株主に株式の割当てを受ける権利を与えることができますが（会202Ⅰ柱書前段），このような形態で行う募集株式の発行等を**株主割当て**といいます。すなわち，定款にその旨の定めがない限り，株主は当然には優先的に募集株式の割当てを受ける権利を有しません。株主割当てをなすか否かは，その都度会社が定めることになります。

株主割当てによる場合には，① 株主に対し，募集株式の引受けの申込みをすることにより，募集株式（種類株式発行会社にあっては当該株主の有する株式と同一種類のもの）の割当てを受ける権利を与える旨，② 募集株式の引受けの申込みの期日，をも定めなければなりません（会202Ⅰ各号）。

上記の事項の決定は，非公開会社では株主総会決議が原則ですが（会202Ⅲ④参照），定款の定めにより取締役の決定（取締役会設置会社では取締役会の決議による決定）とすることも可能です（会202Ⅲ①②）。公開会社では，取締役会決議によってこれを決定します（会202Ⅲ③）。株主総会決議による場合は特別決議です（会309Ⅱ⑤）。

株主割当てとする旨の決定がなされた場合には，募集株式の引受けの申込みをした株主は，その有する株式の数に応じて募集株式の割当てを受ける権利を有することになりますが，1株に満たない端数を生じるときは，これを切り捨てます（会202Ⅱ）。

株主割当てとする旨を決定した場合には，募集株式の引受けの申込みの期日の2週間前までに，割当てを受ける権利を与える株主に対し，① 募集事項，

②当該株主が割当てを受ける募集株式の数，③引受申込期日，を通知しなければなりません（会202Ⅳ各号）。株主に申込みの機会を確保させるためです。

2-5　公開会社における第三者に対する有利発行

先に述べたように（本章2-3-1②），公開会社においては，原則として取締役会決議限りで第三者に募集株式を割り当てることができます（会201Ⅰ）。とりわけ公開会社は，取引先や金融機関などと業務提携や関係強化などを目的として，しばしば株主以外の第三者（これが株主であっても，株主たる資格に基づくものでない場合を含む）に株式の割当てを受ける権利を与えることがあります。第三者に株式の割当てを受ける権利を与える場合には，株主にこれを与える場合と異なり，既存株主の持株割合いに直接の影響を及ぼすことになり，払込金額の設定いかんにより既存株主に経済的損失が生じます（第三者に有利な金額で発行されると，株価の低下が相対的に大きくなるから）。わが会社法は，公開会社において払込金額が募集株式を引き受ける者に特に有利な金額である場合には，株主総会の特別決議によらなければならないとしたほかは，特別の規定を設けていません（会201Ⅰ，199Ⅲ，309Ⅱ⑤）。すなわち，公開会社における第三者と既存株主との利益調整につき，わが会社法は，既存株主の持株割合いへの影響を顧慮せず，払込金額が募集株式を引き受ける者に特に有利な金額でない限り，取締役会の決議限りで第三者に株式の割当てを受ける権利を付与できることにしています。

公開会社において，払込金額が募集株式を引き受ける者に特に有利な金額である場合には，募集事項を決定する株主総会で取締役は，当該払込金額でその者の募集をすることを必要とする理由を説明しなければなりません（会201Ⅰ，199Ⅲ）。

「募集株式を引き受ける者に特に有利な金額」とは，通常募集株式を発行する場合の「公正な払込金額」に比して「特に有利な」金額という意味です。したがって，公正な払込金額の意味をまず明らかにしておく必要があります。

一般に，公正な払込金額とは，企業の客観的価値を反映しているとみられる市場価格すなわち時価が基準とされます。既存株主の経済的利益を害さないためには，新株主に既存株主と同等の資本的貢献を求めるのが筋ですが（すなわ

ち，旧株の時価と等しい出捐を求めるべきである），募集株式をできる限り消化し資金調達の目的を実現するという会社の利益を勘案する必要もあります（すなわち，払込金額を時価より多少は引き下げるべきである）。これらを調和させつつ公正な払込金額が求められなければなりません。近時は時価から３％ないし５％割り引いた価格が公正な払込金額と解されているようです。一概にはいえませんが，これより低い払込金額が総会の特別決議を要する目安にはなるでしょう。

株主総会の特別決議は，払込期日または払込期間の末日が，当該決議の日から１年以内の日である募集についてのみ効力があります（会200Ⅲ）。

2-6　募集株式の申込み・割当て

会社は，募集株式の募集に応じてその引受けの申込みをしようとする者に対し，①会社の商号，②募集事項，③金銭の払込みをすべきときは払込取扱場所，④これらの他，法務省令で定める事項，を通知しなければなりません（会203Ⅰ各号）。ただし，証券取引法に基づいて目論見書を交付している場合その他申込みをしようとする者の保護に欠けるおそれがないものとして法務省令で認める場合には通知の手続きは不要です（会203Ⅳ）。

申込みをする者は，①申込者の氏名・名称および住所，②引き受けようとする募集株式の数，を記載した書面を会社に交付して（電磁的方法による途もひらかれている）申込みをします（会203Ⅱ各号・Ⅲ）。

会社が上に述べた通知事項を変更したときは，直ちにその旨および変更があった事項を申込者に通知しなければなりませんが（会203Ⅴ），申込者への通知は（催告も同様），申込者が申込みにあたって申込書面に記載した住所（申込者が連絡先をとくに会社に通知した場合には当該連絡先）に発すれば足り（会203Ⅵ），その通知は通常到達すべきであった時に到達したものとみなされます（会203Ⅶ）。すなわち，非到達の危険は申込者が負担します。

株主に募集株式の割当てを受ける権利を与えた場合には，株主の適法な申込みがあれば，会社はこれに割当てをしなければなりません（会202Ⅱ参照）。しかし，株主が引受けの申込みの期日までに申込みをしなかった場合には，当該株主は，募集株式の割当てを受ける権利を失います（会204Ⅳ）。これを「**失権**

株」といいますが，失権株については募集株式から除外されます。株主割当ての場合を除き，会社は，申込者の中から募集株式の割当てを受ける者を定め，かつ，その者に割り当てる募集株式の数を定めたうえ，払込期日または払込期間の初日の前日までに，申込者に対し，割り当てる募集株式の数を通知しなければなりません（会204Ⅰ前段・Ⅲ）。会社が割り当てる募集株式の数は，申込者が引き受けようとして申し込んだ募集株式数より小さくても差し支えありません（会204Ⅰ後段）。募集株式が譲渡制限株式である場合には，定款に別段の定めがない限り，割当ての決定は株主総会（取締役会設置会社では取締役会）の決議によらなければなりません（会204Ⅱ）。この総会決議は特別決議事項です（会309Ⅱ⑤）。株主に募集株式の割当てを受ける権利を与えた場合を除き，誰にどれだけ募集株式を割り当てるかは，会社の自由に委ねられています（**割当自由の原則**）。したがって，多くは取締役会（またはその権限を委任された代表取締役）・取締役の裁量に委ねられます。しかし，会社の支配をめぐる争いの渦中で取締役会等が自派の支配権を維持するため恣意的に募集株式の割当てを行ったようなときは，著しく不公正な方法による募集株式の発行（会210②）として違法になる場合がありえます。

なお，募集株式の申込み・割当てに関する上で述べた手続きは，**総株引受け**（募集株式を引き受けようとする者がその総数の引受けを行う契約を締結する場合）には，適用がありません（会205）。

割当てがなされると，申込人は割り当てられた募集株式につき株式引受人となり，その株式数に応じて払込みまたは給付をなす義務を負うことになります（会206）。

2-7 出資の履行

募集株式の引受人は，払込期日または払込期間内に割当てを受けた株式につき払込金額の全額を払込取扱場所（払込取扱金融機関）に払い込まなければなりません（会208Ⅰ）。現実には，募集株式の申込みの際に，払込金額の全額に相当する金銭を申込証拠金として払い込ませ，払込期日に申込証拠金が払込金に充当されるという手続きがとられています。

現物出資については，払込期日または払込期間内に払込金額の全額に相当す

る給付がなされなければなりません（会208Ⅱ）。目的物の過大評価によって資本の充実が害されないよう，原則として裁判所の選任する検査役の調査を受ける必要がありますが，検査役の調査が不要の場合があるという点は，先に述べたとおりです（本章2-3-1③）。検査役の報告に基づき裁判所が現物出資について定められた価額を不当と認めたときは，これを変更する決定をしなければなりません（会207Ⅶ）。現物出資者がその変更の決定に不服であれば，当該決定の確定後1週間以内に限り，その募集株式の引受けの申込みまたは総株引受けによる場合の当該引受契約に係る意思表示を取り消すことができます（会207Ⅷ）。

2-8　新株発行の効力の発生等

2-8-1　打切発行

　払込期日までに払込みまたは現物出資の給付をした募集株式の引受人は，払込期日に株主となり，払込期間を定めた場合には，払込みの日または現物出資の給付日に株主となります（会209各号）。すなわち，これらの新株については，上に述べた日から新株発行の効力が生じるわけです。

　募集株式の引受人が払込期日または払込期間内に払込みまたは現物出資の給付をしないときは，当然に失権します（会208Ⅴ）。払込みがあった株式が予定した募集株式の一部にとどまった場合であっても，払込みがなされた部分について効力の発生が認められるのです（**打切発行**）。資金調達計画に齟齬は生じるかもしれませんが，募集株式の一部が消化できなくて増資が全面的に失敗する危険が避けられる公算は大きいでしょう。

2-8-2　変更登記とその効果

　新株発行の効力が生じると，登記事項のうち，発行済株式総数，種類および数ならびに資本金の額（会911Ⅲ⑤⑨）に変更を生じるので，2週間以内にその本店の所在地において変更登記をしなければなりません（会915Ⅰ）。払込期間を定めた場合の変更登記は，期間の末日現在の状況で末日から2週間以内にすれば足ります（会915Ⅱ）。

2-8-3　引受けの無効・取消しの制限

心裡留保・通謀虚偽表示による意思表示の無効に関する民法規定（民93ただし書，94Ⅰ）は，募集株式の引受けの申込み・割当て・総株引受契約に係る意思表示には適用されません（会211Ⅰ）。また，会社法209条の規定によって株主となった日から1年を経過した後は，募集株式を引き受けた者は，錯誤を理由としてその引受けの無効を主張し，または，詐欺もしくは脅迫を理由としてその引受けを取り消すことができません。当該株式につき株主として権利を行使したときも同様です（以上，会211Ⅱ）。

2-8-4　取締役等の現物出資不足価額填補責任

現物出資者が募集株式の株主となった時における現物出資財産の価額が募集事項の決定によって定められた価額に著しく不足する場合には，①当該募集株式の引受人に関する職務を行った業務執行取締役（委員会設置会社では執行役）その他当該業務執行取締役の行う業務の執行に職務上関与した者として法務省令で定めるもの，②現物出資財産の価額の決定に関する株主総会の決議があったときは，当該議案提出取締役として法務省令で定めるもの，③現物出資財産の価額の決定に関する取締役会の決議があったときは，当該議案提出取締役（委員会設置会社では取締役または執行役）として法務省令で定めるもの，は，会社に対し，当該不足額を支払う義務を負います（会213Ⅰ各号）。ただし，現物出資財産の価額について検査役の調査を受けたとき，当該取締役等がその職務を行うにつき注意を怠らなかったことを証明したときには，上に述べた義務を負いません（会213Ⅱ各号）。

現物出資財産について募集事項の決定の際に定めた価額が相当であることについて証明をした者（会207Ⅸ④参照）もまた，実際の現物出資財産価額が証明をした価額に著しく不足する場合には，会社に対し不足額を支払う義務を負いますが，当該証明者が，当該証明をなすにつき注意を怠らなかったことを証明したときはこの限りではありません（会213Ⅲ）。

上記の支払義務につき，取締役等と証明者が共にその責任を負うときは，両者は連帯債務者となります（会213Ⅳ）。

2-9 違法な新株発行等に対する措置

2-9-1 総　説

とくに公開会社における授権資本制度の下では募集事項の決定の権限が原則として取締役会にありますから，株主総会の与り知らぬところで法令・定款違反等の瑕疵ある募集株式の発行がなされる可能性があります。その際には，取締役等の責任が問題になることは当然のこと，募集株式の発行の効力それ自体が大きな問題となります。

瑕疵ある新株発行（自己株式の処分を含む）がなされる場合につき会社法は，その事前の主たる対処策として，**新株発行差止め**の制度を用意するとともに，事後の主たる対処策として，**新株発行無効の訴え**の制度を用意しています。ただ一般的に言えば，新株発行が形式上効力を生じた後は，その効力を前提として，利害関係人が多数に上るほか，株式の流通という取引の安全を保護する必要性が高くなります。それゆえ，事後の対処策は制限的にしか認めるべきでないということになり，新株発行によって不利益を被る株主等の救済策は，事前の対処策に軸足が置かれることになります。

2-9-2 新株発行の差止め

会社が法令もしくは定款に違反し，または著しく不公正な方法によって新株を発行し，これにより株主が損害を受けるおそれがある場合には，株主は会社に対し新株の発行の差止めを請求することができます（会210）。この請求は，新株発行の効力が発生する前になされなければなりません。

法令違反の例としては，株主総会または取締役会の適法な決議を欠く発行（会199, 201参照），株主総会の特別決議を経ることなくなされた株主以外の者に対する特に有利な払込金額による発行（会199Ⅲ，201Ⅱ，309Ⅱ⑤参照），発行条件が均等でない株主割当て（会199Ⅴ参照），現物出資についての必要な検査の懈怠（会207参照）などを挙げることができます。**定款違反の例**としては，定款所定の授権株式数を超過する発行，定款所定の種類を無視した種類株式の発行，定款所定の株主の募集株式の割当てを受ける権利を無視する発行などを挙げることができます。

著しく不公正な方法による新株発行とは，具体的直接に法令・定款に違反するものではないが，その発行が著しく公正を欠く場合を指します。実際に問題となる事例の多くは，会社の支配権の維持または争奪を達成する目的で新株発行が利用されるというものです。もっとも，わが会社法は，新株の発行に際し，旧株主の持分割合いの稀釈化への影響を顧慮せず，もっぱら特に有利な払込金額で第三者に株式の割当てを受ける権利を与える場合にのみ対処規定を設けているにすぎませんから（会199Ⅲ参照），会社が資金調達の必要に基づく新株発行であると声高に主張すれば，取締役等が自派の勢力を強化すべく割当自由の原則を顕著に濫用したことが明らかにされない限り，裁判所は，割合的地位が低下する株主に救済を与えることに消極的にならざるをえないのが実情であると思われます。

　監査役設置会社では，監査役も差止めの職務権限を有しています（会385）。

　株主が新株発行を差し止める方法には制限がありません。裁判外の直接請求も可能です。会社を被告として新株発行差止めの訴えを提起し，これを本案として差止めの仮処分を求めるというのが通常の方法でしょう。

　新株発行の差止請求を無視してなされた新株発行の効力については争いがあります。おそらく，それだけでは新株発行の無効原因とはならないというべきでしょう。株主の請求に常に正当な根拠があるとは限らないからです。ただ一方で，差止請求権の実効性をある程度担保することも必要（株主の権利としてこのような請求権を認めた法の趣旨を没却しないことも必要）ですから，裁判所が仮処分で差止めを認めた場合には，本案訴訟で仮処分が取り消されない限り，差止命令の無視は新株発行の無効原因となると解するのが穏当ではないかと思われます。

2-9-3　通謀引受人の責任等

　取締役（委員会設置会社では取締役または執行役）と通謀して著しく不公正な払込金額で新株を引き受けた者は，会社に対し，公正な払込金額との差額を支払う義務を負います（会212Ⅰ①）。取締役との通謀が要件ですから，この責任には会社に対する不法行為に基づく損害賠償責任の性質がありますが，実質的には追加出資義務的な一面もあります。現物出資者が新株の株主となった時に

おける現物出資財産の価額が募集事項の決定によって定められた価額に著しく不足する場合には，現物出資者はその不足額を支払う義務を負います（会212 I②）。こちらは追加出資義務の側面がありますが，現物出資者が，実際の価額と定められた価額とに著しい不足があることにつき善意無重過失であれば，新株引受の申込みまたは総株引受契約に係る意思表示を取り消すことができます（会212 II）。

　これら責任追及には，株主による代表訴訟が認められます（会847 I本文）。取締役と通謀した者等の責任を会社が追及することは事実上期待し難いことによる配慮からです。

2-9-4　取締役等の責任

　株主総会の特別決議を経ずに株主以外の者に対し特に有利な払込金額で新株発行を行った取締役等には，任務懈怠の責任が生じ，公正な払込金額との差額を会社に賠償する義務が生じます（会423 I）。また，会社法429条1項に基づき，保有株式の価値を減少させられた既存株主から責任を追及される可能性もあります。一般の不法行為責任（民709）に基づく責任を追及される可能性もあります。

2-9-5　新株発行の無効

　新株発行に無効原因があるとき，これを無効の一般原則に委ねることは，ことの性質上，あまりに法的安定性に欠けます。それゆえ会社法は，新株発行の無効は新株発行無効の訴えによってのみ主張することができ，無効の効力は遡及せず，将来に向けて対象株式が有償消却されると同様の扱いをなすこととしました（会828 I②，839，840）。新株発行無効の訴えの制度自体に関しては後述することとし（第8章3），ここでは何が新株発行の無効原因になるかをまとめておきましょう。

　会社法は**新株発行の無効原因**を明定することなく，すべて解釈に委ねていますが，一般に無効原因はなるべく制限的に解するのが妥当であるとされています。すでに新株発行が形式上効力を生じた以上，会社は拡大された規模で活動を始め，会社・株主・会社債権者などがその有効性を前提として法律関係を築

いており，対象新株の流通性についても取引の安全が要求されるからです。

　授権株式数を超過した新株発行，定款に定めのない種類の株式の発行が無効原因となることについては争いがありません。株主の株式割当てを受ける権利を無視した新株発行も，僅少な一部分が無視されたに過ぎない場合を除き，原則として無効と解されています。

　公開会社における新株発行に通常必要な取締役会の決議を欠いて代表取締役が専断的になした新株発行の効力については争いがあります。授権資本制度の下では，新株の発行は会社の組織に関することとはいえ，法はむしろこれを会社の業務執行（広い意味での取引）に準ずるものとして取り扱っており，対外的に会社を代表する権限を有する者が新株を発行した以上，手続上の法令違反は無効原因とならないと解するのが多数説です（ことの性質上，最も高度に取引の安全が要求される）。株式申込人には会社の内部的意思決定に関する決議を容易に知りえないという事由も補強的に挙げられています。

　新株発行に株主総会の特別決議が必要な場合に，この特別決議を欠いてなされた新株発行の効力についても争いがあります。これについても，新株発行に必要な会社の決議（会社の内部的意思決定決議）が，会社法上，取締役会の決議である場合も株主総会の特別決議である場合も同様であるとすれば，新株発行を業務執行に準ずるものとして扱うわが会社法の下では，無効原因にならないと解することになるのであろうと思われます。

　先に述べたように（本章2-3-3），取締役会の決議限りで募集事項を定めることができる公開会社にあっては，株主に新株発行の差止めを請求できる機会を確保させるために，払込期日または払込期間の初日の2週間前までに，株主に対し，当該募集事項を通知し，または公告をしなければなりません（会201Ⅲ・Ⅳ）。第三者に対する有利発行で株主総会の特別決議を経た場合には，新株発行事項の詳細を株主が知悉していますから，この通知・公告は不要です。このような通知・公告を欠く新株発行の効力については見解が分かれています。既存株主の利益を尊重する立場は無効説を主張しています。株主が差止権を行使する機会を不当に奪われることは重大な瑕疵であり，事後的救済では不十分であることを理由としています。法律関係の安定を確保する（取引の安全を強調する）立場は有効説を主張しています。通知・公告を欠くこと自体は新株発

行の無効原因とならず，罰則の制裁（会976②）を受けるにとどまり，より実質的な無効原因がない限り有効であると説きます。さらに，折衷説は，通知・公告を欠く新株発行は原則として無効原因を構成するが，会社が当該新株発行につき公示義務違反の他には新株発行差止めの事由がないことを立証すれば，当該瑕疵が治癒されるとしています。この点については，単に手続上の法令違反というだけをもっては無効原因とならず，実質的な無効原因の有無によって判断すべきであると思われます。

新株発行の差止請求を無視した発行についてはすでに述べました（本章2-9-2）。

著しく不公正な方法による新株発行についても，それ自体は無効原因にならないと解するのが多数説です。しかし，既存株主の利益の保護の観点から，新株発行事項の通知・公告があったにもかかわらず，2週間以内に差止めがなされないまま著しく不公正な方法による新株発行がなされてしまった場合にも，これを無効原因と解すべきであるという説も有力に主張されています。このような新株発行については金銭的な解決が困難であるわけですから，無効原因と認めて，訴訟で争う余地を残し，既存株主の利益を顧慮する機会を設けてもいいように思われます。

2-9-6　新株発行の不存在

新株発行の手続きをまったく欠き，単に新株発行による形式的な変更の登記があるにすぎないような場合は，新株発行は不存在です。このような場合は，誰がいつどのような方法によっても不存在を主張できます。必要があれば，会社を被告として新株発行不存在の訴え（会829①②）を提起することもできます。

3　新株予約権の発行

3-1　新株予約権とは何か

新株予約権とは，それを有する者（**新株予約権者**）が，通常，あらかじめ定められた一定期間（**行使期間**）内に，あらかじめ定められた一定の金額（**行使**

価額）を会社に払い込んで権利行使すれば，会社がこの者に対して新株を発行し，またはこれに代えて会社の有する自己株式を移転する義務を負うものをいいます。会社法上，その定義は，2条21号にあります。行使価額を払い込めば，新株予約権者は当然に株主になります。

新株予約権者に，この権利を行使すべき義務はありませんから，株価が行使価額を下回れば，行使を見送ればよく，株価が行使価額を上回れば，行使価額で所定の株式を取得できるので，新株予約権者はそれだけ利益を得ることができます。

新株予約権は，会社の取締役・使用人に対するインセンティブ（意欲刺激）報酬の趣旨で，これを有利発行するという方法で利用することができます（「ストック・オプションの賦与」という）。たとえば，取締役に新株予約権を与えれば，期間内に会社の業績を向上させ，株価を上昇させることに成功すれば，それだけ自分の利益になるわけですから，そうしようとのインセンティブが働くでしょう。

新株予約権は，上のような利用方法にとどまらず，募集株式の発行に準ずる形で一般的に発行することができますから，他の金融商品と組み合わせて利用すれば，会社の資金調達の多様化を図ることができます。

3-2 新株予約権の発行手続き

3-2-1 新株予約権の内容

会社が新株予約権を発行するにあたっては，その内容として，まず以下の事項を定める必要があります。

① 当該新株予約権の目的である株式の数（種類株式発行会社では株式の種類および種類ごとの数）またはその算定方法（会236 I ①）……1個の新株予約権の行使につき会社が何株の新株を発行すべきものとするかについては制限がありません。1個の新株予約権が，申込み，譲渡，権利行使の単位となります。

② 当該新株予約権の行使に際して出資される財産の価額またはその算定方法（会236 I ②），③ 金銭以外の財産を当該新株予約権の行使に際してする出資の目的とするときは，その旨ならびに当該財産の内容および価額

（会236Ⅰ③）……行使価額に関する内容です。現物出資も可能になっています。

④ **当該新株予約権を行使することができる期間**（会236Ⅰ④）……行使期間と呼ばれる期間がこれです。どのように定めようと，自由です。この期間内に新株予約権を行使しないと失権します。

⑤ **当該新株予約権の行使により株式を発行する場合における増加する資本金および資本準備金に関する事項**（会236Ⅰ⑤）……新株予約権の行使によって新株が発行される場合にも会社法445条1項ないし3項が適用されます。

⑥ **譲渡による当該新株予約権の取得について当該会社の承認を要することとするときは，その旨**（会236Ⅰ⑥）……株式の譲渡制限と同様の制度を新株予約権についても設けたものです。

⑦ **当該新株予約権について，当該会社が一定の事由が生じたことを条件としてこれを取得することができることとするときは，所定の法定事項**（会236Ⅰ⑦）……236条1項7号には，イないしチの8事項が列挙されています。イに掲げる「一定の事由が生じた日に当該株式会社がその新株予約権を取得する旨およびその事由」とはすなわち，会社が強制的に取得することのできる**取得条項付新株予約権**を認める趣旨に他なりません。別に定める日の到来をもって取得事由とすることも差し支えありません（ロ）。一定の事由が生じた場合に会社が当該新株予約権の全部を取得するとすることも一部を取得するとすることも可能ですが，一部を取得するとするときは，その一部の取得方法を定める必要があります（ハ）。取得条項付新株予約権の取得対価としては，株式・社債・他の新株予約権・新株予約権付社債・その他の財産（ニ〜チ）が挙げられています。

⑧ **当該会社が合併**（当該会社が消滅する場合に限る）**・吸収分割・新設分割・株式交換・株式移転をする場合において，当該新株予約権の新株予約権者に存続会社・新設会社等の新株予約権を交付することとするときは，その旨およびその条件**（会236Ⅰ⑧）……いわゆる新株予約権の承継に関する事項です。

⑨ **新株予約権を行使した新株予約権者に交付する株式の数に1株に満たな**

い端数がある場合に，これを切り捨てるものとするときは，その旨（会236 I ⑨）

⑩ 当該新株予約権（新株予約権付社債に付されたものを除く）について**新株予約権証券を発行することとするときは，その旨**（会236 I ⑩）

⑪ 上記⑩の場合に，新株予約権者が**記名式証券と無記名式証券との間の転換請求**（会290参照）の全部または一部をすることができないものとするときは，その旨（会236 I ⑪）

3-2-2　募集事項の決定

会社が発行する新株予約権を引き受ける者を募集しようとするときは，募集に応じて新株予約権の引受けの申込みをした者に対して割り当てる新株予約権（これを**募集新株予約権**という）について，その都度以下の事項を定めなければなりません（会238 I 柱書）。

① **募集新株予約権の内容および数**（会238 I ①）

② **募集新株予約権と引換えに金銭の払込みを要しないこととする場合には，その旨**（会238 I ②）……新株予約権を無償で発行する場合の定めです。

③ **有償発行の場合における募集新株予約権の払込金額またはその算定方法**（会238 I ③）……募集新株予約権1個と引換えに払い込む金銭の額です。要するに，有償で新株予約権が発行された場合には，その割当てを受けた者が新株予約権の目的である株式を取得するために，まずここに定められた払込金額を会社に交付し，次いで会社法236条1項2号に定められた行使金額（本章3-2-1 ②）を会社に交付するという，2回に分けた財産交付がなされるという形になっているわけです。

④ **募集新株予約権の割当日**（会238 I ④）

⑤ **募集新株予約権と引換えにする金銭の払込期日を定めるときは，その期日**（会238 I ⑤）

なお，会社法238条1項には，募集事項として，上記の事項に加えて6号および7号の事項が列挙されていますが，これは新株予約権付社債の場合の事項なので，ここでは省略します。以下，この単元では原則として新株予約権付社債に関する記述はしません。これについては，本章4-9で述べます。

第6章　株式会社の資金を調達する

　上記事項は，非公開会社においては，株主総会の特別決議によって定めるのが原則です（会238Ⅱ，会309Ⅱ⑥）。ただし，株主総会の特別決議（会309Ⅱ⑥）をもって，一定の範囲で，募集事項の決定を取締役（取締役会設置会社では取締役会）に委任することができます（会239Ⅰ柱書前段）。割当日がその決議の日から1年以内の日である募集新株予約権の発行に係る募集事項の決定に限って委任でき（会239Ⅲ），この場合には，その委任に基づいて募集事項の決定をすることができる募集新株予約権の内容および数の上限，新株予約権の無償交付をするときにはその旨，有償発行のときには払込金額の下限を総会で定めなければなりません（会239Ⅰ各号）。

　なお，種類株式発行会社において，募集新株予約権の目的である株式の種類の全部または一部が譲渡制限株式であるときは，当該募集新株予約権に関する募集事項の決定またはその決定の取締役・取締役会に対する委任は，原則としてその種類の株式の種類株主総会の決議（特別決議，会324Ⅱ③）がなければ効力を生じません（会238Ⅳ，239Ⅳ——かかる種類株主総会の決議を要しない旨の定款の定めがある場合，当該種類株主総会において議決権を行使できる種類株主が存しない場合には，この限りでない）。

　上の手続きは，すべて募集株式の発行の場合に準じて定められています（本章2-3-2と対照のこと）。募集株式の発行の場合と同様，募集事項が募集ごとに均等でなければならないこと，当然です（会238Ⅴ）。

3-2-3　公開会社における募集事項の決定の特則

　公開会社においては，募集事項は，原則として取締役会（委員会設置会社では執行役への委任が可能（会416Ⅳ柱書））がその決議をもってこれを決定することになります（会240Ⅰ）。

　公開会社が取締役会決議によって募集事項を定めた場合には，割当日の2週間前までに，株主に対し，当該募集事項を通知し，または公告をしなければなりません（会240Ⅱ・Ⅲ）。この手続きも募集株式の発行と同様です（本章2-3-3と対照のこと）。よって，通知・公告を要しない場合の定めがあります（会240Ⅳ）。

3-2-4　株主割当てによる募集新株予約権の発行

　募集新株予約権の募集にあたっては，株主に新株予約権の割当てを受ける権利を与えることができます（会241Ⅰ柱書）。株主割当てによる場合には，①株主に対し，募集新株予約権の引受けの申込みをすることにより，募集新株予約権（種類株式発行会社にあっては，その目的である株式の種類が当該株主の有する種類の株式と同一の種類のもの）の割当てを受ける権利を与える旨，②募集新株予約権の引受けの申込みの期日，をも定めなければなりません（会241Ⅰ各号）。

　株主割当ての場合には，株主はその有する株式の数に応じて募集新株予約権の割当てを受ける権利を有しますが，割当てを受ける新株予約権の数に1に満たない端数を生じるときは，これは切り捨てられます（会241Ⅱ）。

　上記事項の決定は，非公開会社では株主総会決議（特別決議，会309Ⅱ⑥）が原則ですが（会241Ⅲ④参照）。定款の定めにより取締役の決定（取締役会設置会社では取締役会の決議による決定）とすることも可能です（会241Ⅲ①②）。公開会社では取締役会決議によってこれを決定します（会241Ⅲ③）。

　株主割当てとする旨を決定した場合には，募集新株予約権の引受けの申込みの期日の2週間前までに，割当てを受ける株主に対し，①募集事項，②当該株主が割当てを受ける募集新株予約権の内容および数，③引受申込期日，を通知しなければなりません（会241Ⅳ各号）。

　これら手続きも募集株式の株主割当てに準じて定められています（本章2-4と対照のこと）。

3-2-5　新株予約権の有利発行

　新株予約権については，①これを無償で発行する場合（会238Ⅰ②参照）において，無償発行をすること自体が新株予約権を引き受ける者に特に有利な条件であるとき，②その払込金額（会238Ⅰ③参照）が新株予約権を引き受ける者に特に有利な条件であるとき，には，公開会社においても株主総会の特別決議が必要です（以上，会238Ⅲ，240Ⅰ，309Ⅱ⑥。なお，239Ⅱ）。取締役は，株主総会において，上のような有利発行をすることが必要である理由を説明しなければなりません（会238Ⅲ）。

「特に有利な条件」には，払込金額だけでなく，行使価額，行使期間なども総合的にその判断の要素に加えられるものと思われます。何らかの技術的指標により，新株予約権の価値を測定し，これを基準に有利性を判断することになるでしょう。会社の取締役や使用人に賦与されるストック・オプションは，当面は新株予約権の無償発行として，この有利発行手続きによるべきことになります。

3-3 募集新株予約権の申込み・割当て

これらについては，ほぼ募集株式の場合と同様の規定が設けられています。会社法242条ないし244条がこれです。

申込者は，会社が割り当てた募集新株予約権につき，割当日に新株予約権者となります（会245Ⅰ①）。募集新株予約権の総数引受契約による場合も，総数引受者は，割当日に新株予約権者となります（会245Ⅰ②）。

3-4 新株予約権に係る払込み

新株予約権を有償で発行した場合には，新株予約権者は，新株予約権を行使できる期間（会236Ⅰ④）の初日の前日または払込期日を定めたときは（会238Ⅰ⑤）払込期日までに，所定の払込取扱場所において，それぞれの募集新株予約権の払込金額の全額を払い込まなければなりません（会246Ⅰ）。ただし，新株予約権者は，会社の承諾を得れば，払込みに代えて，払込金額に相当する金銭以外の財産を給付し，または当該会社に対する債権をもって相殺することができます（会246Ⅱ）。払込期日までにそれぞれの募集新株予約権の払込金額の，上の意義における全額払込みがなされないときは，新株予約権者は，その募集新株予約権を行使することができません（会246Ⅲ）。

3-5 既存株主の保護

募集株式の発行等との場合と整合的に，新株予約権の違法または不公正な発行につき，株主に新株予約権の発行差止請求権が認められています（会247──対照会210）。また，不公正な払込金額で新株予約権を引き受けた者等の責任に関する規定が整備されており（会285──対照会212），新株予約権発行無効

の訴え（会828Ⅰ④）・不存在確認の訴え（会829③）が定められています。

3-6　新株予約権証券

先に述べたように（本章3-2-1⑩），会社は，新株予約権の内容を定めるにあたり，新株予約権に係る**新株予約権証券**を発行することとする旨の定めをすることができます（**証券発行新株予約権**という）。この場合には，証券発行新株予約権を発行した日以後遅滞なく，会社は，その新株予約権に係る新株予約権証券を発行しなければなりません（会288Ⅰ）。ただし，会社は，新株予約権者から請求がある時までは，新株予約権証券を発行しないことができます（会288Ⅱ）。

新株予約権証券は，新株予約権を表章する有価証券です。要式証券であり（会289参照），要因証券です。株券はすべて無記名式の証券ですが（第3章9-1），新株予約権証券は，記名式または無記名式として作成することができ，証券新株予約権の新株予約権者は，新株予約権の内容として転換請求をすることができないとされていない限り，いつでも，記名式証券と無記名式証券との転換請求をすることができます（会290）。

新株予約権証券の占有者は権利推定的効力を享受し（会258Ⅰ），権利推定効の延長線上にある制度として，この証券上の権利にも当然に善意取得が認められます（会258Ⅱ）。

株券と異なり，新株予約権証券を喪失した場合には，公示催告手続き（非訟141）によって当該証券を無効とすることができ（会291Ⅰ），証券喪失者は，除権決定（非訟148Ⅰ）を得た後でなければ，その再発行を請求することができません（会291Ⅱ）。

3-7　新株予約権原簿

会社は，新株予約権を発行した日以後遅滞なく，**新株予約権原簿**を作成し，新株予約権，新株予約権証券（新株予約権付社債券を含む）および新株予約権者に関する一定の法定事項（**新株予約権原簿記載事項**という）を記載または記録しなければなりません（会249）。

証券発行新株予約権・証券発行新株予約権付社債に付された新株予約権に関

するものを除き，新株予約権者は，会社に対し，自己に関する新株予約権原簿記載事項を記載・記録した書面の交付または電磁的記録の提供を請求することができます（会 250 参照）。

　会社は，新株予約権原簿をその本店に備え置かなければなりませんが，株主名簿管理人に新株予約権原簿に関する事務を委託することもでき，この場合には株主名簿管理人の営業所にこれを備え置かなければなりません（会 252 Ⅰ，251，123）。株主および会社債権者は，会社の営業時間内はいつでも，請求の理由を明らかにして新株予約権原簿の閲覧・謄写の請求をすることができ（会 252 Ⅱ），会社は，法定の正当事由がない限り，これを拒むことができません（会 252 Ⅲ）。新株予約権者は会社の債権者ですから，当然にかかる請求をなすことが可能です。なお，親会社の社員にも，その権利を行使するため必要があるときは，裁判所の許可を得て，新株予約権原簿の閲覧・謄写を請求できる途がひらかれています（会 252 Ⅳ・Ⅴ）。

3-8　新株予約権の譲渡等

3-8-1　新株予約権の譲渡

　新株予約権は，原則として自由に譲渡することができます（会 254 Ⅰ——なお，新株予約権付社債に付された新株予約権については，本章 4-9-3 参照）。

　証券発行新株予約権を譲渡するには，新株予約権証券を交付しなければその効力を生じません（会 255 Ⅰ本文）。ただし，会社が**自己新株予約権**（会社が有する自己の新株予約権）を処分する場合の証券発行新株予約権の譲渡は，証券の交付がなくても有効です（会 255 Ⅰただし書）。この場合には，会社は処分の日以後遅滞なく，当該自己新株予約権を取得した者に対し，新株予約権証券を交付しなければなりません（会 256 Ⅰ——会社は，取得者の請求ある時まで証券を交付しないとする措置を執ることも可能（会 256 Ⅱ））。

　記名式の新株予約権証券が発行されている証券発行新株予約権の譲渡を会社に対抗するには，新株予約権の取得者の氏名・名称および住所を新株予約権原簿に記載・記録しなければなりません（会 257 Ⅱ，名義書換え）。会社以外の対第三者対抗要件は，新株予約権証券の占有移転です。

　無記名式の新株予約権証券が発行されている証券発行新株予約権の譲渡を会

社その他の第三者に対抗するには，新株予約権証券の占有移転を受けなければなりません（会257Ⅲ，民178）。

証券が発行されていなければ，新株予約権の譲渡は，当事者の意思表示のみによってその効力を生じますが，**新株予約権原簿の名義書換え**をしなければ，会社その他の第三者に対抗することができません（会257Ⅰ——その手続きは会260参照）。

3-8-2　新株予約権の譲渡の制限

先に述べたように（本章3-2-1⑥），新株予約権の発行に際し，その内容として，当該新株予約権の譲渡につき当該会社の承認を要するものとすることができます（会236Ⅰ⑥）。これを**譲渡制限新株予約権**といいます。

譲渡制限新株予約権の譲渡については，ほぼ譲渡制限株式の譲渡と同様の手続き（会137以下）が定められています。

すなわち，譲渡人・譲受人の双方から会社に対して承認請求をすることができ（会262，263），譲渡または取得の承認機関は株主総会（取締役会設置会社では取締役会）であり（会265Ⅰ），会社は決定内容を承認請求した者に通知しなければならず（会265Ⅱ），別段の合意なき限り，請求の日から2週間（定款で短縮可）以内に通知をしなければ，譲渡または取得を承認したものとみなされます（会266）。譲渡制限株式の譲渡等承認請求と異なり，不承認の場合の会社に対する買取請求や指定買取人の指定請求は認められていません。新株予約権者は，会社による譲渡承認が得られない場合でも，新株予約権を行使して株式を取得すれば，最終的にはその株式を譲渡できる（すなわち，新株予約権の対価を払込済みであっても，いずれは回収できる）からです。

3-8-3　新株予約権の質入れ

新株予約権者は，その有する新株予約権に質権を設定することができます（会267Ⅰ）。

証券発行新株予約権の質入れは，新株予約権証券を交付しなければ効力を生じません（会267Ⅳ）。証券の継続占有をするのでなければ会社その他の第三者に対抗することができません（会268Ⅱ）。証券発行新株予約権を除く新株予約

権の質入れは，質権者の氏名・名称および住所を新株予約権原簿に記載・記録しなければ会社その他の第三者に対抗することができません（会268Ⅰ）。無記名新株予約権に付された新株予約権を除く新株予約権に質権を設定した者は，会社に対し，質権者の氏名・名称および住所ならびに質権の目的たる新株予約権を新株予約権原簿に記載・記録するよう請求することができ（会269参照），そのようにして記載・記録された質権者（**登録新株予約権質権者**）は，証券発行新株予約権に付された新株予約権に関するものを除き，会社に対し，自己についての新株予約権原簿に記載・記録された事項を記載した書面の交付または電磁的記録の提供を請求することができます（会270参照）。

新株予約権を目的とする質権の物上代位，優先弁済権等に関する規定が整備されています（会272Ⅰ～Ⅲ）。

3-9 会社による自己新株予約権の取得

3-9-1 取得条項付新株予約権の取得

先に述べたように（本章3-2-1⑦），会社は，取得条項付新株予約権を発行することができます（会236Ⅰ⑦，273Ⅰ）。

取得条項付新株予約権の内容として，別に定める日の到来をもって取得事由とする定め（会236Ⅰ⑦ロ）がある場合には，当該新株予約権の内容において別段の定めがない限り，会社は，株主総会（取締役会設置会社では取締役会）の決議により当該日を定め，その日の2週間前までに，取得条項付新株予約権者およびその登録新株予約権質権者に対し，当該日を通知しまたは公告をしなければなりません（会273参照）。

取得条項付新株予約権の内容として，取得事由が生じた日に取得条項付新株予約権の一部を取得する旨の定め（会236Ⅰ⑦ハ）がある場合に，会社が取得条項付新株予約権を取得しようとするときは，当該新株予約権の内容において別段の定めがない限り，株主総会（取締役会設置会社では取締役会）の決議により，取得すべき取得条項付新株予約権を決定し，その新株予約権者およびその登録新株予約権質権者に対し，直ちに，当該取得条項付新株予約権を取得する旨を通知しまたは公告しなければなりません（会274参照）。

会社は，原則として一定の事由が生じた日に取得条項付新株予約権を取得す

ることになります（会275Ⅰ）。取得条項付新株予約権の新株予約権者は，対価として会社から交付された財産の種類に従い，たとえば株式を交付されれば株主となり，社債を交付されれば社債権者となり，別の新株予約権を交付されれば，その新株予約権の新株予約権者となります（会275Ⅲ各号）。

3-9-2　その他の自己新株予約権の取得および処分

取得条項付新株予約権の取得だけでなく，たとえば会社法118条等には新株予約権買取請求に関する規定が置かれており，会社法は，会社が自己新株予約権を取得することを前提として規定されているといえます。自己株式の取得のように，取得が可能な場合を列挙する規定（会155）もありませんから，会社は，特に制限なく自己新株予約権を取得することができると解されます。財源規制もありません。自己新株予約権の処分についても，特段の規制は設けられていません。ただし，会社法199条1項柱書の文言と同238条1項柱書の文言との対比から，会社が処分する自己新株予約権は，会社が処分する自己株式と異なり，募集新株予約権とは位置づけられてはいません。

なお，会社は，自己新株予約権を行使することができません（会280Ⅵ）。

3-9-3　新株予約権の消却

会社は，自己新株予約権を消却することができますが，この場合には，消却する自己新株予約権の内容および数を定めなければなりません（会276Ⅰ）。取締役会設置会社においては，消却する自己新株予約権の内容および数の決定は取締役会決議によらなければなりません（会276Ⅱ）。

なお，消却による場合のほか，新株予約権者がその有する新株予約権を行使することができなくなったときも，新株予約権は消滅します（会287）。

3-10　新株予約権無償割当て

会社は，株主（種類株式発行会社ではある種類の種類株主）に対し，新たに払込みをさせないで新株予約権の割当てをすることができます（会277）。これを**新株予約権無償割当て**といいます。

会社が新株予約権無償割当てをしようとするときは，その都度，①株主に

割り当てる新株予約権の内容および数またはその算定方法，②新株予約権が新株予約権付社債に付されたものであるときは，当該社債の種類および各社債の金額またはその算定方法，③新株予約権無償割当ての効力発生日，④種類株式発行会社である場合には，新株予約権無償割当てを受ける株主の有する株式の種類，を定めなければなりません（会278 I 各号）。定款に別段の定めがない限り，その決定は，株主総会（取締役会設置会社では取締役会）の決議によります（会278 Ⅲ）。総会決議は普通決議で足ります。その内容を定めるにあたっては，株主（種類株式発行会社では割当てを受ける種類の株主）の有する株式（種類株式発行会社では割当てを受ける種類の株式）の数に応じて割当てをなすことを内容とするものでなければなりません（会278 Ⅱ）。

3-11　新株予約権の行使

　新株予約権を行使する者は，①その行使に係る新株予約権の内容および数，②新株予約権を行使する日，を明らかにしてしなければなりません（会280 I 各号）。証券発行新株予約権の行使は，新株予約権証券を会社に提出しなければなりません（会280 Ⅱ）。

　新株予約権の行使に際し，金銭を出資の目的とするときは，新株予約権者は，新株予約権を行使する日に，会社が定めた払込取扱場所において，行使価額（会236 I ②）の全額を払い込まなければなりません（会281 I）。金銭以外の財産を出資の目的とするときは，新株予約権者は，新株予約権を行使する日に，当該財産（会236 I ③）を給付しなければなりません（会281 Ⅱ前段）。給付する財産の価額が出資財産価額として募集事項において定められた価額に足りないときは，会社が定めた払込取扱場所において差額相当の金銭を払い込まなければなりません（会281 Ⅱ後段）。

　後者の現物出資の場合には，募集株式の発行等の場合と同様に，検査役の調査および調査の免除に関する規定が整備されています（会284参照）。現物出資者の目的物価額不足額の填補責任（会285 I ③），現物出資財産を給付した善意無重過失の新株予約権者の新株予約権行使の取消権（会285 Ⅱ），取締役等の目的物価額不足額の填補責任（会286）についても，募集株式の発行等の場合と同様の規定が置かれています。

なお，新株予約権者は，払込みまたは給付をする債務と会社に対する債権とを相殺することができません（会281Ⅲ）。

　新株予約権者は，新株予約権を行使した日に，当該新株予約権の目的である株式の株主となります（会282）。

　新株予約権の行使によって，当該新株予約権の新株予約権者に交付する株式の数に1に満たない端数があるときは，その株式が市場価格ある株式であればその株式1株の市場価格として法務省令で定める方法により算定される額に，そうでなければ1株当りの純資産額に，各々その端数を乗じて得た額に相当する金銭を会社から新株予約権者に交付して清算するのが原則ですが（会283柱書本文①②），当該新株予約権の内容として端数を切り捨てる旨の定めがあるときは（会236Ⅰ⑨）この限りではありません（会283柱書ただし書）。

3-12　新株予約権の登記

　会社が新株予約権を発行するときは，2週間以内にその本店の所在地において，新株予約権の発行に関する一定の事項を登記しなければなりません（会911Ⅲ⑫，915Ⅰ）。新株予約権が行使されて新株が発行されると，株価に影響を及ぼすので，これらに関する情報を公示させるためです。

4　社債の発行

4-1　社債とは何か

　社債とは，申込者への割当てに基づいて生じた株式会社の多数に分割された債務であって，会社法の定めに従って償還されるものをいうと解されています。会社法上の定義は，会社法2条23号にあります。社債は，純然たる会社の債務です。

　社債を発行することによって，会社は，不特定多数の一般投資家から長期に安定した資金の提供を受けることができます。一般投資家に対し，大量の割当てを行って，安定した資金を調達するという面で，募集株式の発行と共通性がありますが，募集株式の発行によって調達した資金が会社の自己資本を構成するのに対し，社債によって得られた資金は他人資本を形成します。**社債権者**

（社債の権利者）は会社債権者であって，株主と異なり会社の構成員（社員）ではありません。したがって，社債権者は会社経営に参画することができません。社債権者は，償還期限が到来すれば社債全額の償還を受け，会社との法律関係が当然に解消します。社債権者は，会社の業績にかかわりなく，一定の約定利息を受け取ることができます。会社法は，会社法上のあらゆる種類の会社が社債を発行できるものとし，社債に関する規定を第4編に配置しています。本書では，原則として，株式会社における社債発行を念頭に記述します。

4-2 社債発行の前提条件

社債を発行しようとする会社は，原則として**社債管理者**を定め，これに社債権者のために社債の管理等を行うことを委託しなければなりません（会702本文）。ただし，各社債の金額が1億円以上の場合その他社債権者の保護に欠けるおそれがないものとして法務省令で定める場合には，社債管理会社を置くか否かは，発行会社の任意です（会702ただし書）。社債管理者の設置義務に反して発行された社債も無効ではありません。

4-3 社債の発行形態

4-3-1 総額引受け

特定人が発行会社との契約によって社債の総額を包括的に引き受ける方法です（会679参照）。発行会社はただちに必要な資金を入手することができ，引受人は，後日機をみてその社債を公衆に売り出し，引受価額と売出価額の差額を利得することになります。

4-3-2 公募

公衆から引受人を募集する方法です。

直接募集は，発行会社が直接に公衆から社債を募集する方法です。募集事務が専門化している今日，この方法がとられることは稀です。

委託募集とは，募集事務を第三者に委託して行う方法です。応募額の不足分を社債発行会社と受託会社との契約で引き受ける方法（残額引受け）もあります。

売出発行とは，社債総額を確定することなく，一定の売出期間を定め，その期間内に公衆に対し随時個別的に債券を売り出す方法です。これに属するなじみ深いものとしては，たとえば三菱東京UFJ銀行債やみずほ銀行債などがこれです。

4-4　発行手続き

4-4-1　募集事項の決定

　会社は，その発行する社債を引き受ける者の募集をしようとするときは，その都度，募集に応じて当該社債の引受けの申込みをした者に対して割り当てる社債（「募集社債」と呼ばれる）について，以下の事項を定めなければなりません（会676Ⅰ柱書）。

① 募集社債の総額（会676Ⅰ①）
② 各募集社債の金額（会676Ⅰ②）
③ 募集社債の利率（会676Ⅰ③）
④ 募集社債の償還の方法および期限（会676Ⅰ④）
⑤ 利息支払の方法および期限（会676Ⅰ⑤）
⑥ 社債券を発行するときは，その旨（会676Ⅰ⑥）
⑦ 社債権者が記名式の社債券と無記名式の社債券との間の転換請求（会698）の全部または一部をすることができないとするときは，その旨（会676Ⅰ⑦）
⑧ 社債管理者が社債権者集会の決議によらずに当該社債の全部についてなす訴訟行為，破産・再生手続き（会706Ⅰ②）をすることができることとするときは，その旨（会676Ⅰ⑧）
⑨ 各募集社債の払込金額（各募集社債と引換えに払い込む金銭の額）もしくはその最低金額またはこれらの算定方法（会676Ⅰ⑨）
⑩ 募集社債と引換えにする金銭の払込みの期日（会676Ⅰ⑩）
⑪ 一定の日までに募集社債の総額について割当てを受ける者を定めていない場合において，募集社債の全部を発行しないこととするときは，その旨およびその一定の日（会676Ⅰ⑪）
⑫ その他法務省令で定める事項（会676Ⅰ⑫）

取締役会設置会社では，上記の事項は原則として取締役会で決定されますが，会社法362条4項5号は，取締役会の専決事項として「第676条第1号に掲げる事項その他の社債を引き受ける者の募集に関する重要な事項として法務省令で定める事項」と規定していますから，募集社債の総額および法務省令で定める事項さえ取締役会で定めれば，その他の決定は代表取締役など個々の取締役に委ねることができます。また，委員会設置会社では，募集事項の決定を執行役に委ねることができます（会416Ⅳ柱書）。このため，これらの会社では，かなり機動的な募集社債の発行が可能です。上記以外の機関設計を持つ会社では，その決定は一般の業務執行決定機関が行います。

4-4-2　募集社債の申込み，割当て等

募集株式の発行等と同様に，総額引受け（会679）の場合または証券取引法上の開示の保障がある場合を除き，会社は，引受けの募集にあたって，応募者に対して情報の提供をしなければなりません（会677参照）。総額引受けの場合を除き，申込みがあった者に対して割当てをするのも募集株式の発行等と同様です（会678参照）。割当てがあると，申込者は社債権者となります（会680①——総額引受けの場合は会680②）。社債の応募額が予定していた社債総額に達しなかった場合であっても，募集事項でその旨を定めておけば（会676Ⅰ⑪），応募額を社債総額とする社債の成立が認められます（**打切発行**）。

割当てを受けた者が払込未了であっても社債は成立します。しかし，払込未了のままでは，社債権者による償還義務の履行請求等があっても，会社は払込未了の抗弁を対抗することができますから，払込未了の社債権者は権利を行使することができません。

4-5　社債原簿，社債券

社債原簿とは，社債権者および社債券に関する事項を明らかにするために，法定事項を記載または記録して作成される帳簿であり（会681），株式における株主名簿に相当するものです。会社は，**社債原簿管理人**（会社に代わって社債原簿の作成および備置きその他の社債原簿に関する事務を行う者）を定め，社債原簿に関する事務を委託することができます（会683）。社債原簿は本店に備え置

かれ（社債原簿管理人がいる場合にはその営業所に備設），社債権者その他法務省令で定める者の閲覧・謄写に供され，また社債発行会社の親会社社員にも一定の場合に所定の手続きを経て閲覧・謄写に供されることがあります（会684参照）。無記名社債（次段落参照）の社債権者を除き，社債権者は，社債発行会社に対し，自己の社債原簿記載事項を記載した書面の交付またはこれを記録した電磁的記録の提供を請求できます（会682参照）。無記名社債を除く社債の譲渡・質入れの対抗要件（会688，693参照）としての意義のほか，社債権者に対する通知または催告について意義を有します（会685参照）。

　会社法は，募集事項において決定した場合に限り，社債券を発行することにしています（会676Ⅰ⑥）。社債発行会社は，社債券を発行する旨の定めがある社債を発行した日以後遅滞なく，当該社債に係る社債券を発行しなければなりません（会696）。**社債券**は，社債権を表章する有価証券であり，記載事項が法定された（会697Ⅰ）要式証券です。社債券には記名式の証券と無記名式の証券とがあります。前者が**記名社債**，後者が**無記名社債**です。社債券が発行されている社債の譲渡は，社債券を交付しなければその効力を生じません（会687）。記名社債の譲渡は，社債券の交付により権利が移転し，第三者対抗要件も具備しますが，社債発行会社に譲渡を対抗するには社債原簿の名義書換えが必要です（会688Ⅱ）。無記名社債の譲渡は，社債券の交付により権利が移転し，これにより会社その他の第三者に対する対抗要件を具備します（会688Ⅲ——一般の有価証券法理に従う）。社債券の占有には権利推定的効力があり，善意取得も認められます（会689参照）。社債権者は，募集事項の決定に際して別段の定め（会676Ⅰ⑦）がない限り，いつでも記名社債券と無記名社債券の相互の転換を請求することができます（会698）。

　社債券を不発行とした場合の社債の譲渡は，当事者の意思表示のみで効力を生じますが，**社債原簿の名義書換え**をしなければ会社その他の第三者に対抗できません（会688Ⅰ）。

4-6　社債の管理

　社債は，公衆に対する多額でかつ長期にわたる債務ですから，発行会社と社債権者の間には継続的な関係が生じます。社債元利金の確実な支払いを確保し，

小口の一般社債権者の利益を保護する必要から，社債関係は合理的に管理されなければなりません。社債権者の共同の利益のため，社債管理者制度と社債権者集会制度が設けられています。

4-6-1 社債管理者

すでに述べたように（本章4-2），**社債管理者**とは，発行会社から社債の管理の委託を受けてこれを行うものです（会702参照）。社債管理者になることができるのは，銀行，信託会社およびこれらに準ずるものとして法務省令で定める者に限られます（会703各号）。

（1）権　限

社債管理者は，社債権者のために，弁済（償還および利息の支払い）を受け，または債権の実現を保全するのに必要な一切の裁判上または裁判外の行為をなす権限を有します（会705 I）。社債の償還と利息の支払いの請求，これらの受領，時効中断手段の行使，支払請求訴訟の提起，破産手続き・会社更生手続きにおける債権の届出，債権保全のための仮差押・仮処分の申請などを，その裁量によってなすことができます。社債管理者がこれらの権限を行使して発行会社から弁済を受けたときは，社債権者は，社債管理者に対し，社債の償還額および利息の支払いを請求することができますが，社債券を発行する旨の定めがあるときは，債券と引換えに償還額の，利札と引換えに利息の支払いを請求しなければなりません（会705 II）。

社債管理者は，社債権者集会を招集し（会717 II），これにその代表者を出席させてまたは書面により意見を述べることができ（会729本文），その決議を執行する権限があります（会737 I本文）。

社債管理者は，社債権者集会の特別決議（会724 II①）により，総社債につき支払いの猶予，不履行によって生じた責任の免除または和解，訴訟行為，破産手続等の手続きに関する一切の行為をなす権限があります（会706 I各号）。

社債管理者は，上のような法定権限を行使するため必要があれば，裁判所の許可を得て，発行会社の業務および財産の状況を調査する権限があります（会705 IV）。また，発行会社が一部の社債権者になした著しく不公正な弁済，和解等の行為の取消請求訴訟を提起する権限も認められます（会865～867）。

（2） 義務と責任

　社債管理者は，社債権者のために公平かつ誠実に社債の管理をなすことを要します（会704 I）。これを**公平誠実義務**といいます。社債管理者が**公平義務**に反し，一部の社債権者を優先的に扱う等の不公正な扱いをしたため損害を受けた社債権者は，社債管理者に損害賠償を請求することができます（会710 I）。**誠実義務**は，社債権者の利益と社債管理者の利益が相反する場合において，社債権者の利益を犠牲にして社債管理者が自己または第三者の利益を図ってはならないという義務です。

　社債管理者は，社債権者に対して**善管注意義務**を負います（会704 II）。発行会社と社債管理者との間には委任契約（準委任を含む）がありますが，社債権者と社債管理者との間には契約関係がないので，会社法はとくにこの義務を法定したのです。

　社債管理者が，会社法または社債権者集会の決議に反する行為をしたとき，または利益相反行為をしたときは，社債権者に対し損害賠償責任を負います（会710 I）。この責任の性質は，特別の法定責任です。

　ところで，たとえば社債発行会社の取引銀行が社債管理者になっているような場合，発行会社の経営が悪化し，社債に基づく諸債務の不履行に陥る危険がある（あるいは，実際に不履行を生じた）ときは，発行会社に貸付金債権等の債権を有する社債管理者と社債権者との利益相反がまさに顕在化することになります。このような状況が出来することに鑑みて，会社法は，社債管理者の誠実義務を拡充させる形で，社債管理者に次のような特別の損害賠償責任を負わせました。すなわち，社債管理者は，原則として，社債発行会社が社債の償還もしくは利息の支払いを怠り，もしくは発行会社につき支払いの停止があった後またはその前3か月以内に，① 当該社債管理者の債権に係る債務について社債発行会社から担保の供与または債務の消滅に関する行為を受けること，② 当該社債管理者と法務省令で定める特別の関係がある者に対して当該社債管理者の債権を譲り渡すこと（当該特別の関係がある者が当該債権に係る債務について社債発行会社から担保の供与または債務の消滅に関する行為を受けた場合に限る），③ 当該社債管理者が社債発行会社に対する債権を有する場合において，契約によって負担する債務をもっぱら当該債権をもってする相殺に供する目的で社

債発行会社の財産の処分を内容とする契約を社債発行会社との間で締結し，または社債発行会社に対して債務を負担する者の債務を引き受けることを内容とする契約を締結し，かつ，これにより社債発行会社に対し負担した債務と当該債権とを相殺すること，④当該社債管理者が社債発行会社に対して債務を負担する場合において，社債発行会社に対する債権を譲り受け，かつ，当該債務と当該債権とを相殺すること，をしたときは，社債権者に対し，損害を賠償する責任を負います。ただし，社債管理者が，誠実にすべき社債の管理を怠らなかったこと，または当該損害が上記①ないし④の行為によって生じたものでないことを証明したときは，この限りではありません（以上，会710Ⅱ各号）。

(3) 終任と事務承継者

社債管理者は，発行会社および社債権者集会の同意を得て**辞任**することができますが，その辞任により社債管理者がなくなるときは，辞任に先立ち事務を承継すべき社債管理者を定めなければなりません（会711Ⅰ）。発行会社と社債管理者との間の委託契約（会702参照）に事務承継者の定めがあれば，社債管理者は当該委託契約に定めた事由の発生によって辞任できます（会711Ⅱ）。社債管理者がその資格を失った等，やむをえない事由があるときは，発行会社等の同意を得ず，事務承継者を定めないでも，裁判所の許可を得て辞任することができます（会711Ⅲ）。

社債管理者がその義務に違反または不適任その他正当事由があるときは，社債権者集会または発行会社の申立てにより，裁判所はその社債管理者を**解任**することができます（会713）。

社債管理者が免許の取消しを受け（会703参照），辞任（会711Ⅲ），解任（会713）または解散することによって社債を管理する者がなくなったときは，発行会社は，遅滞なく社債権者集会を招集してその同意を得，同意を得られなかったときは裁判所の許可を得て，事務を承継すべき社債管理者を定めなければなりません（会714Ⅰ）。社債を管理する者がなくなってから2か月以内に発行会社が同意を得るための社債権者集会を招集せずまたは裁判所の許可を求めるための申立てをしないときは，社債総額につき期限の利益を失います（会714Ⅱ）。やむを得ない事由があるときは，利害関係人による裁判所への申立ても認められ（会714Ⅲ），利害関係人の申立てに基づく選定を含め，事務を承継

する社債管理者を定めた場合には，社債権者集会の同意を得た場合を除いて，発行会社はその旨を公告し，かつ，知れている社債権者には各別にこれを通知しなければなりません（会714Ⅳ）。

なお，社債権者と社債管理者との利益が相反する場合において，社債権者のために裁判上または裁判外の行為をなす必要があるときは，裁判所は，社債権者集会の申立てにより，**特別代理人**を選任しなければなりません（会707）。

4-6-2　社債権者集会
（1）　意義および招集

社債権者集会とは，社債権者の利害に重大な関係のある事項について同種類の社債権者の総意を決定するため，同種類の社債権者によって構成される臨時的な会議体です。発行会社の機関ではなく，会社外に存在するものです。社債権者間には一種の利益共同的な関係が存するので，その共同の利益を確保・維持するための制度です（社債権者の団体性を基礎とする制度です）。

社債権者集会は，社債の種類別に構成されます（会715）。社債権者集会は，原則として発行会社または社債管理者が招集します（会717Ⅱ）。ある種類の社債の総額（償還済みの額を除く）の10分の1以上にあたる社債を有する社債権者は，会議の目的たる事項および招集の理由を示して発行会社または社債管理者に社債権者集会の招集を請求することができます（会718Ⅰ）。最終手段として，裁判所の許可を得て自ら社債権者集会を招集する途もひらかれています（会718Ⅲ参照）。招集手続きについては，株主総会招集手続規定に準じて規定が整備されています（会719～722）。社債発行会社および社債管理者は，原則としてその代表者を集会に出席させ，または書面で意見を述べることができるので（会729Ⅰ），招集通知はこれらの者に対してもなすことを要します（会720Ⅰ）

（2）　決議事項および決議方法

決議することができるのは，会社法に規定ある事項のほか社債権者の利害に関する事項に限られます（会716）。普通決議（会724Ⅰ）事項と特別決議（会724Ⅱ）事項とがあります。

普通決議事項として，①特別代理人選任の申立て（会707），②社債管理者

の辞任に対する同意（会711Ⅰ），③その解任の申立て（会713），④その事務承継者の選任についての同意（会714Ⅰ），⑤発行会社の代表者または代理人の出席要求（会729Ⅱ），⑥発行会社の元利金支払遅延の場合の期限の利益喪失決議（会739Ⅰ），⑦社債権者集会の延期または続行（会730），⑧著しく不公正な弁済等の取消請求（会865Ⅰ），⑨発行会社の資本金減少・合併等に対する異議（会740Ⅰ）などがあります。**特別決議事項**として，①社債管理者がなす一定の法定行為の承認（会724Ⅱ①），②社債管理者が社債権者集会の決議にもとづいてする行為，代表社債権者の選任，決議執行者の選任，代表社債権者・決議執行者の解任等（会724Ⅱ②）があります。

　普通決議は，出席した議決権者（議決権を行使することができる社債権者）の議決権総額の過半数をもってなされます（会724Ⅰ）。**特別決議**は，議決権者の議決権総額の5分の1以上で，かつ出席議決権者の議決権総額の3分の2以上にあたる多数をもってなされなければなりません（会724Ⅱ柱書）。各社債権者は，保有する種類の社債金額の合計額（償還済みの額を除く）に応じて議決権を有します（723Ⅰ，ただし723Ⅱ）。議決権の代理行使（会725），書面による議決権行使（会726）および電磁的方法による議決権行使（会727）議決権の不統一行使（会728）も認められます。無記名社債の所持人が議決権を行使するには，会日の1週間前までに社債券を招集者に提示しなければなりません（会723Ⅲ）。

　社債権者集会の招集者は**議事録**を作成する義務があります（会731Ⅰ）。発行会社は議事録を社債権者集会の日から10年間本店に備え置かなければならず（会731Ⅱ），社債権者および社債管理者の閲覧・謄写に供されます（会731Ⅲ）。

（3）　決議の効力および執行

　社債権者集会の決議は，裁判所の**認可**によって効力を生じます（会734Ⅰ）。認可があると，当該種類の社債を有する総社債権者に対して決議の効力が生じます（会734Ⅱ）。社債権者集会の招集者は，決議の日より1週間以内に決議の認可の申立てを裁判所にすることを要します（会732）。裁判所が決議を不認可とする事由は限定されています（会733参照）。

　社債権者集会に関する費用および決議認可の申立てに要する費用は，発行会社が負担しますが（会742Ⅰ・Ⅱ本文），決議認可の申立てに要する費用の全部

または一部につき，裁判所は，利害関係人の申立てによりまたは，職権をもって負担者を定めることができます（会742Ⅱただし書）。

社債権者集会の決議は，決議をもって**決議執行者**を定めない限り，社債管理者が，もし社債管理者がないときは代表社債権者がこれを執行します（会737Ⅰ）。**代表社債権者**とは，その種類の社債総額（償還済みの額を除く）の1,000分の1以上にあたる社債を有する社債権者の中から社債権者集会の決議によって選任された者（1人または数人）であり，集会の決議すべき事項の決定を委任された者のことです（会736Ⅰ）。社債権者集会を頻繁に開催することは困難であり，細目を決定することが必ずしも適当でないことから，代表社債権者の制度が認められています。

社債権者集会は，何時でも代表社債者もしくは決議執行者を解任し，またはこれらの者に委任した事項を変更することができます（会738）。

4-7　社債の利払いおよび償還

4-7-1　利息の支払い

利息支払いの時期・方法・利率等は，募集事項において決定され（会676Ⅰ⑤），会社はこれに従って利息を支払うべきことになります。当該事項は社債原簿に記載されます（会681①）。社債券を発行したときは，これに利札を付することができ（会697Ⅱ）これと引換えに支払うのが通常です。**利札**は，それ自体が利息支払請求権を表章した有価証券であり，利札のみを社債券から分離して譲渡することも可能です。

会社が利息の支払いを怠ったときは，社債権者集会の決議により，決議執行者は会社に対し2か月を下らない一定の期間内にその弁済をなすべき旨およびその期間内に弁済をしないときは社債の総額につき期限の利益を失うべき旨を書面によって通知することができ（電磁的方法による途も開かれている），会社がその期間内に弁済しなければ，社債の総額につき期限の利益を失います（会739）。

利息支払請求権の消滅時効は5年です（会701Ⅱ）。同条同項は，商法522条の特則です。

4-7-2 償　　還

　会社は，所定の期限までに社債権者に対して債務を弁済（償還）しなければなりません。その方法および期限は同じく募集事項において決定され（会676④），社債原簿に記載されます（会681①）。

　償還方法としては，発行の日から一定の据置期間を設け，その経過後に一定期日までに**随時償還**をなすか，定期的に一定額以上の額を抽選によって（社債権者を公平に扱うため）償還し，一定の期間に全額の償還を終える**定時分割償還**の方法によることが多いようです。会社が定期的に社債の一部を償還すべき場合にその償還を怠ったときは，利息の不払いと同様に，社債権者集会の決議に基づき，社債総額につき，発行会社の期限の利益を喪失させることができます（会739）。発行会社が自己社債を任意に買い入れて消滅させる**買入償還**も認められます。

　社債の償還請求権の消滅時効は10年です（会701Ⅰ）。同条同項も，商法522条の特則です。

4-8　担保付社債

　担保付社債とは，社債権を担保するため物上担保が付された社債で，会社法のほか担保付社債信託法（担信法）によって規整されています。担保付社債に対するものを**無担保社債**といいます。

　社債権者は多数に上り絶えず変動しますから，個々の社債権者が直接個別に物上担保権を設定したり行使したりすることは事実上不可能です。それゆえ，発行会社と社債権者との間に**受託会社**（免許を持つ信託会社）を置き，発行会社と受託会社との信託契約によって受託会社が担保権を取得し，これを総社債権者のために管理・実行する義務を負い，総社債権者は受益者としてその債権額に応じて平等に担保の利益を受けることになります（担信70・71）。受託会社は，原則として社債の管理については，社債管理者と同一の権限を有し義務を負います（担信69）。

4-9　新株予約権付社債

4-9-1　意義と利用方法

新株予約権付社債とは，新株予約権の付された社債のことです（会2㉒）。新株予約権付社債に対するものを**普通社債**といいます。投資家にとって魅力のある金融商品としての新株予約権付社債には，さまざまな設計方法が考えられます。

まず，転換社債型として設計する方法があります。社債に付された新株予約権が行使されると，当該新株予約権の行使に際してする出資の目的たる財産（会236Ⅰ③）が当該新株予約権にセットされている社債そのものになっているため，社債が全額につき消滅するというものです。このような設計の下では，社債権者が社債を失うと同時に新株の発行または代用自己株式の移転を受けるということになり，社債を株式に転換したのと同様の効果が得られるわけです。転換のイニシアティブは社債権者側にあります。

さらに会社は，**強制転換条項付新株予約権付社債**という設計の新株予約権付社債を発行できます。これは，一定の事由が生じた日に会社がその新株予約権を取得し，これと引換えに当該新株予約権の新株予約権者に対し，当該会社の株式を交付するという内容の新株予約権（会236Ⅰ⑦イニ）を付した社債です。会社は，当該一定の事由が生じた日に当該新株予約権付社債についての社債を取得します（会275Ⅱ）。

もちろん社債存続型の新株予約権付社債という設計もありえます。社債権者は，株価が行使価額を上回るときに新株予約権につき権利行使すれば，払込みは必要ですが有利に株式を取得しうるとともに，社債部分はそのまま普通社債として残るので，元本の償還や利払いを受けることもできます。また，新株予約権の行使に際し，新株予約権者の請求により，セットになった当該社債をもって代用払込みに充てることを許すという設計も可能でしょう。

4-9-2　新株予約権付社債の発行

新株予約権付社債の発行は，募集新株予約権の発行手続き（本章3-2）に従ってなされます（会248）。会社は，新株予約権付社債に付される募集新株予

約権の内容（会238Ⅰ各号）を定めなければなりませんが，この中で募集社債に関する絶対的事項（会676各号）その他の事項をも定めることになります（会238Ⅰ⑥⑦）。

新株予約権付社債の発行には，以下のような一般的制限があります。まず社債に付する新株予約権の数は，社債の金額ごとに均等でなければなりません（会236Ⅱ）。次に，新株予約権付社債は，新株予約権または社債の一方だけを譲渡・質入れすることはできません（会254Ⅱ・Ⅲ，267Ⅱ・Ⅲ——ただしいずれか一方が消滅したときは可）。

新株引受権付社債に付された新株予約権が，① 無償で発行され，そのことが新株予約権を引き受ける者に特に有利な条件であるとき（会238Ⅲ①），② その払込金額（行使価額）が新株予約権を引き受ける者に特に有利な金額であるとき（会238Ⅲ②），は，有利発行として，その理由を開示して株主総会の特別決議を経ることが必要です（会238Ⅲ柱書，240Ⅰ，309Ⅱ⑥）。

4-9-3　新株予約権付社債の譲渡等

くり返し述べるように，社債と新株予約権を分離して譲渡することはできません（会254Ⅱ・Ⅲ。いずれか一方が消滅すれば可）。

新株予約権付社債であって，当該新株予約権付社債についてその社債につき社債券を発行することとする旨の定めがあるものを**証券発行新株予約権付社債**といいます（会249②参照）。発行される証券を**新株予約権付社債券**といいます。この証券については会社法292条に定めがあります。

新株予約権付社債に付された新株予約権の譲渡等の要件等は，原則として新株予約権の譲渡等の要件等と同様です（会257Ⅰ，259Ⅰ，260Ⅰ・Ⅱ，261～266，268，269Ⅰ，270Ⅰ～Ⅲ，271Ⅰ～Ⅲ。ただし物上代位につき272Ⅳ）。

証券発行新株予約権付社債に付された新株予約権の譲渡等の要件等（会255Ⅱ，256Ⅲ，257Ⅱ・Ⅲ，258Ⅲ・Ⅳ，259Ⅱ，260Ⅲ，267Ⅴ，268Ⅲ，269Ⅱ，270Ⅳ）も，原則として証券発行新株予約権（会249③ニ）の譲渡等の要件等（会255Ⅰ，256Ⅰ，257Ⅱ・Ⅲ，258Ⅰ・Ⅱ，259Ⅱ，260Ⅲ，267Ⅳ，268Ⅱ，269Ⅱ，270Ⅳ）と同様です（ただし，会256Ⅱ）。

4-9-4 権利の行使等

新株予約権付社債に付された新株予約権の行使の手続きおよび効果は，通常の新株予約権のそれとほぼ同様です（会280参照）。

会社が証券発行新株予約権付社債について社債を償還しても，まだ消滅しない新株予約権があるときは，新株予約権付社債券に社債の償還があった旨の記載を行うべきことになります（会292Ⅱ）。

第 7 章　株式会社を再編する

1　定款の変更

1-1　定款の変更とは何か

定款の変更とは，株式会社の根本規則（実質的意義における定款（第2章4-2参照））を変更することです。現存規定の変更はもちろん，削除および新規定の追加を含みます。

定款の変更は，強行規定，株式会社の基本的特質，公序良俗に反しない限り，また株主の固有権を侵害したり株主平等の原則に反しない限り，自由になすことができます。その絶対的記載事項，相対的記載事項，任意的記載事項（第2章4-3参照）のいずれでも変更することができます。

設立時における定款の作成と異なり，定款の変更には公証人の認証は要求されません。登記事項たる定款の条項を変更したときは，変更登記を所定の期間内になすべきこと，当然です（会915）。

1-2　定款変更の手続き

定款の変更は，原則として株主総会の**特別決議**によらなくてはなりません（会466，309Ⅱ⑪）。すなわち，当該株主総会において議決権を行使することができる株主の議決権の過半数（3分の1以上の割合いを定款で定めた場合にはその割合以上）を有する株主が出席し，出席株主の議決権の3分の2（これを上回る割合いを定款で定めた場合にはその割合）以上に当たる多数をもって行わなければならず，定款に定めがあれば，これに加えて一定の数以上の株主の賛成を要する旨その他の条件をも満たさなければなりません。

種類株式発行会社において，定款の変更がある種類の株主に損害を及ぼすと

きは，総会決議のほかに，その種類の株主の総会の決議も必要であることはすでに述べたとおりです（第3章7-3）。

株式の内容を変更する定款変更に特則があることは，すでに述べたとおりです（第3章7-2参照）。また，一部の定款変更につき総会の特殊決議を要することもすでに述べました（第4章2-2-3参照）。

株式の分割をなす場合，2種類以上の株式を発行している会社を除き，株主総会によらないで定款を変更して，発行可能株式総数を，株式の分割の割合に応じて増加する定款の変更ができることはすでに述べました（会184Ⅱ，第3章13-2-2参照）。また，単元株制度を採用する会社において，1単元の株式の数を減少し，または単元株の定めを廃止する定款変更も，通常は取締役の決定または取締役会の決議限りで可能であることもすでに述べました（会195Ⅰ，第3章14-2参照）。

事実の変更に基づくものは，上記の手続きをふむ必要はありません。たとえば市町村の合併による本店所在地の名称の変更，公告紙の新聞名の変更などがこれです。単に書面の記載または電磁的記録の書換えで足ります。

1-3　変更の効力

定款の変更は，原則として株主総会の決議があった時に効力を生じますが，当該決議が条件付きまたは期限付きでなされたときは，条件の成就または期限の到来によって効力を生じます。効力が生じた後，代表取締役等はその職務として遅滞なく定款たる書面または電磁的記録の記載または記録を変更しなくてはなりません。

2　事業の譲渡・譲受け・賃貸等

2-1　事業の譲渡とは何か

事業の譲渡とは，会社の事業を移転する方法のひとつです。すなわち，一定の営利目的によって組織統合された有機的一体としての機能的財産の一括的な移転を目的とする会社間の法律行為をいいます。換言すれば，事業財産あるいは企業財産の一括移転を目的とする譲渡会社と譲受会社との間の債権契約です。

会社を除く商人の営業の譲渡（商16Ⅰ，17，18参照）と同一意義を有する行為です。

2-2 事業譲渡の手続き

会社にとって，事業譲渡は，譲渡人となる場合であれ譲受人となる場合であれ，その事業政策上，きわめて重要な行為であるとともに，株主に与える影響も無視できません（収益性の高い事業を譲渡したり，不健全な事業を譲り受ける場面を想定すれば容易に理解できるでしょう）。それゆえ，会社法は会社に一定の手続上の要件を課しています。

会社が**事業の譲渡人となる場合**には，以下の手続きが必要です。重要な財産の処分には，取締役会設置会社にあっては原則として取締役会決議を要します（会362Ⅳ①）。加えて，事業の全部または重要な一部を譲渡する場合には原則として株主総会の**特別決議**による承認を要します（会467Ⅰ①②，309Ⅱ⑪）。反対買主には，株式買取請求権が認められます（会469，470）。

重要な事業の一部の譲渡であっても，当該譲渡により譲り渡す資産の帳簿価額が当該会社の総資産額として法務省令で定める方法により算定される額の5分の1（これを下回る割合いを定款で定めた場合にはその割合い）以下の場合には，株主総会の決議を経る必要はありません（会467Ⅰ②かっこ書）。譲渡する資産の規模が小さいので，株主の利益に与える影響も小さいと考えられるからです。

事業の全部または重要な事業の一部の譲渡であっても，事業譲渡契約の相手方（譲受会社）が，当該事業の譲渡をする会社を支配している関係にある場合にも株主総会決議は不要です（会468Ⅰ）。すなわち，譲受会社が譲渡会社の**「特別支配会社」**である場合には総会決議は不要です。特別支配会社とは，たとえば甲社が単独で，あるいは甲社とその完全子会社（これに準ずるものとして法務省令で定める法人を含む）とが共同で，乙社の総株主の議決権の10分の9（これを上回る割合いを乙社の定款で定めた場合にはその割合い）以上を有する場合の，乙社にとっての甲社のことをいいます（会468Ⅰ参照）。このような場合には，乙社の株主総会の承認を要求する意味はほとんどないといえるでしょう（承認される可能性がきわめて高い）。この場合にも，反対株主の買取請求権は認められます（会469，470）。

303

譲渡会社には，会社法21条に基づく競業避止義務が課せられます。

会社が事業の譲受人となる場合には，以下の手続きが必要です。重要な財産の譲受けには，取締役会設置会社にあっては原則として取締役会決議を要します（会362Ⅳ①）。加えて，他の会社の事業全部の譲受けの場合には，株主総会の**特別決議**による承認を要します（会467Ⅰ③，309Ⅱ⑪）。反対株主には，株式買取請求権が認められます（会469，470）。

他の会社の事業全部の譲受けであっても，その対価として交付する財産の帳簿価額の合計額が，譲受会社の純資産額として法務省令で定める額の5分の1（これを下回る割合いを定款で定めた場合にはその割合い）以下であるときは，原則として総会の特別決議を必要としません（会468Ⅱ）。株主に及ぶ影響がきわめて小さいからです。このような譲受けを「**簡易な事業譲受け**」といいます。簡易な営業譲受けにあっては，譲受会社は効力発生日の20日前までに所定の事項を株主に通知または公告しなければならず，反対株主には株式買取請求権が認められ（会469，470），反対が法務省令で定める一定の数以上に達した場合には総会決議を省略することができなくなります（会468Ⅲ）。また，譲渡会社が特別支配会社である場合にも株主総会決議は不要です（会468Ⅰ）。

以上によれば，株式会社が他から事業の一部を譲り受けるときは，その規模の大小を問わず，株主総会の特別決議は不要であるということになります。

2-3 事業譲渡手続違反の効果

総会の決議が必要な場合であるにもかかわらずこれを経なかったときは，当該事業譲渡または譲受けは無効と解されていますが，取引の安全を保護する見地から，譲渡会社は，重要な事業用財産の一括譲渡につき総会の決議がなかったことにつき，譲受人または第三者が悪意重過失でなかったことを立証しない限り，その者に対し譲渡の無効を主張しえないと解すべきであるという見解も有力です。

2-4 事業の賃貸等

事業の譲渡・譲受けのほか，会社法は，事業全部の賃貸，事業全部の経営の委任，他人と事業上の損益全部を共通にする契約その他これに準じる契約の締

結，変更，または解約にも株主総会の特別決議による承認を要求しています（会467Ⅰ④，309Ⅱ⑪）。相手方が特別支配会社であるときに総会決議が不要であること，反対株主に買取請求権が認められることも同様です（会468Ⅰ，469，470）。しかし，これらの取引の実例はきわめて少ないようです。

3　会社の合併

3-1　合併とは何か

合併とは，複数の会社（2社とは限らない）が法律行為によって合体し，1個の会社となることをいいます。当該法律行為は契約の一種ですが，団体法ないし組織法上の特殊な性格を合わせ持っています。

合併には，当事会社の1つが存続し，他の会社が解散してこれに吸収される場合（会2㉗参照）と，当事会社のすべてが解散すると同時に，新会社を設立しこの中に包括的に入り込む場合（会2㉘参照）とがあります。前者を**吸収合併**，後者を**新設合併**といいます。実際には吸収合併が多く利用されます。新設合併は，手間とコストがかかりすぎるからです（合併当事会社が有していた免許・許可等は新設会社に承継されず，改めて新設会社がこれを得なければならない。株式上場手続きも改めて行わなければならない。新設会社を株券発行会社とすれば，すべての当事会社の株主に新株券を発行・交付しなければならない等）。

3-2　合併の自由

会社法748条前段は，「会社は，他の会社と合併をすることができる。」と定め，合併の当事会社の種類を問うことなく合併を許すという，会社の合併の自由を認めました。したがって，株式会社は，同じ株式会社のみならず，合名会社，合資会社，合同会社といった持分会社とも合併ができます。株式会社がどの種類の会社と合併をした場合であっても，合併後の存続会社または新設会社の種類についての制限も存在しません。したがって，株式会社同士が合併して持分会社を新設することもできます。なお，いずれの場合であっても，解散して清算中の会社が合併するには，存続会社との合併に限られます（会474①，643①）。

第7章　株式会社を再編する

　以下では，株式会社同士が合併し，存続会社・新設会社も株式会社である場合について概観することとします。

　なお，会社法以外の合併規整に言及しておくと，銀行等の金融会社，ガスその他の特殊会社については，主務大臣の認可がなければ合併の効力を生じません（銀行30，保険167など）。また，独占禁止法は，当該合併によって一定の取引分野における競争を実質的に制限することになる場合および当該合併が不公正な取引方法によるものである場合に，合併を禁じています（独禁15Ⅰ）。

3-3　合併の手続き（通常の場合）

3-3-1　合併契約の締結

（1）　株式会社が合併をなすには，合併当事会社の代表機関が，取締役会設置会社にあっては取締役会の決議を経て（会362Ⅳ柱書），**合併契約**を締結するところから始まります。株主等を保護するため，会社法は，**合併契約**において法定の事項を定めるべきことを要求しています（会749，753）。

（2）　吸収合併の合併契約

　吸収合併後存続する会社（**吸収合併存続（株式）会社**）を甲社，吸収合併により消滅する会社（**吸収合併消滅（株式）会社**）を乙社として説明します。

　以下の事項を定めなければなりません。

① **甲社および乙社の商号および住所**（会749Ⅰ①）

② **甲社が吸収合併に際して乙社の株主に対して（合併の対価として）交付する財産についての定め等**（会749Ⅰ②）……吸収合併の場合，通常は，乙社の株主は，合併の対価として，その持株数に応じて甲社の株式（合併新株）の交付を受け，甲社の株主になります。乙社の株主には，これまで有していた株主価値を保証してやる必要がありますから，乙社の株主に交付される甲社の株式は，従来の乙社株式と経済的に等価値のものでなければなりません。そこで，乙社の株式をどのような割当てで甲社の株式と交換するか，という点を明確にしておく必要があります。これを**合併比率**に関する定めといいます。たとえば，消滅会社乙社2株につき，存続会社甲社1株を割り当てる，といった定めを意味します。これは，当事会社の財産状態や収益力などを総合的に考慮して決定されます。合併条件の中でも重

要な事項のひとつです。また，甲社の資本金および準備金の額は，合併によって変動することになりますが，合併に際して資本金または準備金として計上すべき額については，法務省令に従って定められます（会445Ⅴ）（以上，会749Ⅰ②イ）。

　乙社の株主に対して交付される合併の対価を，甲社株式以外の財産とすることも可能です。一般にこのような法政策を「**対価柔軟化**」といいます。交付される財産としては，たとえば甲社の社債（新株予約権付社債についてのものを除く）（会749Ⅰ②ロ参照），甲社の新株予約権（新株予約権付社債に付されたものを除く）（会749Ⅰ②ハ参照），甲社の新株予約権付社債（会749Ⅰ②ニ参照）などが代表例です。いずれの財産を交付しようとも，乙社の株主が従来有していた株主価値に経済的に見合うものでなければならないこと，株主平等の原則を守るべきこと，当然です。のみならず，この場合には，少数派株主のいわゆる締出し（乙社株主は，合併後の甲社が産み出す利潤の配当に与れなくなる）が容易に行われる結果になることにかんがみて，財産額の算定には，補償的な意味合いをも含ませるべきことになるでしょう。

　会社法は，合併の対価として乙社の株主に交付すべき財産の種類について特段の制限を設けていません（会749Ⅰ②ホ参照）。したがって，乙社の株主に対し，甲社の親会社であるA社の株式を交付するということも認められます。この場合，甲社は合併の対価として親会社たるA社の株式を保有する必要がありますが，会社法800条は，子会社の親会社株式取得を禁じた135条1項の例外として，甲社が乙社株主に対する合併対価として使用するためのA社株式の取得を認め（会800Ⅰ），合併の効力発生日までの保有を認めています（会800Ⅱ）。このような，存続会社が消滅会社の株主に対し，存続会社の親会社の株式を交付することによってする合併を，**三角合併**といいます。

③乙社株主に対する上記②の財産の割当てに関する事項（会749Ⅰ③）……749条3項の定め（株主平等の原則）に従うべきこと，当然です。
④乙社が新株予約権を発行しているときは，甲社が合併に際し当該新株予約権者に対して交付する当該新株予約権に代わる甲社新株予約権または金

銭についての定め（会749Ⅰ④）……乙社の株主に合併新株を交付するのに準じて，乙社の新株予約権の新株予約権者に甲社の新株予約権を交付することができます（会749Ⅰ④イ参照）。ところで，乙社の新株予約権の発行に際しては，その新株予約権（新株予約権付社債に付されているものを含む）の内容として，合併（合併により乙社が消滅する場合に限る）の場合には存続会社または新設会社の新株予約権を，その新株予約権者に交付する旨およびその条件を定めることができますが（会236Ⅰ⑧イ，いわゆる新株予約権の承継に関する定め），合併に際して，乙社の新株予約権につき，募集事項の定めに沿わない取扱いがなされる場合，または乙社新株予約権の募集事項に承継に関する定めがない場合には，甲社に承継されることとなる乙社新株予約権の新株予約権者は，新株予約権買取請求権を行使することができます（会787Ⅰ①）。

　乙社の新株予約権の新株予約権者に甲社の新株予約権を交付する場合に，乙社新株予約権が新株予約権付社債に付されたものであるときは，甲社が当該新株予約権付社債についての社債に係る債務を承継する旨ならびにその承継に係る社債の種類および種類ごとの各社債の金額の合計額またはその算定方法を定めなければなりません（会749Ⅰ④ロ参照）。この場合にも，社債に付された当該新株予約権の募集事項に承継に関する定めがあり，これと異なる取扱いがなされるとき，または当該新株予約権の募集事項に承継に関する定めがないときには，買取請求権を行使できますが，買取請求の対象となる新株予約権が付された新株予約権付社債権者は，原則として，新株予約権と社債とを併せたまま，その有する新株予約権付社債の買取りを請求しなければなりません（会787Ⅱ本文）。もっとも，新株予約権付社債の募集事項に別段の定め（たとえば新株予約権のみを買い取る旨の定め，新株予約権または社債のいずれか一方の買取請求を許す旨の定め等）があるときは，この限りではありません（会787Ⅱただし書）。

　乙社の新株予約権の新株予約権者に金銭を交付するときは，当該金銭の額またはその算定方法を定めます（会749Ⅰ④ハ参照）。これは要するに買取りです。

⑤ **乙社の新株予約権者に対する上記④の財産の割当てに関する事項**（会749

Ⅰ⑤)

⑥ 合併がその効力を生ずる日（会749 Ⅰ⑥）

以上のほか，当事会社の協議により，任意的な定めを追加することは差し支えありません。とくに，乙社が種類株式発行会社であるときは，甲社および乙社は，乙社の発行する種類の株式の内容に応じ，上記③に掲げる事項として，ある種類の株式の株主に対して金銭等の割当てをしないこととするときは，その旨および当該株式の種類，そのほか，金銭等の割当てについて株式の種類ごとに異なる取扱いを行うこととするときは，その旨および当該異なる取扱いの内容，を定めることができます（会749 Ⅱ各号）。合併契約は，要式契約の一種と解されます。合併契約に定めるべき法定事項の実質的に必要な内容を欠くときは，たとえ株主総会の承認があろうとも，合併契約は無効です。

(3) 新設合併の合併契約

新設合併により設立する会社（新設合併設立会社）を甲社，新設合併により消滅する会社（新設合併消滅会社）を乙社等として説明します。

以下の事項を定めなければなりません。

① 乙社等の商号および住所（会753 Ⅰ①）
② 甲社の目的，商号，本店の所在地および発行可能株式総数（会753 Ⅰ②）
③ 上記②に掲げるもののほか，甲社の定款で定める事項（会753 Ⅰ③）
④ 甲社の設立時取締役の氏名（会753 Ⅰ④）
⑤ イ．甲社が会計参与設置会社である場合には，甲社の設立時会計参与の氏名または名称（会753 Ⅰ⑤イ）
　ロ．甲社が監査役設置会社（監査権限を会計に関するものに限定する定款の定めあるものを含む）である場合には，設立時監査役の氏名（会753 Ⅰ⑤ロ）
　ハ．甲社が会計監査人設置会社である場合には，設立時会計監査人の氏名または名称（会753 Ⅰ⑤ハ）
⑥ 甲社が新設合併に際して乙社等の株主に対して交付する合併新株および合併比率に関する定めならびに甲社の資本金および準備金の額に関する事項（会753 Ⅰ⑥）
⑦ 乙社等の株主に対する上記⑥の合併新株の割当てに関する事項（会753 Ⅰ⑦）……753条3項の定め（株主平等の原則）に従うこと，当然です。

⑧ 甲社が新設合併に際して乙社等の株主に対して株式に代わる甲社の社債・新株予約権（新株予約権付社債に付されたものを除く）・新株予約権付社債を交付するときは，これらについての定め（会753 I ⑧）
⑨ 乙社等の株主に対する上記⑦の社債等の割当てに関する事項（会753 I ⑨）……753条3項が準用されます（会753 Ⅳ）
⑩ 乙社等が新株予約権を発行しているときは，甲社が合併に際し当該新株予約権者に対して交付する当該新株予約権に代わる甲社新株予約権または金銭についての定め（会753 I ⑩）……乙社等の新株予約権の募集事項に承継に関する定めがあり，合併に際してこれと異なる取扱いがなされるとき，または当該新株予約権の募集事項に承継に関する定めがないときには，乙社等の新株予約権の新株予約権者が買取請求権を行使できること，吸収合併の場合と同様です（会808 I ①，808 Ⅱ）。
⑪ 乙社等の新株予約権者に対する上記⑩の財産の割当てに関する事項（会753 I ⑪）

以上のほか，乙社等の全部または一部が種類株式発行会社であるときは，乙社等の発行する種類の株式の内容に応じ，上記⑦に掲げる事項として，ある種類の株主に対して甲社株式（合併新株）の割当てをしないとするときは，その旨および当該株式の種類，そのほか，甲社株式の割当てについて株式の種類ごとに異なる取扱いをすることとするときは，その旨および当該異なる取扱いの内容，を定めることができます（会753 Ⅱ）。上記⑨に掲げる事項についてもこれに準じた定めをすることができます（会753 Ⅳ）。

3-3-2 事前の開示

各当事会社は，吸収合併の場合には，吸収合併契約備置開始日から，合併の効力発生日より6か月を経過する日（消滅会社にあっては効力発生日）まで，新設合併の場合には，新設合併契約備置開始日から設立会社の設立の日後6か月を経過する日（消滅会社にあっては設立会社の成立の日）まで，合併契約の内容その他法務省令で定める事項を記載・記録した書面または電磁的記録を本店に備え置き，株主および会社債権者の閲覧または謄写等に供さなければなりません（吸収合併存続会社につき，会782。吸収合併消滅会社につき，会794。新設合併

消滅会社につき，会 803）。事前開示により，株主が総会への準備をするのに資するとともに，会社債権者も異議を述べるか否かの判断材料を与えられることになります。

吸収合併契約備置開始日の定義は，存続会社につき会社法 782 条 2 項，消滅会社につき同 794 条 2 項にあります。すなわち，① 合併承認総会（種類株主総会を含む）の会日の 2 週間前の日（319 条 1 項の提案があった場合には提案があった日），② 株式買取請求権行使のため吸収合併をする旨等の通知を受けるべき株主があるときは，その通知の日または公告の日のいずれか早い日，③ 新株予約権買取請求権行使のため吸収合併をする旨等の通知を受けるべき新株予約権者があるときは，その通知の日または公告の日のいずれか早い日（消滅会社のみ），④ 債権者保護手続きをすべきときは，異議催告の公告の日または催告の日のいずれか早い日，の上記①ないし④の日のうち，いずれか早い日がこれです。

同様に，**新設合併契約備置開始日**の定義は，会社法 803 条 2 項にあります。

3-3-3　合併承認決議

各当事会社は，原則として，株主総会の決議によって合併契約の承認を受けなければなりません。

吸収合併消滅会社にあっては，合併契約で定めた効力発生日（会 749 Ⅰ⑥）の前日までに，株主総会の承認を得ることが原則です（会 783 Ⅰ）。この承認決議は特別決議によらなければなりません（会 309 Ⅱ⑫）。消滅会社が公開会社である場合に，消滅会社の株主に交付される合併対価の全部または一部が譲渡制限株式等（譲渡制限株式その他これに準ずるものとして法務省令で定めるもの）であるときは，会社法 309 条 3 項の特殊決議をもって承認しなければなりません（会 309 Ⅲ②）。また，消滅会社が種類株式発行会社である場合において，合併対価の全部または一部が譲渡制限株式等であるときは，当該譲渡制限株式等の割当てを受ける種類の株式（譲渡制限株式を除く）の種類株主総会の決議（会 324 Ⅲ②の特殊決議）を経なければなりません（その種類株主総会において議決権を行使することのできる株主が存在しない場合を除く）（会 783 Ⅲ）。さらに，消滅会社（種類株式発行会社を除く）の株主に交付される合併対価の全部または一

部が持分等(持分会社の持分その他これに準ずるものとして法務省令で定めるもの)である場合には,総株主の同意が必要であり(会783Ⅱ),消滅会社が種類株式発行会社である場合において,合併対価の全部または一部が持分等であるときは,当該持分等の割当てを受ける種類の株主の全員の同意を得なければなりません(会783Ⅳ)。

吸収合併存続会社にあっても同様に,効力発生日の前日までに,株主総会の特別決議による承認を得なければなりません(会795Ⅰ,309Ⅱ⑫)。以下,再び存続会社を甲社,消滅会社を乙社として説明します。① 甲社が承継する承継債務額(甲社が承継する乙社の債務の額として法務省令で定める額)が承継資産額(甲社が承継する乙社の資産の額として法務省令で定める額)を超える場合,② 甲社が乙社の株主に対して交付する合併対価(甲社の株式等を除く)の帳簿価額が承継資産額から承継債務額を控除して得た額を超える場合,には,取締役は,承認総会でその旨を説明しなければなりません(会795Ⅱ各号)。これらは,いわゆる**合併差損**が生じるケースであり,甲社の既存株主に不利益に作用する情報であるからです。加えて,乙社が甲社の株式を有している場合にも,取締役は,承認総会で当該株式に関する事項を説明しなければなりません(会795Ⅲ)。さらに,甲社が種類株式発行会社で,譲渡制限株式を引き受ける者の募集につきその種類の株式の種類株主による種類株主総会の決議を要しないとする定款の定めがない場合には,合併対価として甲社の譲渡制限株式を乙社株主に対して交付するときは,当該譲渡制限株式の種類株主による種類株主総会の決議(会324Ⅱ⑥の特別決議)を経なければなりません(会795Ⅳ①)。

新設合併消滅会社も,株主総会の特別決議によって合併契約の承認を受けなければならないのが原則です(会804Ⅰ,309Ⅱ⑫)。種類株主の保護に関する吸収合併消滅会社の会社法783条3項に相当する規定として,同804条3項が設けられています。なお,消滅会社は,承認総会の決議の日から2週間以内に,その登録株式質権者および登録新株予約権質権者に対し,新設合併をする旨を通知または公告しなければなりません(会804Ⅳ・Ⅴ)。

承認決議の不存在または承認決議に無効・取消原因があれば,合併無効原因になります。

合併に反対する株主には,株式買取請求権が認められています(会

785, 797, 806)。

3-3-4　合併をする旨等の通知・公告

　吸収合併にあっては，合併の効力発生日の20日前までに，その株主に対し，存続会社は，吸収合併をする旨ならびに消滅会社の商号および住所（承継する消滅会社の資産に自己株式となる存続会社の株式が含まれる場合にはその株式に関する事項も）を，消滅会社は，吸収合併をする旨ならびに存続会社の商号および住所を，各々通知しなければなりません（会797Ⅲ，785Ⅲ）。ただし，公開会社である会社または総会決議により合併契約が承認された会社は公告すれば足ります（会797Ⅳ，785Ⅳ）。株主に差止めと株式買取請求権行使の機会を保障する趣旨です。

　同様に，新設合併にあっても，消滅会社は，承認決議の日から2週間以内に，その株主に対し，新設合併をする旨ならびに他の消滅会社および設立会社の商号および住所を通知しまたは公告しなければなりません（会806Ⅲ・Ⅳ）。

　さらに，消滅会社は，吸収合併にあっては効力発生日の20日前までに，新設合併にあっては承認決議の日から2週間以内に，すべての新株予約権者に対し，合併をする旨，吸収合併における存続会社の商号および住所，新設合併における他の消滅会社および設立会社の商号および住所，を各々通知または公告しなければなりません（会787Ⅲ・Ⅳ，808Ⅲ・Ⅳ）。新株予約権者に新株予約権買取請求権行使の機会を保障する趣旨です。

3-3-5　債権者保護手続き

　合併は，当事会社の債権者の利害に重大な影響を及ぼします。そこで，各当事会社は，その債権者に対し，合併をする旨，合併の相手方会社（新設合併にあっては設立会社も含む）の商号および住所，各当事会社の計算書類に関する事項として法務省令で定めるもの，債権者が1か月を下らない一定の期間内に異議を述べることができる旨，を官報に公告し，かつ，知れている債権者には各別にこれを催告しなければなりません（会789Ⅰ①・Ⅱ各号，799Ⅰ①・Ⅱ各号，810Ⅰ①・Ⅱ各号）。ただし，官報での公告に加え，公告をなす方法として，定款で定めた時事に関する事項を掲載する日刊紙に掲げて，または電子公告に

よってこれを公告したとき（会939 Ⅰ②③）は，知れている債権者への個別の催告は必要ありません（会789 Ⅲ，799 Ⅲ，810 Ⅲ）。

　期間内に異議を述べなかった債権者は，合併を承認したものとみなされます（会789 Ⅳ，799 Ⅳ，810 Ⅳ）。異議を述べた債権者に対しては，弁済，担保提供，弁済を目的とする財産の信託のいずれかをしなければなりませんが，合併しても当該債権者を害するおそれのないときはこの限りではありません（会789 Ⅴ，799 Ⅴ，810 Ⅴ）。

3-3-6　合併の効力の発生

　吸収合併をしたときは，その効力が生じた日から2週間以内に，その本店の所在地において，消滅会社については解散の登記，存続会社については変更の登記をしなければなりません（会921）。新設合併をしたときは，承認決議の日・種類株主総会の決議を要するときは当該決議の日・株式買取請求の機会を与えるための通知または公告をした日から20日を経過した日・新株予約権買取請求の機会を与えるための通知または公告をした日から20日を経過した日・債権者保護手続きを終了した日・当事会社の合意により定めた日，のいずれか遅い日から2週間以内に，その本店の所在地において，消滅会社については解散の登記，新設会社については設立の登記をしなければなりません（会922①）。なお，新設合併の場合には通常の設立手続規定は適用されず（会814 Ⅰ），設立会社の定款は，消滅会社等が作成します（会814 Ⅱ）。

　吸収合併の効力は，原則として合併契約に定めた効力発生日に生じますが（会750 Ⅰ），債権者保護手続きが終了していない場合または合併を中止した場合はこの限りではありません（会750 Ⅵ）。債権者保護手続きが遅延するときは，効力発生日を変更することになるでしょう（会790参照）。登記は，吸収合併の場合には，合併の効力発生要件ではありません。しかし，消滅会社の合併による解散は，登記の後でなければこれをもって第三者に対抗することができません（会750 Ⅱ）。

　新設合併の効力は，新設会社成立の日すなわち設立登記の日に生じます（会754 Ⅰ）。新設合併にあっては，登記が効力発生要件です。

　合併の効力が生じると，消滅会社の全資産は存続会社または新設会社に承継

され（会750Ⅰ，754Ⅰ），消滅会社の株主は，合併契約の定めに従い，存続会社または新設会社の株主等になります（会750Ⅲ各号，754Ⅱ・Ⅲ各号）。

3-3-7　事後の開示

吸収合併存続会社は，効力発生日後遅滞なく，新設合併設立会社は，その成立の日後遅滞なく，承継した消滅会社の権利義務その他合併に関する事項として法務省令で定めるものを記載・記録した書面または電磁的記録を作成し（会801Ⅰ，815Ⅰ），これらを効力発生日または成立の日から6か月間本店に備え置き（会801Ⅲ，815Ⅲ），株主および会社債権者の閲覧または謄写に供さなければなりません（会801Ⅳ，815Ⅳ）。これらの資料は，合併無効の訴えの提起等の判断材料となります。

3-4　簡易合併

3-4-1　簡易合併の意義と要件

合併法制が上に述べたようにきわめて厳格であるのは，これが会社の基礎的変更にかかわるものであり，株主の利害に重大な影響を及ぼすからです。しかし，株式会社が相対的にきわめて小さな規模の会社を吸収合併する場合には，存続会社の株主に及ぼす影響が少ないことから，簡易な合併の制度が設けられています。この手続きは，存続会社を株式会社とする吸収合併の存続会社についてのみ認められる手続きです（消滅会社については，通常の合併手続きによります）。

簡易合併をなしうるのは，以下のような場合です。存続会社を甲社，消滅会社を乙社とします。①乙社の株主に対して交付する甲社の株式の数に1株当たり純資産額を乗じて得た額，②乙社の株主に対して交付する甲社の社債・新株予約権・新株予約権付社債の帳簿価額の合計額，③乙社の株主に対して交付する甲社の上記①②以外の財産の帳簿価額の合計額，の総和が，甲社の純資産額として法務省令で定める額の5分の1（これを下回る割合いを甲社の定款で定めた場合はその割合い）を超えない場合には，甲社の承認株主総会は不要です（会796Ⅲ本文①②）。上の①ないし③の総和は，要するに乙社の株主に交付される合併対価の総額です。これが甲社の純資産額の20％以下の場合には，

甲社は簡易合併手続きによることができるわけです。ただし，合併差損が生じる場合（会795Ⅱ①②）または乙社の株主に対して交付する合併対価の全部または一部が甲社の譲渡制限株式であり甲社が公開会社でない場合には，簡易合併手続きによることはできません（会796Ⅲただし書）。

上の要件を満たした場合であっても，簡易合併の手続きによるか否かは会社の自由であり，通常の手続きによっても当然にかまいません。

3-4-2　簡易合併手続き

簡易合併の方法で合併契約を結ぶには，取締役会設置会社にあってはこれにつき**取締役会決議**を経る必要がありますが（会362Ⅳ柱書），その決議をもって足り，**株主総会の承認は不要**です（会796Ⅲ）。

簡易合併をなすときも，存続会社は，効力発生日の20日前までに，その株主に対し，吸収合併をする旨ならびに消滅会社の商号および住所を通知しなければなりません（存続会社が公開会社であれば公告で足りる）（会797Ⅲ・Ⅳ①）。存続会社の株主に簡易合併手続きが進行中であることを知らせるとともに，株式買取請求権を行使する機会を与えるためのものです。

上の通知または公告の日から2週間以内に，法務省令で定める数の株式（承認総会で議決権を行使できるものに限る）の株主が，合併に反対する旨を存続会社に通知したときは，簡易合併手続きによることはできなくなり，総会の承認決議が必要になります（会796Ⅳ）。

3-5　略式合併

吸収合併における存続会社が消滅会社の特別支配会社（本章2-2参照）である場合には，原則として消滅会社の承認決議は不要です（会784Ⅰ本文）。ただし，合併対価の全部または一部が譲渡制限株式等であって，消滅会社が公開会社であり，かつ種類株式発行会社でないときは，承認決議を省略することができません（会784Ⅰただし書）。

この場合の略式合併手続きにあっては，①当該吸収合併が法令または定款に違反する場合，②合併契約で定めた合併対価またはその割当てに関する事項が著しく不当である場合，であって，消滅会社の株主が不利益を受けるおそ

れがある場合には，消滅会社の株主に合併差止請求権が認められます（会784Ⅱ各号）。反対株主の株式買取請求権も認められること，当然です（会785）。

　吸収合併における消滅会社が特別支配会社である場合には，原則として存続会社の承認決議は不要です（会796Ⅰ本文）。ただし，合併対価の全部または一部が存続会社の譲渡制限株式である場合であって，存続会社が公開会社でない場合には承認決議を省略することはできません（会796Ⅰただし書）。

　この場合の略式合併手続きにおける株主の差止請求権（会796Ⅱ）や株式買取請求権（会797，798）は，上述の場合と同様です。

3-6　合併の無効

合併の無効原因は，会社法に明定されていません。一般には，以下のような瑕疵が無効原因とされています。すなわち，合併契約が定められなかったこと，定められても要件が不備であること，合併承認決議に無効・取消事由があること，事前開示の不備，債権者保護手続きの不履行，消滅会社の株主に対する違法な割当て，簡易合併・略式合併手続きの要件違反，独禁法違反などです。

　しかし，無効の主張を一般原則にゆだねることは法的安定性を欠くので，会社法は**合併無効の訴えの**制度を設け，その主張を制限し，無効の効果を画一的に確定し，遡及効を否定するなどの法政策を講じています（会827参照）。合併無効の訴えについては後述します（第8章4-2）。

4　完全親子会社関係の創設——株式交換・株式移転

4-1　総　　説

　企業が国際的な競争力を維持し，経営をより効率化・合理化させ，リスクの分散を図るためには，たとえば企業グループを形成し，傘下となる多数の企業を統一的指揮の下に運営することが望ましい場合もあります。また，合併によらず，既存の会社を完全子会社化する一般的な手続きが存在することは便宜でもあります（労働組合を統合しなくてよいとか給与体系を別体系で維持できるなど）。

　このように，企業グループの形成や，合併によらない経営統合，あるいは企

業買収の選択肢をひろげるという需要に応える制度として，**株式交換**および**株式移転**という制度があります。

株式交換および株式移転は，ともに既存の株式会社を完全子会社として，完全親子会社関係を創設するための制度です。親会社となる会社が既存の会社である場合に用意された手続きが株式交換であり，親会社となる会社を新たに設立する場合に用意された手続きが株式移転です。

4-2　株式交換による完全親会社の設置

4-2-1　株式交換とは何か

たとえば甲株式会社または甲合同会社が乙株式会社を完全子会社とするために，乙社の株主が有する乙社の株式すべてを甲社に移転させ，その代わりに（一種の対価として）乙社の株主であった者に甲社の株式等を割り当て，以後は甲社の株主等とするという制度が**株式交換**です。一般的にいえば，会社法の規定に基づき，複数の会社のうち，完全子会社となる会社の株主の有する当該会社の全株式が完全親会社となる会社に移転し，完全子会社となる会社の株主が完全親会社となる会社の株式交換に際して発行する株式等の割当てを受け，その会社の株主等になることにより**完全親子会社関係を創設**する組織法上の行為であるということになります。会社法上の定義は会社法2条31号にあります。以下では，甲社が株式会社である場合に限って，説明します。

上の例でいえば，株式交換があっても甲社も乙社も法人格自体に変動はなく，原則として会社財産も変動しません。ただ株主構成に変動を生じるだけです。したがって，合併のような債権者保護手続きが要求されず（ただし，限定的にこれが要求される場合があります），検査役の検査も不要とされています。

4-2-2　株式交換の手続き（通常の場合）

（1）　株式交換契約の締結

株式会社が株式交換をなすには，当事会社の代表機関が，取締役会設置会社にあっては取締役会の決議を経て（会362Ⅳ柱書），**株式交換契約**を締結するところから始まります。株主を保護するため，会社法は，**株式交換契約**において法定の事項を定めるべきことを要求しています（会767, 768）。

（2） 株式交換契約で定めるべき事項

以下の事項を定めなければなりません。便宜上，完全親会社となる会社（**株式交換完全親会社**）を甲社，完全子会社となる会社（**株式交換完全子会社**）を乙社と記します。

① **甲社および乙社の商号および住所**（会768 Ⅰ①）
② **甲社が株式交換に際して乙社の株主に対して（株式交換の対価として）交付する財産についての定め**（会768 Ⅰ②）……株式交換の場合，通常は，乙社の株主は，株式交換の対価として，その持株数に応じて甲社の株式の交付を受け，甲社の株主になります。吸収合併の場合と同様，乙社の株主に交付される甲社の株式は，従来の乙社株式と経済的に等価値のものでなければならず，それゆえ，**株式交換比率**に関する定めは，株式交換契約の中でも重要な事項のひとつといえます。なお，株式交換に際して甲社の資本金または準備金として計上すべき額については，法務省令に従って定められます（会445 Ⅴ）（以上，会768 Ⅰ②イ）

　乙社の株主に交付する株式交換の対価を，甲社株式以外の財産とすることも可能です。交付される財産としては，甲社の社債（新株予約権付社債についてのものを除く）（会768 Ⅰ②ロ参照），甲社の新株予約権（新株予約権付社債に付されたものを除く）（会768 Ⅰ②ハ参照），甲社の新株予約権付社債（会768 Ⅰ②ニ参照），甲社の株式等以外の財産（会768 Ⅰ②ホ参照）があります。乙社の株主が従来有していた株主価値に見合うとともに，いわゆる締出しの補償を勘案し，株主平等の原則に従って，所定の事項を定め，株式交換対価を割り当てるべきこと，当然です。

③ **乙社株主に対する上記②の財産の割当てに関する事項**（会768 Ⅰ③）……768条3項の定め（株主平等の原則）に従うべきこと，当然です。
④ **甲社が株式交換に際して乙社の新株予約権の新株予約権者に対して当該新株予約権に代わる甲社の新株予約権を交付するときは，これに関する定め**（会768 Ⅰ④）……以下の定めをする必要があります。(ｲ)甲社の新株予約権の交付を受ける乙社の新株予約権者の有する新株予約権（**株式交換契約新株予約権**）の内容，(ﾛ)株式交換契約新株予約権の新株予約権者に対して交付する甲社の新株予約権の内容および数またはその算定方法，(ﾊ)株

式交換契約新株予約権が新株予約権付社債に付された新株予約権であるときは，甲社が当該新株予約権付社債についての債務を承継する旨ならびにその承継に係る社債の種類および種類ごとの各社債の金額の合計額またはその算定方法，です。なお，乙社の新株予約権の発行に際して，その新株予約権（新株予約権付社債に付されているものを含む）の内容として，株式交換の場合には乙社の発行済株式の全部を取得する株式会社の新株予約権をその新株予約権者に交付する旨およびその条件を定めることができたわけですが（会236Ⅰ⑧ニ参照），株式交換に際し，乙社の株式交換契約新株予約権の新株予約権者，またはこれ以外の新株予約権であって，株式交換をする場合において当該新株予約権の新株予約権者に株式交換完全親株式会社の新株予約権を交付することとする旨の定めがあるものの新株予約権者は，当該新株予約権につき，募集事項の定めに沿わない取扱いがなされる場合または乙社新株予約権の募集事項に承継に関する定めがない場合に，新株予約権買取請求権を行使することができます（会787Ⅰ③）。新株予約権付社債に付された新株予約権の新株予約権者が買取請求を行うときは，当該新株予約権付社債に付された新株予約権について別段の定めがない限り，併せて新株予約権付社債についての社債の買取請求もしなければなりません（会787Ⅱ）。

⑤ **乙社の株式交換契約新株予約権の新株予約権者に対する上記④の甲社の新株予約権の割当てに関する事項**（会768Ⅰ⑤）
⑥ **株式交換がその効力を生ずる日**（会768Ⅰ⑥）

以上のほか，当事会社の協議により，任意的な定めを追加することは差し支えありません。乙社が種類株式発行会社であるときは，吸収合併における749条2項と同様の規定が，768条2項にあります。

（3） 事前の開示

乙社は，一定の日（**株式交換契約備置開始日**）から，株式交換の効力発生日より6か月を経過する日まで，株式交換契約の内容その他法務省令で定める事項を記載・記録した書面または電磁的記録を本店に備え置き，株主および新株予約権者の閲覧・謄写等に供さなければなりません（会782Ⅰ③，Ⅲ）。乙社における備置開始日は，①株式交換承認総会（種類株主総会を含む）の会日の2

週間前の日（319条1項の提案があった場合には提案があった日），②株式買取請求権行使のため株式交換をする旨等の通知を受けるべき株主があるときは，その通知の日または公告の日のいずれか早い日，③新株予約権買取請求権行使のため株式交換をする旨等の通知を受けるべき新株予約権者があるときは，その通知の日または公告の日のいずれか早い日，④これらの場合以外の場合には株式交換契約締結の日から2週間を経過した日，の上記①ないし④の日のいずれか早い日がこれです（会782Ⅱ）。

甲社も，一定の日（株式交換契約備置開始日）から，株式交換の効力発生日より6か月を経過する日まで，株式交換契約の内容その他法務省令で定める事項を記載・記録した書面または電磁的記録を本店に備え置き，株主（甲社の株式その他これに準ずるものとして法務省令で定めるもの以外のものが株式交換対価に含まれる場合または甲社が乙社の新株予約権付社債を承継する場合には株主および会社債権者）の閲覧・謄写等に供さなければなりません（会794Ⅰ・Ⅲ）。甲者における備置開始日は，①株式交換承認総会（種類株主総会を含む）の会日の2週間前の日（319条1項の提案があった場合には提案があった日），②株式買取請求権行使のため株式交換をする旨等の通知を受けるべき株主があるときは，その通知の日または公告の日のいずれか早い日，③乙社の株主に交付する株式交換対価が甲社の株式その他これに準ずるものとして法務省令で定めるもの以外のものの場合または甲社が乙社の新株予約権付社債を承継する場合における甲社債権者保護手続きをすべきときは，異議催告の公告の日または催告の日のいずれか早い日，の上記①ないし③の日のいずれか早い日です（会794Ⅱ）。

(4) 株式交換契約の承認決議

各当事会社は，原則として，株主総会の決議によって株式交換契約の承認を受けなければなりません。乙社は会社法783条に従い，甲社は会社法795条に従います。とくに，795条2項3号は**株式交換差損**が出る場合の定めです。承認決議は特別決議によるのが原則です（会309Ⅱ⑫）。乙社が公開会社で，かつ，株式交換の対価の全部または一部が譲渡制限株式等である場合には，乙社承認決議は，特殊決議となります（会309Ⅲ②）。その他，783条3項，795条4項（種類株主の保護）に従うべき場合があります。

321

（5） 株式交換をする旨等の通知・公告

株式交換の効力発生日の20日前までに、その株主に対し、甲社は、株式交換をする旨ならびに乙社の商号および住所を、乙社は、株式交換をする旨ならびに甲社の商号および住所を、各々通知しなければなりません（会797Ⅲ，785Ⅲ）。公開会社である会社または総会決議により株式交換契約が承認された会社にあっては公告すれば足ります（会797Ⅳ，785Ⅳ）。株主に差止めおよび株式買取請求の機会を保障する趣旨です。

また、乙社は、株式交換の効力発生日の20日前までに、株式交換契約新株予約権の新株予約権者、およびこれ以外の新株予約権であって株式交換をする場合に当該新株予約権の新株予約権者に株式交換により完全親会社となる会社の新株予約権を交付することとする旨の定めがあるものの新株予約権者に対し、株式交換をする旨ならびに甲社の商号および住所を通知または公告しなければなりません（会787Ⅲ③・Ⅳ）。新株予約権買取請求の機会を保障する趣旨です。

（6） 債権者保護手続き

会社法は、株式交換に際して、乙社の新株予約権付社債に係る債務が乙社から甲社に承継されることを認めています（会768Ⅰ④ハ）。このような場合には、新株予約権付社債の社債権者につき債権者保護手続きが必要であると考えられます。

次いで、株式交換に際しては、乙社株主に対して交付する対価として、甲社の株式（株式に準ずるものとして法務省令で定めるものを含む）以外の財産を交付することが認められていますが、このような財産の交付にあたり、対価が不当であれば、甲社から不当に財産の流出が生じ、甲社債権者を害するおそれがあるため、債権者保護手続きが必要であると考えられます。

そこで会社法は、上の2つの場合に限って、株式交換に債権者保護手続きを要求しました（会789Ⅰ③，799Ⅰ③参照）。789条および799条に従った手続きが要求されます。

（7） 株式交換の効力の発生

甲社は、株式交換の効力発生日に乙社の発行済株式（甲社がすでに有しているものを除く）の全部を取得します（会769Ⅰ）。この場合には、甲社が乙社の

株式（譲渡制限株式に限り，効力発生日前にすでに甲社が有しているものを除く）を取得したことにつき，乙社の取得承認があった（会 137Ⅰ）ものとみなされます（会 769Ⅱ）。

乙社の株主は，効力発生日に，株式交換契約の定めに従い，甲社の株主・社債権者・新株予約権者・新株予約権付社債についての社債の社債権者および当該新株予約権付社債に付された新株予約権の新株予約権者などになります（会 769Ⅲ各号）。また，乙社の株式交換契約新株予約権の新株予約権者は，株式交換契約の定めに従い，甲社の新株予約権の新株予約権者になります（会 769Ⅳ）。

甲社が新株予約権付社債に係る債務を乙社から承継したときは，効力発生日に，当該社債に係る債務の承継の効力が生じます（会 769Ⅴ）。

上記の効力は，必要な債権者保護手続きが未了の場合または株式交換を中止した場合には，生じません（会 769Ⅵ）。

甲社は，資本金額および発行済株式総数などの変更登記をしなければなりませんが（会 911Ⅲ⑤⑨，915Ⅰ），この登記は株式交換の効力とは無関係です。

(8) 事後の開示

合併における事後開示手続きと同じく，乙社は会社法 791 条，甲社は同 801 条の規定に従います。

4-2-3 簡易株式交換・略式株式交換

完全子会社となる乙社の規模が，完全親会社となる甲社の規模に比して相対的にきわめて小さいときは，簡易合併の場合と同様，乙社では一般の株式交換の手続きによるものの，甲社においては株主総会の承認を要しないものとする**簡易株式交換の制度**が設けられています。

乙社の株主に対して交付する甲社の株式の数に 1 株当たり純資産額を乗じて得た額，乙社の株主に対して交付する甲社の社債・新株予約権または新株予約権付社債の帳簿価額の合計額および乙社の株主に対して交付する甲社の株式等以外の財産の帳簿価額の合計額の総和が，甲社の純資産額として法務省令で定める方法により算定される額の 5 分の 1（これを下回る割合いを甲社定款で定めた場合にはその割合い）を超えない場合には，株式交換差損が生ずる場合および株式交換対価が甲社の譲渡制限株式であって甲社が公開会社でない場合を除

いて，甲社においては，原則として株主総会承認手続きを要しません（会796Ⅲ）。

甲社株主に簡易株式交換手続きが進行中であることを知らせるとともに，株式買取請求権を行使する機会を与えるための通知または公告手続きは，簡易合併の場合と同様です（会797参照）。法務省令で定める数の株式の株主が，株式交換に反対する旨を甲社に通知したときに簡易株式交換手続きによることができなくなることも，簡易合併の場合と同様です（会796Ⅲ）。

甲社が乙社の特別支配会社である場合には，原則として乙社の承認決議は不要です（会784Ⅰ本文）。ただし，株式交換対価の全部または一部が譲渡制限株式等であって，乙社が公開会社であり，かつ種類株式発行会社でないときは，承認決議を省略することができません（会784Ⅰただし書）。この場合の**略式株式交換手続き**は，会社法784条ないし786条に従います。乙社が甲社の特別支配会社である場合にも，原則として甲社の承認決議は不要です（会796Ⅰ本文）。ただし，乙社の株主に対して交付する株式交換対価の全部または一部が譲渡制限株式である場合であって，甲社が公開会社でないときは，承認決議を省略することができません（会796Ⅰただし書）。この場合の略式株式交換手続きは，会社法796条ないし798条に従います。

4-2-4　株式交換の無効

株式交換の場合にも，合併の場合と同様に，その手続きに瑕疵があるときについて，**株式交換無効の訴えの制度**が設けられています。これについては後述します（第8章4-3）。

4-3　株式移転による完全親会社の設立

4-3-1　株式移転とは何か

たとえば，乙株式会社（**株式移転完全子会社**）が新たに甲株式会社（**株式移転設立完全親会社**）を設立し，乙社の株主が有する乙社の株式すべてを甲社に移転させ，その代わりに（一種の対価として）乙社の株主であった者に甲社の株式等を割り当て，以後は甲社の株主等とするという制度が**株式移転**です。株式交換と異なるのは，完全親会社となる甲社が既存の会社ではなく，完全子会社

4 完全親子会社関係の創設——株式交換・株式移転

となる乙社がこれを設立するという方法による点です。一般的にいえば、会社法の規定に基づき、完全子会社となる会社の株主の有する当該会社の株式を、新たに設立する完全親会社となる会社に移転し、完全子会社となる会社の株主が完全親会社となる会社の設立に際して発行する株式等の割当てを受け、その会社の株主等になることにより**完全親子会社関係を創設**する組織法上の行為であるということになります。会社法上の定義は、会社法2条32号にあります。

上の例でいえば、株式移転があっても乙社の会社財産には原則変動を生じません。したがって、原則として債権者保護手続きは要求されません。

なお、乙社、丙社、丁社といった複数の会社が共同して株式移転により、完全親会社たる甲社を設立することも可能です（会2㉜参照）。

4-3-2　株式移転の手続き

（1）　株式移転計画

株式移転をするには、乙社の株主総会の議案という形式をもって（したがって取締役会設置会社では取締役会で決定して代表取締役等が作成する）、**株式移転計画**を定めるところから始まります。法が定める事項は以下のとおりです。

① 設立する甲社の目的、商号、本店の所在地および発行可能株式総数（会773Ⅰ①）

② 上記①に掲げるもののほか、甲社の定款で定める事項（会773Ⅰ②）

③ 甲社の設立時取締役の氏名（会773Ⅰ③）

④ ㈠甲社が会計参与設置会社である場合には甲社の設立時会計参与の氏名または名称（会773Ⅰ④イ）

　㈡甲社が監査役設置会社（監査役の監査の範囲を会計に関するものに限定する定款の定めがあるものを含む）である場合には甲社の設立時監査役の氏名（会773Ⅰ④ロ）

　㈢甲社が会計監査人設置会社である場合には甲社の設立時会計監査人の氏名または名称（会773Ⅰ④ハ）

⑤ 甲社が株式移転に際して乙社の株主に対して交付するその株式に代わる甲社の株式の数（種類株式発行会社にあっては株式の種類および種類ごとの数）またはその数の算定方法ならびに甲社の資本金および準備金の額に関

する事項（会773Ⅰ⑤）……**株式移転比率**がここで定められます。株式移転に際して資本金または準備金として計上すべき額については，法務省令で定められます（会445Ⅴ）。

⑥ 乙社の株主に対する上記⑤の株式の割当てに関する事項（会773Ⅰ⑥）……773条3項の定め（株主平等の原則）に従うべきこと，当然です。

⑦ 甲社が株式移転に際して乙社の株主に対して（株式移転の対価として）交付するその株式に代わる財産についての定め（会773Ⅰ⑦）……乙社の株主に交付する株式移転の対価を，甲社株式以外の財産とすることも可能です。すなわち，甲社の社債（新株予約権付社債についてのものを除く）（会773Ⅰ⑦イ参照），甲社の新株予約権（新株予約権付社債に付されたものを除く）（会773Ⅰ⑦ロ参照），甲社の新株予約権付社債（会773Ⅰ⑦ハ参照）を株式移転対価とすることができます。乙社株主が従来有していた株主価値に配慮するとともに，いわゆる締出しの補償を勘案し，株主平等の原則に従って，所定の事項を定めなければなりません。

⑧ 上記⑦の場合には乙社の株主に対する社債等の割当てに関する事項（会773Ⅰ⑧）……773条4項によって準用される同条3項の定め（株主平等の原則）に従うべきこと，当然です。

⑨ 甲社が株式移転に際して乙社の新株予約権の新株予約権者に対して当該新株予約権に代わる甲社の新株予約権を交付するときは，これに関する定め（会773Ⅰ⑨）……以下の定めをする必要があります。(ｲ)甲社の新株予約権の交付を受ける乙社の新株予約権者の有する新株予約権（**株式移転計画新株予約権**）の内容，(ﾛ)株式移転計画新株予約権の新株予約権者に交付する甲社の新株予約権の内容および数またはその算定方法，(ﾊ)株式移転計画新株予約権が新株予約権付社債に付された新株予約権であるときは，甲社が当該新株予約権付社債についての社債に係る債務を承継する旨ならびにその承継に係る社債の種類および種類ごとの各社債の金額の合計額またはその算定方法，を定めなければなりません。なお，乙社の新株予約権の発行に際して，その新株予約権（新株予約権付社債に付されているものを含む）の内容として，株式移転の場合には株式移転により設立する株式会社の新株予約権をその新株予約権者に交付する旨およびその条件を定める

ことができたわけですが（会236Ⅰ⑧ホ参照），株式移転に際し，乙社の株式移転計画新株予約権の新株予約権者，またはこれ以外の新株予約権であって，株式移転をする場合において当該新株予約権の新株予約権者に株式移転設立完全親会社の新株予約権を交付することとする旨の定めがあるものの新株予約権者は，募集事項の定めに沿わない取扱いがなされる場合または乙社新株予約権の募集事項に承継に関する定めがない場合に，新株予約権買取請求権を行使することができます（会808Ⅰ③）。新株予約権付社債に付された新株予約権の新株予約権者が買取請求を行うときは，当該新株予約権付社債に付された新株予約権について別段の定めがない限り，併せて新株予約権付社債についての社債の買取請求もしなければなりません（会808Ⅱ）。

⑩ **乙社の株式移転計画新株予約権の新株予約権者に対する上記⑨の甲社の新株予約権の割当てに関する事項**（会773Ⅰ⑩）

以上のほか，任意的な定めを追加することは差し支えありません。乙社が種類株式発行会社であるときは，吸収合併における749条2項と同様の規定が773条2項にあります。

（2） 事前の開示

乙社は，一定の日（**株式移転計画備置開始日**）から，甲社成立の日後6か月を経過する日まで，株式移転計画の内容その他法務省令で定める事項を記載・記録した書面または電磁的記録を本店に備え置き，株主および新株予約権者の閲覧・謄写等に供さなければなりません（会803Ⅰ③，Ⅲ）。乙社における備置開始日は，①株式移転承認総会（種類株主総会を含む）の会日の2週間前の日（319条1項の提案があった場合には提案があった日），②株式買取請求権行使のため株式移転をする旨等の通知を受けるべき株主があるときは，その通知の日または公告の日のいずれか早い日，③新株予約権買取請求権行使のため株式移転をする旨等の通知を受けるべき新株予約権者があるときは，その通知の日または公告の日のいずれか早い日，④債権者保護手続きをすべきときは，異議催告の公告の日または催告の日のいずれか早い日，の上記①ないし④の日のいずれか早い日がこれです（会803Ⅱ）。

（3） 株式移転の承認決議

完全子会社となる乙社は，株主総会の決議によって，株式移転計画の承認を得なければなりません（会804Ⅰ）。承認決議は特別決議によるのが原則です（会309Ⅱ⑫）。乙社が公開会社で，かつ，株式移転の対価の全部または一部が譲渡制限株式等である場合は，特殊決議となります（会309Ⅲ③）。その他，804条3項（種類株主の保護）に従うべき場合があります。

（4） 株式移転をする旨等の通知・公告

乙社は，承認決議の日から2週間以内に，その株主に対し，株式移転をする旨ならびに他の株式移転により完全子会社となる会社および甲社の商号および住所を通知しまたは公告しなければなりません（会806Ⅲ・Ⅳ）。

また，乙社は，承認決議の日から2週間以内に，株式移転計画新株予約権の新株予約権者，およびこれ以外の新株予約権であって株式移転をする場合に当該新株予約権の新株予約権者に設立会社の新株予約権を交付することとする旨の定めがあるものの新株予約権者に対しても，同様の通知または公告をしなければなりません（会808Ⅲ・Ⅳ）。

株式買取請求権や新株予約権買取請求の機会保障の趣旨です。

（5） 債権者保護手続き

新株予約権付社債に係る債務が乙社から甲社に移転する場合には，新株予約権付社債についての社債権者につき，債権者保護手続きが要求されます（会810Ⅰ③）。その手続きは810条に従います。

（6） 登　記

株式移転をしたときは，総会の承認決議日（種類株主総会の決議を要するときはその決議の日），株式移転をする旨等の株主に対する通知・公告の日から20日を経過した日，通知を受けるべき新株予約権者があるときはこれらの者に対する通知・公告の日から20日を経過した日，債権者保護手続きを要するときはその手続終了の日，株式移転をする会社が定めた日（2以上の株式会社が共同して株式移転をする場合には当事会社が合意により定めた日），のうち最も遅い日から2週間以内に，甲社について，その本店所在地において，設立の登記をしなければなりません（会925各号）。

(7) 株式移転の効力の発生

甲社は，その成立の日に，乙社の発行済株式の全部を取得します（会774 I）。乙社の株主は，株式移転計画の定めに従って交付される対価の種類により，それぞれ，甲社の株主・社債権者・新株予約権者・新株予約権付社債についての社債の社債権者およびこれに付された新株予約権の新株予約権者になります（会774 II・III各号）。甲社成立の日に，乙社の株式移転計画新株予約権は消滅し，当該新株予約権の新株予約権者は，甲社の新株予約権の新株予約権者となります（会774 IV）。甲社が乙社の新株予約権付社債に係る債務を承継するときは，甲社成立の日に，当該社債に係る債務の承継の効力が生じます（会774 V）。

(8) 事後の開示

乙社は会社法811条，甲社は同815条の規定に従います。

4-3-3 株式移転の無効

これについても，株式交換の無効と同様に，**株式移転無効の訴えの制度**が設けられています。後述します（第8章4-4）。

5 会社の分割

5-1 会社の分割とは何か

会社の分割とは，1個の会社を2個以上の会社に分ける組織法上の行為です。複数の事業部門を有する会社が，そのうちの特定部門を独立させて経営の効率化を図ったり，不採算部門・新商品開発部門を他社の同事業部門と合弁させたりする場合に利用されます。

会社の分割には，分割する会社（分割会社）がその事業（客観的意義における営業）の全部または一部を分離して新しく会社を設立してそこに承継させる**新設分割**と，分割会社がその事業の全部または一部を分離して既存の会社に承継させる**吸収分割**とがあります。新設分割および吸収分割は会社法上の概念です。その定義は会社法2条29号および30号にあり，株式会社，合同会社に認められる制度です。以下では，分割会社・承継会社・新設会社のすべてが株式会社である場合に限って説明します。また会社の分割は各々，分割のいわば対価で

ある分割先の新設会社または承継会社の株式等が分割会社に交付される**物的分割**（分社型分割）と，その株式等が分割会社の株主・社員に直接交付される**人的分割**（分割型分割）とに分けることができます。

5-2　会社分割の手続き（通常の場合）

5-2-1　分割計画・分割契約

　新設分割をしようとする会社は，取締役会設置会社にあっては，分割会社の代表取締役等が，取締役会の議を経て（会362Ⅳ柱書），**分割計画**を作成することに始まり，吸収分割の場合には，取締役会設置会社にあっては，当事会社の代表取締役等が，取締役会の議を経て，**分割契約**を定めてその契約を締結することに始まります。

（１）　分割計画において定めるべき事項

　新設分割により設立する会社（新設分割設立（株）会社）を甲社，分割をする会社（新設分割（株）会社）を乙社として説明します。

　以下の事項を定めなければなりません。

① 甲社の目的，商号，本店の所在地および発行可能株式総数（会763①）
② 上記①のほか甲社の定款で定める事項（会763②）
③ 甲社の設立時取締役の氏名（会763③）
④ (ｲ) 甲社が会計参与設置会社である場合には甲社の設立時会計参与の氏名または名称（会763④ｲ）
　(ﾛ) 甲社が監査役設置会社（監査役の監査の範囲を会計に関するものに限定する定款の定めがあるものを含む）である場合には甲社の設立時監査役の氏名（会763④ﾛ）
　(ﾊ) 甲社が会計監査人設置会社である場合には甲社の設立時会計監査人の氏名または名称（会763④ﾊ）
⑤ 甲社が新設分割により乙社から承継する資産，債務，雇用契約その他の権利義務（乙社の株式および新株予約権に係る義務を除く）に関する事項（会763⑤）
⑥ 甲社が新設分割に際して乙社に交付するその事業に関する権利義務の全部または一部に代わる甲社の株式の数（種類株式発行会社にあっては株式の

種類および種類ごとの数）またはその数の算定方法ならびに甲社の資本金および準備金の額に関する事項（会736⑥）……分割対価たる株式を分割会社に交付する場合です。新設分割に際して資本金または準備金として計上すべき額については，法務省令で定められます（会445Ⅴ）。

⑦ 2以上の会社が共同して新設分割をするときは，新設分割会社に対する上記⑥の株式の割当てに関する事項（会763⑦）

⑧ 甲社が新設分割に際して乙社に対してその事業に関する権利義務の全部または一部に代わる甲社の社債等を交付するときは，当該社債等についての定め（会763⑧）……乙社に株式以外の分割対価を交付する場合です。乙社に交付できる分割対価は，甲社の社債（新株予約権付社債についてのものを除く）（会763⑧イ参照），甲社の新株予約権（新株予約権付社債に付されたものを除く）（会763⑧ロ参照），甲社の新株予約権付社債（会763⑧ハ参照）です。これらに関する所定の事項を定めなければなりません。

⑨ 2以上の会社が共同して新設分割をするときは，新設分割会社に対する上記⑦の社債等の割当てに関する事項（会763⑨）

⑩ 甲社が新設分割に際して乙社の新株予約権の新株予約権者に対して当該新株予約権に代わる甲社の新株予約権を交付するときは，これに関する定め（会763⑩）……以下の定めをする必要があります。(ｲ)甲社の新株予約権の交付を受ける乙社の新株予約権の新株予約権者の有する新株予約権（新設分割計画新株予約権）の内容，(ﾛ)新設分割計画新株予約権の新株予約権者に対して交付する甲社の新株予約権の内容および数またはその算定方法，(ﾊ)新設分割計画新株予約権が新株予約権付社債に付された新株予約権であるときは，甲社が当該新株予約権付社債についての社債に係る債務を承継する旨ならびにその承継に係る社債の種類および種類ごとの各社債の金額の合計額またはその算定方法，です。なお，乙社の新株予約権の発行に際して，その新株予約権（新株予約権付社債に付されているものを含む）の内容として，新設分割の場合にはこれにより設立する株式会社の新株予約権をその新株予約権者に交付する旨およびその条件を定めることができたわけですが（会236Ⅰ⑧ハ参照），新設分割に際して，乙社の新設分割計画新株予約権の新株予約権者，またはこれ以外の新株予約権であって，新

設分割をする場合において当該新株予約権の新株予約権者に新設分割設立会社の新株予約権を交付することとする定めがあるものの新株予約権者は，募集事項の定めに沿わない取扱いがなされる場合または乙社新株予約権の募集事項に承継に関する定めがない場合に，新株予約権買取請求権を行使することができます（会808Ⅰ②）。新株予約権付社債に付された新株予約権の新株予約権者が買取請求を行うときは，当該新株予約権付社債に付された新株予約権について別段の定めがない限り，併せて新株予約権付社債についての社債の買取請求もしなければなりません（会808Ⅱ）。

⑪ **乙社の新設分割計画新株予約権の新株予約権者に対する上記⑩の甲社の新株予約権の割当てに関する事項**（会763⑪）

⑫ 乙社が甲社成立の日に(イ)**全部取得条項付種類株式**（会171Ⅰ）**の取得**（取得対価が甲社の株式またはこれに準ずるものとして法務省令で定めるもののみであるものに限る，ロにおいて同じ），(ロ)**剰余金の配当**（配当財産が甲社の株式のみであるものに限る）**をするときは，その旨**（会763⑫）……本号は，人的分割の効果の実現を意図するものです。本号によれば，結局，人的分割の効果の実現は，「物的分割＋剰余金（現物）配当」によってなされることになります。すなわち，分割対価たる甲社の新株はいったん乙社に交付され（物的分割），分割の効力が発生すると同時に，甲社の株式が乙社の株主に配当される（現物配当）ということになるわけです。このときには，剰余金分配規制（会458および2編5章6節の規定）の適用はありません（会812）。最も典型的な人的分割は，乙社の全株主が，株主平等の原則に従い，上記(ロ)による配当を受けることによって実現されます。一方，(イ)を利用するものとしては，たとえば以下のようなものが考えられます。いま，A社とB社が共同して乙社を設立し複数の事業を展開していたと仮定します。乙社の事業がすべて成功をおさめたので，その一部の部門について甲社を新設する新設分割を行い，A社が甲社の株式をすべて保有して当該事業部門を掌握し，B社が乙社の株式をすべて保有して残った事業部門を掌握することがAB間で合意されたとします。A社は(イ)によって乙社の株式を手放し，対価として甲社の株式を保有することになります。一方で，B社だけが乙社の株式を保有することになります。A社だけが甲社株式の現

物配当を受ける結果となるこのような分割を**非按分型の分割**といいます。

（2） 分割契約において定めるべき事項

分割した事業を承継する会社（吸収分割承継（株式）会社）を甲社，分割をする会社（吸収分割（株式）会社）を乙社として説明します。

以下の事項を定めなければなりません。

① 甲社および乙社の商号および住所（会758①）

② 甲社が吸収分割により乙社から**承継する資産，債務，雇用契約その他の権利義務**（乙社および甲社の株式ならびに乙社の新株予約権に係る義務を除く）**に関する事項**（会758②）

③ 吸収分割により乙社または甲社の**株式を甲社に承継させるときは，当該株式に関する事項**（会758③）……承継事業に甲社の自己株式となる株式や乙社株式が含まれる場合の対処規定です。

④ 甲社が吸収分割に際して乙社に対してその事業に関する**権利義務の全部または一部に代わる金銭等を交付するときは，当該金銭等についての定め**（会758④）……乙社に交付する分割対価についての定めです。分割対価としては，甲社の株式（会758④イ参照），甲社の社債（新株予約権付社債についてのものを除く）（会758④ロ参照），甲社の新株予約権（新株予約権付社債に付されたものを除く）（会758④ハ参照），甲社の新株予約権付社債（会758④ニ参照），甲社の株式等以外の財産（会758④ホ参照），があります。対価の種類に従い，所定の事項を定めなければなりません。分割対価が甲社の株式であるとき，甲社の資本金および準備金として計上すべき額は法務省令で定められます（会445Ⅴ）。

⑤ 甲社が吸収分割に際して乙社の新株予約権の新株予約権者に対して当該**新株予約権に代わる甲社の新株予約権を交付するときは，これに関する定め**（会758⑤）……以下の定めをする必要があります。㈤甲社の新株予約権の交付を受ける乙社の新株予約権の新株予約権者の有する新株予約権（**吸収分割契約新株予約権**）の内容，㈥吸収分割契約新株予約権の新株予約権者に対して交付する甲社の新株予約権の内容および数またはその算定方法，㈧吸収分割契約新株予約権が新株予約権付社債に付された新株予約権であるときは，甲社が当該新株予約権付社債についての社債に係る債務

を承継する旨ならびにその承継に係る社債の種類および種類ごとの各社債の金額の合計額またはその算定方法，です。なお，乙社の新株予約権の発行に際して，その新株予約権（新株予約権付社債に付されているものを含む）の内容として，吸収分割の場合には分割会社がその事業に関して有する権利義務の全部または一部を承継する会社の新株予約権をその新株予約権者に交付する旨およびその条件を定めることができたわけですが（会236Ⅰ⑧ロ），吸収分割に際して，乙社の吸収分割契約新株予約権の新株予約権者，またはこれ以外の新株予約権であって，吸収分割をする場合において当該新株予約権の新株予約権者に吸収分割承継会社の新株予約権を交付することとする旨の定めがあるものの新株予約権者は，募集事項の定めに沿わない取扱いがなされる場合または乙社新株予約権の募集事項に承継に関する定めがない場合に，新株予約権買取請求権を行使することができます（会787Ⅰ②）。新株予約権付社債に付された新株予約権の新株予約権者が買取請求を行うときは，当該新株予約権付社債に付された新株予約権について別段の定めがない限り，併せて新株予約権付社債についての社債の買取請求もしなければなりません（会787Ⅱ）。

⑥ 乙社の吸収分割契約新株予約権の新株予約権者に対する上記⑤の甲社の新株予約権の割当てに関する事項（会758⑥）
⑦ 吸収分割の効力発生日（会758⑦）
⑧ 乙社が効力発生日に(イ)全部取得条項付種類株式（会171Ⅰ）の取得（取得対価が甲社の株式（甲社が吸収分割前から有するものを除く）またはこれに準ずるものとして法務省令で定めるもののみであるものに限る，ロにおいて同じ），(ロ)剰余金の配当（配当財産が甲社の株式のみであるものに限る）をするときは，その旨（会758⑧）……人的分割の効果の実現を意図するものであること，新設分割における会社法763条12号と同旨です。剰余金分配規制（会458および2編5章6節の規定）の適用はありません（会792）。

5-2-2 事前の開示

各当事会社は，新設分割の場合には，新設分割計画備置開始日から，設立会社の成立の日後6か月を経過する日まで，吸収分割の場合には，吸収分割契約

備置開始日から，分割の効力発生日後6か月を経過する日まで，各々新設分割計画または吸収分割契約の内容その他法務省令で定める事項を記載・記録した書面または電磁的記録を本店に備え置き，株主および会社債権者の閲覧または謄写等に供さなければなりません（新設分割会社につき，会803，吸収分割会社につき，会782，吸収分割承継会社につき，会794）。株主の総会への準備，会社債権者の異議申立ての判断に資するための配慮です。

新設分割計画備置開始日は，会社法803条2項により定まります。すなわち，① 分割承認総会（種類株主総会を含む）の会日の2週間前の日（319条1項の提案があった場合には提案があった日），② 株式買取請求権行使のため新設分割をする旨等の通知を受けるべき株主があるときは，その通知の日または公告の日のいずれか早い日，③ 新株予約権買取請求権行使のため新設分割をする旨等の通知を受けるべき新株予約権者があるときは，その通知の日または公告の日のいずれか早い日，④ 債権者保護手続きをすべきときは，異議催告の公告の日または催告の日のいずれか早い日，⑤ 上記①ないし④場合以外の場合には新設分割計画の作成の日から2週間を経過した日，の上記①ないし⑤の日のうち，いずれか早い日がこれです。

同様に，**吸収分割契約備置開始日**の定義は，分割会社につき会社法782条2項に，吸収分割承継会社につき会社法794条2項にあります。

5-2-3　分割の承認決議

新設分割にあっては，分割会社は，原則として，株主総会の決議によって新設分割計画の承認を受けなければなりません（会804Ⅰ）。この決議は特別決議によらなければなりません（会309Ⅱ⑫）。

吸収分割にあっては，分割会社は，原則として，分割契約で定めた効力発生日（会758⑦）の前日までに，株主総会の決議によって分割契約の承認を受けなければならず（会783Ⅰ），承継会社も同様に効力発生日の前日までに総会の承認を得ることが原則です（会795Ⅰ）。ともに特別決議によらなければなりません（会309Ⅱ⑫）。

吸収分割における承継会社が種類株式発行会社で，譲渡制限株式を引き受ける者の募集につきその種類の株式の種類株主による種類株主総会の決議を要し

ないとする定款の定めがない場合には，分割対価として承継会社の譲渡制限株式を分割会社の株主に対して交付するときは，当該譲渡制限株式の種類株主による種類株主総会の決議（会 324 Ⅱ⑥）を経なければなりません（会 795 Ⅳ②）。

5-2-4　分割をする旨等の通知・公告

　新設分割にあっては，分割会社は，承認決議の日から 2 週間以内に，その株主に対し，新設分割をする旨ならびに他の分割会社（**共同分割の場合**）および設立会社の商号および住所を通知または公告しなければなりません（会 806 Ⅲ・Ⅳ）。

　吸収分割にあっては，吸収分割の効力発生日の 20 日前までに，その株主に対し，承認会社は，吸収分割をする旨ならびに分割会社の商号および住所（承継する分割会社の資産に自己株式となる承継会社の株式が含まれる場合にはその株式に関する事項も）を，分割会社は，吸収分割をする旨ならびに承継会社の商号および住所を，各々通知しなければなりません（会 797 Ⅲ，785 Ⅲ）。公開会社である会社または総会決議により吸収分割契約が承認された会社は公告すれば足ります（会 797 Ⅳ，785 Ⅳ）。

　また，新設分割の場合，分割会社は，承認決議の日（承認決議を要しない場合には新設分割計画の作成の日）から 2 週間以内に，新設分割計画新株予約権の新株予約権者，およびそれ以外の新株予約権であって，新設分割をする場合に当該新株予約権の新株予約権者に設立会社の新株予約権を交付することとする旨の定めがあるものの新株予約権者に対し，新設分割をする旨ならびに他の分割会社および設立会社の商号および住所を通知し，または公告しなければなりません（会 808 Ⅲ・Ⅳ）。同様に，吸収分割の場合，分割会社は，効力発生日の 20 日前までに，吸収分割契約新株予約権の新株予約権者，およびそれ以外の新株予約権であって，吸収分割をする場合に当該新株予約権の新株予約権者に承継会社の新株予約権を交付することとする旨の定めがあるものの新株予約権者に対し，吸収分割をする旨ならびに承継会社の商号および住所を通知し，または公告しなければなりません（会 787 Ⅲ・Ⅳ）。

　株主には差止めと株式買取請求権行使の機会を保障し，新株予約権者には新株予約権買取請求権行使の機会を保障する趣旨です。

5-2-5　債権者保護手続き

　分割は，当事会社の債権者の利害に重大な影響を及ぼします。すなわち，分割により移転する事業に属する債務は，新設会社または承継会社だけが債務者となる形で引き受けることができますが（免責的債務引受け），この場合に債権者の個別の承諾は不要です。分割によって移転する債務に付された保証および担保物権については，民法学説に従って，原則どおり，保証人または物上保証人の個別の承諾を求めるべきでしょう。移転されずに残る事業に属する債務については，債務者の変更はありませんが，債権の引当てとなる会社財産は変動します。そこで，各当事会社は，その債務者に対し，分割をする旨，分割の相手方会社（新設分割にあっては設立会社も含む）の商号および住所，各当事会社の計算書類に関する事項として法務省令で定めるもの，債権者が1か月を下らない一定の期間内に異議を述べることができる旨，を官報に公告し，かつ，知れている債権者には各別にこれを催告しなければなりません（会789Ⅰ②・Ⅱ各号，799Ⅰ②・Ⅱ各号，810Ⅰ②・Ⅱ各号）。ただし，官報での公告に加え，公告をなす方法として，定款で定めた時事に関する事項を掲載する日刊新聞紙に掲げてまたは電子公告によってこれを公告したとき（会939Ⅰ②③）は，知れている債権者への個別の催告は必要ありません（会789Ⅲ，799Ⅲ，810Ⅲ）。しかし，分割の場合には分割会社の総資産額に変動がありませんから（分割によって事業が移転してもそれに見合う対価を受けるから），分割後も分割会社に債権の弁済を請求することができる債権者については，債権者保護手続きを要しません（会789Ⅰ②，810Ⅰ②参照）。

　期間内に異議を述べなかった債権者は，分割を承諾したものとみなされます（会789Ⅳ，799Ⅳ，810Ⅳ）。異議を述べた債権者に対しては，弁済，担保提供，弁済を目的とする財産の信託などをしなければなりませんが，分割してもその債権者を害するおそれのないときはこの限りではありません（会789Ⅴ，799Ⅴ，810Ⅴ）。

　なお，新設分割，吸収分割のいずれにおいても各別の催告を受けなかった債権者に対しては，分割計画または分割契約における定めにおいて債務を負担しないものとされている会社も，分割会社にあっては，分割の効力発生日において有した財産の価額（債務の額は問わない）を限度として，新設会社または承

継会社にあっては，承継した財産額を限度として，弁済の責任を負います（会759Ⅱ・Ⅲ，764Ⅱ・Ⅲ）。たとえば，分割会社乙社が50億円の財産を有し，分割により30億円を新設会社または承継会社たる甲社に移転した場合に，個別催告を受けなかった債権者がおれば，分割計画または分割契約で，この者に対する債務を甲社が負担する旨の定めがあっても，乙社も20億円（50－30）の限度で責任を負い，逆に乙社が負担する旨の定めをしても甲社も30億円の限度で責任を負います。

会社の分割が行われる場合の労働契約（雇傭契約）の承継については，労働者を保護するというその特殊性から，とくに「会社の分割に伴う労働契約の承継等に関する法律」が定められており，これに従います。

5-2-6 分割の効力の発生

新設分割をしたときは，承認決議の日・種類株主総会の決議を要するときは当該決議の日・株式買取請求の機会を与えるための通知または公告をした日から20日を経過した日・新株予約権買取請求の機会を与えるための通知または公告をした日から20日を経過した日・債権者保護手続きを終了した日・分割会社によりまたは共同分割の当事会社の合意により定められた日，のいずれか遅い日から2週間以内に，その本店の所在地において，分割会社については変更の登記，新設会社については設立の登記をしなければなりません（会924Ⅰ①）。吸収分割をしたときは，その効力が生じた日から2週間内に，その本店の所在地において，分割会社および承継会社は，各々変更の登記をしなければなりません（会923）。

新設分割をしたときは，設立会社は，その成立の日（すなわち設立登記の日）に，分割計画で定めたところに従い，分割会社の権利義務を承継し（会764Ⅰ），分割会社は，設立会社の株主・社債権者・新株予約権者・新株予約権付社債に付された社債についての社債権者および当該新株予約権付社債に付された新株予約権の新株予約権者などになります（会764Ⅳ・Ⅴ）。

吸収分割をしたときは，分割契約で定めた分割の効力の発生日（会758⑦）に，承継会社は，分割契約で定めたところに従い，分割会社の権利義務を承継し（会759Ⅰ），分割会社は，承継会社の株主・社債権者・新株予約権者・新株

予約権付社債についての社債権者および当該新株予約権付社債に付された新株予約権の新株予約権者などになります（会759Ⅳ）。もちろん，債権者保護手続きが未了の場合または吸収分割を中止したときは，この限りではありません（会759Ⅵ）。吸収分割の場合には，登記は分割の効力発生要件ではありません。

5-2-7 事後の開示

新設分割の場合には，分割会社および設立会社は，その成立の日後遅滞なく，吸収分割の場合には，分割会社および承継会社は，効力発生日後遅滞なく，各々分割により承継した承継会社の権利義務その他の分割に関する事項として法務省令で定める事項を記載または記録した書面または電磁的記録を作成し，成立の日または効力発生日から6か月間これを本店に備え置いて株主，会社債権者その他の利害関係人の閲覧・謄写等に供さなければなりません（会811Ⅰ①・Ⅱ・Ⅲ，815Ⅱ②・Ⅲ・Ⅴ，791Ⅰ①・Ⅱ・Ⅲ，801Ⅱ・Ⅲ①②・Ⅴ）。

5-3 簡易分割

分割会社または承継会社の株主に与える影響がきわめて小さい分割については，総会の承認決議を要求する必要性に乏しいことから，以下の要件の下で承認決議を要しない**簡易分割**の手続きが認められています。

まず，分割会社については，分割会社から新設会社または承継会社に承継させる資産の帳簿価額の合計額が分割会社の総資産額として法務省令で定める方法により算定される額の5分の1（これを下回る割合いを分割会社の定款で定めた場合はその割合い）を超えない場合には，分割会社における株主総会の承認決議は不要です（会805，784Ⅲ）。

承継会社については，①分割会社に交付する承継会社の株式の数に1株当たり純資産額を乗じて得た額，②分割会社に交付する承継会社の社債，新株予約権または新株予約権付社債の帳簿価額の合計額，③分割会社に対して交付する承継会社の株式等以外の財産の帳簿価額の合計額，の総和が，承継会社の純資産額として法務省令で定める方法により算定される額の5分の1（これを下回る割合いを承継会社の定款で定めた場合にはその割合い）を超えない場合には，原則として，承継会社における株主総会の承認決議は不要です（会796Ⅲ

本文①②)。ただし，分割差損が生じる場合（会795Ⅱ①②）または分割対価の全部または一部が承継会社の譲渡制限株式であり承継会社が公開会社でない場合には，簡易分割手続きによることはできません（会796Ⅲただし書）。

　簡易吸収分割手続きによるときも，承継会社は，効力発生日の20日前までに，その株主に対し，会社法797条3項および4項に基づく通知または公告をしなければなりませんが，この通知または公告の日から2週間以内に，法務省令で定める数の株式（承認総会で議決権を行使できるものに限る）の株主が，分割に反対する旨を承継会社に通知したときは，簡易分割手続きによることはできなくなり，総会の承認決議が必要になります（会796Ⅳ）。

　一方，分割会社の簡易分割手続きは，分割によって承継される財産が相対的に小さいため，株主に損害が生じても軽微にとどまり，反対株主に買取請求権を与えるほどではないとされたので（会806Ⅰ②，785Ⅲ②），会社法805条および784条3項は，同796条4項に相当する規定を設けていません。

5-4　略式分割

　吸収分割における承継会社が分割会社の特別支配会社である場合には，原則として分割会社の承認決議は不要です（会784Ⅰ本文）。

　略式分割手続きにあっては，①当該吸収分割が法令または定款に違反する場合，②分割契約で定めた分割対価が著しく不当である場合，であって，分割会社の株主が不利益を受けるおそれがある場合には，分割会社の株主に分割差止請求権が認められます（会784Ⅱ各号）。反対株主の株式買取請求権も認められます（会785）。

　吸収分割における分割会社が承継会社の特別支配会社である場合には，原則として承継会社の承認決議は不要です（会796Ⅰ本文）。ただし，分割会社に交付する分割対価の全部または一部が承継会社の譲渡制限株式である場合であって，承継会社が公開会社でない場合には承認決議を省略することはできません（会796Ⅰただし書）。株主には差止請求権（会796Ⅱ），株式買取請求権（797，798）が認められます。

5-5　会社の分割の無効

分割手続きに瑕疵がある場合，その画一的処理のため，**分割無効の訴えの制度**が設けられています。それについては後述します（第8章4-5）。

6　組 織 変 更

6-1　組織変更とは何か

組織変更とは，会社がその法人格の同一性を保ちながら，他の種類の会社に変わることをいいます。

会社の組織変更は，(イ)株式会社から持分会社への組織変更と，(ロ)持分会社から株式会社への組織変更とがあります（会2㉖参照）。持分会社間の種類変更は，会社法に定義される組織変更には該当しません。

6-2　組織変更の手続き

組織変更の手続きについては簡単に述べるにとどめます。

まず，**組織変更計画**を立案し，法定事項を定めます（上記(イ)の場合は会744，上記(ロ)の場合は会746）。

株式会社から持分会社への組織変更にあっては，組織変更計画の内容その他法務省令で定める事項を本店において事前開示に付し，株主および会社債権者の閲覧・謄写等に供さなければなりません（会775）。

組織変更計画で定めた効力発生日の前日までに，上記(イ)の場合には総株主の同意を（会776Ⅰ），上記(ロ)の場合には総社員の同意を（会781Ⅰ本文）得なければなりません。ただし，上記(ロ)の場合に定款に別段の定めがあればそれに従います。

組織変更をする株式会社の新株予約権は，組織変更が発効すれば効力を失います（会745Ⅴ）。したがって，組織変更計画の中で，新株予約権者に対し，これに代わる金銭の額またはその算定方法を定め，同時に当該金銭の割当てに関する事項を定めなければなりません（会774Ⅰ⑦⑧）。ただし，この扱いに不満な新株予約権者は，所定の手続きにより，公正な価格による買取請求権の行使

第7章　株式会社を再編する

が認められています（会777，778）。

　上記(イ)の場合には会社法779条に従い，上記(ロ)の場合には同781条2項に従い，所定の債権者保護手続きが必要です。

　上記(イ)の場合には会社法745条1項に従い，上記(ロ)の場合には会社法747条1項に従い，効力発生日に組織変更の効力が生じ，共に各条2項に従い，当該事項に係る定款の変更をしたものとみなされます。株主や社員は，共に各3項および4項に従い，その地位に変更が生じます。当然のことながら，債権者保護手続き未了の場合または組織変更を中止した場合はこの限りではありません（会745Ⅵ，747Ⅵ）。

　組織変更をしたときは，その効力が生じた日から2週間以内に，その本店の所在地において，組織変更前の会社につき解散の登記を，組織変更後の会社につき設立の登記をしなければなりません（会920）。登記は，組織変更の効力発生要件ではありません。

6-3　組織変更の無効

　組織変更の無効を争うには，**組織変更無効の訴え**が用意されています。これについては後述します（第8章4-6）。

7　企業再編に関するその他の基本用語

　さらに企業再編を中心に会社法を学修しようとする者が知っておくべきその他の基本用語をまとめておきます。

①　M＆A

　Merger and Acquisition の略語であり，「合併と買収」というのが直訳です。経営資源に関する支配権の移転を特徴とする経済行為を指します。本章で述べた合併，事業譲渡，株式交換，株式移転，分割などは，このような支配権獲得の有力な手段であると位置づけることができます。これら以外にも，株式取得による支配権取得があります。市場を通じた徐々の買占，大株主からの株式取得，公開買付け（後述②）などの方法が利用されます。現金買付けに代えて，支配しようとする側の会社が，自社の新株や社債を発行し，これを目的会社の株式と交換する方法もあります。

② 公開買付け

ある会社の経営権の取得または支配権の強化を目的として、一定期間内に、一定数量以上の株式を、通常は時価を上回る価格で買い付けることを公表して売主を募る買付けの申込行為のことです。有価証券市場外でこれらの買付けを行います。わが国では、公開買付けを **TOB** と称することが普通ですが、これは英語の **Take Over Bid** の略語です。米語では、**Tender Offer** と称されます。

有価証券報告書を提出しなければならない会社を対象とする公開買付けの方法およびその開示方法等については、証券取引法27条の2ないし27条の22の4に規定されています。

③ 持株会社

一般的には、他の会社の株式を取得することにより、国内の会社の事業活動を支配することを主たる事業とする会社のことをいいます。自らも事業を行いつつ他社の株式を保有するものを**事業持株会社**、自らは事業を行わずもっぱら他社の株式を保有し支配することを目的とする会社を**純粋持株会社**といいます。株式交換・株式移転は、持株会社の設置・設立を容易にするに資する制度であるといえます。持株会社の傘下に企業を統合することで、企業グループの経営の効率化が図られます。

持株会社の法律上の定義は独占禁止法9条5項1号に規定されており、子会社の株式の取得価額（最終の貸借対照表において別に付した価額があるときは、その価額）の合計額の当該会社の総資産の額に対する割合が100分の50を超える会社をいいます。

④ ポイズン・ピル（poison pill）

直訳すれば「毒薬」です。**敵対的買収**（対象企業の取締役会等の意向に反する企業買収）の防衛策のひとつです。買収前に「解毒」しなければ、買収者が苦しむので、こう呼ばれます。わが国では「敵対的な株式の買収によって買収者が一定割合の議決権を取得した時点で、市場価格より安い価格で株式を引き受けられる」という条件の新株予約権が既存株主に交付されるけれども、敵対的買収者に限って新株予約権を行使できない（差別的取扱条項）という設計がなされるのが一般的です。敵対的買収が行われることがわかった段階で発動されることから、「**トリガー条項**」とも呼ばれます。トリガー（trigger）とは銃の

引き金のことです。こうしておけば，買収者が株式を買い進めれば株式数を増やして買収者の議決権割合いを減らすことができ（同時に取得した株式価値も下げることができる），かつ，買収費用総額を増やすことができます。買収者の意欲をそぎ，時間をかせぐことが可能です。ただし，ある一定の割合で株式の買占めが行われた場合，これが敵対的買収に該当するか否かは，既存株主保護の観点から，客観的な指標が必要です。そうでなければ，既存株主の意向に反して，一部の株主や第三者に対し新株予約権を発行するという事態を招きやすくなるからです。それゆえ，各企業は，社外の有識者による特別委員会を設置して，敵対的買収に該当するか否かを判断させる等の配慮をしています。

⑤　黄　金　株

敵対的買収の防衛策としてのいわゆる拒否権付株式をこう呼ぶことがあります。1株でも保有していれば，敵対的買収者が提案する合併などの議決を拒否できる権限を留保できます。もっとも，この株式が敵対する可能性のある株主に渡れば，言わば将棋の飛車・角行を相手に取られるに等しい結果になってしまいます。

⑥　ホワイト・ナイト（white knight）

直訳すれば「白馬の騎士」です。敵対的買収時に颯爽と現われる援軍というイメージからこう呼ばれるのでしょう。買収側と防衛側との間で，いずれに付くかにより形勢が大きく変わるキャスティング・ボードを握っている第三者を指す言葉です。英語のイメージに惑わされず意訳すれば，所詮，関ヶ原合戦（慶長5年，1600年）における小早川秀明のような存在です。あるいは，結果的に具体的な行動を取らなければ，山崎の合戦（天正10年，1582年）における筒井順慶のような存在と言えるでしょう。

第8章 株式会社関係の訴えの制度

　株式会社においては，その行為の特殊性から，行為に瑕疵があっても，無効の一般原則に依ったのでは，会社をめぐる法律関係が混乱する等の事態が生じることもあります。それゆえ，特殊な形成判決によって，これらの瑕疵に結着をつけるという方法がとられる場合があります。

　株式会社においては，株主が会社の経営に参加するための権利がいくつか与えられていますが，会社経営の監督是正権のひとつとして，代表訴訟提起権等が認められています。

　本章では，これら主要な会社関係の訴えの制度をまとめておくことにします。

1　設立無効の訴え

　株式会社が設立の登記によって外観上成立し，しかも社会的に活動しているときに，その設立に無効原因があるとして，無効の一般原則による主張を許せば（主張できる主体，主張の方法，相手方，時期等は無制限），一応の安定状態が覆えされ，経済社会に混乱を招きます。それゆえ会社法は，無効を主張できる主体，期間および方法を厳重に制限し，いたずらにこの主張がなされることを制限しました。

　設立無効の主張は，設立する会社の株主等（株主，取締役または清算人（監査役設置会社にあっては株主，取締役，監査役または清算人，委員会設置会社にあっては株主，取締役，執行役または清算人））に限り，会社成立の日から2年以内に，会社を被告とする訴えを提起する方法によってのみなすことができます（会828Ⅰ①・Ⅱ①，834①）。設立無効判決前に他の訴訟の抗弁として主張することは許されません。無効の主張を可及的に制限するのは，法律関係を早期に安定させるためです。

　提訴できる株主は，会社の成立後に株式を譲り受けた者であってもかまいません。ただし，訴訟中は株主資格を継続して有する必要があります。取締役が

第 8 章 株式会社関係の訴えの制度

監査役設置会社を提訴したときは、監査役が被告会社を代表しますが（会386Ⅰ）、委員会設置会社を除く監査役を設置しない会社では、株主総会が選任した者が会社を代表できます（会353）。委員会設置会社の取締役または執行役が提訴したときは、監査委員会が選定する監査委員が被告会社を代表します（会408Ⅰ②）。株主が訴えを提起した場合には、裁判所は、被告会社の申立てにより相当の担保の提供を命ずることができます（会836Ⅰ）。原告敗訴の場合の損害賠償責任の担保の趣旨と濫訴防止の趣旨です。このとき会社は、株主の訴えの提起が悪意によるものであることを疎明しなければなりません（会836Ⅲ）。

訴えは、会社の本店所在地の地方裁判所の専属管轄に属します（会835Ⅰ）。数個の訴えが同時に係属するときは、弁論・裁判を併合しなければなりません（会837）。画一的処理のためです。

この訴えにおいて原告が勝訴し、設立を無効とする判決が確定すると、その判決は、訴訟当事者間のみならず、第三者に対しても効力を及ぼし（対世効）、何人もこれを争うことができなくなります（会838）。会社を中心とする多数の法律関係（会社・株主間、会社・債権者間、その他の利害関係人との法律関係）を画一的に確定する必要があるからです。設立無効の判決が確定したときには、裁判所書記官は、職権で、遅滞なく、会社の本店の所在地を管轄する登記所にその登記を嘱託しなければなりません（会937Ⅰ①イ）。

設立を無効とする判決があっても、その判決は、既に会社、その株主および第三者との間に生じた法律関係に影響を及ぼしません（会839）。つまり、会社をめぐる法律関係は、はじめに遡って無効となるわけではありません（遡及効の否定）。無効な会社の外観上の存在を尊重し（**事実上の会社**）、無効を原則どおり遡及させて無用の混乱を生じることを防止したわけです。

設立を無効とする判決があったからには、将来に向っては、その会社の存在を否定する必要があります。しかし、会社を一挙に消滅させることはできませんから、解散の場合に準じて、清算を行うべきものとしました（会475②）。この場合、裁判所が利害関係人の申立てによって清算人を選任します（会478Ⅳ）。したがって、清算が終了するまではこの会社はなお存続しており（会476参照）、会社の第三者に対する債権債務、株主の会社に対する権利、発起人・取締役等の会社および第三者に対する責任等が消滅することもないのです。

原告が敗訴した場合，その判決の効力は，一般原則どおりに当事者間に生じるにすぎません（民訴115Ⅰ）。したがって，提訴期間内に別の提訴権者が再びこの訴えを提起することはできます。なお，敗訴した原告に悪意または重過失があるときは，会社に対し連帯して損害賠償の責任を負わなければなりません（会846）。

2　総会の決議の瑕疵に基づく訴え

2-1　決議取消しの訴え

会社法が取消しの対象となるものとして掲げた総会決議の瑕疵は，①招集の手続きまたは決議の方法が法令もしくは定款に違反し，または著しく不公正であるとき，②決議の内容が定款に違反するとき，および③決議につき特別の利害関係を有する株主が議決権を行使したことによって著しく不当な決議がなされたとき，です（会831Ⅰ各号）。

①に属するものとして，招集手続きの法令違反の例では，取締役会設置会社における取締役会決議に基づかず代表取締がなした株主総会招集（会298Ⅳ違反），招集通知もれ（会299Ⅰ違反），招集通知等の記載不備（会299Ⅳ等違反），招集通知期間の不足（会299Ⅰ違反）などがあり，決議方法の法令違反とは，取締役・監査役等の説明義務違反（会314違反），決議要件規定違反（会309違反），不適格者の決議参加，招集通知に記載なき事項の決議などがあります。招集の手続きまたは決議の方法が著しく不公正であるときというのは，たとえば深夜・早朝の招集，暴行強迫等による発言・議決権行使の妨害，不公正な議事運営などがあります。

②に属するものとして，定款所定の員数を超える取締役・監査役の選任等があります。会社の内部規則に対する違反として，瑕疵の主張を社団関係者にとどめる（内部者の請求があったときにこれを取消原因とすれば足りる）との趣旨で，決議取消事由とされています。

③に属するものとして，責任を追及されている取締役が株主たる資格で議決権を行使し，責任免除決議を成立させるような例が考えられます。

決議取消しの訴えができるのは，株主等（株主，取締役または清算人（監査役

設置会社にあっては株主，取締役，監査役または清算人，委員会設置会社にあっては株主，取締役，執行役または清算人））ですが，対象となる総会が創立総会または種類創立総会である場合には，株主等，設立時株主，設立時取締役または設立時監査役です（会831Ⅰ柱書）。すなわち，決議後に株式を譲り受けた株主も提訴権を有します。しかし，株主の提訴権は議決権を前提とする共益権ですから，議決権のない株主と単元未満株主には提訴権がないものと解されます。他の株主に対する招集通知もれを理由に，自己の利益が害されたわけでない株主（この者には瑕疵のない招集通知がなされた）も，この訴えが法令・定款を遵守した会社運営を求める訴訟であるとして，提訴できると解されますが，株主は全株主のために任務を負う取締役・執行役・監査役等と異なり，他人に対する手続的瑕疵を問題にできないとする説もあります。

決議取消しの訴えは，決議の日から3か月以内に提起しなければなりません（会831Ⅰ）。決議の日から3か月を経過すれば，提訴後に新たな取消事由を追加することもできません。総会決議の効力に，早期に法的安定を与える趣旨から，このように解されます。なお，決議無効確認の訴え（本章2-2）において，無効原因として主張された瑕疵が取消原因に該当し，かつ決議取消しの訴えの原告適格，提訴期間の要件が満たされているときは，たとえ決議取消しの主張が提訴期間経過後になされても，決議無効確認訴訟の提起時から決議取消しの訴えが提起されていたものと扱われます。

管轄裁判所，裁判の併合等については，設立無効の訴えと同様です（会835Ⅰ，837参照）。決議取消の訴えにおいては，取締役，執行役，監査役または清算人でない株主がこの訴えを提起した場合に（設立時取締役または設立時監査役でない設立時株主による訴えの提起の場合も），会社が，訴えの提起が原告株主の悪意（典型的には会社荒し等の不当な目的）に出たものであることを疎明して申し立てたときは，裁判所は，相当の担保を提訴すべきことを原告に命じることができます（836Ⅰ・Ⅲ）。

この訴えにおいて原告が勝訴し，取消しの判決が確定した場合，その判決には対世的効力があります（会838）。決議取消しの判決が確定すると，その決議は，一般原則に従い遡って無効となります（会839による会834⑰の適用除外）。たとえば，取締役の選任決議が取り消された場合，当該取締役は当初から取締

役でなかったことになりますが，この者が代表取締役等として会社のためになした取引の効力は，通常は，表見法理などによって取引の安全を確保することになるでしょう。

原告敗訴の場合，判決の効力は当事者間に生じるにすぎません。敗訴した原告に悪意または重過失があれば，会社に対し連帯して損害賠償の責任を負わなければなりません（会846）。

決議取消しの訴えの提起があって，招集の手続きまたは決議の方法が法令または定款に違反するときでも，その違反の事実が重大でなく，かつ決議に影響を及ぼさないと認めるときは，裁判所は，請求を棄却することができます（会831Ⅱ）。これを裁判所による裁量棄却といいます。改めて瑕疵のない手続きに基づき決議をやり直しても同じ結果が予想されるような場合には，費用や労力をかけて同じことを繰り返させる意味がないからです。

決議取消しの訴えは形成判決なので，通常は，法定の要件が満たされる限り訴えの利益が認められるのが原則ですが，決議後の事情の変化によって訴えの利益を欠くに至り，この訴えが却下されることがあります。たとえば，募集株式発行に関する特別決議の取消しの訴えの係属中に新株発行が行われた場合などがこれです。後に決議取消判決が確定しても当該新株発行は無効にはなりません。取締役等選任決議取消しの訴えの係属中に，当該決議で選任された取締役全員が終任したような場合もそうです。

2-2　決議無効確認の訴え

総会の決議の内容が法令に違反するとき，総会決議は無効です（会830Ⅱ参照）。株主有限責任の原則に反する決議（追加出資の強制など），違法な剰余金配当に関する決議，株主平等の原則に反する決議などがこれです。

このような無効は，いつ，誰が，どのような方法によっても主張することができると解するのが通説であり，したがって会社法830条2項は，主張の方法として訴訟が選択された場合に備える規定であると解されます。

この訴えについては，提訴権者や提訴期間に別段の制限はありません。訴えの利益がある限り，誰が何時この訴えを提起してもかまいません。しかし，訴えの管轄裁判所，悪意に出た株主の担保提供，裁判の併合については，決議取

消しの訴えの場合と同様に扱われます（会835Ⅰ，836，837）。

原告勝訴の判決が確定すると，この判決は対世効を有します（会838）。原告敗訴の場合の判決の効力は，一般原則により訴訟当事者間に生じるにすぎません。敗訴した原告に悪意または重過失があれば，会社に対し連帯して損害賠償責任を負わなければなりません（会846）。

2-3 決議不存在確認の訴え

外形的にも株主総会決議が事実として存在しないにもかかわらず，決議が存在したかのような議事録が作成され，それに基づく登記がなされたような場合，株主が集まって決議らしいものをしたがこれを法的に株主総会決議と評価しえない場合が決議不存在といわれる状況です。

この場合も，決議不存在を裁判によって確定してもらうという方法を選択することができ，そのときには，すべて決議無効確認の場合と同じ手続き，同じ効力によります（会830Ⅰ）。

3　新株発行無効の訴え等

新株発行および自己株式の処分（準発行）の無効原因については，すでに第6章2-9-5で検討しました。新株発行の無効を一般原則に委ねれば，当該新株発行を前提に進展した多くの法律関係が覆えされ，いたずらに混乱を招くでしょう。これを一般原則に委ねることは妥当ではありません。

新株発行無効（以下，自己株式処分の無効を含む）の主張は，株主，取締役または清算人（監査役設置会社にあっては株主，取締役，監査役または清算人，委員会設置会社にあっては株主，取締役，執行役または清算人）に限り，新株発行の効力発生日から6か月以内（非公開会社は1年以内）に，会社に対して訴えを提起する方法によってのみなしえます（会828Ⅰ②③Ⅱ②③，834②③）。

新株発行無効の訴えを提起できる株主は，新株発行後に株式を譲り受けた者であってもよく，旧株の株主であると無効の訴えの対象たる新株の株主であるとを問いません。新株発行の日から6か月（非公開会社は1年）を経過すれば，新たな無効原因を追加主張することもできなくなります。

管轄裁判所，裁判の併合，悪意に出た株主の担保提供，悪意または重過失あ

る敗訴原告の損害賠償責任などは，これまで述べた会社訴訟と同様です（会835，836，837，846参照）。原告勝訴判決に対世効があることもまたこれまで述べた会社訴訟と同様です（会838）。新株発行の無効判決が確定したときは，裁判所書記官は，職権で，遅滞なく，会社の本店所在地を管轄する登記所にその登記を嘱託しなければなりません（会937Ⅰ①ロ）。

　新株発行を無効とする判決が確定しても，新株発行行為が遡って無効となるわけではなく，新株は将来に向かって効力を失います（会839）。すなわち，遡及効は否定されます。したがって，判決確定までになされた株式譲渡・質入れ，既になされた新株に対する剰余金の配当・中間配当，新株主が議決権を行使した株主総会の決議等は効力を失いません。

　新株発行の無効判決が確定したときは，会社は，当該判決確定時における当該株式に係る株主に対し，払込みを受けた金額または給付を受けた財産の給付時における価額に相当する金銭を支払わなければなりません。この場合に，会社が株券発行会社であるときは，当該金銭の支払いと引換えに失効した株式に係る株券の返還を請求することができます（以上，会840Ⅰ，841Ⅰ）。ただ，上記金額が無効判決確定時の会社財産の状況に照らして著しく不当であるときは，裁判所は，会社または新株の株主の申立てに基づき（この申立ては判決確定の日から6か月以内にしなければならない），会社が払い戻すべき金額の増減を命じることができます（会840Ⅱ・Ⅲ，841Ⅱ）。

　なお，失効した株式に係る質権には，払込金につき物上代位が認められ（会840Ⅳ，841Ⅱ），失効した株式に係る登録株式質権者は，会社から直接払戻金を受領し，他の債権者に先立って自己の債権の弁済に充てることができます（会840Ⅴ，841Ⅱ）。登録株式質権者の債権の弁済期が到来していないときは，登録株式質権者は，会社に払戻金を供託させることができ，質権は，その供託金につき存在することになります（会840Ⅵ，841Ⅱ）。

　この判決が確定すれば，会社の発行済株式総数，新株発行により増加した資本金および準備金の額も，新株発行前の状態に復することになります。

　新株発行の実体がまったくなく，単に新株発行による変更の登記があるにすぎないような場合は，新株発行は不存在です。この場合は，誰が何時どのような方法によっても不存在を主張できますが，必要があれば，会社を被告とする

新株発行不存在確認の訴えを提起することもできます（会829①②，834⑬⑭）。そのときには，無効の訴えの場合と同じ手続き，同じ効力によります。

なお，新株予約権発行無効の訴えについても，新株発行無効の訴えに準じて規定が整備されています（会828Ⅰ④・Ⅱ④）。提訴権者に新株予約権者が加えられますが（会828Ⅱ④），提訴期間は効力発生日から6か月（非公開会社は1年）以内です。他の手続き，効力は新株発行無効の訴えと同様です（会835，836，837，838，846）。判決が確定した後の会社による失効新株予約権に係る新株予約権者への払戻しにつき，新株発行無効の場合と同様の規定が設けられています（会842参照）。新株予約権発行不存在確認の訴えについても明文化されています（会829③，834⑮）。

4　会社再編のための組織法上の行為の瑕疵に基づく訴え

4-1　資本金額減少無効の訴え

株式会社の資本金額の減少の手続きまたは内容に瑕疵がある場合には，資本金額の減少は無効となります。この場合も，会社法は，資本金額減少の無効の主張は訴えをもってのみなすことができるとし，提訴権者を株主，取締役，清算人（監査役設置会社にあっては株主，取締役，監査役，清算人，委員会設置会社にあっては株主，取締役，執行役，清算人），破産管財人または資本金額の減少を承認しなかった債権者（知れたる債権者で個別に催告を受けなかった者を含む）に限るとともに，提訴期間を資本金額の減少の効力発生日6か月以内に限りました（以上，会828Ⅰ⑤・Ⅱ⑤，834⑤）。

提訴権者たる株主には，資本金額減少によって自己の持株全部を消却された者も含まれます。資本金額減少を承認しなかった債権者は，債権者保護手続きの瑕疵を理由とする場合に限って，提訴が認められますが，この者が訴えを提起した後に会社がこの者に弁済すれば，訴えの利益を失います。

管轄裁判所，裁判の併合，悪意に出た株主の担保提供，悪意または重過失ある敗訴原告の損害賠償責任については，これまで述べた一般の会社訴訟と同様です（会835～837，846参照）。債権者が提訴した場合，その提訴が悪意に出たものであることを会社が疎明すれば，裁判所は会社の申立てによって担保提供

を命じることができる旨の定めがあります（会836Ⅱ→Ⅰ・Ⅲ）。

　資本金額減少の訴えと，資本金額減少の総会決議に取消事由があることを理由とする決議取消しの訴えとの関係が問題となります。これについては，資本金額減少の効力の発生前には決議取消しの訴えを提起すべきことになります（この訴えを本案として資本金額減少の実行禁止の仮処分を申請することも可）。しかし，資本金額減少の効力が生じ，資本金額減少の訴えを提起できるようになれば，減資に関する総会決議の瑕疵は，その手続きの瑕疵の一部にすぎないということになりますから，もっぱら資本金額減少の訴えを提起すべきことになります。ただ，決議取消しの訴えの提訴期間は決議の日から3か月以内ですから（会831Ⅰ柱書前段），決議に取消原因があることを理由とする資本金額減少の訴えも，決議後3か月内に提起することを要するでしょう。さらに，決議取消しの訴えを提起した後に資本金額減少の効力が生じた場合には，原告は，訴えの変更の手続き（民訴143）により，訴えを資本金額減少無効の訴えに変更することができ，また変更すべきであることになるでしょう。

　原告勝訴の判決に対世効があること，他の一般の会社訴訟と同様です（会838）。この判決の効力の不遡及についても他の一般の会社訴訟と同様です（会839）。資本金額減少無効の判決が確定したときは，裁判所書記官が，職権でその登記を嘱託しなければならないこともこれまで述べた訴訟と同様です（会937Ⅰ①ニ）。

　資本金額減少の実体がまったくなく，単に資本金額減少による変更の登記があるにすぎないような場合に，必要があれば，不存在の主張の手段として，資本金額減少不存在確認の訴えを提起することもできます。

4-2　合併無効の訴え

　合併に重大な法定手続違反があれば，無効原因となります。

　合併無効の主張は，合併の効力発生日に各会社の株主，取締役もしくは清算人（監査役設置会社にあっては株主，取締役，監査役もしくは清算人，委員会設置会社にあっては株主，取締役，執行役もしくは清算人）であった者またはその後の各会社の同様の地位にある者，破産管財人または合併を承認しなかった債権者に限り，合併の効力発生日から6か月以内に，存続会社または新設会社を被

告とする訴えをもってのみなすことができます（以上，会828 Ⅰ⑦⑧・Ⅱ⑦⑧，834⑦⑧）。別に独占禁止法違反の場合に，公正取引委員会も合併無効の訴えを提起できます（独禁18 Ⅰ）。

上に述べた提訴権者における「各会社」とは，存続会社または新設会社のほか合併の効力発生日の消滅会社をも含みます（会828 Ⅱ⑦参照）。

この訴えは，被告会社の本店所在地の地方裁判所の専属管轄に属します（会835 Ⅰ）。2以上の地方裁判所が管轄権を有するときは，原則として，先に訴えの提起があった地方裁判所が管轄します（会835 Ⅱ，なお同Ⅲ）。裁判の併合，悪意に出た株主・債権者の担保提供，悪意または重過失ある敗訴原告の損害賠償責任については，資本金額減少無効の訴えをはじめとする他の一般の会社訴訟と同様です（会836，837，846参照）。

合併無効の訴えと決議取消しの訴えとの関係についても，資本金額減少無効の訴えと決議取消しの訴えとの関係と同様に解されます（本章4-1参照）。合併の効力発生日の前に提起された決議取消しの訴えの被告会社が合併によって消滅するときは，その訴訟は中断し，存続会社または新設会社を被告とする訴えとして，存続会社または新設会社に受け継がれることになります（民訴124 Ⅰ・Ⅱ・Ⅳ）。

合併無効の訴えで原告が勝訴し，合併を無効とする判決が確定した場合に，この判決に対世効があることも他の一般の会社訴訟と同様です（会838 Ⅰ）。この判決が確定したときは，裁判所書記官は，職権で遅滞なく各会社の本店の所在地を管轄する登記所に，存続会社については変更の登記，新設会社については解散の登記，消滅会社については回復の登記を嘱託しなければなりません（会937 Ⅲ②③）。この判決は，すでに存続会社または新設会社，その株主または第三者との間に生じた権利義務に影響を及ぼしません（会839）。すなわち，遡及効が否定されます。

合併を無効とする判決が確定すると，将来に向かって，その合併の効力を否定しなければなりません。その結果，存続会社または新設会社は，将来に向かって合併前の当事会社へと還元されます。吸収合併の存続会社が合併に際し割り当てた株式は将来に向かって無効となり，新設合併の新設会社は解散し，消滅会社が復活します。合併当事会社のそれぞれが合併当時に有していた財産

および債務等で合併後も現存するものは，もとの会社に復帰します。合併後に存続会社または新設会社が負担した債務は，復活した各当事会社が連帯して弁済する責任を負い（会843Ⅰ），合併後に取得した積極財産は，各当事会社の共有（準共有を含む）に属します（843Ⅱ本文）。連帯債務の負担部分と共有財産の持分は，各当事会社の協議によって定めることになりますが，協議がととのわないときは，裁判所が，各当事会社の申立てによって，合併時における各会社の財産の額その他一切の事情を斟酌して決定します（会843Ⅲ・Ⅳ）。

復活した会社の役員は，合併当時の役員だった者が当然に復職するわけではなく，復活後に選任がなされるまでは，合併無効判決確定時における存続会社または新設会社の役員が，復活した会社の役員としての権利義務を有するものと解されます（会346類推）。

合併不存在と評価しうる状況において，必要であれば，合併不存在確認の訴えを提起できること，他の一般の会社訴訟の場合と同様です。

4-3　株式交換無効の訴え

株式交換の法定手続きに瑕疵があれば，無効原因となります。

株式交換無効の主張は，効力発生日において各会社の株主，取締役もしくは清算人（監査役設置会社にあっては株主，取締役，監査役もしくは清算人，委員会設置会社にあっては株主，取締役，執行役もしくは清算人）であった者またはその後の各会社の同様の地位にある者，破産管財人もしくは株式交換について承認をしなかった債権者に限り，株式交換の効力発生日から6か月以内に，完全親会社となった会社および完全子会社となった会社の双方を被告とする訴え（固有必要的共同訴訟（民訴40））をもってのみなすことができます（以上，会828Ⅰ⑪・Ⅱ⑪，834⑪）。

この訴えは，被告会社の本店の所在地の地方裁判所の専属管轄に属します（会835Ⅰ）。2以上の地方裁判所が管轄権を有するときは，原則として，先に訴えの提起があった地方裁判所が管轄します（会835Ⅱ，なお同Ⅲ）。裁判の併合，悪意に出た株主の担保提供，悪意または重過失ある敗訴原告の損害賠償責任については，合併無効の訴えの手続等と同様です（会836，837，846参照）。

株式交換無効の訴えで原告が勝訴し，株式交換を無効とする判決が確定した

場合に，この判決に対世効があることも合併無効の判決等と同様です（会838）。無効判決が確定したときは，裁判所書記官は，職権で，遅滞なく，法定事項につき変更の登記の嘱託をなすことを要します（会937Ⅲ⑥）。

無効判決には遡及効がありませんから，完全親会社となった甲社が株式交換に際して発行した新株または移転した代用自己株等は将来に向かって効力を失います（会839）。この場合，甲社は，株式交換に際して発行した新株または移転した代用自己株の株主に対し，その有した完全子会社となった乙社の株式を移転しなければなりません（会844Ⅰ）。その際の失効株式を目的とする質権につき会社法844条2項ないし5項に対処規定が用意されています。

4-4　株式移転無効の訴え

株式移転の法定手続きに瑕疵があれば，無効原因となります。

株式移転の無効は訴えをもってのみ主張しうること，株式移転の日から6か月以内に提訴すること，被告が完全親会社となった会社および完全子会社となった会社の双方であること，は株式交換無効の訴えと同様に捉えられますが，提訴権者は，効力発生日に株式移転をする会社の株主，取締役もしくは清算人（監査役設置会社にあっては株主，取締役，監査役もしくは清算人，委員会設置会社にあっては株主，取締役，執行役もしくは清算人）であった者または株式移転により設立する会社の同様の地位にある者です（以上，会828Ⅰ⑫・Ⅱ⑫，834⑫）。

管轄裁判所，裁判の併合，悪意に出た株主の担保提供，悪意または重過失ある敗訴原告の損害賠償責任，無効判決の対世的効力，無効判決の効力の不遡及もまた株式交換無効の訴えと同様に捉えられます（会838，839参照）。無効判決が確定したときは，裁判所書記官は，職権で，遅滞なく法定事項につき登記の嘱託をしなければなりません（会937Ⅲ⑦）。

無効判決が確定したときは，完全親会社となった甲社は，解散の場合に準じて清算されることになり（会475③），甲社は，株式移転に際して発行した株式の株主に対し，その有した完全子会社となった乙社の株式を移転しなければなりません（会844Ⅰ）。甲社の失効株式を目的とする質権については会社法844条2項ないし5項に従い処理されます。

4-5　分割無効の訴え

　会社の分割の法定手続きに瑕疵があれば無効原因となります。

　会社の分割の無効は訴えをもってのみ主張でき，提訴権者は効力発生日に各会社の株主，取締役もしくは清算人（監査役設置会社にあっては株主，取締役，監査役もしくは清算人，委員会設置会社にあっては株主，取締役，執行役もしくは清算人）であった者またはその後の各会社の同様の地位にある者，破産管財人もしくは分割を承認しなかった債権者に限られるとともに，提訴期間も分割の効力発生日から6か月以内に限られます（以上，会828Ⅰ⑨⑩・Ⅱ⑨⑩）。被告は，新設分割無効の訴えの場合は分割会社および新設会社の双方であり，吸収分割無効の訴えの場合は分割会社および承継会社の双方です（固有必要的共同訴訟（会834⑨⑩））。

　分割無効の訴えは，分割会社または新設会社もしくは承継会社の本店所在地の地方裁判所の専属管轄に属し，上により2つ以上の裁判所が管轄権を有するときは，先に提訴のあった裁判所の管轄に属します（会835Ⅰ・Ⅱ）。しかし，裁判所は，著しい損害または遅滞を避けるため必要があると認めるときは，申立によりまたは職権をもって訴訟の全部を分割会社または新設会社もしくは承継会社の本店所在地の地方裁判所に移送することができます（会835Ⅲ）。

　裁判の併合，悪意に出た株主・債権者の担保提供，悪意または重過失ある敗訴原告の損害賠償責任については，合併無効の訴えの手続等と同様です（会836，837，846参照）。

　分割無効の訴えで原告が勝訴し，分割を無効とする判決が確定した場合に，この判決に対世効があることも合併無効の判決等と同様です（会838）。無効判決が確定したときは，裁判所書記官は，職権で，遅滞なく，各会社の本店の所在地を管轄する登記所に分割会社については変更の登記，新設会社については解散の登記，承継会社については変更の登記を嘱託しなければなりません（会937Ⅲ③④）。

　無効判決の遡及効は否定されます（会839）。新設分割を無効とする判決が確定したときは，新設会社は解散しますが，新設会社が分割後に取得した財産および負担した債務は分割会社に帰属します（会843Ⅱただし書）。共同新設分割

が無効となった場合には，新設会社が取得した財産は各分割会社の共有（準共有を含む）に帰し，負担した債務は各分割会社の連帯債務となります（会843Ⅰ④・Ⅱ本文）。この場合に，各会社の持分または負担部分はその協議で定めますが，協議がととのわないときは，裁判所が，各会社の申立てにより，分割の時における各会社の財産の額その他一切の事情を斟酌して決定することになります（会843Ⅳ）。吸収分割を無効とする判決が確定したときは，各会社は，承継会社が分割後に負担した債務につき連帯して弁済の責任を負うとともに，承継会社が分割後に取得した財産は各会社の共有（準共有を含む）に帰します（会843Ⅰ③・Ⅱ本文）。各会社の負担部分または持分はその協議をもって定めますが，協議がととのわないときは，裁判所が，各会社の申立てにより，分割の時における各会社の財産の額その他一切の事情を斟酌して決定します（会843Ⅳ）。

4-6　組織変更無効の訴え

　組織変更の法定手続きに瑕疵があれば無効原因となります。組織変更の無効は訴えをもってのみ主張でき，提訴権者は効力発生日における会社の株主，取締役，清算人（監査役設置会社にあっては株主，取締役，監査役，清算人，委員会設置会社にあっては，株主，取締役，執行役）もしくは社員であった者または組織変更後の会社の同様の地位の者，破産管財人もしくは組織変更を承認しなかった債権者に限られ，提訴期間は効力発生日から6か月以内に限られます（会828Ⅰ⑥・Ⅱ⑥）。被告は組織変更後の会社です（会834⑥）。

　管轄裁判所，裁判の併合，悪意に出た株主・債権者の担保提供，悪意または重過失ある敗訴原告の損害賠償責任，原告勝訴判決の対世効，無効判決の効力の不遡及も，合併無効判決等と同様です（会835〜839，846）。

　無効判決が確定したときは，裁判所書記官は，職権で，遅滞なく，本店所在地を管轄する登記所において，組織変更後の会社につき解散の登記，組織変更前の会社につき回復の登記を嘱託しなければなりません（会937Ⅲ①）。

5　株主の監督是正権としての訴権

5-1　代表訴訟提起権と違法行為差止権

5-1-1　代表訴訟とは何か

　発起人，設立時取締役，設立時監査役，取締役，会計参与，執行役，会計監査人または清算人の会社に対する責任は，本来会社自体が追及すべきものです。以下では，これらの責任追及のうち，取締役（委員会設置会社の執行役を含む，以下同様）の会社に対する責任を，会社が追及すべき場面に限って説明します。会社が訴えによって取締役の責任を追及するときは，監査役設置会社では監査役が会社を代表し（会386 I），委員会設置会社では監査委員会が選定する監査委員が会社を代表します（会408 I②）。取締役会を置かない会社にあっては，株主総会が会社を代表する者を定めることができます（会353）。しかし，会社役員相互の特殊な関係（あるいは仲間意識）から，会社が取締役の責任追及を怠ることもありえるでしょう。会社が積極的に取締役の責任を追及しなければ，結果，会社の利益が害され，ひいては株主の利益が害されます。そこで会社法は，株主が会社のために取締役を含む役員等に対して訴えを提起する権利を認め，株主に会社の利益を回復する手段を与えたのです。これが一般に「**代表訴訟**」と呼ばれる制度です。代位訴訟とも呼ばれます。代表訴訟という名称は，株主がこの訴訟上実質的に会社代表機関に相当する地位に立つからです。この権利は，株主の会社運営の監督是正権に基づく共益権に属します。

　株主代表訴訟の形式上は，株主が原告となり，取締役が被告となります。原告たる株主は，他人たる会社の利益のために訴訟を追行し判決を受ける資格を認められています。第三者の訴訟担当の一事例にあたります。代表訴訟において，原告が受けた判決の効力（原告の勝訴・敗訴にかかわりない）は，権利主体（本来の適格者）である会社にも及ぶことになります（以上，民訴115 I②参照）。

　株主代表訴訟は，取締役の行為によって直接に損害を被った個々の株主が，会社法429条または一般の不法行為原則に基づいて，自己のために取締役の責任を追及する訴訟とは，当然に区別されるべき概念です。

5-1-2　代表訴訟を提起できる範囲

　会社法847条1項は、株主に「発起人、設立時取締役、設立時監査役、役員等……若しくは清算人の責任を追及する訴え」の提起権を認めていますが、その対象となる責任の範囲についてはとくに明定していません。「取締役（設立時取締役も含めて）の責任」に絞ってこれを考えると、当該責任にはどのようなものが含まれるのでしょうか。まず、会社法中に規定された財産価額填補責任（会52Ⅰ, 213Ⅰ）、任務懈怠責任規定に基づく会社に対する損害賠償責任（会423）、自己株式買受けにともなう財源規制超過額支払責任（会464Ⅰ）、欠損填補責任（会465Ⅰ）が含まれることについては問題ありません。

　上に述べた責任以外の原因に基づき、取締役が会社に対して負う一切の債務について、代表訴訟を提起しうるかについては争いがあります。これを肯定する説は、取締役相互間あるいは取締役と監査役等との特殊な関係を考慮すれば、このような債務についても、会社が提訴を懈怠するおそれが十分に存するからであると説きます。これに対して、わが会社法は、会社に自ら提訴するか否かの裁量権を認めず、提訴しないことが不正・不当であると否とにかかわらず、原則として会社による提訴がなければ株主代表訴訟を認めるという法構造を有しているのであるから、取締役が会社に対して負担する一切の債務につき代表訴訟を認めるのは、広きに失するという説も有力です。後者を正当と解すべきでしょう。

　取締役在任中に生じた責任については、終任後も代表訴訟の提起が許されます。

5-1-3　訴えの提起

（1）　提訴権者

　提訴権を有するのは原則として6か月（これを下回る期間を定款で定めた場合にはその期間）前から引き続き株式を有する株主です（会847Ⅰ柱書本文）。この株式保有期間は、非公開会社については要求されません（会847Ⅱ）。単独株主権です。6か月前から継続して株式を保有するとは、会社に対する関係で、すなわち6か月間継続して株主名簿上の株主であるという意味です。相続・合併などの包括承継によって株式を取得したときは、被承継人の保有期間を合算

できます。議決権制限株式を有する株主や単元未満株主も提訴できますが、会社法189条2項の定め（定款による権利制限）により権利を行使できない単元未満株主は除かれます（会847Ⅰ柱書本文かっこ書参照）。

保有期間の要件は、株主が後述の訴えの提起を会社に請求する時または特別の事情により株主が直ちに訴えを提起する時に具備していなければなりません。また、訴訟中も原則として引き続き株主でなければなりません。代表訴訟を提起した株主または訴訟参加した株主が訴訟中に株主資格を失えば、訴えは却下されます。しかし、代表訴訟を提起した乙社の株主（または訴訟参加した乙社の株主）Aが、争っていた最中に、株式交換または株式移転により乙社が甲社の完全子会社となり、Aが甲社の株主になって、乙社の株主たる形式的資格を失ったとき、または、乙社が合併による消滅会社となりAが新設会社もしくは承継会社たる甲社（もしくは三角合併におけるその完全親会社）の株主になって、株主Aが乙社の株主たる形式的資格を失ったときは、Aの原告適格は存続します（会851Ⅰ各号）。さらにその後、Aが甲社の株式交換または株式移転により甲社の完全親会社の株式を取得したり、甲社を消滅会社とする合併により新設会社または承継会社の株式を取得したときもなお、Aは訴訟の追行が可能です（会851Ⅱ・Ⅲ）。Aは自らの意思によって乙社の株主資格を失ったわけではないからです。

（2）　提訴前の手続き

代表訴訟を提起しようとする株主は、会社に対し、書面その他法務省令で定める方法をもって、取締役の責任を追及する訴えの提起を請求できます。しかし、その訴えが当該株主もしくは第三者の不当な利益を図りまたは当該会社に損害を加えることを目的とする場合にはこのような請求ができません（会847Ⅰただし書）。総会屋が訴訟外で金銭を要求することを目的にこれを利用したり、もっぱら会社の信用を傷つける目的でこれを利用すること等を防止する趣旨です。この請求があった日から60日以内に会社が訴えを提起しないときは、その株主ははじめて取締役を被告とする代表訴訟を提起することができます（会847Ⅲ）。もちろん会社がこの間に訴えの提起をしない旨表明したときは、60日を待つ必要はありません。なお、会社が60日以内に訴えを提起しない場合において当該請求をした株主または取締役から請求を受けたときは、遅滞な

く，訴えを提起しない理由を書面その他法務省令で定める方法により請求者に通知しなければなりません（会847Ⅳ）。例外として，60日の期間の経過を待てば，会社に回復することができない損害を生じるおそれのあるときは，株主は直ちに訴えを提起できます（会847Ⅴ本文）。

株主の会社に対する提訴請求は，原則として監査役に対してなされなければなりません（会386Ⅱ①）。委員会設置会社では監査委員に対してこれをなします（会408Ⅲ①）。

（3） **訴額，担保提供，管轄等**

代表訴訟は，たとえ株主が勝訴しても，この者に訴訟をもって主張する利益が帰属するわけではありません。そこで会社法847条6項は，この訴えは「訴訟の目的の価額の算定については，財産権上の請求でない請求に係る訴えとみなす。」としました。それゆえ，その訴額は160万円とみなされ（民訴費用4Ⅱ），訴状に貼付すべき印紙は13,000円となります。

株主が代表訴訟を提起したときに，被告取締役が，その提訴が原告株主の悪意に出たものであることを疎明して申し立てたときは，裁判所は，原告株主に対し相当の担保を提供すべきことを命じることができます（会847Ⅶ・Ⅷ）。悪意とは，原告株主が被告取締役を害することを知るとの意であると解されます。会社荒し等を防止することが担保提供規定の目的ですが，直接には被告取締役が原告株主に対して有しうべき損害賠償請求権を担保するという意味があります。

この訴えは，本店所在地の地方裁判所の専属管轄に属します（会848）。株主が原告となる場合だけでなく，会社自体が取締役の責任を追及する訴えも当然に含まれます。

5-1-4　訴訟参加，和解等

株主または会社は，共同訴訟人としてまたは当事者の一方を補助するため，取締役の責任を追及する訴えに参加することができます（会849Ⅰ本文）。会社が提起した訴えには株主が，株主が提起した訴えには会社または他の株主が，原告側に参加できます。馴合訴訟を防止したり，取締役に不当に有利な和解や訴訟の取下げがなされることを防止するためです。参加する株主には，株式保

有期間の要件が課せられません。しかし、株主または会社の訴訟への参加が、不当に訴訟を遅延させたり、裁判所に過大な事務負担を及ぼすこととなるような場合には、訴訟参加が許されません（会849Ⅰただし書）。

参加の機会を提供するため、株主が代表訴訟を提起したときは、当該株主は遅滞なく会社に対してその訴訟を告知することを要し（会849Ⅲ）、会社がその告知を受けたときまたは会社自らがこの訴えを提起したときは、遅滞なく訴えの提起をした旨を公告し、または株主に通知しなければなりません（会849Ⅳ）。

なお、かかる参加は、共同訴訟的当事者参加（民訴52Ⅰ参照）と解されています。参加人は本訴による請求を拡大でき、当初の原告が訴訟を取り下げても、参加人が訴訟を続行できます。

株主が代表訴訟を提起したとき、会社が被告取締役側に補助参加できるか否かに関しては、会社に補助参加の利益が認められる限り、監査役設置会社にあっては監査役の同意（監査役が二人以上あるときは各監査役の同意）を、委員会設置会社にあっては各監査委員の同意を得て、許されることになっています（会849Ⅱ各号）。

取締役の責任を追及する訴訟につき和解（裁判上の和解）をなす場合には、総株主の同意を要しません（会850Ⅳ）。取締役の法令違反の行為による賠償責任は、原則として総株主の同意がなければ免除できない旨の規定がありますから（会850Ⅳに掲げられた各条項参照）、原被告間だけで行う和解の効力につき疑義を払拭するため、会社法はこの旨を明定したわけです。安易な和解に懸念を抱く株主は、訴訟参加せよということでしょう。なお、株主代表訴訟で和解をするには、基本的に会社の承認を必要とします（会850Ⅰ）。したがって原告株主と被告取締役との間で和解をする場合（会社が和解の当事者でない場合）には、裁判所は、会社にその内容を通知し、和解に異議があれば2週間以内に述べることを催告しなければなりません（会850Ⅱ）。和解が不当に取締役の有利に傾斜し過ぎないようにするための一環です。会社がその期間内に書面で異議を述べなかったときは、会社は株主がその内容の和解をなすことを承認したものとみなされます（会850Ⅲ）。

5-1-5　判決の効力，訴訟費用等

　株主は，会社のために訴えを提起したのですから，判決の効力は，原告の勝訴・敗訴にかかわらず，会社に及びます（民訴115 I ②）。

　原告株主が勝訴（一部勝訴を含む）した場合，株主は，弁護士・弁護士法人に支払うべき報酬額の範囲内における相当の額と訴訟費用以外の訴訟遂行に必要と認められた費用（調査費用，通信交通費等）の範囲内における相当の額の支払いを，会社に請求することができます（会852 I）。株主の負担で勝訴判決の利益を受ける会社がこれらの費用を負担するのは当然だからです。この訴えに参加した株主もまた，かかる支払請求ができます（会852 Ⅲ→852 I）。敗訴取締役は，自らの訴訟費用を負担しなければなりません。

　原告株主が敗訴した場合には，悪意があった場合に限って，すなわち会社を害することを知って不適当な訴訟追行により敗訴した場合に，会社に対して損害賠償の責任を負います（会852 Ⅱ）。この訴えに参加した株主も同様です（会852 Ⅲ→852 Ⅱ）。敗訴株当は，自ら訴訟費用を負担しなければなりません。

5-1-6　再審の訴え

　取締役の責任を追及する訴えの提起があった場合に，原告（会社たると株主たるとを問わない）と被告取締役との共謀により，訴訟の目的たる会社の権利を詐害する目的で裁判所に判決をさせたときは，共謀の当事者でなかった会社または株主は，確定の終局判決（和解または請求の放棄があった場合を含む，民訴267参照）に対し再審の訴えをもって不服を申し立てることができます（会853 I）。馴合いの訴訟追行で不当な判決が出る可能性もあるからです。典型的には故意に敗訴したり，故意に少額の請求をなして勝訴した場合がこれです。原告の訴訟追行を信頼して訴訟参加しない株主等もいるでしょうから，判決がいったん確定すれば以後は決してそれを争えなくなるというのは，馴合訴訟を防止するうえで適当でないとの趣旨で再審の訴えの余地が残されたのでしょう。

　再審の訴えを提起する株主は，6か月前から引き続き株式を有する株主である必要はなく，提訴前に会社に提訴の請求をするといった手続きを経る必要もありませんし，不服申立ての対象となる判決の確定当時に株主であったことも必要ありません。再審の訴えを提起した株主には，代表訴訟を提起した者と同

じ権利や責任が認められます（会853Ⅱ→852）。

5-1-7 株主の違法行為差止権

取締役が法令もしくは定款に違反する行為をし，またはこれらの行為をするおそれがある場合に，その行為が会社に著しい損害（監査役設置会社または委員会設置会社にあっては回復することができない損害）を生じさせるおそれがある場合には，6か月（これを下回る期間を定款で定めた場合にはその期間）前から引き続き株式を有する株主は，会社のためにその行為を止めるべきことを請求することができます（会360Ⅰ・Ⅲ）。単独株主権です。非公開会社にあっては継続保有要件も不要です（会360Ⅱ）。株主は，この権利を会社のために行使するわけであり，そのときは株主は実質上会社代表機関的地位に立ちます。したがって，その基本的法構造は，株主の代表訴訟と同じです。

株主の代表訴訟が会社の損害の事後的救済制度と位置づけられるのに対し，**違法行為差止権**は，会社の損害発生の事前阻止のための制度であるという相違があります。

差止めの相手方は，会社ではなく，法令または定款に違反する行為をなす取締役です。違法行為差止権の行使は，必ずしも訴えによる必要はなく，裁判外の請求でもかまいません。しかし，裁判外の請求には通常実効性がないでしょう。したがって，差止請求を本案訴訟として，裁判所に仮処分命令を求めるという方法（民保23Ⅰ）が採られるものと思われます。

株主による違法行為差止めの訴えについては，会社法上，とくに規定はありません。しかし，上に述べたように，違法行為差止請求権は，代表訴訟と共通の基本的枠組みを有していますから，その訴えは代表訴訟の一種とみることができます。したがって，裁判管轄を除いて，代表訴訟に関する規定（会847Ⅵ・Ⅶ，849，852）を類推適用することが一般に認められています。すなわち，担保提供，訴訟参加，訴訟告知，勝訴株主の費用等の請求権，敗訴株主の責任等については，代表訴訟に準じます。管轄の点については，専属管轄を明文の規定なしに認めることは困難であるとして，会社法848条の類推適用を否定する見解が有力です。しかし，この訴えは，社団からその役員に対する訴え（民訴5⑧ロ）に準ずるものとして，本店所在地にその管轄があるものと解せば，

結局は，会社の本店所在地の地方裁判所に提起することができます。

差止請求権は，通常，仮処分により行使されますが，差止めの仮処分に違反して代表取締役等が第三者と取引をなしたような場合は，特別の規定がない限り，行為の効力は影響を受けないと解するほかないと思われます。差止めの実効性は事実上少ないわけです。

株主による差止めの訴えは，会社のためになされたのですから，判決の効力は，原告の勝訴・敗訴にかかわらず，会社に及びます（民訴115 I ②）。

5-2　役員解任訴権

取締役や監査役等が職務の執行に関して不正の行為または法令もしくは定款に違反する重大な事実があったにもかかわらず，自派の持株が多いことを背景に株主総会で解任を否決されて居座りを図った場合に，少数株主権として，役員解任訴権が認められています（会854）。本店所在地の地方裁判所の専属管轄に属します（会856）。この訴えの被告は，当該会社および当該役員です（会855）。この訴えについては，第4章3-2-7，同3-2-8ですでに述べました。

この訴えについて付言すれば，解任事由を違法性が高い場合に限ったのは，私的自治に対する公権力の無用の介入を抑制するためです。この訴えの係属中に役員が退任した場合，また総会において当該役員が再任された場合には，特段の事情のない限り，訴えの利益は消滅します。

6　解散を命ずる裁判

6-1　解散判決

会社が，もはや回復しえない危機的状態に陥ったときの，最後の手段たる少数株主権として，裁判所に**解散判決**を求める方法があります。すなわち，①会社の業務執行が完全に抜き差しならぬ状況に陥り，このままでは会社に回復することができない損害が生じ，またはおそれのある場合，②会社の財産の管理または処分が著しく失当で会社の存立自体が危うくする場合は，総株主の議決権（総会において決議することができる事項の全部につき議決権を行使することができない株主を除く）の10分の1（これを下回る割合を定款で定めた場合に

はその割合い）以上を有する株主は，会社の解散を裁判所に請求することができます（会833Ⅰ各号）。

本店の所在地の地方裁判所の専属管轄に属し（会835Ⅰ），悪意または重過失ある敗訴原告には損害賠償責任があります（会846）。会社を被告とする形成訴訟です（会834⑳）。

6-2 解散命令

公益上の見地から会社の存立が許されない場合には，法務大臣または株主，債権者その他利害関係人の申立てにより，裁判所が解散を命じることができます（会824Ⅰ柱書）。以下のような場合です。① 会社の設立が不法な目的に基づいてなされたとき，② 会社が正当の理由なく成立後1年以内に開業しないとか1年以上事業を休止したとき，③ 業務執行取締役または執行役が法務大臣から書面による警告を受けたにもかかわらず法令または定款に掲げた会社の権限を踰越・濫用する行為や可罰行為を継続・反復したとき（以上，会824Ⅰ各号）。

裁判所は，解散命令前であっても，法務大臣，株主，債権者その他の利害関係人の申立てにより，または職権をもって，当該申立てにつき決定があるまでの間，会社の財産に関し，管理人による管理を命ずる処分（管理命令）その他の必要な財産保全処分をなすことができます（会825Ⅰ，管理人につき会825Ⅱ～Ⅶ）。法務大臣以外の悪意の申請人は，会社の申立てによって，裁判所から担保提供を命じられることがあります（会824Ⅱ～Ⅳ）。

第9章 株式会社を停閉する

この章は，ごく簡単に述べるにとどめます。

1 会社の解散

解散とは，会社の法人格の消滅をきたすべき原因たる法律事実をいいます。株式会社の解散事由は以下のとおりです。

① **定款で定めた存続期間の満了**（会471①）

② **定款で定めた解散の事由の発生**（会471②）

③ **株主総会の決議**（会471③）…株式会社は，いつでも，総会の特別決議によって解散することができます（会309Ⅱ⑪）。

④ **合併**（会471④）…合併による解散の場合には，合併の効果が生じれば消滅会社の法人格は直ちに消滅します。

⑤ **破産手続開始の決定**（会471⑤）

⑥ **解散を命ずる裁判**（会471⑥）…解散命令（会824Ⅰ）または解散判決（会833Ⅰ）による場合です。

⑦ **休眠会社の整理**（会472）…長期に事業活動を休止した会社がそのまま登記の上だけ存続すれば，弊害を生じます。このような会社を不正に利用する者もいるでしょう。商号の競合により登記を妨げられる会社も出るでしょう。株式会社は，通常は少くとも2年に1度，長くとも10年に1度は変更登記を要するはずです（会332Ⅰ・Ⅱ，911Ⅲ⑬⑭，取締役改選のため）。そこで，最終登記後12年を経過した会社に対し，法務大臣は，事業を廃止していないときは，2か月以内に法務省令で定めるところによりその本店の所在地を管轄する登記所にその届出でをなすよう官報で公告し，その公告があった旨を登記所から通知します。公告の日から2か月の期間満了の時に当該会社が届出でまたは登記をしないときは，その会社は，期間満了の時に解散したものとみなされ，職権により解散の登記がなされま

す（会472Ⅰ・Ⅱ）。

　会社が解散したときは，合併，破産手続開始，解散を命じる裁判または休眠会社の整理による場合を除き，本店の所在地において2週間以内に，解散の登記をしなければなりません（会926）。

2　会社の継続

　いったん解散した株式会社は，以下の場合に，総会の特別決議によって会社を**継続**することができます（会473，309Ⅱ⑪）。
① 存立期間の満了その他定款に定めた事由の発生または総会の決議によって解散したとき
② 休眠会社の整理により解散したものとみなされた後3年以内

　会社の継続が決定されれば，会社は将来に向かって解散前の状態に復帰します。事業をなす権利能力を回復するわけです。

3　会社の清算

　会社は解散しても直ちに消滅するわけではありません。合併または破産手続開始の場合を除き，清算の手続きに入ります。**清算**とは，会社の現務を結了し，債権債務を消滅させ，株主に残余財産を分配する等，会社の既存の法律関係に結着をつけるための手続きです。

　清算中の会社は，事業を行いませんから，取締役に代わって**清算人**が清算に関する事務を執行します。定款に別段の定めがある場合または総会で取締役以外の者を清算人に選任した場合を除き，取締役が清算人になります（会478Ⅰ）。この方法によっても清算人となる者がいなければ，利害関係人の申立てにより，裁判所が清算人を選任します（会478Ⅱ，なお同Ⅲ〜Ⅵ）。清算人は，裁判所が選任した場合を除き，いつでも株主総会の決議をもって解任でき（会479Ⅰ），重要な事由があるときは，裁判所は，総株主の議決権の100分の3（これを下回る割合いを定款で定めた場合にはその割合い）以上の議決権を6か月（これを下回る期間を定款で定めた場合にはその期間）以上継続保有する株主（清算人解任議案につき議決権を行使できない株主および申立てに係る清算人である株主を除く）または発行済株式の100分の3（これを下回る割合いを定款で定めた場合にはその

割合い）以上の数の株式を6か月（これを下回る期間を定款で定めた場合にはその割合い）以上継続保有する株主（当該清算会社である株主，申立てに係る清算人である株主を除く）の申立てにより，清算人を解任することができます（会479Ⅱ）。非公開会社にあっては，上の継続保有要件が不要です（会479Ⅲ）。清算人の選解任は登記事項です（会928）。

清算人の員数は1人または2人以上です（会477Ⅰ）。清算会社は，定款の定めによって，清算人会，監査役または監査役会を置くことができますが，監査役会を置く旨の定款の定めがある清算会社は，清算人会を置かなければなりません（会477Ⅱ・Ⅲ）。①合併および破産手続開始の決定により解散した場合であって当該破産手続未了の場合を除き，解散した場合，②設立無効判決が確定した場合，③株式移転無効判決が確定した場合，に該当することとなった時において公開会社または大会社であった清算会社は監査役を置かなければならず（会477Ⅳ），上に掲げる場合に該当することとなった時において委員会設置会社であって，かつ公開会社・大会社に該当するものは監査委員が監査役になります（会477Ⅴ）。

清算人の職務は，①現務の結了，②債権の取立ておよび債務の弁済，③残余財産の分配，です（会481Ⅰ各号）。清算人会設置会社を除く清算人は，他に代表清算人その他清算会社を代表する者を定めない限り，清算会社の業務執行権と代表権を有します（会482Ⅰ，483Ⅰ・Ⅱ）。清算人が2人以上ある場合には，清算会社の業務は，定款に別段の定めがない限り，清算人の過半数をもって決します（会482Ⅱ）。なお，個々の清算人に委任できない事項があります（会482Ⅲ各号）。清算人会設置会社の清算人会の職務は，①清算会社の業務執行の決定，②清算人の職務の執行の監督，③代表清算人の選定および解職，です（会489Ⅱ各号）。なお，個々の清算人に委任できない清算人会の専決事項があります（会489Ⅵ各号）。清算人会は，原則として，清算人の中から代表清算人を選定しなければならず（会489Ⅲ），代表清算人・業務執行清算人が，清算会社の業務を執行します（会489Ⅶ）。

清算事務が終了したときは，清算人は遅滞なく，法務省令で定めるところにより，決算報告書を作成し，これを株主総会に提出して，その承認を求めなければなりません（会507参照）。

第9章　株式会社を停閉する

　これらの手続きを終え，総会が決算報告書を承認すると清算は結了し，株式会社の法人格は消滅します。清算人は，上の総会の承認があったときから本店の所在地においては2週間以内に，清算結了の登記をしなければなりません（会929①）。清算結了の登記後10年間，清算人その他の利害関係人の申立てによって裁判所が選任した者が，会社の帳簿ならびにその事業および清算に関する重要資料を保存しなければなりません（会508参照）。

　解散した会社の清算に著しい支障をきたすような事情がある場合，または，債務超過の疑いがある場合には，**特別清算**が行われます（会510）。これについては，説明を省略します。

事 項 索 引

〈あ行〉

預合い……………………………………38
ある種類の種類株主に損害を及ぼすお
　それがある場合の種類株主総会……146
委員会設置会社…………………………21
　——の取締役会の権限………………224
　——の取締役会の特則………………229
　——の取締役の特則…………………228
委員会の運営……………………………220
著しく不公正な方法による新株発行…269
一人会社…………………………………42
委任状の勧誘……………………………138
打切り発行………………………38, 47, 266, 288
営業の譲渡………………………………303
営利性……………………………………5
延　会……………………………………135
黄金株……………………………………344
親会社……………………………………108

〈か行〉

会議の目的である事項…………………127
開業準備行為……………………………53
会計監査人………………………………241
　——設置会社…………………………20
　——設置会社の監査…………………243
　——の員数……………………………241
　——の解任……………………………241
　——の権限……………………………242
　——の資格……………………………241
　——の責任……………………………243
　——の選任……………………………241
　——の任期……………………………241
　——の報酬……………………………243
会計参与…………………………………203
　——の意義……………………………203
　——の会社に対する責任……………205
　——の義務……………………………204
　——の権限……………………………204
　——の終任……………………………203
　——の選任……………………………203
　——の第三者に対する責任…………206
　——の報酬……………………………206
会計参与設置会社………………………20
会計参与報告……………………………204
解散事由…………………………………369
解散判決…………………………………366
解散命令…………………………………367
会社会計の一般原則……………………236
会社の営利性……………………………5
会社の解散事由…………………………369
会社の計算………………………………235
会社の継続………………………………370
会社の権利能力…………………………7
会社の清算………………………………370
会社の成立………………………………51
会社の代表………………………………161
会社の不成立……………………………57
会社の目的………………………………27
確定金額による報酬……………………200
合　併……………………………………305
　——契約………………………………306
　——契約の事前開示…………………310
　——契約の承認決議…………………311
　——差損………………………………312
　——新株………………………………306
　——における債権者保護手続き……313
　——の効力の発生……………………314
　——の事後開示………………………315
　——の自由……………………………305

373

事項索引

──の無効原因 ……………………317
──比率 …………………………306
──不存在確認の訴え ……………355
──無効の訴え ……………………353
──をする旨等の通知・公告 ………313
株　券………………………………78
　──失効制度 ………………………79
　──喪失登録の請求………………80
　──喪失登録の登録抹消…………80
　──喪失登録簿……………………80
　──の効力発生時期………………79
　──の善意取得……………………96
　──の発行…………………………78
　──の法定記載事項………………78
　──発行会社………………………78
　──発行前の株式の譲渡…………90
　──不所持制度……………………79
株　式………………………………59
　──移転完全子会社 ……………324
　──移転計画新株予約権 ………326
　──移転計画備置開始日 ………327
　──移転計画で定めるべき事項 …325
　──移転設立完全親会社 ………324
　──移転における債権者保護手続き
　　　………………………………328
　──移転の意義 …………………324
　──移転の効力の発生 …………329
　──移転の事後開示 ……………329
　──移転の事前開示 ……………327
　──移転比率 ……………………326
　──移転無効の訴え ……………356
　──移転をする旨等の通知・公告 …328
　──会社の監査等に関する商法の特
　　　例に関する法律 ………………3
　──会社の機関設計 ………………17
　──価格……………………………60
　──交換完全親会社 ……………319
　──交換完全子会社 ……………319

──交換契約新株予約権 …………319
──交換契約備置開始日 …………320
──交換契約で定めるべき事項 …319
──交換契約の承認決議 …………321
──交換差損 ……………………321
──交換における債権者保護手続き
　　………………………………322
──交換の意義 …………………318
──交換の効力の発生 …………322
──交換の事後開示 ……………323
──交換の事前開示 ……………320
──交換比率 ……………………319
──交換無効の訴え ……………355
──交換をする旨等の通知・公告 …322
──社員権説……………………61
──譲渡制限会社………………65
──の共有………………………60
──の自由譲渡性………………89
──の消却 ……………………108
──の譲渡………………………95
──の相互保有 ………………136
──の不可分性…………………60
──の分割 ……………………112
──の併合 ……………………110
──の無償割当て ……………113
──の割当てを受ける権利 ……258
──引受人………………………45
──申込人………………………44
株　主………………………………59
　──総会参考書類 ………………128
　──総会による取締役の会社に対す
　　　る責任の免除 ………………194
　──総会の意義 …………………119
　──総会の延期 …………………135
　──総会の議事録 ………………134
　──総会の議長 …………………130
　──総会の決議事項 ……………121
　──総会の決議の瑕疵 …………144

――総会の権限 …………………121
――総会の招集 …………………124
――総会の招集権者 ……………125
――総会の招集の時期 …………126
――総会の招集の地 ……………127
――総会の招集の通知 …………127
――総会の続行 …………………135
――代表訴訟における再審の訴え …364
――代表訴訟における和解 ……363
――代表訴訟の意義 ……………359
――代表訴訟の訴額等 …………362
――代表訴訟の提起範囲 ………360
――代表訴訟の提訴権者 ………360
――代表訴訟の提訴手続き ……361
――代表訴訟の判決効 …………364
――代表訴訟への参加 …………363
――等の権利の行使に関する贈収賄罪 ………………………………132
――による違法行為差止めの訴え …365
――による役員解任訴権 ………366
――の違法行為差止権 …………365
――の議案提出権 ………………129
――の議題提案権 ………………129
――の権利の行使に関する利益の供与の罪 ……………………………134
――の権利の行使に関する利益の供与 ………………………………133
――の総会検査役選任請求権 …144
――の取締役会招集権 …………166
――の取締役解任請求訴権 ……156
――平等の原則……………………64
――名簿……………………………83
――名簿管理人……………………84
――名簿記載事項…………………84
――名簿の効力……………………84
――名簿の名義書換え……………84
――割当て ………………………258
――割当てによる募集株式の発行 …262
――割当てによる募集新株予約権の発行 …………………………277
仮代表取締役 ……………162, 174
仮取締役 ………………………159
簡易異議催告……………………82
簡易合併手続き ………………316
簡易合併の意義 ………………315
簡易合併の要件 ………………315
簡易株式交換 …………………323
簡易な事業譲受け ……………304
簡易分割 ………………………339
監査委員会 ……………………216
――の監査権限 …………………217
――の具体的諸権限 ……………218
――の権限 ………………………217
監査委員の兼任の禁止 ………216
監査役会 ………………………212
――設置会社………………………21
――の決議 ………………………213
――の権限 ………………………212
監査役設置会社…………………20
監査役 …………………………206
――の意義 ………………………206
――の意見陳述権 ………………208
――の員数 ………………………207
――の会社に対する責任 ………213
――の監査 ………………………240
――の業務監査 …………………210
――の具体的諸権限 ……………210
――の欠格事由 …………………207
――の権限 ………………………210
――の兼任の禁止 ………………207
――の終任 ………………………209
――の選任 ………………………208
――の第三者に対する責任 ……214
――の取締役会招集権 …………166
――の任期 ………………………209
――の報酬 ………………………214

375

事項索引

間接開示 …………………………… 244
間接責任 …………………………… 12
間接損害 …………………………… 197
間接取引 …………………………… 184
機　関 …………………………… 17, 117
企　業 …………………………… 5
議決権行使書面 …………………… 128
議決権制限株式 …………………… 68
議決権の代理行使 ………………… 137
議決権の不統一行使 ……………… 141
議決権を行使するための書面 …… 139
危険な約束 ………………………… 30
擬似発起人 ………………………… 58
基準日 ……………………………… 85
記名社債 …………………………… 289
吸収合併 …………………………… 305
　──契約備置開始日 …………… 311
　──消滅会社 …………………… 306
　──存続会社 …………………… 306
　──の合併契約において定めるべき
　　　事項 ………………………… 306
吸収分割 …………………………… 329
　──会社 ………………………… 333
　──契約新株予約権 …………… 333
　──契約備置開始日 …………… 335
　──承継会社 …………………… 333
休眠会社 …………………………… 369
共益権 …………………………… 61, 62
狭義の新株発行 …………………… 257
強制転換条項付新株予約権付社債 … 297
業務執行 …………………………… 147
　──検査役 ……………………… 232
　──取締役 ……………………… 164
拒否権付株式 ……………………… 70
金庫株 ……………………………… 107
計　算 ……………………………… 235
計算書類原案の作成 ……………… 239
計算書類等の公示 ………………… 244

計算書類の作成義務 ……………… 236
計算書類の承認 …………………… 245
計算書類の報告 …………………… 245
計算書類の保存義務 ……………… 236
継　続 ……………………………… 370
継続会 ……………………………… 135
決議執行者 ………………………… 295
決議取消しの訴え ………………… 347
決議不存在確認の訴え …………… 350
決議無効確認の訴え ……………… 349
決算公告 …………………………… 245
欠損填補のための資本金減少 …… 248
欠損填補のための準備金減少 …… 249
検査役 ……………………………… 232
原始定款 …………………………… 26
減資における債権者保護手続き …… 248
現物出資 ………………………… 30, 260
現物配当 …………………………… 252
権利株 ……………………………… 45
権利能力 …………………………… 7
公開会社 …………………………… 19
公開買付け ………………………… 343
合資会社 …………………………… 13
公証人 ……………………………… 32
公正な払込金額 …………………… 263
合同会社 …………………………… 13
合名会社 …………………………… 13
コーポレート・ガバナンス ……… 119
子会社 ……………………………… 108
　──による親会社株式の取得 … 109
異なる種類の株式 ………………… 66

〈さ行〉

最高経営責任者 …………………… 234
最高執行責任者 …………………… 234
財産引受け ………………………… 30
最低資本金規制 …………………… 28
三角合併 …………………………… 307

事項索引

参加的優先株式 …………………… 68
自益権 …………………………… 61, 62
事業の譲渡 ……………………… 302
事業の譲渡人 …………………… 303
事業の全部または重要な一部を譲渡 … 303
事業の賃貸等 …………………… 304
事業の譲受人 …………………… 304
事業報告書 ……………………… 238
事業持株会社 …………………… 343
自己株式の取得 ………………… 98
自己株式の処分 ………………… 108
自己株式の法的地位 …………… 107
自己新株予約権 ………………… 280
　──の取得 …………………… 283
　──の処分 …………………… 283
事後設立 ………………………… 31
事実上の会社 …………………… 346
市場取引等以外の方法による自己株式
　の取得 ……………………… 100
市場取引等による自己株式の取得 …… 103
失権株 …………………………… 264
執行役 …………………………… 221
　──の員数 …………………… 222
　──の会社に対する責任 …… 229
　──の義務 …………………… 226
　──の欠格事由 ……………… 223
　──の権限 …………………… 224
　──の資格 …………………… 222
　──の終任 …………………… 223
　──の選任 …………………… 223
　──の第三者に対する責任 …… 231
　──の任期 …………………… 223
失念株 …………………………… 87
指定買取人 ……………………… 93
資本金 …………………………… 35, 246
　──額減少不存在確認の訴え …… 353
　──額減少無効の訴え ……… 352
　──の額の減少 ……………… 247
　──の準備金組入れ ………… 247
資本準備金 ……………………… 36, 247
資本の空洞化 …………………… 136
指名委員会 ……………………… 216
　──の権限 …………………… 216
社　員 …………………………… 9
　──権 ………………………… 59
社外監査役 ……………………… 207
社外取締役 ……………………… 171
　──との責任制限契約 ……… 196
社債管理者 ……………………… 286
　──の権限 …………………… 290
　──の公平誠実義務 ………… 291
　──の事務承継者 …………… 292
　──の終任 …………………… 292
　──の善管注意義務 ………… 291
　──の特別代理人 …………… 293
社債券 …………………………… 289
社債権者 ………………………… 286
　──集会の意義 ……………… 293
　──集会の議事録 …………… 294
　──集会の決議事項 ………… 294
　──集会の決議の執行 ……… 295
　──集会の決議要件 ………… 294
　──集会の招集 ……………… 293
社債原簿 ………………………… 288
　──管理人 …………………… 288
　──の名義書換え …………… 289
社債の意義 ……………………… 285
社債の公募 ……………………… 286
社債の償還 ……………………… 296
社債の総額引受け ……………… 286
社債の利払い …………………… 295
授権資本制度 …………………… 258
取得条項付株式 ………………… 65, 70
取得条項付株式の取得 ………… 104
取得条項付新株予約権 ………… 274
　──の取得 …………………… 282

事 項 索 引

取得請求権付株式 …………………65, 69
　　──の取得 ………………………103
種類株式……………………………………66
　　──発行会社 ……………………35, 66
種類株主総会の決議要件 ………………145
種類株主総会の権限 ……………………145
種類株主による取締役の選任 …………151
種類株主の総会によって選任された取
　　締役の解任 ……………………………157
種類創立総会 ………………………………48
純粋持株会社 ……………………………343
準則主義……………………………………16
準発行 ……………………………………108
準備金 ……………………………………246
　　──減少における債権者保護手続き
　　　………………………………………249
　　──の額の減少 …………………249
　　──の資本金組入れ ……………249
常勤の監査役 ……………………………207
証券発行新株予約権 ……………………279
証券発行新株予約権付社債 ……………298
商　号 ………………………………………27
商事会社 ……………………………………6
少数株主権 …………………………………62
少数株主による総会の招集権 …………125
譲渡制限株式 ………………………65, 69
　　──の譲渡手続き ……………………91
譲渡制限新株予約権 ……………………281
常任代理人 ………………………………138
商法特例法 …………………………………3
剰余金 ……………………………………250
　　──の額 …………………………250
　　──の処分 ………………………251
　　──の配当 ………………………251
所在不明株主の株式売却制度 ……………88
書面等による総会決議 …………………142
書面による議決権行使 …………………139
新株発行 …………………………………257

　　──の意義 ………………………257
　　──の差止め ……………………268
　　──の不存在 ……………………272
　　──の無効原因 …………………270
新株発行不存在確認の訴え ……………352
新株発行無効の訴え ……………………350
新株予約権 ………………………………272
　　──原簿 …………………………279
　　──原簿記載事項 ………………279
　　──原簿の名義書換え …………281
　　──証券 …………………………279
　　──付社債券 ……………………298
　　──付社債の意義 ………………297
　　──付社債の譲渡 ………………298
　　──付社債の発行 ………………297
　　──に係る払込み ………………278
　　──の意義 ………………………272
　　──の行使 ………………………284
　　──の質入れ ……………………281
　　──の消却 ………………………283
　　──の承継に関する事項 ………274
　　──の譲渡 ………………………280
　　──の登記 ………………………285
　　──の内容 ………………………273
　　──の有利発行 …………………277
　　──発行不存在確認の訴え ……352
　　──発行無効の訴え ……………352
　　──無償割当て …………………283
新設合併 …………………………………305
　　──契約備置開始日 ……………311
　　──消滅会社 ……………………309
　　──設立会社 ……………………309
　　──の合併契約において定めるべき
　　　事項 ………………………………309
新設分割 …………………………………329
　　──会社 …………………………330
　　──計画新株予約権 ……………331
　　──計画備置開始日 ……………335

――設立会社 …………………330
人的会社 …………………………14
人的分割 …………………………330
数種の株式 ………………………66
ストック・オプション …………273
成　　立 …………………………51
清　　算 …………………………370
　　――の会社 …………………370
　　――人 ………………………370
　　――の結了 …………………372
設立経過の調査 ……………41, 49
設立時委員の解職 ………………42
設立時委員の選定 ………………41
設立時代表取締役の解職 ………41
設立時代表取締役の選定 ………41
設立時発行株式総数 ……………29
設立時募集株式 …………………43
　　――の総額引受け …………44
　　――の払込み ………………46
　　――の引受人の失権 ………46
　　――の引受けの申込み ……44
　　――の割当て ………………45
設立時役員 ………………………39
　　――等の解任 ………40, 48, 39
　　――等の選任 ………………48
設立中の会社 …………………36, 52
設立登記 …………………………50
　　――の申請 …………………50
　　――の登記事項 ……………50
設立の無効 ………………………58
設立無効の訴え …………………345
設立免許主義 ……………………16
全員出席総会 ……………………124
全額払込制 ………………………37
全部取得条項付種類株式 ………70
　　――の取得 …………………105
総会屋 ……………………………132
総株引受け ………………………265

喪失株券の再発行 ………………81
喪失株券の失効 …………………81
相続人等からの自己株式の取得 …102
相続人等に対する売渡請求 ……106
相対的無効説 ……………………185
創立総会 …………………………47
　　――の決議 …………………47
　　――の権限 …………………47
　　――の招集 …………………47
組織変更計画 ……………………341
組織変更の意義 …………………341
組織変更無効の訴え ……………358
損益計算書 ………………………238

〈た行〉

大会社 ……………………………19
対価柔軟化 ………………………307
第三者に対する募集株式の有利発行 …263
貸借対照表 ………………………237
退職慰労金 ………………………201
代　　表 …………………………161
代表執行役 ………………………227
　　――の意義 …………………227
　　――の権限 …………………227
代表社債権者 ……………………295
代表取締役 ………………………161
　　――の意義 …………………173
　　――の員数 …………………173
　　――の解職 …………………173
　　――の権限 …………………174
　　――の権限濫用行為 ………179
　　――の辞任 …………………173
　　――の職務代行者 …………162
　　――の専断的行為 …………180
　　――の選定 …………………173
　　――の対外的取引行為の効果 ……179
代用自己株式 ……………………108
代理権を証明する書面 …………137

事項索引

たこ配当 …………………………… 255
単元株 ……………………………… 114
単元未満株式の買取請求 ………… 115
単元未満株主 ……………………… 115
単独株主権 ………………………… 62
単独代表 …………………………… 175
担保付社債 ………………………… 296
中間配当 …………………………… 253
直接開示 …………………………… 244
直接責任 …………………………… 12
直接損害 …………………………… 197
直接取引 …………………………… 183
通常の新株発行 …………………… 257
定　款 ……………………………… 26
　　――の絶対的記載事項………… 27
　　――の相対的記載事項………… 29
　　――の備置き………………… 32
　　――の任意的記載事項………… 31
　　――の認証…………………… 32
　　――の変更…………………… 301
定時総会 …………………………… 126
敵対的買収 ………………………… 343
電磁的方法による議決権行使 …… 140
同族会社 …………………………… 90
登録株式質 ………………………… 96
登録株式譲渡担保 ………………… 97
特殊な決議事項 …………………… 123
特定の株主からの自己株式の取得 … 101
特別決議事項 ……………………… 123
特別決議の要件 …………………… 122
特別支配会社 ……………………… 303
特別取締役制度 …………………… 170
特別取締役による取締役会 ……… 172
特別利害関係人 …………………… 168
トラッキング・ストック………… 67
トリガー条項 ……………………… 343
取締役・会社間の手形行為 ……… 184
取締役・会社間の取引 …………… 183

取締役会 …………………………… 162
　　――設置会社………………… 20
　　――等による取締役の会社に対する
　　　責任の免除 ………………… 195
　　――の意義 …………………… 162
　　――の監督権限 ……………… 164
　　――の議事 …………………… 167
　　――の議事録 ………………… 169
　　――の決議 …………………… 168
　　――の決議の瑕疵 …………… 170
　　――の権限 …………………… 162
　　――の招集権者 ……………… 166
　　――の専決事項 ……………… 163
　　――の持回り決議 …………… 167
取締役等の説明義務 ……………… 131
取締役 ……………………………… 148
　　――の意義 …………………… 148
　　――の員数 …………………… 148
　　――の会社に対する責任 …… 189
　　――の解任 …………………… 155
　　――の競業避止義務 ………… 182
　　――の経営上の判断 ………… 193
　　――の欠格事由 ……………… 148
　　――の自己取引 ……………… 183
　　――の辞任 …………………… 155
　　――の終任事由 ……………… 155
　　――の職務執行停止 ………… 160
　　――の職務代行者 …………… 160
　　――の善管注意義務 ………… 181
　　――の選任 …………………… 149
　　――の第三者に対する責任 … 197
　　――の忠実義務 ……………… 181
　　――の任期 …………………… 154
　　――の報酬 …………………… 200
　　――または監査役の選任につき内容
　　　の異なる株式……………… 71
トレッドウェイ委員会支援組織委員会
　　………………………………… 165

〈な行〉

内部統制システム …………………165
任意積立金 …………………………247

〈は行〉

発行可能株式総数 ………………28, 76
発行可能種類株式総数………………77
払込金保管証明………………………46
払込取扱金融機関……………………37
反対株主の株式買取請求権…………74, 143
非按分型の分割 ……………………333
非金銭型報酬 ………………………201
非参加的優先株式……………………68
一株一議決権の原則 ………………119
表見代表執行役 ……………………228
表見代表取締役 ……………………181
非累積的優先株式……………………68
不確定金額による報酬 ……………201
附属明細書 …………………………238
普通株式………………………………67
普通決議事項 ………………………121
普通決議の要件 ……………………121
普通社債 ……………………………297
物的会社………………………………14
物的分割 ……………………………330
分割計画において定めるべき事項 ……330
分割契約において定めるべき事項 ……333
分割における債権者保護手続き ………337
分割の意義 …………………………329
分割の効力の発生 …………………338
分割の事後開示 ……………………339
分割の事前開示 ……………………334
分割の承認決議 ……………………335
分割無効の訴え ……………………357
分割をする旨等の通知・公告 ………336
分配可能額 …………………………254
　　──を上限とする財源規整 …………254

変態設立 ……………………………30
　　──事項 …………………………30
　　──事項の検査 …………………33
ベンチャー・キャピタル……………70
ポイズン・ピル ……………………343
報酬委員会 …………………………219
　　──の権限 ………………………219
法人成り ……………………………25
法人の理事の権限濫用行為 …………177
法人の理事の専断的行為 ……………176
法人の理事の対外取引行為の効果に関
　する民法の規定の適用関係 ………178
補欠の監査役 ………………………208
補欠の取締役 ………………………160
募集株式に係る出資の履行 …………265
募集株式の発行 ……………………258
募集株式の発行における募集事項の決定
　………………………………………259
募集株式の申込み …………………264
募集株式の割当て …………………264
募集株式を引き受ける者に特に有利な
　金額 ………………………………263
募集社債の発行における募集事項の決定
　………………………………………287
募集社債の申込み …………………288
募集社債の割当て …………………288
募集新株予約権の発行における募集事
　項の決定 …………………………275
募集新株予約権の申込み …………278
募集新株予約権の割当て …………278
発起人 ………………………………25
　　──組合 …………………………34, 52
　　──等の会社に対する損害賠償責任…56
　　──等の財産価格填補責任…………56
　　──等の第三者に対する損害賠償責任
　………………………………………57
　　──による株式引受け……………36
　　──の機関権限……………………53

事項索引

ホワイト・ナイト ……………………… *344*
本店の所在地………………………………… *27*

〈ま行〉

見せ金………………………………………… *38*
民事会社……………………………………… *6*
無額面株式…………………………………… *61*
無記名社債…………………………………… *289*
無限責任社員………………………………… *11*
無担保社債…………………………………… *296*
名義書換手続き……………………………… *85*
名目的取締役………………………………… *199*
申込証拠金…………………………………… *44*
目　的………………………………………… *27*
持株会社……………………………………… *343*
持分会社……………………………………… *8*
持分均一主義………………………………… *59*
持分複数主義………………………………… *59*

〈や行〉

役　員………………………………………… *117*
有限会社……………………………………… *8*
　　──法…………………………………… *3*
有限責任社員………………………………… *11*
優先株式……………………………………… *67*

〈ら行〉

利益準備金…………………………………… *247*
利　札………………………………………… *295*
略式合併……………………………………… *316*
略式株式交換………………………………… *324*
略式株式質…………………………………… *96*
略式株式譲渡担保…………………………… *97*
略式分割……………………………………… *340*

臨時計算書類………………………………… *239*
臨時総会……………………………………… *126*
累積的優先株式……………………………… *68*
累積投票……………………………………… *150*
劣後株式……………………………………… *67*
連結計算書類………………………………… *238*

〈わ行〉

割当自由の原則……………………… *45, 265*

〈A〉

ADR ………………………………………… *141*

〈C〉

CEO ………………………………………… *234*
COO ………………………………………… *234*
COSO ……………………………………… *165*

〈E〉

EDR ………………………………………… *141*

〈M〉

Merger and Acquisition（M&A） ……… *342*

〈P〉

poison pill…………………………………… *343*

〈T〉

Take Over Bid ……………………………… *343*
Tender Offer ………………………………… *343*

〈W〉

white knight ………………………………… *344*

■著者紹介

淺木愼一（あさぎ・しんいち）

昭和28年	愛媛県西条市出身
昭和51年	名古屋大学法学部卒業
〃	株式会社太陽神戸銀行（現三井住友銀行）入行
昭和59年	名古屋大学大学院法学研究科博士前期課程終了
〃	名古屋大学法学部助手
昭和61年	小樽商科大学商学部講師
昭和62年	同助教授
平成 4年	神戸学院大学法学部助教授
平成 7年	同教授
平成13年	明治学院大学法学部教授（現在に至る）

〈主要著書〉

『会社法旧法令集』（信山社・平成18年）
『現代企業法入門〔第4版〕』（中央経済社・平成18年，共編著）
『商法総則・商行為法入門〔第2版〕』（中央経済社・平成17年）
『商法探訪』（信山社・平成16年）
『日本会社法成立史』（信山社・平成15年）
『手形法・小切手法入門』（中央経済社・平成15年）
『企業取引法入門』（中央経済社・平成13年，共編著）
『ショートカット民法〔第2版〕』（法律文化社・平成13年，共著）

新・会社法入門

2004年（平成16年）1月26日	第1版第1刷発行	5552-0101
2006年（平成18年）4月15日	第2版第1刷発行	5560-0101

著　者　　淺　木　愼　一

発行者　　今　井　　　貴

発行所　　信山社出版株式会社
〒113-0033　東京都文京区本郷 6-2-9-102
電　話　03（3818）1019
ＦＡＸ　03（3818）0344

販　売　　信山社販売株式会社
製　作　　株式会社信山社

Ⓒ淺木愼一，2006．印刷・製本／松澤印刷
ISBN4-7972-5560-9　C3332

5560 - 0101 - 012 - 100 - 020
NDC 分類 325.201

Ⓡ本書の全部または一部を無断で複写複製（コピー）することは，著作権法上の例外を除き禁じられています。複写を希望される場合は，日本複写権センター（03−3401−2382）にご連絡ください。

行政法1stステージ
行政法の基礎知識(1)～(5)

宮田三郎 著

□■　まず本書で基礎固め　■□

行政法学を理解しやすくするため、先生と生徒の対論形式を採用。加えて、図表を多数用いて頭の整理を助け、本書を通読しただけで行政法の基礎として必要な知識の修得が図られるように全体を組み立てた好評書。

(1)初めて学ぶ人のために
　　(行政法総論)
(2)行政作用法を学ぶ
(3)行政手続法を学ぶ
(4)国家補償法を学ぶ
(5)行政事件訴訟法を学ぶ

本体価格全て￥1,700（税別）

新感覚の入門書
ブリッジブックシリーズ

ブリッジブック**先端法学入門**
土田 道夫／高橋 則夫／後藤 巻則編

ブリッジブック**憲法**
横田 耕一／高見 勝利編

ブリッジブック**先端民法入門**
山野目 章夫編

ブリッジブック**商法**
永井 和之編

ブリッジブック**裁判法**
小島 武司編

ブリッジブック**民事訴訟法**
井上 治著

ブリッジブック**国際法入門**
植木 俊哉編

ブリッジブック**法哲学**
長谷川 晃／角田 猛之編

ブリッジブック**日本の政策構想**
寺岡 寛著

ブリッジブック**日本の外交**
井上 寿一著

本体価格￥2,000〜￥2,500（税別）

ハイレベル学部生＆法科大学院生への新シリーズ
プラクティスシリーズ

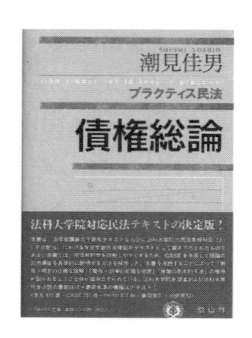

潮見佳男
プラクティス民法・債権総論（第2版）
3,200円

平野裕之
プラクティスシリーズ・債権総論
3,800円

続刊

＊価格は税別

法科大学院テキスト

プロセス演習 憲法
第2版

【編集代表】棟居快行・工藤達朗・小山剛
赤坂正浩・石川健治・大沢秀介・大津浩・駒村圭吾・笹田栄司
鈴木秀美・村田尚紀・宮地基・矢島基美・山元一

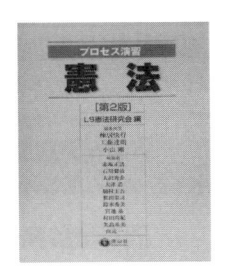

下級審からの争点形成と規範のあてはめの流れを再現し、基本的解説を加える。さらに、異なる事件を想定することで判例の射程の理解を助ける。徹底したプロセス志向の憲法演習教材。法科大学院生、学部学生必携の一冊。

本体価格¥4,800（税別）

皇室典範（昭和22年）
芦部信喜・高見勝利編著　36,893円

皇室経済法
芦部信喜・高見勝利編著　48,544円

明治皇室典範　上・下（明治22年）
小林宏・島善高 編著　35,922円／45,000円

帝室制度稿本
有賀長雄編　三浦祐史解題　25,000円

皇室典範講義・皇室典範増補講義
穂積八束講述　三浦祐史解題　50,000円

スポーツ六法
小笠原正・塩野宏・松尾浩也編　2800円

刑事法辞典
三井誠・町野朔・曽根威彦・中森喜彦・吉岡一男・西田典之編　6300円

中嶋士元也先生還暦記念
労働関係法の現代的展開
土田道夫・荒木尚志・小畑史子編集　10000円

日本民法典資料集成　1
広中俊雄編著　110000円

信山社
http://www.shinzansha.co.jp/

ISBN4-7972-2320-0 C3332

人気書の改訂版

山野目章夫 編
早稲田大学大学院法務研究科教授

【執筆者】山野目章夫・角田美穂子
・池田雅則・高田淳・本山敦

ブリッジブック 先端民法入門

平成16年改正に対応した最新版

基本概念の体系上の機能・役割に焦点

第2版

本体2,000円（税別）

各章のACCESS事例により、民法の世界への自然な誘いを図る新感覚の入門書

章末の<Access Pocket>でさらに学問世界を広げます。巻末には、7つのクイズ/読書案内/演習問題を掲載し、読後の学習へのリスタートも助けます。

新感覚入門書 ブリッジブックシリーズ

2006.03新刊

ISBN4-7972-2317-0 C3332

井上治典 編

【執筆者】安西明子・井上治典・仁木恒夫・西川佳代

各章の最後に〈参考判例〉・〈ステップアップ〉論文を掲載、読後の学習へつなげるエ夫を施し、巻末には〈確認問題〉を掲げ、体系書へのステップアップを架橋。

ブリッジブック 民事訴訟法

本格的民事訴訟法学習への道しるべ

フェアネス感覚・実践性の修得を目指す

冒頭に4つのCASEを掲げ、読み進める中で、その4つの事例に立ち返り、基本概念のイメージを実践的に説く

I 民事紛争と調整手続 II 訴え提起前夜 III 訴えの提起 IV 口頭弁論 V 訴訟手続の終了 VI 複雑訴訟形態 VII 裁判に対する不服申立て VIII 執行手続と倒産手続

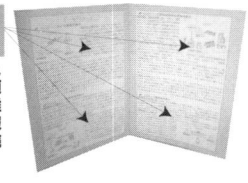

本体2,100円（税別）

会社法旧法令集

過去の文献・判例を読む際必備の法令集
実務家・研究者・法科大学院生、座右の資料

会社法条文の改正変遷を整理・一覧化

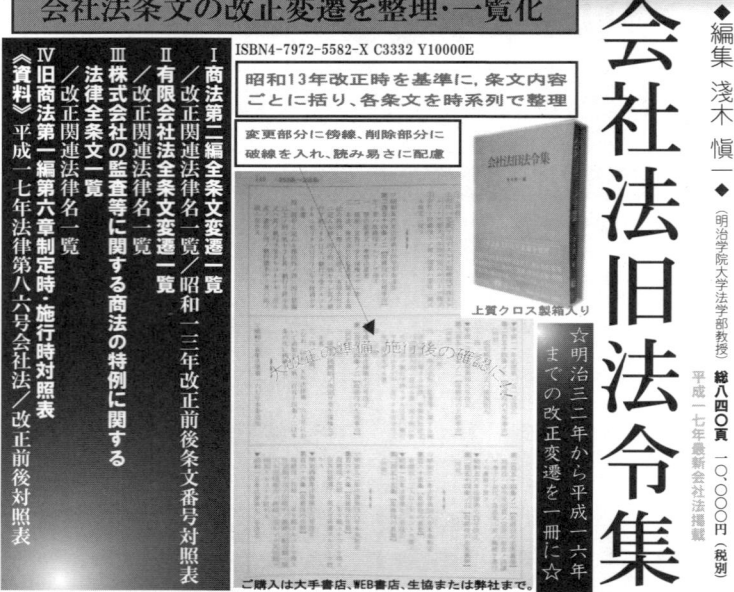

◆編集 淺木愼一◆（明治学院大学法学部教授）

総八四〇頁 一〇,〇〇〇円（税別）
平成一七年最新会社法掲載

ISBN4-7972-5582-X C3332 Y10000E

昭和13年改正時を基準に、条文内容ごとに括り、各条文を時系列で整理

変更部分に傍線、削除部分に破線を入れ、読み易さに配慮

上質クロス製箱入り

☆明治三二年から平成一六年までの改正変遷を一冊に☆

ご購入は大手書店、WEB書店、生協または弊社まで。

Ⅰ 商法第二編全条文変遷一覧／改正関連法律名一覧／昭和一三年改正前後条文番号対照表
Ⅱ 有限会社法全条文変遷一覧／改正関連法律名一覧
Ⅲ 株式会社の監査等に関する商法の特例に関する法律全条文一覧／改正関連法律名一覧
Ⅳ 旧商法第一編第六章制定時・施行時対照表／改正前後対照表
《資料》平成一七年法律第八六号会社法／改正前後対照表

【はしがき】抜粋／会社法の過去の文献を読み解く際に、何とか一冊で参照できる書物を作ることが出来ないであろうか、商法研究者なら誰もが思うことであろう。思ってはみても、従来の改正方法が踏襲される限り、そのような書物を作ることはきわめて難しいものであった。今般、平成１７年改正によって、会社法が商法典から独立し、単行法となったことによって、明治３２年から平成１６年までの会社法については、全条文の変遷をまとめることが可能になった。

■注文制■

アメリカ民事法 324.864

全訳カリフォルニア非営利公益法人法 －アメリカNPO法制・税制の解説付－
麻宮孝子・石村耕治・中村晶男・藤田祥子 訳（低amazon女子大学教授・朝日大学法学部教授・茨城大学准教授・作新学院大学講師）　アメリカNPO法制・税制の解説付／
定価4,830円（本体4,600円）⑤ A5付変上カ/182頁 5153-01011 /4-7972-5153-0 C 3032 　/200004 刊/分類 08-324.864-e 000

ローマ民事法 324.868

その他の外国民法 324.869

概説スイス親子法
松倉耕作 著（南山大学法学部教授）　　　　　　　　　　　　　　　　　　　　　　学術選書法律114
　　　　　　　　　　　　　　　　　　　　　　　　　わが国初のスイス家族法の概説書／概説書
定価6,300円（本体6,000円）⑤ A5変並表/299頁 699-01011 /4-88261-699-8 C 3332 /199505 刊/分類 01-324.863-c 114

佛國商法説要　商社之部　〔明治21年印行〕
リヨン・カン，ルノア 著 光妙寺三郎 繹　　明治前期パリ留学後の商法書の翻訳／翻訳
定価31,500円（本体30,000円）⑤ A5変上箱/432頁 4858-01011 /4-7972-4857-2 C 3332 /200406 刊/分類 07-324.869-g 308

法医学 324.900

商法 325.000

現代企業・金融法の課題（上）－平出慶道先生・髙窪利一先生古稀記念論文集－ 記念論文集S
平出慶道先生・髙窪利一先生 古稀記念論文集編集委員会 編　　46名の執筆陣による力作集／論文集
定価15,750円（本体15,000円）⑤ A5変上箱/548頁 2176-01011 /4-7972-2176-3 C 3332 /200102 刊/分類 02-325.001-a 001

現代企業・金融法の課題（下）－平出慶道先生・髙窪利一先生古稀記念論文集－ 記念論文集S
平出慶道先生・髙窪利一先生 古稀記念論文集編集委員会 編　　46名の執筆陣による力作集／論文集
定価15,750円（本体15,000円）⑤ A5変上箱/542頁 2200-01011 /4-7972-2200-X C 3332 /200102 刊/分類 02-325.001-a 002

商法史 325.010

日本会社法成立史
淺木愼一 著（明治学院大学法学部教授）　　　　　　　　　　　　　　　　　　　　学術選書法律000
　　　　　　　　　　　　　　　　　　　　　　　激動期の会社法立法の参考書／研究書
定価16,800円（本体16,000円）⑤ 菊判変上カ/672頁 3087-01011 /4-7972-3087-8 C 3332 /200302 刊/分類 01-325.010-a 010

改正商法〔明治32年〕要義　上巻
西川一男 参助 丸山長渡 著述　　　　　　　　　　　　　　　　　　　　日本立法資料全集別巻358
　　　　　　　　　　　　　　　　　　　　　明治32年商法成立直後の商法教科書／復刻
定価45,150円（本体43,000円）⑤ A5変上箱/688頁 4918-01011 /4-7972-4918-8 C 3332 /200506 刊/分類 07-325.011-g 358

商法・日本立法資料全集本巻 325.020

商法改正〔昭和25年・26年〕GHQ/SCAP文書
中東正文 編著（名古屋大学大学院法学研究科助教授）　　　　　　　　　　　日本立法資料全集本巻091
　　　　　　　　　　　　　　　　　　　　関連する文書を可能な限り収集・分析／立法資料
定価39,900円（本体38,000円）⑤ 菊判上箱/554頁 4121-01011 /4-7972-4121-7 C 3332 /200301 刊/分類 01-325.020-f 091

商法・日本立法資料全集別巻 325.021

獨逸新商法論〔第一巻・第二巻〕
コサック 原著 中村甚作 譯　　　　　　　　　　　　　　　　　　　　　　日本立法資料全集別巻319
　　　　　　　　　　　　　　　　　1897年ドイツ商法典下での体系書翻訳／翻訳書／学術
定価42,000円（本体40,000円）⑤ A5変上箱/648頁 4873-01011 /4-7972-4873-4 C 3332 /200410 刊/分類 07-325.021-a 000

order@shinzansha.co.jp　　　　　　　　　　　　　　　　　　　　　　　http://www.shinzansha.co.jp

■注文制■

改正商法［明治32年］要義 下巻
西川一男 參助 丸山長渡 著述
日本立法資料全集別巻359
明治32年商法成立直後の商法教科書／
定価36,750円（本体35,000円）⑤ A5変上箱／560頁 4919-01011 ／4-7972-4919-6 C3332 ／200507 刊／分類 01-325.021-a 359

商法辞解（伊呂波引）［明治27年］
磯部四郎・服部誠一 著
日本立法資料全集別巻007
わが国初の商法用語辞典／立法資料
定価23,100円（本体22,000円）⑤ A5変上箱／360頁 4569-01011 ／4-7972-4569-7 C3332 ／199706 刊／分類 07-325.021-g 007

大日本商法会社法［明治26年］釈義
磯部四郎 著
日本立法資料全集別巻008
明治26年改正会社法の全条註釈書／立法資料
定価38,850円（本体37,000円）⑤ A5変上箱／624頁 4563-01011 ／4-7972-4563-8 C3332 ／199612 刊／分類 07-325.021-g 008

大日本商法手形法［明治26年］釈義
磯部四郎 著
日本立法資料全集別巻009
明治26年改正手形法の全条註釈書／立法資料
定価26,250円（本体25,000円）⑤ A5変上箱／340頁 4564-01011 ／4-7972-4564-6 C3332 ／199612 刊／分類 07-325.021-g 009

大日本商法破産法［明治26年］釈義
磯部四郎 著
日本立法資料全集別巻010
明治26年改正破産法の全条註釈書／立法資料
定価27,300円（本体26,000円）⑤ A5変上箱／384頁 4565-01011 ／4-7972-4565-4 C3332 ／199612 刊／分類 07-325.021-g 010

大日本新典商法［明治23年］釈義（第1編第1章−第6章）（第1条−第253条）
磯部四郎 著
日本立法資料全集別巻011
現行商法理解のため研究者必読／立法資料
定価52,500円（本体50,000円）⑤ A5変上箱／848頁 4534-01011 ／4-7972-4534-4 C3332 ／199609 刊／分類 07-325.021-g 011

大日本新典商法［明治23年］釈義（第1編第6-第7章）（第254条−第352条）
磯部四郎 著
日本立法資料全集別巻012
現行商法理解のため研究者必読／立法資料
定価35,700円（本体34,000円）⑤ A5変上箱／560頁 4535-01011 ／4-7972-4535-2 C3332 ／199609 刊／分類 07-325.021-g 012

大日本新典商法［明治23年］釈義（第1編第7章−第8章）（第353条−第458条）
磯部四郎 著
日本立法資料全集別巻013
現行商法理解のため研究者必読／立法資料
定価35,700円（本体34,000円）⑤ A5変上箱／560頁 4536-01011 ／4-7972-4536-0 C3332 ／199609 刊／分類 07-325.021-g 013

大日本新典商法［明治23年］釈義（第1編第8章−第10章）（第459条−第581条）
磯部四郎 著
日本立法資料全集別巻014
現行商法理解のため研究者必読／立法資料
定価35,700円（本体34,000円）⑤ A5変上箱／560頁 4537-01011 ／4-7972-4537-9 C3332 ／199609 刊／分類 07-325.021-g 014

大日本新典商法［明治23年］釈義（第1編第10章−第11章）（第582条−第752条）
磯部四郎 著
日本立法資料全集別巻015
現行商法理解のため研究者必読／立法資料
定価35,700円（本体34,000円）⑤ A5変上箱／560頁 4538-01011 ／4-7972-4538-7 C3332 ／199610 刊／分類 07-325.021-g 015

大日本新典商法［明治23年］釈義（第1編第12章−第2編第6章）（第753条−第930条）
磯部四郎 著
日本立法資料全集別巻016
現行商法理解のため研究者必読／立法資料
定価35,700円（本体34,000円）⑤ A5変上箱／560頁 4539-01011 ／4-7972-4539-5 C3332 ／199610 刊／分類 07-325.021-g 016

大日本新典商法［明治23年］釈義（第2編第7章−第3編）（第931条−第1064条）商法附帯法律釈義付録商法及ヒ商法施行条例修正文［明治26年］説明
磯部四郎 著
日本立法資料全集別巻017
現行商法理解のため研究者必読／立法資料
定価44,100円（本体42,000円）⑤ A5変上箱／696頁 4540-01011 ／4-7972-4540-9 C3332 ／199610 刊／分類 07-325.021-g 017

大日本新典商法［明治23年］釈義（全7冊セット）
磯部四郎 著
日本立法資料全集別巻017A
現行商法理解のため研究者必読／立法資料
定価275,100円（本体262,000円）⑤ A5変上箱／4,183頁 4541-01011 ／4-7972-4541-7 C3332 ／199610 刊／分類 07-325.021-g 017

改正商法［明治26年］講義 会社法 手形法 破産法
梅 謙次郎 著
日本立法資料全集別巻018
梅謙次郎の講義録／立法資料
定価52,500円（本体50,000円）⑤ A5変上箱／820頁 4570-01011 ／4-7972-4570-0 C3332 ／199708 刊／分類 07-325.021-g 018

法典質疑問答 第5編 商法・總則・会社・商行為 全
法典質疑会 編
日本立法資料全集別巻041
現行諸法の解釈のために必須な法典質疑会資料／立法資料
定価21,407円（本体20,388円）⑤ A5変小箱／280頁 879-01011 ／4-88261-879-6 C3332 ／199409 刊／分類 07-325.021-g 041

法典質疑問答 第6編 商法・手形・海商・破産編 全
法典質疑会 編
日本立法資料全集別巻042
現行諸法の解釈のために必須な法典質疑会資料／立法資料
定価16,311円（本体15,534円）⑤ A5変小箱／185頁 880-01011 ／4-88261-880-X C3332 ／199410 刊／分類 07-325.021-g 042

商法［明治23年］正義 第1巻・第2巻
岸本辰雄 著
日本立法資料全集別巻048
わが国初の商法典の立案担当者による注釈書／立法資料
定価52,500円（本体50,000円）⑤ A5変上箱／1002頁 2012-01011 ／4-7972-2012-0 C3332 ／199508 刊／分類 07-325.021-g 048

order@shinzansha.co.jp　　　　　　　　　　　　　　　　　　　　http://www.shinzansha.co.jp

目録雑誌 2005-7月号（2巻1号）No.3　　　　■注文制■

商法［明治23年］正義　第3巻
岸本辰雄 著　　　　　　　　　　　　　　　　　　日本立法資料全集別巻049
定価31,500円（本体30,000円）⑤ A5変上箱/570頁 2013-01011 / 4-7972-2013-9 C 3332 /199508 刊/分類 07-325.021-g 049
わが国初の商法典の立案担当者による註釈書/立法資料

商法［明治23年］正義　第4巻
岸本辰雄 著　　　　　　　　　　　　　　　　　　日本立法資料全集別巻050
定価34,650円（本体33,000円）⑤ A5変上箱/656頁 2014-01011 / 4-7972-2014-7 C 3332 /199508 刊/分類 07-325.021-g 050
わが国初の商法典の立案担当者による註釈書/立法資料

商法［明治23年］正義　第5巻
長谷川 喬 著　　　　　　　　　　　　　　　　　日本立法資料全集別巻051
定価31,500円（本体30,000円）⑤ A5変上箱/460頁 2015-01011 / 4-7972-2015-5 C 3332 /199508 刊/分類 07-325.021-g 051
わが国初の商法典の立案担当者による註釈書/立法資料

商法［明治23年］正義　第6巻・第7巻
長谷川 喬 著　　　　　　　　　　　　　　　　　日本立法資料全集別巻052
定価42,000円（本体40,000円）⑤ A5変上箱/802頁 2016-01011 / 4-7972-2016-3 C 3332 /199508 刊/分類 07-325.021-g 052
わが国初の商法典の立案担当者による註釈書/立法資料

商法［明治23年］正義（全7巻5冊セット）
岸本辰雄 他 著　　　　　　　　　　　　　　　　日本立法資料全集別巻052A
定価192,150円（本体183,000円）⑤ A5変上箱/3574頁 2017-01011 / 4-7972-2017-1 C 3332 /199508 刊/分類 07-325.021-g 052
わが国初の商法典の立案担当者による註釈書/立法資料

改正商事会社法［明治26年］正義　完
岸本辰雄 著　　　　　　　　　　　　　　　　　　日本立法資料全集別巻069
定価44,100円（本体42,000円）⑤ A5変上箱/708頁 4518-01011 / 4-7972-4518-2 C 3332 /199608 刊/分類 07-325.021-g 069
明治26年改正商事会社法の註釈書/立法資料

改正手法［明治26年］正義・改正破産法［明治26年］正義　完
長谷川 喬 著　　　　　　　　　　　　　　　　　日本立法資料全集別巻070
定価37,800円（本体36,000円）⑤ A5変上箱/624頁 4519-01011 / 4-7972-4519-0 C 3332 /199608 刊/分類 07-325.021-g 070
明治26年改正手形法・破産法の註釈書/立法資料

佛國商法講義
ブスケ 氏講義 黒川誠一郎 口譯　　　　　　　　　日本立法資料全集別巻179
定価57,750円（本体55,000円）⑤ A5変上箱/868頁 4695-01011 / 4-7972-4695-2 C 3332 /200009 刊/分類 07-325.021-g 179
明治7～9年のブスケのフランス商法講義録。/立法資料

商法講義　上巻
堀田正忠・柿崎欽吾・山田正賢 合著　　　　　　　日本立法資料全集別巻197
定価47,250円（本体45,000円）⑤ A5変上箱/728頁 4721-01011 / 4-7972-4721-5 C 3332 /200103 刊/分類 07-325.021-g 197
明治32年商法成立直後に刊行された条文註釈書/立法資料

商法講義　下巻
堀田正忠・柿崎欽吾・山田正賢 合著　　　　　　　日本立法資料全集別巻198
定価47,250円（本体45,000円）⑤ A5変上箱/722頁 4722-01011 / 4-7972-4722-3 C 3332 /200103 刊/分類 07-325.021-g 198
明治32年商法成立直後に刊行された条文註釈書/立法資料

改正商法［明治44年］正解
柳川勝二 著　　　　　　　　　　　　　　　　　　日本立法資料全集別巻226
定価63,000円（本体60,000円）⑤ A5変上箱/952頁 4758-01011 / 4-7972-4758-4 C 3332 /200209 刊/分類 07-325.021-g 226
明治44年改正商法の註釈書/立法資料

日本商法［明治23年］講義
井上 操 著　　　　　　　　　　　　　　　　　　日本立法資料全集別巻236
定価52,500円（本体50,000円）⑤ A5変上箱/856頁 4769-01011 / 4-7972-4769-X C 3332 /200204 刊/分類 07-325.021-g 236
明治23年商法の全条文註釈書/立法資料

改正商法［明治26年］述義（會社法・手形法・破産法）
井上 操 著　　　　　　　　　　　　　　　　　　日本立法資料全集別巻250
定価47,250円（本体45,000円）⑤ A5変上箱/728頁 4777-01011 / 4-7972-4777-0 C 3332 /200209 刊/分類 07-325.021-g 250
明治26年部施行商法の条文註釈書/立法資料

改正商法［明治44年］論綱　初版
柳川勝二 著　　　　　　　　　　　　　　　　　　日本立法資料全集別巻273
定価63,000円（本体60,000円）⑤ A5変上箱/944頁 4812-01011 / 4-7972-4812-2 C 3332 /200307 刊/分類 07-325.021-g 273
明治44年改正商法を知る格好の書/古典

英米商法要論〔明治廿三年印行〕
タウンゼント 著 山本謙三 述　　　　　　　　　　日本立法資料全集別巻278
定価63,000円（本体60,000円）⑤ A5変上箱/952頁 4817-01011 / 4-7972-4817-3 C 3332 /200308 刊/分類 07-325.021-g 278
明治前期刊行のアメリカ商法の翻訳書/古典

佛國商工法鑑〔明治十年印行〕
ドラクウルチー原撰 大井憲太郎 翻譯　　　　　　　日本立法資料全集別巻287
定価52,500円（本体50,000円）⑤ A5変上箱/768頁 4833-01011 / 4-7972-4833-5 C 3332 /200311 刊/分類 07-325.021-g 287
我が国初・フランス商法の本格的翻訳/古典

改正商法［明治44年］理由　増補四版
法律新聞社 編纂　　　　　　　　　　　　　　　　日本立法資料全集別巻292
定価52,500円（本体50,000円）⑤ A5変上箱/664頁 4839-01011 / 4-7972-4839-4 C 3332 /200401 刊/分類 07-325.021-g 292
明治44年改正商法議事録の逐条編纂/古典

order@shinzansha.co.jp　　　　　　　　　　　　http://www.shinzansha.co.jp

■注文制■

英國會社類編 完
シェルフォード 著　土山盛有 堤校・大蔵省 蔵　明治十年印行
日本立法資料全集別巻295
明治前期・イギリス会社法の解説書／古典
定価31,500円（本体30,000円）⑤　A5変上箱/396頁 4843-01011 ／4-7972-4843-2　C 3332　／200402 刊/分類 07-325.021-g 295

伊太利王國民法 完 (明治 15 年印行)
ヂョゼフ・ヲルシェ 著　光妙寺三郎 繹
日本立法資料全集別巻308
明治 15 年・イタリア民法典の完訳／翻訳
定価63,000円（本体60,000円）⑤　A5変上箱/1000頁 4857-01011 ／4-7972-4858-0　C 3332　／200406 刊/分類 07-325.021-g 307

獨逸新商法論〔第三巻・第四巻〕
コサック 原著　中村甚作 譯
日本立法資料全集別巻317
1897 年ドイツ商法典下での体系書翻訳／翻訳書／学術
定価42,000円（本体40,000円）⑤　A5変上箱/648頁 4874-01011 ／4-7972-4874-2　C 3332　／200410 刊/分類 07-325.021-g 317

独逸商法論 上巻 附 独逸商法正文
ウイルヘルム・エンデマン 著　堀内秀太郎・中村健一郎・古川五郎 合譯
日本立法資料全集別巻317
19世紀後半・ドイツ商法理論の翻訳書／古典
定価49,350円（本体47,000円）⑤　A5変上箱/752頁 4870-01011 ／4-7972-4870-X　C 3332　／200407 刊/分類 07-325.021-g 317

独逸商法論 下巻 附 独逸商法正文
ウイルヘルム・エンデマン 著　堀内秀太郎・中村健一郎・古川五郎 合譯
日本立法資料全集別巻318
19世紀後半・ドイツ商法理論の翻訳書／学術
定価34,650円（本体33,000円）⑤　A5変上箱/544頁 4871-01011 ／4-7972-4871-8　C 3332　／200408 刊/分類 07-325.021-g 318

最新獨逸商法論上巻
穂積陳重 序　カール・ガーライス 原著　岡本芳二郎 譯
日本立法資料全集別巻321
ドイツ商法学名著の翻訳書を復刻／翻訳書／学術
定価31,500円（本体30,000円）⑤　A5変上箱/440頁 4876-01011 ／4-7972-4876-7　C 3332　／200410 刊/分類 07-325.021-g 321

商法理論・商法学・シリーズ 325.022

取締役・監査役論 －株式会社の機関構成と権限分配－
菅原菊志 著（東北大学名誉教授）
商法研究 1
実際的機能にも注意をはらって考察／研究書
定価8,400円（本体8,000円）⑤　A5変上箱/300頁 600-01011 ／4-88261-600-9　C 3032　／199212 刊/分類 a2-325.022-a 011

企業法発展論
菅原菊志 著（元東北大学名誉教授）
商法研究 2
さまざまな観点から現代の企業法を研究／研究書
定価20,388円（本体19,417円）⑤　A5変上箱/652頁 601-01011 ／4-88261-601-7　C 3032　／199302 刊/分類 02-325.022-a 012

社債・手形・運送・空法
菅原菊志 著（東北大学名誉教授）
商法研究 3
社債・手形から運送・空法まで広く／研究書
定価16,800円（本体16,000円）⑤　A5変上箱/550頁 602-01011 ／4-88261-602-5　C 3032　／199304 刊/分類 02-325.022-a 013

判例商法（上）総則・会社
菅原菊志 著（東北大学名誉教授）
商法研究 4
菅原商法の判例研究編その 1／研究書
定価20,388円（本体19,417円）⑤　A5変上箱/510頁 603-01011 ／4-88261-603-3　C 3032　／199311 刊/分類 02-325.022-a 014

判例商法（下）商行為・手形・小切手
菅原菊志 著（東北大学名誉教授）
商法研究 5
菅原商法判例研究編その 2／研究書
定価17,330円（本体16,505円）⑤　A5変上箱/410頁 604-01011 ／4-88261-604-1　C 3032　／199401 刊/分類 02-325.022-a 015

商法研究（全 5 巻セット）
菅原菊志 著
商法研究5 A
菅原商法のすべて／研究書
定価83,307円（本体79,340円）⑤　A5変上箱/2,422頁 598-01011 ／4-88261-598-3　C 3332　／199401 刊/分類 02-325.022-a 016

商法・テキスト・教材 325.023

商法探訪 －初めて学ぶ人のために－
淺木愼一 著（明治学院大学法学部教授）
ポケット双書001
民法から手形小切手法まで解説／テキスト
定価1,785円（本体1,700円）⑤　B6並表/192頁 5553-01011 ／4-7972-5553-6　C 3332　／200408 刊/分類 32-325.023-a 002

ブリッジブック商法
永井和之 編（中央大学法学部教授）
ブリッジブックS
「商法」世界への入門書／テキスト
定価2,205円（本体2,100円）⑤　46変カ/336頁 2303-01011 ／4-7972-2303-0　C 3332　／200212 刊/分類 27-325.023-c 001

導入対話による商法講義（総則・商行為法）[第2版]
中島史雄 ほか 著
導入対話S
商法講義・総則・商法行為・企業取引活動法／不尠書房／テキスト
定価2,940円（本体2,800円）⑤　A5変並カ/280頁 9084-02011 ／4-7972-9084-6　C 3332　／200304 刊/分類 20-325.023-c 004

order@shinzansha.co.jp　　　　　　　　　　　　　　　http：//www.shinzansha.co.jp

■注文制■

導入対話による商法講義（総則・商行為法） 　　　　　導入対話S
中島史雄・末永敏和・西尾幸夫・伊勢田道仁・黒田清彦・武知政芳 著　商法講義・総則・商行為・企業取引活動法　不磨書房／テキスト
定価2,940円（本体2,800円）⑤　A5変並カ／280頁　9215-01021　／4-7972-9215-6　C3332　／199910 刊／分類 20-325.023-c 005

みぢかな商法入門 　　　　　みぢかな法律S
酒巻俊雄・石山卓磨 編（山梨学院大学教授・日本大学教授）　基礎知識と商法の改正動向をキャッチ／不磨書房
定価2,940円（本体2,800円）⑤　A5変並表／276頁　9224-01011　／4-7972-9224-5　C3332　／200004 刊／分類 20-325.023-c 006

商法総則・商行為法 325.100

商法総則・商行為法・テキスト・教材 325.105

講説商法〔総則・商行為法〕 　　　　　講説S
加藤 徹・吉本健一 ほか 著　基礎と全体を体系的に学ぶ商法基本書／不磨書房／テキスト
定価2,520円（本体2,400円）⑤　A5変並表／264頁　9250-01011　／4-7972-9250-4　C3332　／200404 刊／分類 18-325.105-a 001

商法総則・商行為法法 　　　　　講義案S
梅田武敏 著（茨城大学人文学部教授）　読みやすさを考えた商法テキスト／テキスト
定価2,940円（本体2,800円）⑤　A5変並表／320頁　2220-01011　／4-7972-2220-4　C3332　／200204 刊／分類 27-325.105-c 001

ファンダメンタル法学講座 商法1総則・商行為法 　　　　　ファンダメンタルS
中村信男 ほか 著（早稲田大学教授）　問題の所在がわかるトピックスとコラム　不磨書房／テキスト
定価2,940円（本体2,800円）⑤　A5変並カ／312頁　9234-01011　／4-7972-9234-2　C3332　／200104 刊／分類 20-325.105-c 002

商法総則 325.120

商行為法 325.140

相場操縦規制の法理 　　　　　学術選書法律391
今川嘉文 著（大阪府立大学経済学部助教授）　証券及び商品先物市場の適正化の指針に／研究書
定価8,400円（本体8,000円）⑤　A5変上箱／368頁　3047-01011　／4-7972-3047-9　C3332　／200106 刊／分類 01-325.140-a 001

過当取引の民事責任
今川嘉文 著（神戸学院大学法学部教授）　数量・頻度で過度の投資勧誘した者の責任／
定価15,750円（本体15,000円）⑤　A5変上カ／592頁　3111-01011　／4-7972-3111-4　C3332　／200306 刊／分類 01-325.140-a 002

企業法 325.150

現代企業法学の研究 －筑波大学大学院企業法学専攻十周年記念論集－ 　　　　　記念論文集S
筑波大学大学院企業法学専攻十周年記念論集刊行委員会 編　OB教官を含む21名の教官が執筆した力作集／論文集
定価18,900円（本体18,000円）⑤　A5変上カ／708頁　2201-01011　／4-7972-2202-6　C3332　／200106 刊／分類 02-325.150-a 000

現代企業法の理論 －菅原菊志先生古稀記念論集－ 　　　　　記念論文集S
平出慶道・小島康裕・庄子良男 編　28論文を収録　学術選書法律 294／論文集
定価21,000円（本体20,000円）⑤　A5変上箱／730頁　2112-01011　／4-7972-2112-7　C3332　／199803 刊／分類 02-325.150-a 001

現代企業法の新展開 －小島康裕教授退官記念－ 　　　　　記念論文集S
泉田栄一・関 英昭・藤田勝利 編　新潟大学法学部退官記念論文集第25編／
定価19,740円（本体18,800円）⑤　A5変上カ／704頁　1937-01011　／4-7972-1937-8　C3332　／200109 刊／分類 01-325.150-a 003

企業形成の法的研究 　　　　　学術選書法律383
大山俊彦 著（明治学院大学法学部教授）　ドイツ・フランス法を研究／研究書
定価12,600円（本体12,000円）⑤　A5変上箱／456頁　2187-01011　／4-7972-2187-9　C3332　／200012 刊／分類 02-325.150-a 005

現代企業法の理論と課題 －中村一彦先生古稀記念－ 　　　　　記念論文集S
酒巻俊雄・志村治美 編　／論文集
定価15,750円（本体15,000円）⑤　A5変上箱／656頁　1862-01011　／4-7972-1862-2　C3332　／200204 刊／分類 01-325.150-a 009

order@shinzansha.co.jp　　　　　　　　　　　　　　　　　　　　　　　http://www.shinzansha.co.jp

■注文制■

会社法 325.200

企業結合・企業統治・企業金融
中東正文 著（名古屋大学大学院法学部研究科助教授）
学術選書法律344
企業買収を会社のガバナンスやファイナンスの視点からも分析／研究書
定価14,490円（本体13,800円）⑤ A5変上箱／584頁 1867-01011／4-7972-1867-3 C3332 ／199909 刊／分類 01-325.200-a 011

取締役倒産責任論
佐藤鉄男 著（同志社大学法学部教授）
学術選書法律015
取締役の倒産責任を倒産法学から再構成／研究書
定価9,175円（本体8,738円）⑤ A5変上箱／330頁 198-01011／4-88261-198-8 C3032 ／199106 刊／分類 02-325.200-a 111

取締役分割責任論 －平成13年改正商法と株主代表訴訟運営論－
遠藤直哉 著（弁護士）
株主代表訴訟の新生面を拓く力作／研究書
定価3,990円（本体3,800円）⑤ A5変上カ／240頁 2222-01011／4-7972-2222-0 C3332 ／200203 刊／分類 27-325.200-a 112

株主代表訴訟の法理 －生成と展開－
山田泰弘 著（高崎経済大学経済学部講師）
学術選書法律382
総合的な株主代表訴訟論／研究書
定価8,400円（本体8,000円）⑤ A5変上箱／394頁 1909-01011／4-7972-1909-2 C3332 ／200012 刊／分類 01-325.200-a 120

株主代表訴訟制度論
周 劍龍 著（青森公立大学経済学部助教授）
学術選書法律151
株主代表訴訟制度の再検討を提言／研究書
定価6,300円（本体6,000円）⑤ A5変上箱／320頁 599-01011／4-88261-599-1 C3332 ／199606 刊／分類 01-325.200-a 121

従業員持株制度の研究
市川兼三 著（香川大学法学部教授）
学術選書法律396
勤労意欲に直結するものとして様々に工夫されている／研究書
定価12,600円（本体12,000円）⑤ A5変上カ／504頁 3048-01011／4-7972-3048-7 C3332 ／200106 刊／分類 01-325.200-a 122

会社営業譲渡の法理
山下真弘 著（立命館大学法学部教授）
学術選書法律192
論文を集大成／論文集
定価10,500円（本体10,000円）⑤ A5変上箱／404頁 1511-01011／4-7972-1511-9 C3332 ／199704 刊／分類 01-325.200-a 180

会社法の論点研究 附国際金融法の論点
泉田栄一 著（明治大学法科大学院専任教授）
単
会社法の根本問題の比較商法的研究／研究書
定価6,300円（本体6,000円）⑤ 46判上カ／328頁 3223-01011／4-7972-3223-4 C3332 ／200506 刊／分類 01-325.200-a 185

ニュー・ヨーク州事業会社法史研究
伊藤紀彦 著（中京大学法学部教授）
学術選書法律000
アメリカ会社法の歴史的研究の一駒として重要／研究書
定価6,300円（本体6,000円）⑤ A5変上カ／288頁 5551-01011／4-7972-5551-X C3332 ／200401 刊／分類 01-325.200-a 192

営業譲渡・譲受の理論と実務 －営業譲渡の方法－
山下眞弘 著（立命館大学法学部教授）
法学の泉 S
理論・実務書／研究書・実務書
定価2,625円（本体2,500円）⑤ 46判並表／264頁 1921-01011／4-7972-1921-1 C3332 ／199910 刊／分類 01-325.201-d 080

営業譲渡・譲受の理論と実際〔新版〕
山下眞弘 著（立命館大学法学部教授）
法学の泉 S
会社分割に伴う営業譲渡と従業員の位置づけ／研究書・実務書
定価2,730円（本体2,600円）⑤ 46判並表／288頁 1921-02011／4-7972-1921-1 C3332 ／200104 刊／分類 01-325.200-d 180

企業の社会的責任と会社法
中村一彦 著（新潟大学名誉教授・大東文化大学法学部教授）
学術選書法律205
この分野における本格的論文集／論文集
定価7,350円（本体7,000円）⑤ A5変上箱／360頁 1584-01011／4-7972-1584-4 C3332 ／199710 刊／分類 01-325.200-e 190

会社法の現代化 －要綱試案と補足説明－
法務省法制審議会会社法（現代化関係）部会・公表 編
単
利便性を考慮してハンディにした資料集／資料
定価1,890円（本体1,800円）⑤ 46変並表／208頁 3147-01011／4-7972-3147-5 C3332 ／200404 刊／分類 28-325.200-e 191

株式会社法 325.210

会社法・テキスト・教材 325.213

会社法
青竹正一 著（大阪大学法学部教授）
法律学の森
平成13・14年大改正を簡明に解説／
定価3,990円（本体3,800円）⑤ A5変上カ／472頁 2264-01011／4-7972-2264-6 C3332 ／200310 刊／分類 02-325.213-b 101

order@shinzansha.co.jp　　　　http://www.shinzansha.co.jp